TRAYECTORIA DE LA MUJER CUBANA

COLECCIÓN CUBA Y SUS JUECES

EDICIONES UNIVERSAL, Miami, Florida, 2009

CONCEPCIÓN TERESA ALZOLA

TRAYECTORIA DE LA MUJER CUBANA

EDICIONES UNIVERSAL

———

Primera edición, 2009

EDICIONES UNIVERSAL
P.O. Box 450353 (Shenandoah Station)
Miami, FL 33245-0353. USA
Tel: (305) 642-3234   Fax: (305) 642-7978
e-mail: ediciones@ediciones.com
http://www.ediciones.com

Library of Congress Catalog Card No.: 2008922090
ISBN-10: 1-59388-127-4
ISBN-13: 978-1-59388-127-6

Composición de textos: María Cristina Zarraluqui

Diseño de la cubierta: Luis García Fresquet

A mi madre, ama de casa, y en ella
a todas las mujeres relegadas por la Historia.

Para Rosa María García Sarduy.

ADVERTENCIA PRELIMINAR

La palabra ama no es el femenino de amo. Una casa sólo tiene un amo: el hombre.
Victoria Sau

El puesto de la mujer en una sociedad marca el nivel de su civilización.
Elizabeth Cady Stanton

Este libro no pretende abarcar todo lo relacionado con "la otra mitad" de la humanidad cubana, sino sugerir las amplias posibilidades del tema. Es un libro plagado de defectos, y aunque los detecto, no dispongo ya del tiempo ni de la energía necesarios para subsanarlos. El más notable de todos, la desigualdad de tratamiento. Algunos aspectos padecen de abigarramiento, están excesivamente cargados de datos, debido a mi deseo de hacer justicia a tantas mujeres desconocidas ("gente sin historia"), que han jugado algún papel, por modesto que sea, en el desarrollo de la nación cubana. Otros aspectos están tratados esquemáticamente, pero esto se debe en gran parte a la ausencia de fuenets escritas.

Comprendo que a muchos parecerá un desacierto que refleje mi experiencia personal en este campo, uno de los más fascinantes que pueda ofrecerse a cualquier escritor. Pero puedo asegurar que no se trata de afán de lucimiento, sino de mi convicción firme de que siempre tienen más interés los testimonios de primera mano.

Espero que a pesar de las reservas expresadas, pueda apreciarse el mérito real de un empeño como el presente, que no es otro que el de indicar los vacíos existentes en esta intrincada trama e incitar a más profundos sondeos sobre tema tan apasionante. Creo haber trazado algunas pautas. ¡Sigan otras la labor!

A fin de hacerlos más accesibles, he agrupado los materiales allegados en las siguientes partes:

1. Una escala social ascendente
2. Tomando conciencia
3. Somos legión
4. Estamos en todas
5. Prensa femenina
6. Periodismo de mujeres

7. Pase de lista

8. Bibliografía consultada

9. Material gráfico

Las primeras cuatro partes destacan la presencia de mujeres en diversos aspectos de la sociedad cubana, la mayoría de las veces tal y como ha reflejado la prensa y en general la letra impresa. La quinta se propone analizar los elementos que constituyen la prensa femenina, esto es, la destinada a ser consumida por las mujeres. Y la sexta se refiere al periodismo propiamente dicho, ejercido por mujeres. En la imposibilidad de refererirme por separado a cada una de las mujeres que participaron en la evolución de la prensa cubana, aparece en la sección 7 del libro un "Pase de lista", donde se reúnen todos los nombres que he podido allegar y la anotación de las publicaciones en las cuales esas mujeres desempeñaron funciones periodísticas o en las cuales simplemente colaboraron. Constituye la parte octava una inexcusable bibliografía.

Aunque este libro se refiere básicamente a Cuba colonial, a Cuba republicana y al exilio, incluimos una reseña de algunas escasas supervivientes mujeres periodistas en la Cuba castrista. La libertad de expresión es el requisito indispensable para una prensa saludable, digna de tal nombre. Y en Cuba la prensa, los restantes medios de comunicación, cualquier manifestación individual, están controlados por el gobierno.

Me ha parecido también caso de justicia mencionar, aunque sea de pasada, a las ilustres mujeres que nos han visitado a lo largo del tiempo. Las altamente identificadas con Cuba, hasta el punto de ser otra de las nuestras, se reseñan en las secciones correspondientes. Recordamos a:

Carmen Amaya, Marion Anderson, Victoria de los Ángeles, Pier Angelli, Imperio Argentina, Manolita Arriola, Pearl Bailey, Josephine Baker, Catalina Bárcena, Clara Barton, María Barrientos, Simone de Beauvoir, Clara Bell Brown, Lola Beltrán, Sarah Bernhardt, Lucille Ball, Lucrecia Bori, Carmen Alicia Cadilla, Zenobia Camprubí, Carlota, emperatriz de México, Cayetana, duquesa de Alba, Emma Cedeño Olivero, Cyd Charise, Joan Crawford, Lily Damita, Dorothy Dandridge, Alejandra Denisova, Eleonora Duce, Isadora Duncan, Rocío Dúrcal, Pepita Embil, Fanny Essler, María Félix, Kirsten Flagstad, Lola Flores, Amelita Galli-Cursi, Rosario García Orellana, Ava Gardner, Martha Graham, Prudencia Griffel, María Guerrero, Magda Haller, Jean Harlow, Sonja Heinie, Mme. Herveux, Lena Horne, Matilde Houston, Juana de Ibarbourou, Pastora Imperio, Esperanza Iris, Nora Kaye, María Fernanda Ladrón de Guevara, María Lafite (Condesa de Campo Alegre), Libertad Lamarque, Dorothy Lamour, Lotte Lehmann, Ana Leontieva, Jenny Lind, Ana Leontieva, Pilar López, Madame Herveux, María de Maeztu, Alicia Markova, Mariemma, Virginia Marotte, Nini Marshall, Consuelo Mayendía, Dorothy Maynor, Augusta Maywood, Raquel Meller, Lola Membrives, Concha Méndez, Antonia Mercé, Tita Merello, Sinka Milanov, Carmen Miranda, Gabriela Mistral, Nati Mistral, Sara Montiel, María Teresa Montoya, Grace Moore, Erica Morini, Ann Morrow Lindbergh, Pilar López, Lady Amelia Murray, Claudia Muzzio, Toña La Negra, Guiomar Novaes, Victoria Ocampo, La Bella Otero, Andrea Palma, Teresa de la Parra, Adelina Patti, Ana Pavlova, Carlota Pereyra, Roberta Peters, Edith Piaf, Mary Pickford, Rosa Poncelle, Lily Pons, Eleanor Powell, Camila Quiroga, Katina Rainieri, Esther Ralston, Odile Redon, Rosita Renard, Debbie Reynolds, Dolores del Río, Amparo Rivelles, Eleanor Roosevelt, Lillian Roth, Fernanda Rusquella, Rosario Sansores, Bidú Sayao, Elizabeth Schwarskoff, Rosita Segovia, Fryda Schultz, Norma Shearer, Mirta Silva, Mercedes Simone, Berta Singerman, Paulina Singerman, Barbara Stanwick, Risë Stevens, Alfonsina Storni, Lupe Suárez, Renata Tebaldi, Luisa Tetrazzini, Jennie Tourel, María Tubau, Lana Turner, Nina Verchinina, Madame Von Trapp, Fanny B. Ward, Julia Ward Howe, Margarita Xirgu, María Zambrano, Eugenia Zúffoli. También, ya herida de muerte, en 1856, la gran trágica francesa Rachel (Elizabeth Rachel Felix).

Durante el régimen de Castro, visitó Cuba la Madre Teresa de Calcuta. En compensación, nos han visitado en el exilio, entre otras: Madeline Allbright, Barbara Bush, Rocío Jurado, Jeanne Kirkpatrick. Sara Montiel, Amparo Rivelles, Paloma San Basilio. Añadiré como dato curioso que Tita Cervera, actual baronesa viuda de Thyssen Bornemistza, residió un tiempo entre los cubanos de la célebre calle 8 y trabajó en la película "¡Qué caliente está Miami", dirigida por Ramón Barco.

He tenido, por último, la satisfacción y el orgullo de haber conocido personalmente, y a veces de trato, a muchas de las grandes mujeres del periodismo cubano, así que a las memorias de algunas colegas que han tenido a bien facilitármelas, se unen, como dije, las mías propias. Lo cual aumentará, dicho sea de paso, ese carácter de "revoltijo de cesto de costura'' (¿y los cajones de sastre?) que se ha atribuido a las obras escritas por mujeres. Considero que hemos empleado demasiado tiempo imitando a los hombres o tratando de desmentir lo que opinan de nosotras los caballeros y que ya es hora, por el contrario, de afirmar lo que ellos consideran defectos como nuestras grandes virtudes, entre ellas el poder de inclusión.

Vale la pena aclarar además: 1) Que sigo las normas implantadas por las feministas de eliminar toda filiación de la mujer por los hombres de su familia. Que las mujeres no son propiedad de sus maridos, por tanto huelga el atávico "de" en sus nombres. Nuestra ilustre elegíaca es ahora Luisa Pérez Zambrana. Si se trata de un segundo apellido se diferencia con una conjunción: Luisa Pérez y Montes de Oca. 2) Al compilar la bibliografía, me he tomado algunas libertades para hacerla más legible, puesto que, afortunadamente, ya no soy asalariada de ningún centro de enseñanza.

Parte de los materiales que forman parte de este libro fueron publicados en el periódico *El Nuevo Herald* de Miami, utilizados para una conferencia en los Cursos de Verano del Círculo de Cultura Panamericano, otra en el Cuban Women's Club y una reciente para el PEN Club de Escritores exiliados cubanos. También parte de estos materiales han sido aireados en los programas radiales de Elsa Negrín y Agustín Tamargo.

RECONOCIMIENTOS

Mi gratitud más sincera a todas aquellas personas que en una forma u otra (con informaciones, materiales gráficos, revisión de algunas secciones o ¡aliento!) han contribuido a que este empeño cristalizara. Por orden alfabético: Uva de Aragón, Sara Armengol, Ondina Arrondo, María Julia Casanova, Olga Connor, Ena Curnow, Lillan Cosío, Margarita Chaviano, Ángel Cuadra, Georgina Fernández Jiménez, Marta Frayde, Rosa María García Sarduy, Rita Geada, Orlando González Esteva, Andrea Hernández de la Cova, Rosario Hiriart, Silvia Landa, Raquel Lázaro, Tony Losada, Paquita Madariaga (+), América Martínez, Teresita Mayans, Marta Méndez, Graciela Montagú, Elsa Negrín, Ana Rosa Núñez (+), Silvia Eugenia Odio, Marian Prío, Carmelina Rey Mier, Dolores Rovirosa y Gladys Zaldívar.

Este libro ha dispuesto de los archivos personales de los desaparecidos Adela Jaume, Surama Ferrer, Esperanza Figueroa, Antonio Hernández Travieso, Paquita Madariaga, María Luisa Ríos y de los de Regina de Marcos Bourbakis.

También conté con la valiosa ayuda, en especial en lo que respecta a Cuba colonial, de la historiadora y crítica literaria Esperanza Figueroa. Y en lo que respecta al aspecto literario, con la ayuda de Gladys Zaldívar.

Regina de Marcos ha revisado pacientemente este libro, en borradores primero, y luego en la versión final.

Por último, en nombre de las mujeres cubanas, nuestra gratitud más profunda para Norman Braman, Jeanne O'Laughlin y Donald Trump.

Concha Alzola

Miami, primavera de 2007
A.M..D. G.

CONTENIDO

1. UNA ESCALA SOCIAL ASCENDENTE

[Quiero aclarar que en esta primera parte, como en todo este libro, me baso en fuentes documentales. Cuando éstas faltan, recurro a la memoria de personas conocidas y a mi propia experiencia. Seguramente habrá muchas omisiones, porque nunca se han realizado investigaciones ni recuentos sistemáticos de las mujeres en las distintas clases sociales ni en los distintos oficios y profesiones. Ruego a las lectoras que me ayuden a subsanar cualquier ausencia con vistas a una posible segunda edición. Gracias].

La mujer cubana ha paseado en gloria el nombre de su patria por inumerables países y en todos los terrenos. Baste evocar los nombres de Alicia Alonso, la Avellaneda, Teté Casuso, Berta Díaz, Celia Cruz, Gloria Estefan, Luisa María Güell, Dulce María Loynaz, Rita Montaner, Carmen Montejo, Isabel Pérez Farfante, que cubren un espectro amplísimo (danza, letras, diplomacia, deportes, música, artes teatrales, ciencias naturales), para darse cuenta de la huella impresionante que las cubanas han dejado en casi todas las actividades humanas. Eso sin mencionar a las que han figurado y figuran en algunas familias reales europeas, como las ya desaparecidas Edelmira Sampedro y Marta Rocafort y las actuales como María Teresa Mestre y Falla, princesa de Luxemburgo. Una cubana ha formado parte del elitista grupo "Daughters of the American Revolution", Marion [de Cárdenas] Garret. ¡Hasta tenemos una cubana camino de los altares! La beata Sor María Ana de Jesús, capuchina, nacida en la Habana el 11 de junio de 1882, antigua alumna apostolina, que falleció en el convento de las Capuchinas de Plasencia, España, el 8 de agosto de 1904. También por su piedad y múltiples virtudes se ha propuesto para su beatificación la educadora Mariana Lola Álvarez.

Pero no siempre fue así…

1.1 Inciertos comienzos

Antes, mucho antes de que existiera en Cuba la letra impresa, las mujeres habían ido dejando muestras de su presencia. No es casualidad, sino quizás producto de la abundancia de mujeres en la historia cubana mientras los hombres marchaban a la conquista del continente, que el testimonio epigráfico más antiguo del país, según se dice, sea una lápida funeraria de piedra, orlada con una cruz y la cabeza de un ángel, erigida en memoria de doña María de Cepero y colocada en el mismo lugar donde María cayera mortalmente herida, de un disparo casual de arcabuz, en 1557. ¿Quién sería esa dama?

Otra lápida, en las ruinas del convento de los franciscanos en Bayamo, consignaba la muerte de Doña Isabel de Aguilar, y Velázquez, fallecida el 4 de febrero de 1670.

También dejan su huella las mujeres en los legajos oficiales. Algunas poseían bienes de fortuna propios según queda atestiguado en numerosas instanccias.

En 1537, la viuda de Andrés Ruano (identificada sólo así), poseía una estancia con estanciero, 7 indios encomendados, 6 indios esclavos y 2 negros esclavos. También Leonor de Medina poseía, conjuntamente con su esposo, 3 indios, 3 mujeres [?], 7 negros, 2 indias y dos muchachos. [como con respecto a las 3 mujeres no se especifica raza o condición].

En 1550, Catalina de Guzmán, negra horra, parece haber participado en las elecciones del cabildo habanero.

En 1579, Catalina Díez otorgó libertad en su testamento a un muchacho esclavo. En 1585 Susana Velázquez, morena horra, vende a su esclava María Rodríguez en cincuenta ducados y un solar que linda con el de Cecilia Velázquez, también morena horra (¡Y luego digan!).

En 1593, el cabildo de Camagüey otorgó tierras a María Jiménez Quintero.

En 1602 recibieron préstamos de la corona "para mejorar sus ingenios": Catalina Díaz, Beatriz Pérez, Catalina de Rojas, Isabel del Valle, Ana Zavala.

En 1604, eran residentes de Santiago de Cuba: Blasa de Acosta, María de Acosta, Catalina Álvarez, Beatriz de Andrada, Catalina Báez, María Carrillo, Catalina de Castro, Isabel Centeno, Águeda Chincillla, Inés Collazo, Beatriz Díaz, Beatriz Duero, Juana Flor, Florentina [esposa de Alfonso Cerón], María Francia, Inés García, Juana García, Ana Gerónimo, María Calvillo, Gerónima [esposa de Francisco Quintero, Catalina González, Francisca de Hinojosa, Isabel de Hinojosa, Juana de Hinojosa, Esperanza de Lagos, Beatriz de Lara, Juana de León, Isabel de Luyando, María Machada, Gregoria Machada, Brígida Márquez, Leonor dew Morales, Isabel Muñoz, Juana Muñoz, Constancia Pérez, María de la Cruz, Leonor Cuello, Inés Hernández, Luisa de Ochoa, Ana Ortiz, Leonor de Palacio, Leonor Ramírez, María Rodríguez, Elvira Sánchez, María Sánchez, María Tovar.

En 1616 cuatro mujeres actuaron como fiadoras en la explotación de unas minas de cobre. Piden trasladar sus haciendas, por temor a los piratas: Mariana del Castillo (1654), Lorenza de Carvajal (1663), Ana Marató (1667) e Isabel Chirino (1672).

Mucho miedo no les tendrían a los piratas cuando ya varias mujeres, ca. 1607 aparecen implicadas en transacciones de contrabando, como Isabel Consuegra, señora de B. Sánchez, Isabel Benquemencía, Ana María de Miranda, Leonor y Elvira de Torres, Teresa de Valdés…

Algunas mujeres aparecen solicitando tierras para construir ingenios de caña, que muchas obtienen: Beatriz Muñoz, viuda de Rojas, 1636, y en ese mismo año, María Díaz de Rivadeneira, aparece solicitando 20 caballerías de tierra. Otras solicitantes: Antonia Recio, viuda de Calvo de la Puerta, 1651 Luisa de Guilisasti, 1660. También había mujeres propietarias de haciendas ganaderas. Igualmente en Bayamo, 1662, María López Mejía.

En 1663, María López Mejía recibió la "merced de tierras" en Bayamo.

Entre los vecinos que ofrecen sus bienes para construir las fortificaciones de Santiago se encuentran: Úrsula Fernández, Leonor de Lensón, Beatriz de Moreira, María Pardaza, Inés e Isabel Pérez, María Ramos, Francisca del Valle. Ofrecen cargas de casabe: Ana María de la Ascención, María de Cintra, Ana María de Espinosa, Juana García, Feliciana Hernández, María Luis, Severina Sánchez. Ofrecen esclavos y casabe: Ana de Arencibia, Ana Espinosa, Catalina de Fuentes, Lorenza Isasi, Ana Luis. La vecina María Mayo ofrece 16 arrobas de carne.

Entre muchas haciendas que se encontraban económicamente activas en 1688, están "Arcos de Canasí", de Lorenza de Caraba, "La Viga" de María de Amestua; "Punto Escondido" de Ignacia de Córdoba.. Hay hasta una mujer "mercader", María de la Concepción (1692). Una mujer que elabora aguardiente, Teresa Bello (1765). Y dos negras vendedoras de carne (1772).

En 1774 Doña Rosa Díaz Pimienta vende su casa heredada de su hermano José, Presbítero, en 10,742 pesos y cuatro reales.

Diversas herederas y autoras de testamentarías de 1857: Condesa de Lagunillas, Condesa de Loreto, Julia Saldívar, María Teresa de Sentmanat, Josefa Santa Cruz Oviedo, Ana Berrio, Mariana Averhoff, Josefa Loizaga, Mónica Abreu, señora Bolaños, y otras.

Un poco más adelante, en el Nomenclator de Cuba que abarca de 1860 a 1872 aparecen innumerables nombres de mujer aplicados a diversas propiedades, como ingenios, cafetales, estancias, tiendas y similares. En algunos casos aparece el nombre completo: Luisa de Zárate, Rita de Arango, Trinidad de Miranda o Trinidad Oviedo. Si eran ellas las propietarias o si algún familiar o esposo ha querido perpetuar sus memorias o si estas mujeres gozaron de alguna relevancia en sus medios sociales es algo que no debemos aventurar. Lo más frecuente, sin embargo, entre esas designaciones son diversos apelativos de marcado sabor popular: La Conga (asiento), La Gallega (tienda), La Gitana (asiento) La Mandinga (cafetal, núcleo rural), La Mora (arroyo), La Morena (asiento), La Morenita (ingenio), La Mulata (núcleo urbano), La Negra (asiento), La Rubia (ingenio), entre otros muchos.

¿Quiénes fueron estas mujeres? Nunca lo sabremos con certeza.

1.2 Por orden de aparición

Aunque el periodismo de mujeres en Cuba llegaría a florecer y alcanzar niveles de profesionalismo y creatividad que nada tendrían que envidiar a la prensa de ningún país hispanoamericano o europeo, los primeros rastros de presencia femenina en las publicaciones cubanas no podrían haber sido más humildes. Hemos tratado de presentar a estas figuras de mujer en el orden aproximado en que van surgiendo, en una escala social ascendente, hacia la afirmación de ellas mismas.

1.2.1 Esclavas y víctimas

Woman is the nigger of the world.
John Lennon

Los primeros indicios en la prensa cubana de una presencia femenina en nuestra sociedad, se hallan dispersos en forma de "avisos" por cualquier página de las más antiguas publicaciones, como el *Papel Periódico* de la Habana (1792), sueltos que anunciaban la venta de negras esclavas (o la recompensa ofrecida por alguna esclava huida). Cada una de estas mujeres se ofrecía con la descripción de sus características físicas y sus habilidades: eran buenas cocineras, reposteras, amas de leche, lavanderas; muchas habían sido criadas "a la mano" y a veces se vendían "con su cría", lenguaje que recuerda el empleado al referirse a las bestias de trabajo.

Algunas negras, muchas de ellas criollas, esto es nacidas en Cuba, cubanas, una vez libres –"horras", se decía en aquella época, y luego "emancipadas", por cierto con connotación peyorativa– poseyeron escla-

24

vas, como en el caso que ya vimos de una tal Susana Velázquez, morena, que en 1585 vendía a otra mujer de color en cincuenta ducados.

Un grupo variado de negras emancipadas visitaba el campamento de Carlos Mauel de Céspededes en su último año de vida, tal y como se refleja en sus diarios. Estas negras lo ayudaban de varias maneras: Eduvigis y Carolina le lavaban la ropa. Alejandrina las lavaba y planchaba. Francisca Aguilera le regalaba viandas, y Brígida unos matahambres.

En lo que respecta a víctimas de la Inquisición, comenta Fernando Ortiz: "Por suerte en Cuba jamás tuvimos Tribunal del Santo Oficio". Quizás si, como también señala Ortiz: "Los Obispos de Cuba uno tras otro se opusieron tenazmente a toda ingerencia de los delegados inquisitoriales". Y prosigue: "Jamás hubo en Cuba misas negras, como las conocidas en Francia durante varios siglos. Ni hubo en Cuba hogueras para pobres brujas como en los virreinatos del Continente y en la americana Nueva Inglaterra […] En Cuba jamás hubo aquelarres orgiásticos y nauseabundos de brujas con Satanás, de los que fueron frecuentes, durante siglos, en la blanconaza y eclesiástica Europa".

Cuba dependió primero del Tribunal de México y más tarde del de Cartagena. Se registran estos casos:

- En 1607 Leonor Millar Bohorques "tuvo líos con el Santo Oficio por cuestiones de limpieza de sangre".

- En 1608 Elvira Sánchez se denunció a sí misma en la Habana por haber dicho una oración impropia. Y la negra Luisa Mancilla es denunciada por blasfemia.

Las acusaciones formales de hechicería fueron escasas, a pesar de que en 1619 el Obispo de Cuba se quejaba amargamente de "la abundancia de mujeres brujas y hechiceras en la Isla".

- En 1623 una tal María de Lara fue acusada de hechicería. Ese mismo año el Tribunal de Cartagena condenó por brujería a Lucía Sánchez, una mulata de Bayamo. Estas otras noticias nos trasmite Ortiz:

- En 1634 fue condenada María Crespo, también de Bayamo.

- En 1657 María de Rivero y Tomasa de los Reyes, de la Habana, fueron acusadas.

- En 1658, otras tres habaneras: Juana de Sandoval, María Sebastiana y Tomasa Pérez.

Todos esos casos fueron considerados "posesiones diabólicas" y como tales tratados mediante exorcismos, en vez de torturas. Ese fue el tratamiento que se le dio en el mismo siglo XVII a María Manuela, alias "La Rondona" que tuvo dentro del cuerpo siete legiones de demonios. Y el tratamiento que se le dio a la negra Leonarda en los célebres sucesos de Remedios narrados por Ortiz en su *Historia de una pelea cubana contra los demonios*.

Mujeres de baja condición económica, blancas y negras, aparecieron tempranamente en las páginas de la prensa, enredadas en disputas judiciales, reyertas de diverso origen, castigos públicos, suicidios y, por supuesto, los llamados "crímenes pasionales", hoy conocidos como actos de "violencia doméstica".

Porque si algo no parece haber cambiado a lo largo de la historia humana es la noción en el macho de la especie de que la mujer es un objeto de su propiedad, para tomarla, usarla, dejarla y masacrarla a gusto. Por esta situación establecida de abusos, abundan desde los inicios de la prensa cubana hasta nuestros días, los nombres de mujeres en lo que posteriormente llegó a conocerse como la "crónica roja" de periódicos y revistas. La historia nos ha conservado los nombres de Isabel Gamborino (1812) y Matilde Domínguez (1853), ambas actrices y ambas envueltas en casos de asesinato-suicidio. En 1855, narra Emilio Bacardí, en la Calle del Teniente Rey de Santiago, aparecen degolladas la Sra. Da. Asunción Roul de Esheler y una de sus criadas.

También en la época colonial causó conmoción el considerado pacto suicida entre la patricia camagüeyana Vicenta Agramonte, mujer de extraordinaria belleza y su amante, el francés Luis Marliani. José María de la Torre trae una narración bastante detallada del suceso, según él descubierto el 25 de agosto de 1807, aunque por su descripción parece más bien haber sido un caso de asesinato-suicidio. Calcagno comenta que "todas las circunstancias de este aciago y misterioso suceso contribuyeron a dar tal popularidad al asunto que, de simple asesinato o cuando más rapto de locura, pasó a ser un hecho de la historia contemporánea de Cuba".

En 1829 es asesinada Loreto Domínguez Picabia. ¿Víctima o victimaria? Antonio Molina consigna el nombre de Josefa Alfonso, "primera y última mujer ajusticiada en el garrote en Cuba, el 30 de septiembre de 1830, por haber asesinado a su esposo Anselmo Muñoz.

En Cuba republicana, pocos sucesos de sangre despertarían el horror que produjo el tristemente célebre caso de "la descuartizada" habanera, Celia Margarita Mena. También los asesinatos de la vedette Rachel, y de la odontóloga Luisa Cira de la Torriente en cumplimiento de su deber. Andando el tiempo, las mujeres llegarían a ser ellas mismas reporteras y cronistas de las páginas "rojas" de la prensa, aunque como es natural, a las dadoras de vida no podía gustarles esta asignación. Por profesionalismo se ocuparon algunas veces de estos asuntos policiales periodistas de la talla de Surama Ferrer (en la radio), Blanca Nieves Tamayo, Loló Acosta y Marta Rojas.

Otra forma de ser víctimas era la de aquellas mujeres que deambulaban por las calles de Cuba: una serie de "tipos populares", muchas veces seres afectados por alguna dolencia mental. ¿Qué habanero no recuerda a "la Marquesa? Oscar de San Emilio la evoca así:

La Marquesa era una mestiza muy simpática, que usaba unos trajes largos y una pamela. Nadie sabía cómo se enteraba pero siempre aparecía por los lugares donde se celebraban banquetes o recepciones. Algunas veces le daba por pasear por la Acera del Louvre o por los soportales del Anón del Prado. Lo gracioso es que esta negrita tenía aires de gran señora y jamás se violentaba o usaba un lenguaje soez.

Fausto Miranda ha dedicado a La Marquesa, cuyo nombre real era Isabel Vitía, un emocionado recuerdo en su conocida sección "Usted es viejo, pero viejo de verdad" de *El Nuevo Herald.*

Yo no sé si al revelar esto voy a socavar la imagen mítica de La Marquesa, pero ésa no es mi intención, sino dejar testimonio de su verdadera, cálida y desamparada humanidad. Una vez, conversando con ella largamente, me dijo: "No seas boba, yo no estoy loca ni nada. Pero a veces uno tiene que hacer estas coas para sobrevivir…".

En su misma, conocida sección, Fausto recuerda: "Bien, ¿y qué me dicen de Rufina, la vieja esclava que después transitó las calles habaneras vendiendo billetes?".

Oscar de San Emilio también recuerda:

Otro personaje que por muchos años fue la comidilla y el gran misterio en la capital, lo fue la llamada "Muerta-viva". Se trataba de una dama que diariamente paseaba por el Paseo del Prado en un landó tirado por dos hermosos caballos. Era de carnes sumamante blancas y lucía un arreglo facial que le hacía aparecer como una aparecida de otro mundo. Nunca supimos si era casada o soltera y jamás nos ebteramos de su nombre. Años después, alguien nos dino, señalando a una bella joven: "Mira, esa es la hija de la muerta-viva".

En Marianao fue muy célebre "Guasasa". Y, sin que dejaran de ser hijas de familia, tres solteronas que se paseaban por las tardes, rumbo a los parques, muy pintarrajeadas y tomadas del brazo. Las apodaron "Damisela encantadora" , "Mariposa" y "Muñequita de Cristal".

Georgina Fernández recuerda en Pinar del Río a María, a "la loca Bibí", y a "la Huérfana de la Tempestad".

Y una forma más, bastante cruel, de ser víctimas, era la de las mujeres que ostentaban algún defecto o trastorno físicos, que las convertían en espectáculo circense, como las "mujeres barbudas" o la tristemente célebre Julia Pastrana, la "mujer gorila" que solían presentar como "mejicana", aunque no se sabe con certeza su nacionalidad.

Una de las víctimas recientes: Nora Curbelo que murió de hambre en el Vedado, Cuba castrista, 1999.

1.2.1.1 La historia no termina

A pesar de todos los pasos de avance dados por las mujeres en este siglo, todavía la mutilación genital femenina se practica actualmente en 28 países y afecta a 130 millones de mujeres. Así describe Paquita Madariaga las condiciones de vida de las mujeres bajo las leyes represivas del Talibán, secta fanática fundamentalista musulmana que estuvo gobernando Afganistán por las armas y el terror:

Atrapadas en sus burkas –esas mortajas que las cubren de pies a cabeza desde donde apenas ven el mundo a través de una ventanita, las mujeres afganas son asesinadas a pedradas por adulterio, relegadas al analfabetismo, aprisionadas en sus casas y entregadas a sus maridos en calidad de esclavas. La que se pinta las uñas se arriesga a que le corten los dedos, la que se maquilla es golpeada a palos. Ninguna puede llevar tacones o medias blancas, o descubrirse la cara ni siquiera para ver por dónde camina. A las afganas les está prohibido tratarse con médicos hombres, y como las doctoras no pueden ejercer [antes del oprobioso régimen Talibán había médicas, abogadas, maestras, y otras ejerciendo diversas profesiones], las mujeres de ese país mueren sin el más elemental tratamiento médico. La tasa más alta de mortalidad en los nacimientos les pertenece a ellas.

Además de estarles prohibido estudiar o trabajar, a las afganas se les prohíbe dejar sus casas sin que las acompañe un hombre de su familia; no pueden comprar por sí solas y y tienen que quedarse fuera de las tiendas mientras el hombre realiza las compras. Por eso no es raro ver que en ese país desbordado de viudas de guerra, las calles están repletas de mujeres que mendigan por no tener un hombre que les compre la comida...

Por su parte, el historiador Napoleón Seuc describe así la situación de la mujer china, aún en Cuba republicana:

Otra costumbre era atar los pies de las niñas desde pequeñas para que no crecieran. Se consideró 'chic' y símbolo de clase rica o aristócra-

ta, caminaban dando saltitos y tenían, por necesidad, otras mujeres con pies normales que les servían. [...] Otra costumbre tradicional de los chinos en Cuba era casar jóvenes a sus hijos adolescentes, arreglando el matrimonio, muchas veces sin informarles a sus hijos e hijas. [...]. La docilidad y tradicional sumisión de las mujeres chinas facilitaba esta situación, ajena a la mente occidental. [...] Ese trato desigual que viene de siglos atrás se ha exacerbado últimamente al imponer el gobierno comunista chino el úkase de un solo recién nacido por matrimonio. [...] Ya antes los chinos campesinos preferían a los varones para que los ayudasen a trabajar y arar la tierra, abandonando a su suerte a las niñas recién nacidas.

Miles de verdaderas esclavas son mantenidas en condiciones infrahumanas en hogares europeos. Solamente la Organización No Gubernamental Kalayaan ha denunciado la situación de 4,000 domésticas en 29 países. La trata de blancas desplaza anualmente unas 50,000 mujeres de sus países hispanoamericanos con destino a los burdeles de Estados Unidos y Canadá.

Pero hay más datos escalofriantes:

▪ De los 1,300 millones de personas que viven en la pobreza en el mundo, la mayoría son mujeres.

▪ De los 1000 millones de analfabetos que hay en el mundo el porcentaje más alto es el de las mujeres.

▪ En todas las regiones del mundo, la tasa de desempleo es mayor entre las mujeres.

▪ Por todas partes siguen viéndose faltas de equidad en salarios, obtención de créditos gubernamentales y préstamos de compañías privadas.

▪ En ciertas profesiones sigue dándoseles preferencia a los hombres (a veces por parte de las mismas mujeres).

No podemos dejar de añadir a esas grandes víctimas de la tiranía familiar: la tía solterona, sobre quien recaían el cuidado de los niños y a veces el manejo entero de la casa. No era extraordinario el caso de una muchacha dejada soltera ex profeso para que cuidara de algún familiar incapacitado, como los ancianos o un deficiente mental.

1.2.2 Prostitutas

La mujer puede ser considerada cronológicamente el primer objeto propiedad.
Gregory Zilboorg

Estar parada en una esquina hasta que los pies te duelan, aguantar los insultos, las burlas y hasta los escupitajos de los transeúntes, padecer la

29

angustia del día que se va 'limpio' (sin clientes) enfrentar los horrores que
se esconden en un cuarto junto a un desconocido es la parte fácil.
Lo difícil es mirarte al espejo y enfrentar tu realidad.
Ver cómo vas perdiendo las esperanzas, los sueños, la dignidad, la vida.
Saber que al final del camino sólo te espera la soledad y el abandono.

Graciela, Prostituta mexicana

Lujo Basermann en su historia de la prostitución dilucida en la Grecia clásica tres tipos básicos de mujeres que vivían de sus encantos: las *deikteriades,* o prostitutas propiamente dichas, las *auletrides*, para las cuales no tenemos un equivalente exacto, y las *hetairai*, las cortesanas.

Las *deikteriades*, muchachas pobres, "del montón", en muchos casos extranjeras, en muchos otros rechazadas por sus familias, eran verdaderas esclavas, objeto inmemorial de abusos de todo tipo, que raras veces podían obtener su redención.

Las *auletrides* (¿quizás si alguna de nuestras vedettes?) eran prostitutas con alguna habilidad artística, como danzar mientras se desnudaban o tocar la cítara o la flauta, y si tenían suerte podían "ascender" al rango de las hetairas, mujeres libres, con medios de vida suficientes para aceptar sólo al amante o al cliente que de veras les interesara. Algunas, en su condición de favoritas de un personaje público llegaron a ejercer verdadero poder en la sociedad en la que se desenvolvían.

Si las dos primeras categorías se mantenían en el anonimato, las hetairas han donado a la historia una serie de nombres personales, como el de Aspasia, y también algunos arquetipos, como el de Thaís.

Ya en tiempos de Roma, otras variedades menores como las *meretrices*, se hacían pasar por griegas; las *delicatae*, eran tan jóvenes y bellas que sólo estaban disponibles para hombres que poseyeran grandes fortunas; las *dorides* estaban siempre desnudas, aun en las puertas de sus casas; las *bustuariae* ejercían en los cementerios, y las más viles de todas ejercían su oficio indiscriminadamente, a juzgar por su denominación, *putae*, que quiere decir "tanque de amor".

En español, *prostituta* es un vocablo de resonancias desagradables. Meretriz es un término educado, más aceptable en conversación, aunque se prefieren eufemismos tales como "mujeres de la vida alegre", "de mala vida", "de la vida". En cambio *puta* es una palabra de las que se evitan, de las "malas", y conserva su carácter peyorativo. Estas valoraciones están cambiando rápidamente con la avalancha de novelas "hiperrealistas" que nos aqueja, y que emplean aun en la narración, y con la mayor naturalidad del mundo, una jerga de burdel.

Es en el Siglo de Oro, concretamente en *La lozana andaluza,* que nos enteramos de que las prostitutas tenían su santa patrona, "protectora de las cortesanas", dicen los editores: Santa Nefixa, escrito a veces tamabién Nafissa.

El semanario *Diario de la Mujer* de diciembre 7 al 14 del 2001, ofreció el testimonio de una prostituta de las "callejeras" [supra] instancia sumamente rara, ya que estas pobres mujeres en muchas ocasiones son analfabetas, o padecen algún retraso mental y en la mayor parte de los casos no pueden expresar con propiedad sus ideas y sus sentimientos.

A comienzos de la República, solamente algunas mujeres negras habían tenido que recurrir a ese estilo de vida, ya que la prostitución era ejercida en Cuba principalmente por extranjeras, como anota Robreño en su Acera del Louvre:

–¿Con el dinero de las pobres cubanas que tienen la desgracia de vender su carne?"

–No, nada de cubanas; en eso siguen una línea de conducta francamente patriótica: entre otras razones porque hasta ahora, no hay cubanas blancas en el gremio: la industria está casi totalmente ocupada por extranjeras.

No sabemos si la tarea "nacionalizadora" de la prostitución realizada con respecto a su oficio por Yarini, arquetipo cubano del *soutener*, abarcó también a las prostitutas. Pero unos pocos años más tarde del ambiente habanero que describe Robreño, las prostitutas cubanas se desenvolvían en su propio territorio.

Entre ellas, según sostiene el historiador de la farándula Rosendo Rosell, también "había categorías y las escalas que estaban presentes a la hora de seleccionar. No era lo mismo la casa de Juana la de Ledón, que la de Mercedes o la de Tulipán. Pero los que querían jugar en las Grandes Ligas, se iban a la casa de Marina". En otro sitio de su interesante obra, Rosell hace una pequeña biografía de Marina (Cuenyas), siempre acompañada de "sus muchachitas" y reseña su vida y vicisitudes, según los vientos que soplaran en la política del país, de tolerancia o de repudio.

So capa de la enseñanza de danzas modernas, muchas de las "academias de baile" eran verdaderos centros de concertar citas y favores. Fue muy famosa la de "Marte y Belona". Fausto Miranda dice que uno de sus lectores menciona la Academia Galathea y dice haber bailado con "La Bolón". Y añade: "Esta era una de las más populares muchachas que solían participar en los bailes de aquellas academias".

Por su parte, la Dra. Lilia Bustamante asegura que la primera mujer que condujo un automóvil en La Habana fue Isabel Veitía, y añade que pertenecía "al oficio más viejo que se conoce". Otros consideran que fue La Macorina, candidata que nos parece más posible dada su condición de cortesana. Es posible que a causa de estas "pioneras" el hecho de que una mujer se situara al volante no estaba muy bien visto en Cuba. En mi casa había tres hombres. es decir, tres automóviles y yo sólo aprendí a conducir en el exilio.

1.2.3 Cortesanas

Mezcla sui generis de auletrides y hetairas serían algunas históricas vedettes criollas como Longina, La Macorina, La Chelito o Rachel.

Longina inspiró la preciosa canción de su nombre compuesta por Manuel Corona, inmortalizada por la "trova" cubana de comienzos de la República. La canción fue estrenada por María Teresa Vera el día de su santo-cumpleaños, el 15 de octubre de 1918. Según el historiador José R. Valera, Longina O'Farrill, "una escultural belleza de piel de ébano", nació en Madruga, el 15 de marzo de 1888, y vivió hasta los 90 años de edad. Muy joven, le resultó estrecho el marco pueblerino y decidió probar fortuna en la capital. A su llegada a la Habana, sirvió en un hogar donde el más pequeño de los hijos, andando el tiempo, llevaría el nombre nada menos que de Julio Antonio Mella. Pronto sin embargo, encontraría su verdadera vocación en la farándula.

Entre los grandes personajes de la época que la asediaron se rumora que se encontraba el Magistrado del Tribunal Supremo Manuel Zaldívar, que casi todas las noches contrataba músicos para dar a Longina una serenata.

La Macorina, elevada a rango de arquetipo por el teatrista Carlos Felipe, se llamó María Calvo. "La Macorina", era una mujer de gran personalidad, medio negra y medio china, que marcó pauta en La Habana por su impresionante belleza; fue la cubana que inspiró al poeta español Alfonso Camín el célebre estribillo: *Ponme la mano aquí, Macorina, pon, pon, pon, Macorina, pon*", ya que se decía que realizaba curas por imposición de sus manos. Chavela Vargas afirma: "los versos de Camín, a 'La Macorina' –convertidos en un son cubano– los he cantado más de cuarenta años. Siguen siendo mi carta de presentación". Según Fausto Miranda, María Calvo fue la primera mujer en la Habana que condujo su propio automóvil. Y recuerda que el auto era "una cuña Hispano-Suiza, pintada dse blanco, con las ruedas rojas y un fotuto que tocaba el himno nacional". Oscar de San Emilio la recuerda:

De todas las figuras más conocidas, hay una que acaparó la atención de los habitantes habaneros por bastante tiempo. Era una mujer que decían llevaba una vida licenciosa y que vestía muy bien y poseía un auto que ella misma manejaba. Lo que era un acto de marimacha en aquella época. Pero ella se preocupaba poco o nada por el qué dirán.

El vulgo dio en llamarle La Macorina, nombre que, si le trasponemos las dos sílabas intermedias, es fácil colegir por qué se lo aplicaron.

El auto de la Macorina, además de ser un convertible, tenía una sirena con un ritmo muy especial. Cada vez que la sirena sonaba, las gentes corrían a ver pasar a la Macorina...

La Chelito. "Eran los años [durante el apogeo del Teatro Alhambra] de la Monterito, la Pastor, la Chelito Criolla [...] La que no era bizca, era boba, la que no, demasiado puta, la otra muy gorda o muy fea, como la Chelito, la de más acá, pretenciosa, la de más allá distraída", dijo una de las Rachel entrevistadas por Miguel Barnet. *Consuelo Portela Audet:* (Cuba, 1895, Madrid, 1959), se hizo famosa por los años 1914 con las rumbas que bailaba y que eran la sensación del Molino Rojo, considerado al igual que el teatro Shangai, "antro de perdición" de las primeras décadas de la República (que hoy nos parecería un kindergarten). Fue muy conocido un número que representaba en el teatro Payret, en el que trataba de sacarse una teórica pulga del cuerpo. (Parece haber sido un recurso típico de artistas de vodevil, como puede apreciarse en la versión que nos dejó Chaplin en "Candilejas").

Hay que ser viejo, viejo de verdad para contar que vio actuar a la Chelito Criolla que en la escena de aquel Teatro Alhambra aparecía rigurosamente vestida y cantando el couplé de turno y entre tanto iba despojándose de sus ropas hasta que en la avanzada se apagaban las luces del escenario. (Fausto Miranda, 17 de febrero de 2001, p. 2E.)

La Chelito fue cortejada, no he sabido si con éxito, por mi tío abuelo Bartolomé Ruiz y Azofra. Se creía en la familia que del disgusto que se llevó su esposa, la tía Ángela, salió anormal el más pequeño de los hijos, Juanito.

Rachel. Pocas cortesanas han despertado el interés habanero que despertara Rachel, una joven que trabajaba como camarera en el cabaret Montmatre, y apareció asesinada en la bañadera de su apartamento, en 1931. La prensa habló del asunto durante mucho tiempo y se publicaron los más aterrantes detalles del suceso. Incluyendo el reporte forense.

Quizás contribuyó a fomentar este interés el hecho de que el asesino nunca fuera encontrado, y hasta los mismos investigadores y autoridades, como el conocido criminalista Israel Castellanos, hablaran de un "crimen perfecto". Es posible que debido a esta morbosa publicidad, aumentara el número de cortesanas cubanas que adoptaban el nombre escénico de Rachel, originalmente una actriz francesa considerada "la mejor intérprete de la tragedia de todos los tiempos", que visitó la Habana (1858), ya herida de muerte. Pero es posible también que las "mujeres de vida alegre" cubanas siguieran la tradición secular de repetir el nombre de alguna cortesana exitosa, como atestiguan los editores de *La lozana andaluza* que sucedió a la muerte de "Imperia", en 1512, cuando muchas otras cortesanas usaron su nombre.

La Rachel histórica, Elizabeth Rachel Félix (1820-1858) reinó durante 20 años en la escena europea. Dice una de sus biógrafas que "interpretando dramas cortesanos que habían sido desechados como elitistas, artificiales, e irrelevantes para la vida moderna, se convirtió en una estrella". Y añade: "Rachel salvó a La Comédie Française". De acuerdo con sus contemporáneos, "su rostro y su cuerpo delgado no eran nada imponentes. Su voz era áspera y profunda", con "tonos de bronce", conforme se habló de los "tonos de oro" de Sarah Bernhardt. Se mencionaba con respeto su "talento masculino". Y se atribuía su éxito a que "como mujer, actriz y judía, que inspiraba respeto y amasó una considerable fortuna, encarnaba una serie de ansiedades acerca del sexo y el poder, acerca de la nacionalidad y el sexo, así como acerca de la identidad personal"…

Afirma Fausto Miranda que la Rachel asesinada también era francesa, "y aunque algunos aseguran que su cadáver apareció en otra parte, la historia dice que fue en una bañera del apartamento que ocupaba en la calle San Miguel. Regina de Marcos, recuerda el suceso como uno de los terrores de su niñez, y cree que el cadáver apareció en la bañera de otro apartamento del mismo edificio y fue trasladado a la bañera del de Rachel. También recuerda la primera estrofa de una canción que circuló en la época:

Era Rachel la francesita más preciosa,
en la rosa del jardín de la ilusión,
para los hombres fue muñeca caprichosa
fue mariposa que voló de flor en flor.

El verdadero nombre de esa infortunada, según Fausto, era: Louise Julia Irma Rachel de Kerisgieter". Según Rosendo Rosell, el nombre verdadero era Rachel Dekeirsgeiter.

Con motivo de la investigación del crimen de Rachel salieron a relucir y conservó la historia, los nombres de dos chicas "del oficio", Paulette Montelieu y Tina Sot.

1.2.4 Femme fatales

No tienen necesariamente que ser mujeres "mundanas" como se decía eufemísticamente. Pueden ser mujeres decentes, honestas, que a su pesar desatan pasiones incontrolables. Aunque nunca visitó Cuba, debemos considerar nuestra la enigmática figura de María de Heredia, hija del "Heredia francés", modelo y musa de poetas, escritora y animadora de la cultura del París de su época, "la belle époque".

1.2.4.1 Dolores Rondón

Belleza fatal camagüeyana, famosa por el tan citado epitafio que corona su tumba, y por haber formado parte de algunas obras literarias del calibre de *De dónde son los cantantes* de Severo Sarduy. Su verdadero nombre era María Dolores Aguilar y nació el 6 de abril de 1811. Murió el 23 de noviembre de 1862. El célebre epitafio apareció en su tumba mucho después, en 1881. Una leyenda lo atribuye a doña Pepilla de Usatorres. Aunque lo más probable es que su autor haya sido el barbero Francisco Juan de Moya Escobar. La décima deja entrever que Dolores, "mulata de rumbo", despreció a un barbero admirador de su propia clase para "arrimarse" a un oficial español destacado en Camagüey. Según un biógrafo, Abel Marrero Companioni, Dolores "era el tipo verdadero de la criolla, mezcla de parda (muy clara) y un catalán bien parecido y arrogante [...] Su color era trigueño, pero un trigueño lavado mate, nada de brilloso, de ojos semiverdes y expresivos, pelo negro, lustroso y lacio, completando el conjunto un cuerpo verdaderamente modelado y airoso".

El "final trágico" fue que, atacada de viruelas que deformaron completamente su bello rostro, murió en el hospital "El Carmen", acompañada sólo por el pretendiente desdeñado.

1.2.4.2 Catalina Lasa

Mujer de extraordinaria belleza, "socialite habanera", Catalina estaba casada con Luis Estévez, de una prestigiosa familia cubana, cuando conoció a Juan Pedro Baró, y surgió entre ambos una avasalladora pasión a la que se entregaron sin importarles las convenciones y habladurías habaneras de los años 20. Juan Pedro y Catalina viajaron a Roma para pedir al Papa la anulación del matrimonio de Catalina, a fin de poder legalizar su situación a los ojos del mundo que los rodeaba. Para celebrar el triunfo, Juan Pedro ordenó a un prestigioso jardín la creación de un híbrido de rosa amarilla, la favorita de Catalina, que llevaría su nombre. De todas formas, como en Cuba no aceptaban aún el divorcio, decidieron establecerse en París, donde Juan Pedro había sido designado embajador. Las fiestas que ofrecía la pareja marcaron época. Catalina era la norma del buen gusto en la moda. A ella se debe en gran parte la preservación de la célebre raza de perros falderos conocida como *buchón havaneise*, que ella criaba para regalar a sus amistades. Según tradición, la bella cubana murió al ingerir unos champiñones (hongos, setas) venenosos en uno de los convites que organizaba para la sociedad parisina

A la muerte de su esposa, el desconsolado Juan Pedro mandó a edificar en el Cementerio de Colón un mausoleo, verdadero monumento funerario y una de las muestras sobresalientes de "Art-deco" que existen en Cuba. La casa Lalique francesa labró en cada lucernario de Bacará y Murano una rosa. Y cada día, cuando los rayos del sol las traspasa, la tumba de Catalina se cubre de las rosas que llevan su nombre.

Entre los escritores de la época que la despidieron estaba Gustavo Sánchez Galarraga, que le dedicó una composición que comenzaba y terminaba:

"Se ha roto un ala del cisme
se ha rasgado algo de seda.
Murió Catalina Lasa
¡ha vuelto a morirse Leda!"

Recientemente se estrenó en Puerto Rico una obra teatral que lleva por título su nombre. Escrita por Antonio J. Molina, la obra incluye diapositivas de los lugares más hermosos de la Habana contemporánea de Catalina: palacetes, parques, fuentes. En el papel protagónico estuvo Martita Martínez que ha desarrollado parte de su carerra en televisión.

1.2.4.3 Amelia, "la Milagrosa"

Su nombre era Amelia Goyre de la Hoz, y murió en 1901 al dar a luz un niño, que colocaron en el mismo ataúd, a los pies de su madre. Cuál no sería la sorpresa del abatido esposo cuando al ir a sacar los restos de Amelia para colocarlos en un osario, halló el cuerpo prácticamente intacto ¡con el niño en sus brazos! Al regarse como pólvora la noticia de lo sucedido, comenzó a visitar la tumba una cordillera de mujeres. Primero, a pedirle fertilidad, luego, a pedirle la salud de sus hijos, y a las mujeres siguieron los hombres, y la tumba de "la Milagrosa" Amelia es una de las más visitadas en el Cementerio de Colón de la Habana. Siempre llena de objetos votivos: zapatitos, ropitas, juguetes, puede verse a la distancia. Y raro es el día enque no recibe varias visitas, que, según disposición de no se sabe quién, para que el milagro pedido se efectúe, deben alejarse de la tumba caminando de frente, sin nunca darle las espaldas a Amelia.

Otra tumba muy visitada en el cementerio de Colón es la de Leocadia Pérez Herrera, espiritista, con la esperanza de establecer a través de ella un contacto con seres queridos.

1.2.4.4 Eva Frejaville

A lo largo de este libro, en cada una de las categorías en que he ido agrupando a las mujeres, he procurado destacar siempre la figura de una extranjera perfectamente asimilada a la idiosincracia cubana, porque ésa es una de las constantes de nuestra cultura. Aunque Eva Frejaville podría figurar por derecho propio entre las mujeres periodistas e intelectuales, he preferido destacar el rasgo que le ha otorgado fama duradera.

Eva llegó a la Habana casada con Alejo Carpentier (por cierto, se comentó muchísimo lo bien que le había venido a Alejo casarse con la hija del notable crítico Gustave Frejaville, lo que le abrió las puertas de la intelectualidad francesa). Pero, al cabo de un tiempo, Eva se enamoró del pintor Carlos Enríquez, y se fugó con él. Vivieron un intenso romance (del cual quedaron innumerables muestras pictóricas) en la famosa finquita-estudio de Carlos, "El hurón azul". Y en la misma forma intempestiva en que terminara su relación con Alejo, terminó su relación con Carlos: Eva se fugó de nuevo, esta vez con una poetisa que se firmaba "Mary Love" y quizás fuera su nombre, aunque suena a seudónimo.

Cuando yo conocí a Eva, ese pasado turbulento había quedado atrás, y ella era la respetable esposa de un conocido siquiatra habanero, Enrique Collado, un hombre realmente atractivo. Precisamente a causa de esto nos conocimos, porque una paciente de Enrique era amiga mía, y a veces yo la acompañaba a las consultas, por cierto nada formales, sencillamente una tertulia en la cual participábamos todos los presentes. Ni qué decir que Eva era una mujer muy inteligente, de un ingenio chispeante, gran conversadora. Tenía buen cuerpo, pero no podría haber sido considerada una mujer bella. Su perfil marcado y una cierta exoftalmia la asemejaban curiosamente a "La Parsisina", del mosaico cretense, sólo que esta parisiense era rubia, como nuestras primeras madres renacentistas.

Eva estaba muy metida en todos los aspectos de la vida habanera: conciertos, conferencias. Frecuentaba el teatro y escribía en diversas revistas, entre ellas *Prometeo*, la de Francisco Morín. Era muy amiga de los Pogolotti, a quienes conocía, creo, desde París, e intercambiaba con Sonia deliciosas recetas, una de las cuales, no sé si rusa o francesa, nunca podré olvidar: una tortilla de manzanas (los huevos se batían con azúcar y al dorarla en mantequilla se acaramelaban ligeramente).

Creo recordar también que Eva daba clases en la Alianza Francesa y que por eso acompañó a su directora, Madame Martínez (Suzanne Suyard) a la célebre entrevista con Simone de Beauvoir, cuando ésta visitara la Habana en unión de Sartre. Y he dicho célebre, porque en Cuba nunca se había oído nada semejante. Resulta que Madame Martínez, a título no sólo de compatriota, sino de ex compañera del colegio Sacré Coeur (que como se sabe es de una fuerte casta elitista) fue a invitar a la Beauvoir a que diera una charla en el Lyceum, para propiciar un intercambio con las mujeres cubanas. Y para sorpresa general, cuando se supo la historia, la dama existencialista respondió que le encantaría, pero que ella no hablaba en público por menos de $35,000 dólares (que es lo que pagó por artículo a Sartre el periódico *Revolución* ¡viva la igualdad del segundo sexo!) Naturalmente, el Lyceum no iba a gastarse esa suma en satisfacer un capricho, y todo quedó ahí.

Eva estuvo presente en ésos y otros eventos de la vida cubana. Exceptuando el ligero acento de "o-la-lá", era en todo una señora habanera. Tan criolla, que nunca pensó en regresar a París, y murió en California, exiliada, como una cubana más.

1.2.5 "Socialites"

En 1888, exactamente el 25 de marzo, comienza Julián del Casal a publicar en *La Habana Elegante* su serie de artículos sobre "La Sociedad Habanera", bajo el seudónimo de Conde de Camors. En su célebre relación de "la antigua nobleza", Casal evoca melancólicamente a la Condesa de San Antonio, "en tiempos de Serrano", y menciona a las mujeres más distinguidas de su época:

Da. Matilde de León, la Condesa de Romero, Marquesa de Casa Mantilla, la condesa de Fernandina, Marquesa de Calderón, Condesa de Casa Bayona, Ciriaca Cisneros (que se arrojó con sus hijas al campo de batalla durante la Guerra Grande), Concepción Montalvo, Rosario Armenteros, la Condesa de Jibacoa, la Marquesa de la Real Proclamación, Condesa de Buena Vista, la Condesa de Santa María del Loreto, la Condesa de Valle Llano, Andrea Chappotin, la Marquesa Viuda de Campo Florido.

Algunas señoras de "la vieja nobleza" residen por aquellos tiempos fuera de Cuba, como Mercedes de Campos Martín, Sofía Bisso y la religiosa Leocadia Zamora.

Además menciona Casal mujeres de "la nueva aristocracia, burguesa" (llamada por las izquierdas "sacarocracia") y las que figuran en una pequeña colección de "Bustos Femeninos", también en *La Habana Elegante*, como Catalina Varona Jorrín, Concepción Rodríguez Navarrete, América Goicuría Farrés.

Reseña Casal, un suntuoso "baile de trajes" [hoy diríamos de disfraces] al que concurrieron Amalia Conill, Rosa Rafecas Conill, Rosario Armenteros Herrera, Natalia Ramírez Sterling, Inés y Conchita Pajés, Rosita Montalvo, Ernestina Oliva, Josefina y Elena Herrera, Leonor Pérez de la Riva, Caridad Portuondo, Cristina Granados, Lolita Morales, Herminia Gonsé.

Por último, para no hacer la lista interminable, añadimos sólo los nombres de la Marquesa de Larrinaga, la Marquesa de la Gratitud, Margarita Jorrín, Blanca Rosa Varona, Luisa Portuondo, la Marquesa de la Real Campiña, Rosa Delmonte, Conchita O'Farrill, María Cárdenas, y otras tantas.

Caridad Pedroso organizó una fiesta en el Habana Yatch Club en 1898, donde se tocó por primera vez en público el himno nacional "ejecutado por Hubert de Blanck y coreado por las más distinguidas señoritas de la Habana".

La infanta doña Eulalia de Borbón visitó la Habana en vísperas de la guerra libertadora y fue recibida y atendida por los Condes de Fernandina. Así lo narra en sus memorias:

La fiesta que en mi honor dieron en su palacio los Condes de Fernandina me impresionó vivamente por su elegancia, su distinción y su señorío, todo bastante más refinado que en la sociedad madrileña de la época. A los Condes de Fernandina los había conocido yo de niña, pues eran amigos de mi madre y frecuentes invitados al Palacio de Castilla, ya que casi toda su juventud la pasaron en París, en donde gozó fama de bella la Condesa. Su casa era el centro de la vida aristocrátca de la Habana, y sus fiestas las más lujosas de aquella sociedad cortada sobre moldes de París. Su hija Josefina, rubia, de ojos dulcísimos, de una tez admirable, nacarada y finísima, que yo no me explicaba pudiera existir en el clima ardiente de la isla, era una de las más bellas mujeres que he tropezado en mis largos viajes por todos los países.

Había oído siempre ponderar la belleza de las habaneras, su señorío, su elegancia y, sobre todo, su dulzura, pero la realidad superó en mucho lo que había imaginado. En la capital de Cuba dejé amigas cuyo recuerdo me ha acompañado toda la vida, especialmente las marquesas de Duquesne, Fernandina, Villalta de Casa Montalvo y de Almendares y la condesa de Peñalver".

Eva Canel se refiere a Celia Delmonte, "gala de la sociedad" .

Rosalía Abreu sostuvo un "salón parisino" al que concurría lo mejor de la intelectualidad cubana. La primera *soirée* tuvo lugar en 1905.

En el número inicial de la revista *Social* (marzo de 1916) se reseñaron fiestas a las que concurrieron:

Rosario Arango, Gracia Cámara, María Francisca Cámara, Susana de Cárdenas Arango, María Luisa Gómez Mena Cagigas, Loló Larrea Sarrá, María Luisa Menocal Argüelles, María Dolores Machín Upmann, Mercedes Montalvo, Lolita Morales del Valle, Mina Pérez-Chaumont Truffin, María Ruiz Carvajal (Marquesa de Pinar del Río), Rosita Sardiñas, Mariana Seva Menocal.

Otros nombres:

Dolores Roldán Domínguez, Dulce Ma. Ricart Sánchez de Fuentes, Sra. Martínez Moles, Paulina Espinosa Amiel.

Se veían a menudo en la crónica social cubana los nombres de María Teresa Aranda, Serafina Diago, María Estrada Fanjul, Blanca Fernández de Castro, Lilia Hidalgo Conill, María Ruiz Olivares.

El cronista social del *Diario de la Marina,* Luis de Posada, hizo un resumen de 25 años de vida social habanera para el libro *Siglo y cuarto del Diario.*(1957)

Elizarda Sampedro, Condesa de Covadonga, casada con el Príncipe de Asturias, hijo de Alfonso XIII, fue durante mucho tiempo la única princesa cubana. Y la única duquesa cubana, fue Leticia de Arriba, que era Marquesa de Tiedra y además Duquesa de Amblada.

EN EL EXILIO

Imposible reseñar las innumerables mujeres que han figurado en las crónicas sociales del *Diario las Américas* y *El Nuevo Herald.*

Poco a poco, sin embargo, la crónica social tradicional ha evolucionado hacia un más fuerte y verdadero contenido social, en el sentido de presentar no sólo los convencionales compromisos, bodas, bautizos y cumpleaños , sino eventos que de alguna manera benefician a la comunidad que refleja, como galas para recaudar fondos con destino a las asociaciones benéficas, culturales y similares. Al mismo tiempo que los contornos de la crónica social tradicional se difuminan, también va cambiando la índole de mujeres y hombres que presenta, muchos ahora dentro del sector profesional: ascensos y nombramientos en los correspondientes bancos, firmas comerciales , etc.

Una nueva princesa cubana, hija del exilio, es María Teresa Falla, consorte reinante de Luxemburgo. De haber comenzado como esclavas, las mujeres cubanas han terminado siendo princesas y ejecutivas.

1.2.6 Benefactoras

Los millones que fueron entregados a Saint Simon para pagar las tropas, por las señoras de la Habana, pueden con certeza ser considerados como los cimientos de dólares sobre los cuales se erigió el edificio de la independencia americana.

Stephen Bonsal

Quizás no sea ocioso recordar que las grandes benefactoras de la humanidad son las órdenes religiosas que han estado por siglos al cuidado de los enfermos y menesterosos del mundo. Con ellas se ensañó el gobierno comunista de Cuba, que colocó a monjas y curas en un barco y los envió al destierro.

Los historiadores, en especial Calcagno, recogen los nombres de numerosas benefactoras:

Magdalena Jesús. "piadosa mujer que bajo el gobierno de don Juan Britan de Viamonte, 1646, estableció una especie de santuario de mujeres que se denominó el Beaterio, el cual dio lugar después al monasterio de Santa Clara".

Eusebia Ciriaca Varona en 1738 costeó el hospital de mujeres de Puerto Príncipe y luego la Iglesia del Carmen.

En 1725, María Recabarren y su esposo, donaron a los jesuitas, para la erección de un templo en la Habana, el ingenio Recabarren, situado en las inmediaciones de Santa María del Rosario y valuado en más de $80,000 pesos.

Teresa Beltrán Santa Cruz, condesa de Jaruco, fue cofundadora en 1792 de la Casa de Beneficencia. Fundó el colegio San Francisco de Sales y ayudó con cuantiosas sumas a la monarquia española en su lucha contra los franceses.

Teresa Senmanat, Condesa de Santa Clara, construyó en 1796 varias salas para el Hospital de Paula, del cual sustituyó de su peculio toda la ropa y mobiliarios por considerarlos contaminados. Creó una Asociación de Señoras con lo más notable de la sociedad habanera de entonces dedicado a inspeccionar y dotar el hospital periódicamente.

Rita Josefa de los Llanos, "en enero de 1804, y siendo arzobispo de Cuba D. Joaquín Ossés de Alzua fundó una iglesia que dio lugar al pueblo de Palma Soriano".

Susana Benítez fundó en 1811 el Asilo Santovenia y el Colegio Santo Ángel para niñas pobres.

En 1840, durante su visita a la Habana, la Condesa de Merlín tomó parte en una función a beneficio del Hospital de Mujeres Dementes y de la Casa de Beneficiencia.

En 1855, según Emilio Bacardí, se crea en Santiago la Asociación Hijas de María, de la cual es directora Da. Bárbara Kindelán de Senmanat, con el objeto de rescatar de las calles a niñas pobres de cuatrro a doce años de edad y educarlas "por cuantos medios estén al alcance de la asociación". Las negras y mulatas participan al par que las blancas en obras de beneficncia. Emilio Bacardí también anota en sus Crónicas, en ese mismo año: "La parda María de la Luz (María de la Luz González), directora de la célebre comparsa o sociedad de su nombre, rifa una muñeca a beneficio de la Asociación Hijas de María, dando un producto líquido de $400".

La santa madre Ángela de Agüero, que llegó a Superiora de las Ursulinas en 1865, tuvo fama de extremadamente piadosa y caritativa.

En ese mismo año, Susana Benítez [supra] fundó un colegio para pobres en una hermosa casa en la Plaza Vieja, en la cual había fallecido su hijo. Dejó un cuantioso legado a la Casa de Beneficiencia y Maternidad. Y para el asilo Santovenia.

Luisa Herrera Kessel, "hija de los Condes de Jibacoa, que al morir también en 1868, dejó un rico legado para los pobres".

Cuenta don Fausto Miranda:

...en la avenida de Zapata, casi a los pies del Castillo del Príncipe, las religiosas lograron realizar una gran obra... Existía una barriada humilde y sin el menor avance religioso... Allí llegó el celo de Hortensia de Armas, insigne catequista, y gracias a su inspiración en octubre de 1928 se inauguraba la entidad bajo la advocación de Santa Teresita... (28 de agosto de 2004).

Casal recuerda en sus crónicas a Matilde de León, conocida por sus "ofrendas piadosas", llamada "Madre de los Desheredados". Y a la

Condesa de Buena Vista. Como ellas, muchas otras damas de la alta sociedad cubana del siglo XIX se dedicaban a obras piadosas.

Josefa Oviedo donó a los pobres más de medio millón de pesos fuertes y dejó cuantiosos legados para obras caritativas.

Ana Tadino fundó con su esposo el convento de Santa Teresa de Jesús, "en época de Compostela".

Belén Quesada Barnet actuó decisivamente en la construcción del Hospital de San Lázaro.

· Mencionan también los historiadores a María de las Cuevas, Marquesa de la Candelaria de Yayabo, como "la mujer más liberal que ha dado Cuba".

La más rica y generosa, sin embargo, en virtud de haber recibido múltiples herencias familiares fue Dolores Betancourt y Agramonte. Dolores repartía libérrimamente su fortuna entre los necesitados. En 1905 hizo erigir un busto del Padre Valencia en el patio central del leprosorio de San Lázaro. Al año siguiente, un incendio destruyó el altar y numerosos objetos de plata en la iglesia de la Merced, y Dolores costeó su reconstrucción, valorada en cerca de $20,000. También costeó la erección del templo del Sagrado Corazón de Jesús, verdadera joya arquitectónica, donado en usufructo a las Escuelas Pías. Fallecida en 1921, dejó casi toda su fortuna a diversas iglesias y proveyó para la fundación de dos colegios, uno para niñas y otro para varones.

Úrsula Céspedes Escanaverino al graduarse de maestra fundó el colegio "Santa Úrsula" para niñas.

Micaela Fernández e Isabel García hicieron en 1784 grandes donaciones para el Hospital de Leprosos de la Habana.

Contemporáneas de Calcagno, "las hermanas Abreu, con sus valiosas donaciones han puesto a los pobres de Santa Clara al abrigo de la ignorancia y la miseria". Marta creó los colegios "San Pedro Nolasco", "Gran Cervantes", "Buen Viaje". El teatro "La Caridad", el asilo "San Vicente". Dotó a los bomberos de un dispensario, a la ciudad de una estación metereológica y de un puente sobre el arroyo El Minero. Eso, independientemente de sus contribuciones decisivas a la causa de la libertad de Cuba (V. 2.1.2.1). Rosalía Abreu creó el Colegio Santa Rosalía, dirigido por las Hermanas de la Caridad del Sagrado Corazón. En 1929, donó 150,000 pesos para crear la Escuela de Artes y Negocios para Mujeres.

Una de las últimas obras conjuntas de las hermanas Abreu fue la erección de una "Casa de Cuba" en la ciudad Universitaria de París, que en los primeros años del exilio sirvió de "segundo hogar" a muchos exiliados.

Esperanza Alpert creó en Sagua la Grande la creche Santa Teresita.

También eran villaclareñas las hermanas Truffin. Una de ellas creó el asilo para ancianos de ese nombre en Marianao.

En Camagüey se descatan Rosalía de Agüero y Catalina de Arteaga.

Con la llegada de la República, se unieron a la Cruz Roja Internacional las señoras Ana M. Menocal, Blanche Z. Baralt, Julia Martínez y Martínez y Clemencia Aragón. Eva Canel menciona como presidentas cubanas de la Cruz Roja a Doña Concepción O'Farril Santos Guzmán, y a la Excma, Sra. Condesa de Macurijes. También la gran patriota y periodista Rosario Sigarroa, creadora de hospitales en la manigua durante las guerras independentistas fue presidenta de la Cruz Roja en Cuba republicana.

Conchita Acosta recaudaba fondos para la Casa de Beneficencia.

Domitila García creó el colegio Nuestra Señora de los Ángeles, dedicado a la educación de los niños pobres.

La Hermana de la Caridad Carmen Geijo realizó una memorable labor en el Hospital de leprosos de El Rincón.

María Luisa Lobo Montalvo realizaba una intensa labor social entre las familias de los obreros que trabajaban en los ingenios de su padre, el magnate azucarero Julio Lobo, para los que creó programas educacionales, deportivos y becas.

Amalia Mallén, la gran sufragista cubana, creó la "Liga Benefactora de la Mujer".

Josefina Mosquera, cofundadora y directora de arte de *Vanidades* durante sus primeros 17 años de vida, era una persona sumamente caritativa. Cuando se retiraron de servicio los tranvías habaneros, obtuvo que le cedieran cuatro o cinco para instalar en ellos un campamento de verano para niños pobres, que mantenía de su propio peculio. Adoptó también una niña de la Casa de Beneficencia. Con la llegada del castrrismo, el centrro de veraneo fue clausurado. Josefina estuvo presa, hasta que logró salir de Cuba en 1962.

Ignacio Álvarez ha dejado la vívida semblanza de Sor Mercedes, una de las monjas de la Casa de Beneficiencia y Maternidad de la Habana, que en una ocasión le salvó la vida:

Era una mujer baja, gorda, bastante arrugada, de origen español, a la que le encantaban los gatos. Ella recogía el sobrante de las comidas que dejaban los internados y se las daba a los gatos de los alrededores que acudían masivamente a comer. [...] Ella conducía los rezos, tenía un pequeño cuarto donde cosía y vendía dulces a los muchachos.

[...] Fui testigo de sus bondades y generosidades pues ella me llevaba cuando iba a entregar comidas y dinero a personas desahuciadas y enfermas fuera de la Institución.

En la provincia pinareña, a fines de la República, se destacó Úrsula Valdés Cardoso Benítez, que fundó y mantuvo de su peculio una creche y un asilo para ancianos del que se ocupaban las monjas de San José. Tan eficaz era la labor de esta institución que cuando sobrevino el castrismo y fueron expulsados todos los religiosos de Cuba, estas monjas fueron dejadas en su sitio.

1.2.6.1 Otras benefactoras:

Flor Loynaz, María Teresa Aranda, Leticia de Arriba de Amblada, Emelina Díaz Parajón, María Calvo Giberga, Blanca Fernández de Castro, Isabel Garcerán, Ángela Hernández Rodríguez Jiménez, Conchitina Jover Tristá, María Montalvo, Consuelo Morillo, Rosario Rodríguerz Cáceres, Mina Truffin.

La extranjera "aplatanada" de este grupo es Jeannette Ryder (Washington, 1866-La Habana, 1931), que llegó a Cuba en 1899 y fue fundadora del "Bando de Piedad", nuestra Sociedad Protectora de Animales.

Fue benefactora de los animales la matancera Electa Fe de la Peña, durante varias décadas maestra de inglés.

EN EL EXILIO

Elena Díaz Versón-Amos, llamada "uno de los pocos ángeles que andan sueltos por la tierra." Contribuyó entre otras cosas a la extraordinaria hazaña realizada por Orestes Lorenzo, proveyéndole el avión que le permitió volar a Cuba y rescatar a su familia. También ayudó a salir de Cuba a Alina Fernández Revuelta, la hija del tirano. Como tan bien expresara Beatriz Parga en "La Revista" del *Diario las Américas*:

Considerada una de las mujeres más ricas de Estados Unidos, al contrario de muchas gentes acaudaladas, sabía que el dinero compartido es el que mejor se disfruta. Y así su mano generosa siempre estaba dispuesta a ayudar al necesitado, viniera de donde viniera, y lo hacía calladamente, con esa discreción y esa elegancia tan especiales que eran su principal característica.

Dora Benes es conocida como la "Primera Dama de la Filantropía de la Comunidad Judía cubana".

Juanita Castro ayudó a los recién llegados, especialmente con medicinas. Dirigió la agrupación Marta Abreu, para ayudar a familias cubanas necesitadas.

Hilda Caballero, en Madrid, y su cuñada Isabel Seijo Caballero, en los Estados Unidos, ayudaron a innúmeros exiliados, entre los que me encuentro; Hilda, acogiéndolos en su hogar (en aquel entonces el de los Díaz Balart) e Issabel (y su esposo), aportando documentos, affidavits, etc., y ayudando a los exilados a orientarse en el nuevo medio cuando llegaban a USA.

Elsa Echemendía fundó las Misioneras de la Virgen María para ayudar a los niños pobres.

Silvia Medina Goudie, ayudó a los primeros exiliados en Miami.

Lourdes Palacios Águila creó la Liga Contra el Cáncer en Cuba y en USA, una de las instituciones que con mayor eficacia ha servido a las comunidades donde funciona.

Leonor Portela, es la fundadora de Misioneros del Camino para niños desamparados en Guatemala.

Rosario Vadía participa en innumerables instituciones benéficas del Exilio.

Y entre otras, en la medida de sus posibilidades: Eloísa Gastón Suárez, Rosario Hiriart, Gladys Zaldívar.

1.2.6.1.1 "La Madre Valencia"

(Debo conocimiento de la vida de esta santa religiosa a Miriam Gallardo, que me ha facilitado diversos documentos, así como los artículos de Baltasar Bueno en la prensa valenciana y de la escritora cubana Sarah Mansourt. Miriam, a su vez, los recibió por mediación de Ofelia M. Tovar , Josefina Bravo, y Sor Elisa Seco).

Tuvo Camagüey un apóstol en el "Padre Valencia" (José de la Cruz Espí) y Valencia una madre en la cubana Guillermina Domínguez Alfonso, nacida en Marianao, el 19 de julio de 1918. Eran tres hermanos: dos niñas y un único varón. Ambas chicas ingresaron en la orden de las Hijas de la Caridad. Destinada al Colegio de La Milagrosa en Guanabacoa, allí permanecería Sor Guillermina hasta que fue violentamente arrancada de su convento por los castristas, y como tantos otros religiosos y religiosas cubanos, puesta a bordo de un barco que la conduciría a Valencia, destinada al colegio de las Hijas de la Caridad de Alboraya. Más tarde, graduada de enfermera, fue trasladada a la enfermería y luego de estudiar Asistencia Social consiguió una plaza de investigación en el Hospital de la Fe, a cargo del Pabellón Maternal y de niños enfermos.

Comenzaron a llegar los cubanos exiliados de los años 60 y 70 y ella ayudaba a que se establecieran en la nueva tierra. Si una mujer sabía coser, Sor Guillermina le conseguía clientela, si alguien necesitaba una furgoneta, buscaba donantes, hacía rifas, caminaba toda la ciudad, removía cielos y tierra… A cada recién llegado, le daba una "cachurra": un enorme cajón con garbanzos, arroz, lentejas, aceite, papas, que aportaban los que ya estaban más encaminados.

Fueron largos años de bregar, en lo que desaparecía su familia, sin que unos y otros volvieran a verse, de llevar la comunión a los hogares, exhortar a los cubanos a permanecer unidos, en los últimos tiempos alrededor de la Parroquia de Monteolivete. Hasta que un día su memoria comenzó a borrarse, su energía comenzó a debilitarse… la terrible Alzheimer.

Sor Guillerina Domíngez, la "Madre Valencia", falleció el 16 de junio de 1999. En su honor, el Ilustrísimo Ayuntamiento de Valencia ha designado "Plaza Sor Guillermina" a una que queda contigua a la iglesia parroquial de Monteolivete.

1.2.6.2 Primeras Damas

Se consideró siempre que parte de las funciones de una Primera Dama, además de "vestir" la Presidencia, era realizar obras benéficas, dada su posición dentro de la sociedad. No todas se dedicaron a estos empeños, pero la historia nos ha conservado algunas instancias.

▪ Aunque no realizó obras de carácter benéfico para el público, Genoveva Guardiola Estrada Palma proyectó sobre la sociedad cubana una imagen de frugalidad pocas veces igualada. No solamente "repasaba", esto es, zurcía la ropa de su marido e hijos, sino que llevaba siempre zapatos gastados por el uso y la única joya que exhibía era un simple aro de oro, su anillo matrimonial.

▪ América Arias Gómez, había sido correo de los mambises durante la guerra de Independencia y encarnaba todas las tradicionales virtudes femeninas, que en aquella época incluían coser la ropa de su esposo y su hijo. Contribuyó a crear la Academia de Tipógrafas de La Habana.

▪ Mariana Seva Menocal Presidió la Cruz Roja. Creó los talleres "Mariana Seva" de rehabilitación para "las jóvenes sin hogar". Fue a rezar al santuario de El Cobre por la terminación de la Primera Guerra Mundial, en la que participaban los cubanos desde 1917.

■ El entonces presidente Fulgencio Batista perdió parte de su popularidad al divorciarse de su esposa Elisa Godínez para contraer segunda nupcias con Marta Fernández Miranda. Elisa fue una buena mujer. Y Marta repartió bienes y favores a manos llenas.

■ En época del presidente Ramón Grau San Martín, su cuñada, Paulina Alsina Grau, "primera dama" oficial de la nación fue condecorada por el Papa Pío XII por sus contribuciones a la Iglesia.

■ Mary Tarrero Prío, bella, joven, deportista, aportó además a la presidencia un aire de elegante modernidad.

No todas las primeras damas cubanas fueron bien vistas. El populacho se ensañó con algunas, debido a su origen humilde o irregular. María Jaén Zayas y Mariana Seva fueron blanco de críticas a veces abiertamente groseras, de las cuales no tenemos por qué hacernos eco.

1.2.6.3 Asociaciones benéficas

Entre las asociaciones femeninas de Cuba que más se destacaron en el campo de la beneficencia y la ayuda social se encuentran las Damas Isabelinas y el Lyceum.

La historiadora y ensayista Anita Arroyo refiere así la creación de la primera:

"El día 26 de noviembre de 1925 un grupo de señoras de la sociedad cubana, en torno a la señora Lily Hidalgo de Conill, fueron iniciadas en la orden internacional denominada Catholic Daughters of America. Quedó así constituida la filial de las Hijas Católicas de América con el nombre de Damas Isabelinas como homenaje a la gran reina y gran católica que contribuyera a descubrir este Nuevo Mundo.(…). Y, deseosas de hacer enseguida obra útil iniciaron su valiente cruzada contra la tuberculosis, cuando ese mal constituía en nuestro país un grave problema social".

Las Damas Isabelinas construyeron varios pabellones en el sanatorio nacional para tuberculosos "La Esperanza" y gestionaron la creación de un dispensario en cada capital de provincia y la creación de mercados libres en distintos barrios de la capital. Organizaron una legión de Damas Visitadoras y una escuela gratuita de Enseñanza Doméstica. La Casa Cultural de Católicas, inaugurada el 10 de agosto de 1939 creó un ambiente favorable a las actividades culturales, que se organizaron por decenas, y una biblioteca pública circulante.

Algunas Damas Isabelinas destacadas fueron, además de la presidenta fundadora Lily Hidalgo, María Montalvo Soto Navarro, Margot

López, Consuelo Morillo Govantes y Leticia de Arriba, Marquesa de Tiedra.

El Lyceum por su parte, fundado en fecha paralela por Berta Arocena y Renée Méndez Capote, creó su célebre Departamento de Asistencia Social, bajo la dirección de Elena Mederos, con secciones como Bolsa de Trabajo, Ropero, Botiquín, Voluntarias, Atención de Familias y Niños, Comité de Damas del Hospital Mercedes, una Escuela Nocturna gratuita y una Biblioteca Pública circulante. Estas actividades llevarían a la creación de una nueva carrera profesional que se estudiaría en la Escuela de Asistencia Social de la Universidad de la Habana.

La beneficencia basada en la caridad privada fue sustituida por formas más científicas de afrontar los problemas sociales, a partir de la creación de la Escuela de Servicio Social en la Universidad de la Habana, en 1943. En el nuevo campo profesional se destacaron, además de Elena Mederos, alma de este nuevo enfoque: Ada López, Esperanza Palacios, Elena Moure, Corina Behar, Lilia Cervera, Guillermina Llanuza. Otras distinguidas liceístas: Emelina Díaz. Piedad Maza, Vicentina Antuña, Rosario Rexach, Georgina Shelton y la propia Anita Arroyo.

Es notoria la animadversión del comunismo por todo lo que tienda a mejorar las condiciones de vida de las clases humildes ("proletarias", dicen, aun cuando no tengan hijos), porque, como muy bien explicara la gran teórica marxista Rosa Luxemburgo, lo que se proponen los comunistas es "exacerbar toda la brutalidad de que es capaz el proletariado para lanzarlo a la destrucción del capitalismo".

Sin embargo, con su característico pensamiento calculador, al asumir el poder, el actual dictador cubano nombró a Elena Mederos Ministra de Bienestar Social y a Vicentina Antuña Directora General de Cultura, para crear la sensación de que eran las instituciones cívicas las que habían arribado al poder.

1.2.7 Mecenas

Tras haber estado aportando dinero a la causa de la liberación patria no fue muy difícil para las mujeres hacer en la República la transición hacia el mecenazgo de las artes y las letras.

Como todo el mundo sabe, detrás de la voluminosa obra de Lydia Cabrera, posibilitándola en muchos aspectos, estaban los millones de María Teresa de Rojas, historiadora e investigadora de méritos propios.

EN EL EXILIO

María Luisa Lobo ayudó a hacer realidad algunos proyectos culturales y publicaciones. Talento múltiple, se interesó en la antropología, el cine (donde algunos de sus documentales resultaron premiados) y la arquitectura. En este último campo produjo *La Habana: historia y arquitectura de una ciudad romántica*, que desde su aparición es un clásico cubano.

1.2.7.1. María Luisa Gómez Mena

¿Quién no sabe que detrás de los empeños editoriales del poeta español exiliado Manuel Altolaguirre se encontraban los millones de María Luisa Gómez Mena, Santa Patrona de las Artes de Cuba? María Luisa Gómez Mena universalizó la pintura cubana de este siglo al obtener una primera exposición en el Museo de Arte Moderno de Nueva York, con el título "Pintura cubana de hoy", luego transformada en libro por la propia María Luisa.

El patronazgo (¿matronazgo?) de María Luisa Gómez Mena se extendió a los artistas del continente. Por invitación suya Siqueiros visitó la Habana y pintó un mural en el hogar que entonces ella compartía con Mario Carreño.

Dice Adela Jaume:

María Luisa Gómez Mena estudió en Londres, París y Friburgo. Su interés por las artes plásticas la llevó a iniciar en Cuba una activa campaña en pro del arte moderno, fundando y dirigiendo la Galería del Pardo [sic. Debe decir Prado] donde hallaron apoyo y estímulo los pintores jóvenes del país. Como directora de dicha sala, editó magníficos catálogos entre los que merece citarse Carreño y su obra, con textos de Gómez Sucre [sic. Debe decir Sicre]. Más tarde trasladó su residencia a México, dedicándose al cine en calidad de productora.

Dice Pancho Vives:

Mi madre se casó con mi padre cuando ella tenía 18 años. Se divorció de él a los 24. Pasó por una temporada de tres o cuatro años, que ahora denominan 'encontrarse a sí misma'. Cambió de personalidad y decidió que lo único que le interesaba en esta vida eran los artistas. Se casó con Mario Carreño y después, en 1944 se divorció de él. En México, se casó con Manuel Altolaguirre, a quien había conocido en Cuba. En 1953 residieron en la Isla pero a Altolaguirre no le gustaba porque vivía separado de su Palomita, su hija. Además, no había tanta

*razón para que vivieran en Cuba. Volvieron a México algunos años
antes de la salida de Batista y la entrada de Castro. Mi madre y Altolaguirre iban a presentar una película en el Festival Internacional de
San Sebastián, dirigida por él y producida por mi madre, El Cantar de
los Cantares. Yo iba a reunirme con ellos en San Sebastián cuando
sobrevino el accidente [automovilístico en que murió María Luisa], en
1959, en Cubo de Bureba en Burgos.*

1.2.8 Animadoras de la cultura

Sin necesidad de poseer o de aportar grandes sumas de dinero y
aportarlas a las letras y las artes, muchas otras mujeres cubanas se han
dedicado a avivar nuestra cultura, organizando actos de diversa índole,
como conferencias, conciertos, recitales, exposiciones coloquios y similares. Veamos:

1.2.8.1 En general

Aunque no tuvo lugar en Cuba, debemos mencionar el célebre "salón" parisino de la condesa de Merlín, por donde desfiló lo mejor de la
sociedad y la cultura francesas de su epoca.

Con respecto a otro famoso "salón" reseña Adela Jaume, en la *Enciclopedia de la mujer* (Barcelona, 1967) bajo el epígrafe Abreu, 3. Rosalía:

"Dama cubana que en los comienzos del presente siglo se hizo
famosa por su quinta, llamada 'Chateau de las Delicias' y por las veladas que en ella se celebraban, con asistencia de las más destacadas personalidades isleñas y aun algunas extrajeras".

Y cita a su vez, de Loló de la Torriente (*Estudio de las artes plásticas en Cuba*):

"Allí se reunían las figuras de más alta alcurnia intelectual: Raimundo Cabnrera, escritor y patriota; Máximo Gómez, que se deleitaba
contemplando los *panneaux* que pintaba Armando Menocal sobre temas heroicos de la Guerra de Independencia; el joven abogado Alfredo
Zayas; el ilustre tribuno Manuel Sanguily; el periodista de pluma fácil y
palabra precisa Manuel Márquez Sterling; el Conde Kostia, que ocultaba bajo noble título su nombre de Aniceto Valdivia; Fray Candil, que así
firmaba Emilio Bobadilla, y aquel otro caballero, espejo de periodistas,
que fue José de Armas y Cardenas [Justo de Lara]. La *soirée* inaugural
de aquel chateu estilo parisino fue un gran acontecimiento en 1906".

María Teresa Aranda Echevarría fundó la Sociedad de Artes y
Letras Cubanas, que organizaba actos culturales.

Berta Arocena y Renée Méndez Capote, fundaron el Lyceum, que ofrecía actos culturales de diversa índole: conferencias, exposiciones, recitales, y mantenía una biblioteca pública circulante de más de 5,000 volúmenes. Berta era incansable en la tarea de acoger y ayudar a desarrollar nuevos talentos. Actividades similares eran organizadas por las Damas Isabelinas de Cuba.

EN EL EXILIO

Hoy damos por sentado la existencia de muchas facilidades culturales a disposición de los miamenses de habla española, pero muchos olvidan que todavía en el año 76, cuando se inauguró en Miami la primera biblioteca enteramente dedicada a obras en nuestro idioma, tampoco existía la FIU como la conocemos hoy día, ni la Universidad de Miami mostraba su actual interés por la cultura cubana. Todo estaba por fundarse, por hacerse, y a ese empeño dedicaron sus mejores esfuerzos, un puñado de mujeres cubanas a las que fueron sumándose otras al correr de los años.. Relacionamos las más destacadas, por orden alfabético.

Rosa M. Abella, y Ana Rosa Núñez crearon la Colección Cubana de la Biblioteca de la Universidad de Miami, que bajo la dirección de Esperanza y Lesbia Varona se ha transformado en la espléndida "Cuban Heritage Collection", orgullo de los cubanos.

Uva de Aragón, Secretaria del Instituto Jacques Maritain, organiza conferencias, entre ellas un señalado ciclo sobre el papel de la mujer en la sociedad cubana.

Ondina Arrondo, directora de la Rama Hispánica del Sistema de Bibliotecas Públicas del Condado Miami-Dadedesde su fundación hasta 2003, sirvió incansablemente, con los mismos recursos iniciales, las necesidades de una población de habla española que crece incesantemente.

Amalia Bacardí pagó con largueza a Lydia Cabrera la corrección de pruebas de las *Crónicas de Santiago de Cuba*, (12 volúmenes), la monumental obra de su padre, don Emilio Bacardí.

Amelia del Castillo, fundadora del Grupo GALA, organizó charlas y un recordado homenaje a Carlos Montenegro, Lydia Cabrera y Enrique Labrador Ruiz.

Ángela Cruz ha estado reuniendo la obra de Ana Rosa Núñez, a la que añadió un volumen que recoge todos los trabajos que se han producido sobre la desaparecida poetisa, y costeará la publicación de ambos volúmenes.

María Orta, fundadora del Instituto de Cultura Hispánica de Miami, organizó conferencias y actos culturales de diversa índole.

Josefina Rubio fundó y dirigió la Asociación de Críticos y Cronistas de Arte (ACCA) que anualmente celebraba concursos para premiar las mejores obras plásticas, musicales y literarias y premiaba asimismo las mejores obras teatrales que se hubieran presentado durante el año y sus directores y actores. Durante muchos años, la ACCA fue una especie de brújula que servía para determinar por cuáles rumbos andaba la cultura cubana del destierro.

Ofelia Tabares, más recientemente, al frente del Museo Cubano realiza una gran labor de divulgación de la cultura.

Gladys Zaldívar, cofundadora y Secretaria Permanente de la Asociación de Hispanistas de las Américas ha estado al frente de innumerables programas (conferencias, charlas, conciertos, exposiciones, diversos seminarios, etc.) y puso de moda los café-conversatorios. También dirigió las publicaciones de la Asociación de Hispanistas de las Américas, que tiene en su haber algunas monografías realmente importantes para la cultura cubana. Prepara en la actualidad una publicación donde se recogen estas actividades.

Una forma de actuar como mecenas consiste en crear medios de expresión como las editoriales, y recientemente los espacios cibernéticos, donde los credores puedan expresarse. Además de las mencionadas publicaciones de la Asociación de Hispanistas de las Américas, hay que destacar la labor de:

Nancy Pérez Crespo, que fue de las primeras. Creó las ediciones SIBI que entre otros valiosos aportes ofreció la edición facsimilar del libro conmemorativo del primer *Siglo y Cuarto* de la fundación del Diario de la Marina. Y últimamente la revista *Enepecé*.

Rosario Hiriart es la fundadora y directora de las ediciones Cocodrilo Verde.

Nedda de Anhalt, financió una antología de la poesía.

En el mundo de las computadoras, Marisel Mayor ha creado la revista *Baquiana*, a la disposición de cualquier producción meritoria y otro tanto ha hecho Mercedes Cortázar con su espacio *Expoescritores*.

1.2.8.2 Animadoras de la cultura musical

Flora Mora, en su recuento "El Arte musical en la República", rinde tributo a las primeras generaciones de maestros de música, encargadas de fomentar el gusto por la música culta, y entre ellos menciona a estas profesoras: Isabel Caballero Salazar, Luisa Chartrand, Cecilia Arizti, Lina Campuzano, María Dolores Cubas Prats, Consuelo Angulo, María Luisa Facciolo, María Martínez Ortiz, Isabel Tomás, María Montalván.

Participaron activamente en la Asociación Nacional de Profesores y Alumnos de Música: Gloria Allo, Ana María Arrarte, Nena Becerra, Asunción García Arias, María Luisa Facciolo, Tina Farelli Bovi, Dalia Iñiguez, Rosario Iranzo, Amelia Izquierdo, María Jones Castro, Eugenia Medina Muñiz, Flora Mora, María Muñoz Quevedo, Ramona Sicardó.

Contribuyeron al desarrollo de la cultura musical cubana:

María Teresa García Montes Giberga, fundadora de Pro Arte Musical.

María Muñoz Quevedo, fundadora de la Sociedad de Música Contemporánea.

Rosita Rivacoba, fundadora de la Sociedad de Conciertos.

1.2.8.2.1 Sociedades musicales

Puede decirse que Pro arte Musical fundada en 1923 por María Teresa García Montes es la institución que hizo de la Habana una de las capitales musicales más importantes del continente. Una relación completa de las actividades de Pro Arte ocuparía un volumen completo. Y ése es el que ha escrito Célida Parera Villalón, con quien a su vez ha contraido una deuda la cultura cubana. Fueron presidentas sucesivamente, después de María Teresa García Montes Giberga, su fundadora: Oria Varela Albarrán, Laura Rayneri de Alonso (que dirigió una de las etapas más fecundas), María Teresa Velasco González Gordon, Conchita Giberga Oña, seguida de un nuevo período de Dulce María Blanco. Fueron sus becarios en el extranjero, entre otros: Jorge Bolet, Ivette Hernández.

Otras importantes insituciones fueron Amigos de la Música y la Sociedad de Conciertos, ambas fundadas por Rosita Rivacova. La Sociedad de Conciertos presentó en Cuba a notables intérpretes internacionales y se dedicó sobre todo a la Música de Cámara, con el "Trío de los Tres Albertos (Falcón, Bolet y Roldán).

Conchita Garzón fue fundadora de la Sociedad de Música de Cámara.

María Gastón, musicóloga.

Nena Benítez, cronista musical del *Diario de la Marina*.

Merecen mención aparte las vocales de música del Lyceum, Elena Pérez Sanjurjo y Rosa Leonor Whitmarsh, entre otras.

En provincias, fue destacada la labor de Rosa Martínez Cabrera y Onelia Roldán Fonseca, del Lyceum de Camagüey.

EN EL EXILIO

Ha sido decisiva la labor y la influencia que ha ejercido sobre los medios artísticos la Sociedad Pro Arte Grateli, fundada por Marta Pérez y por Pili de la Rosa, que ha producido zarzuelas, comedias musicales, dramas, conciertos, espectáculos "nostalgia" como los de Mara y Orlando, los Festivales Lecuona y los "shows" de Blanquita Amaro. Y por cuyo escenario han desfilado luminarias de la ópera y el ballet, y figuras como Raphael, Rocío Jurado, Lola Flores, Rocío Dúrcal, Pedrito Rico, Luisa María Güell, René Touzet, Mario Fernández Porta, Rosendo Rosell y tantísimos otros.

1.2.8.3 Animadoras de las artes plásticas

Existieron en Cuba la Sociedad Universitaria de Bellas Artes y el Patronato de las Artes Plásticas.

Colaboró intensamente en la creación e instalaciones del Museo Nacional Ernestina Pola Montoro.

Como ya he reconocido públicamente en más de una ocasión, la pintora Raquel Lázaro, como vocal de artes plásticas del Lyceum realizó una extraordinaria labor, al proporcionar a muchos artistas que fueron más tarde grandes nombres de la pintura cubana su primera exposición.

EN EL EXILIO

Rosa María García Sarduy, alentó a los pintores y escultores en su galería neoyorquina. En Miami, existió una asociación de pintores que organizaba exposiciones periódicas y que tuvo como presidenta a Ana Pardo. La ACCA, como ya mencionamos, premiaba anualmente varias categorías plásticas. Rosa de la Cruz ha convertido su residencia de Key Biscayne en una verdadera gealería de arte, desde donde anima a los pintores jóvenes.

1.2.8.4 Animadoras de la cultura teatral

Sin duda María Julia Casanova ha sido una de las mujeres que con mayor ahínco (y distintos grados de fortuna) se dedicó a la tarea de que existiera en Miami una vida teatral comparable a la que existe en todas las ciudades civilizadas de la tierra.

Una labor igualmente valosa realizó Josefina Rubio con sus crónicas y las premiaciones periódicas de la ACCA.

Nena Acevedo, por su parte, con un grupo de actores voluntarios, organizó la lectura de más de un centenar obras teatrales en la sala teatro Avante y en la Rama Hispánica del Sietema de Bibliotecas del Condado Miami-Dade.

Y al frente del grupo Prometeo, en el Miami Dade College, Teresa María Rojas echó sobre sus hombros la tarea de formar verdaderos actores y profesionales del campo teatral y crear para el teatro un público conocedor. Se ha empeñado a la perfección en que los miamenses desarrollen gusto por el teatro del absurdo y porque estemos al tanto de lo último en tendencias teatrales.

2. TOMANDO CONCIENCIA

Fáciles son los héroes con tales mujeres.
José Martí

[Quiero aclarar que en esta segunda parte, como en todo este libro, me baso en fuentes documentales. Cuando éstas faltan recurro a la memoria de personas conocidas. Sorprendarán las listas interminables de mujeres en las distintas secciones. Esto se debe a que he seguido un criterio incluyente. Sorprenderá también el hecho de que se encuentren en una misma relación hombro con hombro las "grandes figuras" y las representantes de la llamada "gente sin historia". Pues bien: aquí han tenido su historia. Y que sea el tiempo el encargado de relegarlas. No yo. Seguramente habrá muchas omisiones, porque nunca se han realizado recuentos sistemáticos de las mujeres en los distintos aspectos de la historia y la sociedad cubanas. Agradezco a las lectoras que me ayuden a subsanarlas con vistas a una posible segunda edición. Gracias].

2.1 Patriotas

Brindo por la libertad del mundo y, lo que es más, por la independencia de Cuba.
Emilia Casanova (En Cárdenas,1851)

Tu deber antes que mi gusto, Ignacio.
Amalia Simoni

Y tú, empínate, que ya es tiempo de que pelees por tu patria.
Mariana Grajales

Las que lo hemos dado todo a la patria, madre, esposo, hijos... apenas si tenemos tiempo para ocuparnos de las necesidades materiales de la vida.
[...] No debe gastarse en pan lo que hace falta para pólvora.
Bernarda (Manana) Toro

Aunque el término *mambisa* se ha utilizado de manera general para referirse a cualquier cubana abnegada y heroica, es evidente que esa designación describe más bien a la cubana incorporada, junto a su esposo y a su familia, al esfuerzo bélico, en los campos de Cuba. Sería de una gran imprecisión calificar a la gran patriota Marta Abreu, por ejemplo, ayudando con su inmensa fortuna desde París a las guerras independentistas de "mambisa". O para poner otro ejemplo: sería un grosero anacronismo calificar de "mambisa" a la valerosa Pepilla Arango, que escondió en su finca al fugitivo poeta José María de Heredia, muchísimo antes de que se produjera un conflicto armado entre cubanos y españoles. Utilizo pues la designación de *patriotas,* más amplia, para abarcar a las mujeres cubanas que en formas variadísimas contribuyeron a hacer de Cuba un país libre y soberano. Y hago un aparte para las mártires, mujeres civiles asesinadas por el enemigo, y las emigradas y laborantes, aunque no se me oculta el valor relativo de estos intentos de sistematización. Antes de referirme a ellas someramente, debo en toda justicia consignar que mucho antes del comienzo de las gestas libertadoras, cuando la conspiración y subsiguiente ajusticiamiento de Joaquín de Agüero y sus valerosos compañeros, las camagüeyanas se cortaron sus largas cabelleras y se vistieron de negro, en señal de solidaridad y de luto.

2.1.1 Mártires

Las mujeres son las que más han sufrido en Cuba. En ellas descansa la carga del presente y del futuro [...] Pero a pesar del sufrimiento todavía tienen coraje y confían que Dios ayudará a Cuba. Las mujeres de Cuba son las madres de esta revolución. No le temen a la muerte y muchas han dado sus vidas valientemente por su Patria.

Franklin Matthews

Fue una heroica precursora de nuestras mambisas la lucumí Fermina, que lideró la revuelta del central Acana en 1843 y fue fusilada por los españoles al año siguiente, 1844, " el año del cuero" , cuando se deshizo la supuesta "conspiración de La Escalera".

Se considera a Marina Manresa la primera mártir de las luchas separatistas, en un fallido alzamiento en Yumurí, en 1850. Se cita también como precursora a Rita Balbín, que conspiraba contra España en plena ciudad de la Habana, empresa por la que perdió la vida. Algunas mujeres asesinadas durante las guerras de Independencia fueron Ana Josefa Agüero (violada y torturada), Lorenza Alomá, Manuela Cansino (murió en una cárcel española), Catalina Guerra, Luisa Fernández Gutiérrez, Pastora López Barrero, María Caridad Martínez Hernández, Mercedes Moya, Mercedes y Juana Mora (también sus hijos: Adrián y Alberto, adolescentes, y los niños Ángel y Juanita, ésta de 2 años de edad), Petra Josefina Pereira (ahorcada), Isabel Rubio Díaz, Mercedes Tamarit, Natividad Torres (de 19 años, ahorcada), Mercedes Varona. Se guarda la memoria, aún sin sus nombres, de 26 mujeres asesinadas en la "Loma del Infierno", en 1877.

2.1.2 Mambisas

¡Ese sí es mi hijo Calixto, antes muerto que rendido!
Lucía Iñiguez

Si debo morir bajo los escombros de este edificio para que triunfe la santa causa, que no detengan un instante el fuego del cañón.
Juana de la Torre

Ve, cumple con tu deber y que cuando vuelva a abrazarte seas un hombre libre.
Ana Josefa Agüero Perdomo

Nada me haría más feliz que dar mi vida y mi sangre por la redención de mi patria.
"Canducha" Figueredo

Forman legión las mambisas, las mujeres que sirvieron a la causa de Cuba en la manigua redentora, en calidad de correos, enfermeras, reporteras, y en funciones de inteligencia, contrabando, recaudación de fondos, etc. Las mujeres se encargaban del aprovisionamiento de las tropas, la preparación de las comidas, de mantener a los hijos y los maridos limpios y remendados. Según Franklin Matthews, reportero enviado a Cuba por *Harper's Weekly*, en 1899, había "más de 100 mujeres peleando bajo Maceo y muchas más bajo Gómez".

Serán siempre señeros los nombres de Mariana Grajales y María Cabrales, las dos mujeres en la vida de Maceo, y Bernarda del Toro y Clemencia Gómez Toro, en la vida de Máximo Gómez. Algunas defienden la causa de la independencia con las armas en la mano, como Adela Azcuy, Rosa Castellanos, la Bayamesa, investida capitana por el propio Máximo Gómez, Ciriaca Cisneros, Altagracia Cepeda, Juana Francisco, María Caridad Gómez, Isabel Hidalgo, Amparo Orlie, Isabel Rubio, nombrada capitana por Antonio Maceo. Con esta gran patriota se fue a la manigua la niña Mirta (la historia no ha conservado su apellido), una negrita de 11 años.

Otras galopan con sus maridos y familiares: Florentina Aldama, Concepción Agüero, Matilde Agramonte, Ana Betancourt, Blanca Betancourt Bravo, Carmen Cancio, Luz Cardona, Lorenza Díaz, Leonor de Feria, Luz Hernández, Dolores Montero, Rosario Morales de los Reyes, Luz Noriega, Luz Palomares, Concepción Peña, Francisca Rosales, Regla Socarrás, Margarita Spotorno, Magdalena Zayas Bazán.

Se destaca Lucila, la abanderada. O la también abanderada María Hidalgo Santana. En total, unas 25 mujeres obtienen el grado de oficiales y quedan inutilizadas en los combates. Mercedes Sirvén, Magdalena Peñarredonda ("La Delegada") y Rosalía Hernández Calestrín ostentan el grado de Comandante del Ejército Libertador.

Fueron también beligerantes en las guerras de Independencia: Manuela Cancino, Adriana del Castillo, Rosario Dubroca, Micaela Hernández, María de la Caridad Martínez, Juana de la Torre. Dolores Ribero Pérez realizó una huelga de hambre en favor de la Independencia de Cuba hasta morir de inanición.

2.1.2.1 La Generalísima

Sabido es el aporte económico de las mujeres, adineradas o no, a la causa de la libertad de Cuba. Figura cumbre entre el grupo de patricias criollas es Marta Abreu, que en una sola ocasión donó 50 mil pesos, y exclamó: "Hasta mi última peseta será para la libertad de Cuba. Y si se me termina el dinero, pediré limosna".

Pánfilo Camacho, biógrafo de Martra Abreu, cuenta una impresionante anécdota:

A los pocos días [de su regreso a Cuba], Marta y don Luis tienen el grandísimo honor de recibir llenos de gozo, en una comida íntima, al Generalísimo Máximo Gómez, quien deleita a los asistentes con relatos y anécdotas de sus muchos años de pelea. Nadie osa interrumpir la peroración del egregio dominicano. La atención con que se le escucha es absoluta. Cuando el Generalísimo hace una pausa, Jover, uno de los íntimos de Marta que asiste al acto, quiere conocer su opinión sobre ella.

–¿Qué opina usted, general, de Doña Marta Abreu?, pregunta tímidamente Jover.

–No saben ustedes los villaclareños, los cubanos todos, cuál es el valer de esta señora; quien lo sabe bien es don Tomás Estrada Palma; vayan y pregúntenle qué significación patriótica alcanza la ilustre Marta. Si se sometiera en una deliberación en el Ejército Libertador el grado que a dama tan generosa habría de corresponder, yo me atrevo a afirmar que no hubiera sido difícil se le asignara el mismo grado que yo ostento –le replica el Generalísimo en tono enérgico y decidido.

2.1.2.2 Otras mambisas

Fue una combatiente de la Guerra de Independencia de Cuba y activa benefactora en la temprana República Luisa Quijano, hija de mi patria chica, Marianao. Su nombre ilustre lo llevaba una de las calles del pueblo hasta que llegó la malhadada idea de numerarlas.

Combatieron con grado de coronel María Escobar, de Caibarién, y Antonia Romero, de Remedios, que desplegaron tanta valentía en la batalla de Jinaguayabo (Remedios), donde había acampado Calixto García, que la hazaña exitó la musa popular. Debo el conocimiento de este episodio y las cuartetas que se transcriben a la gentileza de Teresita Mayans.

Salió Canellas con 2,000 hombres
los insurrectos a dispersar,
Y le salieron las remedianas
y ellos tuvieron que chaquetear.
¡Viva María, la Coronela!
¡Viva Antoñica, que lo es también!
¡Y vivan todas las remedianas
y las cubanas de Caibarién!

Las que permanecen algún tiempo más en la retaguardia, no cesan de alentar a sus hombres. Ana Josefa Agüero Perdomo, que encarna el sentir de estas mujeres cuando despide a su esposo con las ya citadas palabras: "Ve, cumple con tu deber y que cuando vuelva a abrazarte seas un hombre libre".

2.1.2.3 Mis dos mambisas

Habiendo sido "isleños", esto es, canarios, mis cuatro abuelos, las noticias que se tenían en mi hogar de la guerra que separó definitivamente a cubanos y españoles eran bastante vagas y confusas. Menos mal que enfrente de nuestra casa vivía una auténtica mambisa, por definición y por espíritu: Concepción Álvarez, ya anciana, conocida por "Conchitica". Esta viejita era hermana del médico insurrecto Joaquín María Álvarez, y se alzó con su hermano a comienzos de la contienda final, en calidad de enfermera.

Conchitica era más bien alta (dejando un margen de error para mi óptica infantil), pulcra, de cabellos perlados recogidos en un moño, batas blanquísimas hastas los tobillos y unas gafitas con aro de plata delante de los ojos inquisitivos. Sentada por las tardes en el portal de su casa "para tomar el fresco", vigilaba las idas y venidas de niños y niñeras a los parques vecinos, y según le parecía detenía a alguno de los chiquitines para preguntarle:

—Mi hijito, ¿tú eres patriota?

Y sin esperar respuesta, se llevaba las manos al pecho y añadía:

–Yo sí; cubana de corazón.

Luego, cuando éramos mayorcitos, nos prestaba viejos diarios y panfletos y libros acerca de la obsesión de su vida: la patria cubana. Recuerdo haber tenido en mis manos la edición original del célebre alegato de Fermín Valdés Domínguez en defensa de los estudiantes fusilados en 1871. No sé si allí se encuentra, o si ella me lo narró de viva voz, el episodio del esclavo de Alonsito Álvarez de la Campa, que se ofreció a tomar el lugar de su amo, el estudiante casi niño, para ser fusilado en su lugar. Ante la negativa general, el negro había saltado frente al joven, en el momento de producirse la descarga, tratando de escudarlo con su cuerpo. Murieron abrazados.

Estas y otras historias, narradas con la devoción y el convencimiento que ponía Conchitica en sus relatos dejaban profunda huella en aquellos cubanitos y pichones de isleños marianenses, y crearon una invaluable reserva espiritual a la que siempre podemos acudir en tiempos de indigencia cívica.

Otra mambisa que me tocó de cerca, aunque no llegué a conocerla en persona fue la abuela de los Rico, una familia negra de ese apellido, dueños y regentes de la imprenta donde se editaba el periódico "El Sol", en el cual colaboré tantos años juveniles. Eran los tiempos de las cajas y linotipos y para derretir los plomos, a fin de volver a usarlos, era preciso a cada rato crear y alimentar una fogata de leña. Cuál no sería mi sorpresa al ver un día que Miguelito y sus hermanos estaban cortando la leña... ¡con un precioso sable, del mejor acero, que tenía un escudo de armas en la empuñadura!

–¿Y eso, muchachos?

–Eso era de la abuela, que se lo quitó a un oficial español en medio de una batalla.

Y añadieron como la cosa más natural del mundo:

–Abuela Rico era sargento en la columna invasora de Maceo...

En vista de lo impresionada que yo estaba, me dijeron que me llevara el sable. Y así lo hice, y ése era el sable que adornaba el dintel de la puerta de mi pequeño estudio frente al balneario universitario, en Miramar. De haber estado viva, claro, hubiera preferido llevarme a la abuela.

2.1.3 Emigradas

La mujer cubana figuraba a la cabeza de aquel movimiento de entusiasmo. La madre veía con orgullo a sus hijos marchar a cumplir con

*su deber; la esposa al marido, la hermana al hermano y la novia al
elegido de su alma; mientras ellas con la miseria como porvenir y la soledad como única esperanza, se esforzaban en trabajar cada una
en su esfera, para llevar su óbolo a la causa común.*

Enrique Collazo

Cuando finalmente eran deportadas, las mujeres se dedicaban en
la emigración a fundar clubes para recaudar fondos a fin de comprar armas y pertrechos de guerra, que luego harían llegar a los mambises. Los
clubes de emigrados llegan a ser más de cuarenta, distribuidos por una
amplia zona que abarca territorios de los Estados Unidos, México, El
Salvador, Jamaica, Honduras, Costa Rica, Haití, Colombia, Venezuela,
República Dominicana. Y es un hecho innegable que la mayoría de estos clubes estaban integrados por mujeres y que, sin esos socorros periódicos de armamentos y vituallas, la guerra dentro de la Isla no hubiera
podido sostenerse.

La generosidad de estas mujeres no conocía límites. Tomemos el
caso de Emilia Casanova, quien en memoria de su esposo, Cirilo Villaverde, dona una bandera, seis carabinas Winchester, 2,000 cápsulas calibre 44 y dos hamacas, una para Masó y otra para el Generalísimo Gómez. No en balde su labor fue tildada de "equivalente a la de un excelente cuerpo de ejército". O tomemos el caso de Carolina Rodríguez, conocida como "la Patriota", que se presentó el 10 de octubre de 1894 ante
una asamblea de cubanos a narrar sus desdichas y la miseria por la que
estaba atravesando. Cuando los cubanos, conmovidos, abrieron generosamente sus bolsas, la anciana, que bien se ganó su sobrenombre, exclamó: "Ahora sí puedo yo celebrar el 10 de octubre como quería, ahora
sí tengo algo que mandar a Cuba, y entregó al tesorero del club hasta el
último centavo recaudado.

Participantes en las actividades del club de emigradas "Liga de las
Hijas de Cuba", fundado por Emilia Casanova, fueron, entre otras: Ana
de Quesada, Ángela Quesada Embil, María Josefa de Moya, Francisca
Fernández, Rosalía Hernández, Caridad Quesada, Magdalena Mayorga
y Concepción de Orta.

Se destacó en la Florida Candelaria Carbonell Rivero, a quien
Martí llamara "Virgencita de Ibor" en un poema. Paulina Pedroso, que
albergó en su casa al Maestro cuando se enfermó en Ybor City y allí lo
retuvo hasta que se recuperó enteramente. Y María Escobar.

En Nueva York, las hermanas Conchita y Gloria Ribas tenían una
casa de huéspedes para patriotas.

Periódicamente la emigración se nutría con olas de deportadas. Entre ellas, Martina Lorda Mendoza, Tomasa Varona y Aurelia Castillo.

Un núcleo familiar muy interesante también desde el punto de vista literario fue el que conformaron en Cayo Hueso Esteban Borrero y sus hijas: Lola, Elena, Consuelo, Ana María, Dulce María, Elena, Mercedes y Juana, exilados en Cayo Hueso. Todas se destacaron en una forma u otra. Especialmente Juana, considerada por Gladys Zaldívar "el ángulo femenino del modernismo". También se exilió en Cayo Hueso, la patriota Carmen Bacqué, bisabuela de Gladys Zaldívar.

Recuerdo que, cuando niña, mi padre me llevaba consigo en sus visitas médicas y solía pasar en la barriada de Puentes Grandes por una casona abandonada que, según las viejas del barrio, estaba embrujada. Allí había vivido un hombre, médico, escritor, muy sabio, con su esposa y sus hijas. Este hombre sentía un profundo desdén por su compañera, a la que consideraba iletrada, y no la hacía partícipe de ninguna de las inquietudes intelectuales que solía compartir con sus hijas.

Murió de tristeza la mujer y ordenando sus pertenencias, topó el hombre con un diario que su mujer llevaba, escrito no sólo con una gran profundidad, sino en una prosa envidiable. Avergonzado, arrepentido, el hombre se ahorcó. Nadie más volvió a ver el diario, que desapareció. Y el fantasma de la mujer se paseaba por la casa…

Andando el tiempo comprendí que se trataba de la casona de veraneo de los Borrero, de quienes se había adueñado la leyenda.

2.1.4 Laborantes mujeres

En tanto que las emigradas ayudaban fuertemente la causa cubana allegando armas, municiones, comestibles, medicinas, las mujeres en las ciudades cubanas no permanecían ociosas. ¡Bien al contrario! Eran las mensajeras natas entre los grupos combatientes y la emigración. Muchas de ellas, como Lola Garí Ayala Betancourt, Eufemia Chaviano, Teresa Mendoza Domenech, Javiera Consuegra, fueron desplazadas de sus viviendas y dispersadas hacia otras poblaciones cubanas. Laboraban en la misma capital Emilia de Córdoba y Rubio, que auxiliaba a los cubanos detenidos en las cárceles y Clemencia Arango y Solar, que intercanbiaba correspondencia, trasmitida en valija diplomática en ambas direcciones, por el cónsul nortemericano. Matilde González, conductora de vituallas. Magdalena Peñarronda, incansable correo, atravesando líneas españolas. Charito Sigarroa, finalmente emigrada, Maya Coppinger, Clemencia Arango y Solar –que intercediendo con los norteamericanos salvaba la vida a Ríus Rivera–, Charo Menocal, que también se ve precisada a salir de Cuba, Mercedes Sirvén, Rosario Morales y tantas otras.

En Las Villas, la remediana María Escobar, Trinidad Lagomasino ("La Solitaria"), Rosa Caro Vidal, María Josefa Lantigua, Elvira Delmonte y Lamar ("La Dama del Paraguas"), y familias enteras de laborantes: Lutgarda, Lola, Trina, Nicolasa y Tunga de León, Clara Marrero Avalo y sus hijas Conchita, Consuelo, Edelmira y Amelia. Carmen Gutiérrez Morillo y Rosa Planas fueron encarceladas cuarenta días, y Antonia Romero Ruiz, encarcelada varios meses con sus hijas Lola y Adela, en 1897.

En Camagüey, algunas laborantes como Caridad Agüero o Cecilia Porras Pita, así como Gabriela de Varona Miranda, Ángela Malvina Silva, Eva Adán Rodríguez, María Aguilar y Concepción Agramonte, fueron trasladadas a la Habana, internadas en "Las Recogidas" y mezcladas con las presas comunes.

2.1.5 Más patriotas de nuestras Guerras de Idependencia

Como estos ejemplos podríamos citar otras decenas en los que quedó constancia del sacrificio y el amor de estas mujeres por la causa de Cuba. Fueron especialmente combativas las del legendario Camagüey, que se cortaron en varias ocasiones los cabellos en señal de protesta por alguna carnicería española. En 1851, cuando la fracasada intentona de Agüero, guardaron además luto e hicieron circular la cuarteta:

Aquella camagüeyana
que no se cortase el pelo
 no es digna que en nuestro suelo
 la miremos como hermana.

En el último año de la contienda (1897-98) se calcula que murieron 1 de cada 4 cubanos de hambre y enfermedades, en especial las mujeres y niños, víctimas de la reconcentración en las ciudades ordenada por el general español Valeriano Weyler. A finales de la contienda surgió el caso de Evangelina Cossío, condenada a 20 años de prisión en Ceuta, que muchos tienen como una patriota auténtica y otros como una fabricación de la cadena de prensa Hearst, interesada en que los Estados Unidos interviniesen en el conflicto armado, para que la "Guerra de Cuba" de los españoles se convirtiera en la "Guerra Hispanoamericana" de los yanquis. Sus contemporáneos creyeron firmemente en la novelesca fuga de Evangelina (ayudada por los norteamericanos Lee, Decker y Donald) y ya en Cuba Libre, el alcalde de la Habana General Fernando Freyre de Andrade obsequió a Evangelina la reja de prisión a través de la cual había escapado.

Reseñar las hazañas de cada una de los centenares de cubanas cuyos nombres nos han preservado las crónicas de la época rebasaría los propósitos de este sondeo preliminar de la presencia de las mujeres en la historia cubana. Además, muchos de los hechos heroicos de estas mujeres están reseñadas en Calcagno, Casasús, Hernández Travieso, Núñez Portuondo, Santovenia, y en general los historiadores de la nación cubana. Pero sí me parece que lo menos que podemos hacer, como sus beneficiarias agradecidas, es anotar cuanto nombre de patriota cubana ha venido a nuestro conocimiento.

A Carmen Abreu, Candelaria Acosta ("Cambula"), Eva Adán, Angelina Agramonte, Concha Agramonte, Manuela Agramonte, Matilde Agramonte, Ana Aguado, Ana Josefa Agüero, Caridad Agüero, Concepción Agüero, María Aguilar, Florinda, Rosita, Lola y Leonor Aldama, Paulina Alfonso, Lorenza Alomá, Concepción Álvarez, Consuelo Álvarez, Pepilla Arango, Clemencia Arango y Solar, Inocenta Araujo, Manuela Argilagos, Hermanas Avalo (Amelia, Conchita, Consuelo, Edelmira), Adela Azcuy ("la Capitana"),

B Rita Balbín, Ana Betancourt, Rosario e Isabel Bolaños, Concepción Boloña, Dulce María Borrero, Caridad Bravo.

C María Cabrales, Manuela Cancino, Rosa Caro, Emilia Casanova, Rosa Castellanos ("la Bayamesa"), Virginia Castellanos, Francisca Castellanos Armiñán, Aurelia Castillo; Adriana, Irene Lucila y Mercedes Castillo, Eugenia Chaviano, Adolfina de Céspedes, Ciriaca Cisneros, Javiera Consuegra, Maya Coppinger, Emilia de Córdoba y Rubio, Antonia Cordero, Evangelina Cossío, Hermanas Culmell: Anaís y Rosa.

D Lorenza Díaz, Teresa Domenech, Rosario Ducobra ("la "Mambisa"), Rosario Duguet.

E Elena Echerri, Ana María Echevarría, Josefina Embil, María Escobar, Sofía Estévez.

F Francisca Fernández, Josefa Fernández, Laura Fernández, Canducha Figueredo, Hilaria Font.

G Domitila García, Rosalía García Osuna, Leonor García Whitmarsh, Lola Gari Ayala, María Caridad Gómez, María de Jesús y Regina Gómez, Clemencia Gómez Toro, Caridad González, Matilde González, Elena González Núñez, Isabel González Robert, Cecilia González y Valdés Machuca, Mariana Grajales ("la Leona"), Argilagos Guerra, Catalina Guerra, Edelmira Guerra, Higinia Guillot, Carmen Gutiérrez Morillo ("Yara").

H La morena Higinia, acusada de complicidad con los insurrectos en 1896, fue encerrada en una cárcel en El Cobre, a pesar de econtrarse próxima a dar a luz. Luz Hernández, Rosalía Hernández, María Hidalgo Santana.

I Lucía Iñiguez, Ana Iznaga.

J Inés Jerez.

K Margarita Kindelán.

L Trinidad Lagomasino ("la Solitaria"), María Josefa Lantigua, Micaela de Lara, Hermanas León (Lutgarda, Lola, Nicolasa, Trina, y Tunga), Pastora López, Martina Lorda, Mercedes Loret de Mola, Filomena Loynaz y Caballero, Lucila ("la Abanderada").

M Isabel Machado, Leonor Molina, Marina Manresa, Marina Manrique, Clara Marrero, María de la Caridad Martínez, Inocencia Martínez Santaella, Luisa Más, Magdalena Mayorga, Teresa Mendoza, Leonor Molina, Charo Menocal, María Dominga Moncada, Elvira Monte y Lamar ("la Dama del Paraguas"), Carlota Montes, Amelia Montero, Dolores Montero, Cora Montgomery, Felícita Mora, Ángela Morales, Rosario Morales, Anita Morell, Inés Morillo, María Josefa de Moya, Rosa Moreno.

N Aurelia Navarro Nápoles, Luz Noriega ("la Reina de Cuba").

O Amparo Orbe, Concepción Orta, Blanca Ortega.

P Candelaria Palma Tamayo, Paulina Pedroso, Leonor Pérez, Magdalena Peñarredonda ("la Delegada"), Martina Pierra Póo, Pepa Pino, Rosa Planas, Clara Poey Piñeiro, Cecilia Porras Pita.

Q Hermanas Quesada (Ana, Ángela y Caridad).

R María de los Reyes, [Abuela] Rico, Petra Ríos, Eloísa Robaina, Carolina Rodríguez, ("la Patriota"), Antonia Romero, Panchita Rosales, Hermanas Ruiz (Adela y Lola), Paulina Ruiz.

S Fredesvinda Sánchez, María Luisa Sánchez Ferrara, María Siero, Rosario Sigarroa, Ángela Malvina Silva, Amalia Simoni, Matilde Simoni, Mercedes Sirvén, Regla Socarrás, Ana Sotolongo, Margarita Spotorno, Rita Suárez del Villar ("la Cubanita").

T Mercedes Tamarit, Clotilde Tamayo, Blanca Téllez Lamar, Emilia Teurbe Tolón, Bernarda ("Manana") Toro, Juanita Toro Calás, Juana de la Torre.

V Catalina Valdés de la Paz, Josefina Valdés Valdés, Gabriela de Varona, Josefa Varona, Mercedes Varona, Tomasa Varona, Encarnación

Varona Socarrás, Luz Vázquez y Moreno, Francisca Venero, Rosario Vilahomat Cadalso, Alma Villar.

Z Blanche Zacharie, Magdalena Zayas Bazán, Piedad Zenea Bobadilla.

La poetisa puertorriqueña Lola Rodríguez Tió merece ser incluida entre las patriotas cubanas por su adhesión a la causa de nuestra Independencia. Sobre ella escribe Renée Méndez Capote: "Cuando yo la recuerdo, ya Bonifacio Tió había muerto, y ella y Patria vivían en una casona de la calle Aguiar. Patria estaba casada con Fernando Sánchez de Fuentes. Ellos mantenían un salón, es decir, recibían periódicamente gente interesante. Allí se practicaba la hospitalidad más gentil. Se discutía de todo. Se hacía música. Yo fui muchas tardes y permanecí sentadita, muy quieta, observando a mucha gente que hablaba y hablaba".

2.2 Feministas

Durante su participación en las Guerras de independencia, las mujeres cubanas gozaron en la práctica de muchos de los derechos del hombre, pero una vez alcanzada la República, hacía falta que esos derechos se volvieran ley escrita. Y a eso se dedicaron las mujeres de las primeras generaciones republicanas

2.2.1 Precursoras

Antes de que se organizaran en torno a las huestes libertadoras, y antes de que, posteriormente, se agruparan en asociaciones feministas, algunas mujeres cubanas habían ya dado muestras de rebeldía. Como la negra cimarrona llamada Caridad, [quizás Bolio, por el apellido de su dueño] quien según Emilio Bacardí, huyó en 1873 de sus amos y "para eludir pesquisas" se vistió de hombre y se rapó a navaja la cabeza.

2.2.1.1 La Condesa de Merlín

Su propio estilo de vida de mujer "liberada", como diríamos hoy, establecida en su propio salón parisino, donde recibió a todas las celebridades de su época, consagra a Mercedes Santa Cruz como una precursora del feminismo. Pero además, la Condesa dejó constancia de su posición en defensa de la mujer al argumentar contra el gobierno peninsular, que cómo se las daba de progresista si al mismo tiempo mantenía no sólo a las mujeres sino a un pueblo entero en condición de servidumbre.

2.2.1.2 La Avellaneda

La revista fundada en Cuba por Gertrudis Gómez de Avellaneda, *Álbum Cubano de lo Bueno y de lo Bello* ha sido clasificada algunas veces como "publicación feminista", quizás porque en el número correspondiente al 15 de agosto de 1860 aparece su ensayo "La mujer", donde la Avellaneda reacciona airadamente contra su exclusión de la Academia por el solo hecho de ser mujer. Dice, entre otras cosas:

Si la mujer [...] aún sigue proscrita del templo de los conocimientos profundos, no se crea tampoco que data de muchos siglos su aceptación en el campo literario y artístico: ¡ah! ¡no!, también ese terreno le ha sido disputado palmo a palmo por el exclusivismo varonil, y aún hoy día se la mira en él como una intrusa y usurpadora, tratándosela en consecuencia con cierta ojeriza y desconfianza, que se echa de ver en el alejamiento en que se la mantiene de las academias barbudas. [...]. Pero ¡mirad la audacia y astucia del sexo débil! Hay algo en ellas que no sé cómo se alzaron súbitamente con borlas de doctoras. Otras que cubrieron sus lampiñas caras con máscara varonil, se entraron, sin más ni más, tan adentro del templo de la fama, que cuando vino a conocerse que carecían de barbas y no podìan por consiguiente ser admitidas entre las capacidades académicas, ya no había medio hábil de negarles que poseían justos títulos para figurar eternamente entre las capacidades europeas.

La Avellaneda, de una entereza e integridad desusadas en sus congéneres de la época inspiraba miedo a los hombres. Puesto que los trataba de igual a igual, los hombres no percibían en ella a otro ser humano, de signo contrario, sino a otro hombre. De ahí la célebre frase "Es mucho hombre esta mujer". Ni siquiera alguien de la estatura universal de José Martí pudo sustraerse a ese miedo que la Avellaneda inspiraba a los hombres. Por eso dijo: "Hay un hombre altivo, a las veces fiero, en la poesía de la Avellaneda". E insistió: "No hay mujer en Gertrudis Gómez de Avellaneda: todo anunciaba en ella un ánimo potente y varonil; era su cuerpo alto y robusto, como su poesía ruda, enérgica; no tuvieron las ternuras miradas para sus ojos, llenos siempre de extraño fulgor y de dominio; era algo así como una nube amenazante". Esa hombría que se sentía amenazada fue la trágica razón de los fracasos amorosos de la poetisa. En su pánico, los hombres, hasta el mismo Martí, llegaron a negar la autenticidad de los sufrimientos de Tula. "La Avellaneda no sintió el dolor humano", aseguró. Si bien añadiera: "Era más alta y potente que él; su pesar era una roca".

2.2.1.3 Ana Betancourt

El 14 de abril de 1869, en plena Asamblea de Guáimaro, Ana Betancourt pidió la emancipación de la mujer, episodio comentado por José Martí: "en el noble tumulto [de la Asamblea de Guáimaro], una mujer de oratoria vibrante, Ana Betancourt, anuncia que el fuego de la libertad y el ansia del martirio no calientan con más viveza el alma del hombre que la de la mujer cubana".

Ana fue retratada así por Salvador Cisneros Betancourt:

Era Anita una de las mujeres más elegantes y cultas, llamada en la patria de los Agüeros y Agramontes á figurar en la alta sociedad, no sólo por las prendas con que la naturaleza la adornaba, sino por su fino y amable trato social" [...] solicitada su mano por muchos aspirantes, no alcanzaron a ser atendidos, hasta que se le prensentó un joven que además de su elegante figura, talento y educación, era un patriota: éste era Ignacio Mora de la Pera.

2.2.1.4 Juana Borrero

Al igual que la Avellaneda, Juana sentía un profundo desprecio por las convenciones sociales, a las que consideraba una farsa y se manifestó explícitamente contra el matrimonio, al que consideraba una absurda exigencia de la sociedad patriarcal de su época, puesto que implicaba subordinar el sentimiento a un frío contrato. Como Tula, Juana expresó sus pasiones con una fiereza hasta entonces desconocida en la literatura escrita por mujeres.

2.2.1.5 Otras precursoras

Según el acucioso historiador Antonio J. Molina, Doña Ana Antonia del Castillo y Barroso, estableció una demanda judicial contra su esposo, don Fernando Alfonso del Valle. Llorente, buscando partición de bienes, en un caso sin precedentes en la jurisprudencia cubana, pleito que ganó en 1826.

Según el mismo historiador, la precursora de la aviación Aida De Acosta fue también precuresora de las luchas por la igualdad de derecho de las mujeres a participar en los juegos olímpicos.

Decia Magdalena Peñarredonda en 1913, que el primer feminista que hubo en Cuba fue el general Leonardo Wood, quien, durante la intervencion americana pidió se colocasen mujeres en las oficinas publicas, cosa que jamás se habia hecho hasta entonces. Tambien dijo" "¿Por qué no han de ser las mujeres electoras y elegidas? ¿No son abogados, medicos, farmaceticos, etc? La revolucion libertó al hombre cubano, ahora falta libertar a la mujer".

2.2.2 Fechas significativas para la mujer cubana

Esta relación nunca estará completa sin tener en cuenta las distintas invenciones que a lo largo del tiempo han ido facilitando las tareas domésticas. Por ejemplo, la introducción de una "modern home washer" (la Julbe de manubrio), que según el Libro de Oro de Cuba de 1919, es una "máquina que ha revolucionado el lavado y ha borrado el "Lunes Azul" [por el añil] del calendario doméstico". También aquellas innovaciones que ofrecieron a la mujer una nueva forma de ganar su sustento y el de su familia.

1539 Cuando su marido, Hernando de Soto parte rumbo a La Florida, Isabel de Bobadilla asume la gobernación de Cuba.

1796 Teresa Sentmanat, condesa de Santa Clara, crea una Asociación de Señoras destinada a inspeccionar y dotar el Hospital de Paula de Mujeres, primera organización femenina de que se tiene noticia.

1784 Una Real Cédula autoriza a todas las mujeres a trabajar en todas las artes "compatibles con su sexo".

1807 Las cubanas se cortan los cabellos para demostrar simpatía con la Revolución Francesa.

1844 Concepción Cirártegui canta por primera vez profesionalmente una ópera en público, rompiendo así la norma de que las mujeres decentes sólo cantaban en la intimidad de sus hogares.

1850 Los conspiradores simpatizantes de Narciso López incluyen en sus filas a las mujeres.

1851 Las cubanas se visten de luto y sacrifican de nuevo sus cabellos en protesta por la ejecución de Joaquín Agüero y otros patriotas camagüeyanos.
Ejecución de Marina Manresa
La condesa de Merlin viaja a Cuba
La Avellaneda publica su ensayo "La Mujer".
La Singer lanza al mercado máquinas de coser para uso doméstico.

1859 La Avellaneda regresa temporalmente a Cuba.

1868 Las cubanas se dejan el cabello suelto, colgando a sus espaldas, para significar que apoyan la Guerra declarada por Carlos Manuel de Céspedes.

Se crean las primeras máquinas de escribir Sholes- Remington,

1869 Ana Betancourt Mora reclama la igualdad de derechos para la mujer en la Asamblea de Guáimaro.

La misma Asamblea de Guáimaro incluyó en sus artículos la ley de divorcio con ruptura del vínculo

1872 Se crea el Asilo San Vicente de Paul, para huérfanas ilegítimas.

1874 Remington crea la máquina de escribir de ese nombre.

1879 Se crea la primera máquina registradora.

Se crea la pizarra telefónica que permite múltiples llamadas.

1881 Se generaliza el uso del teléfono.

1882 Domitila García Coronado crea la Academia de Tipógrafos y Encuadernadores.

Se gradúa la primera mujer en la Universidad de la Habana, la catalana Mercedes Riba.

1893 El primero de mayo, las planchadoras organizan una huelga que reflejó *La Aurora* de Yumurí

1897 El Club de emigradas Esperanza del Valle, del cual era presidenta Edelmira Guerra, plantea derechos iguales y sufragio limitado para la mujer.

1902 El mismo club protesta porque la Constitución de este año no incluyó los derechos de la mujer.

El esdudiante de Derecho Manuel Secades defiende ante el profesorado su convicción de que las leyes con respecto a la familia debían cambiar.

1904 Creación de "Asilos Diurnos" (guarderías) para niños de madres trabajadoras

Las mujeres del Sindicato de Lavado y Planchado de los Ferrocarriles van a la huelga en demanda de los mismos salarios que los hombres.

1912 Se crea un Comité del Sufragio Femenino.

1913 Magdalena Peñarredonda pregunta públicamente: "¿Por qué no han de ser las mujeres electoras y elegidas?"

El congreso aprueba la ley conocida como la "Gota de leche", para los niños de las escuelas públicas.

1915 Fundación del Partido Nacional Sufragista por Amalia Mallén Ostolaza.

Creación de la Escuela Normal para Maestros de la Habana.

María Galabey asiste como delegada al Primer Congreso Obrero celebradoen Cuba.

1916 Orientaciones civiles en pro de los derechos de la mujer, aprobadas por el Primer Congreso Jurídico de Cuba. Ponente: Dr. Vidal Morales.

1917 Aprobación de la Ley de Derecho de la Mujer sobre la Propiedad. En la ley que regulaba la inmigración no grata, Fernando Ortiz introdujo un articulo que prohibía a los inmigrantes hombres realizar tareas que podían desempeñar las mujeres cubanas. (Según otros autores, la iniciatriva fue de Leopodo Cancio).

Creación de los Talleres Mariana Seva, para procurar un oficio y ocupación a las mujeres que habían salido de alguna institución y se encontraban solas en la vida.

Se funda el Club Femenino de Cuba, por Pilar Jorge, Emma López, Pilar Morlón y Hortensia Lamar. Una de las primeras leyes que apoyan es la creacion de Escuelas de Comadronas en todas las provincias.

1918 Aprobación de la Ley del Divorcio. Ponente en el Congreso: Dr. Ricardo Dolz.

Fundación de Pro Arte Musical, por María Teresa García Montes Giberga

Creación de la primera Escuela del Hogar.

Se funda la Asociación de Católicas Cubanas.

1920 Se funda la Asociación Femenina de Camagüey. Presidenta: Isabel Esperanza Betancourt.

1921 El Club Femenino añade demandas laborales a su programa de acción. Obtiene la aprobación de la "Ley de la Silla", que permitia a las empleadas de tiendas sentarse mientrras no había clientes.

1922 La prohibición de que los inmigrantes realizaran trabajos que podían desempeñar las mujeres se extendió a los hombres cubanos.

1923 Fundación del Partido Sufragista Democrático por María Collado.

Creación de una Federación de Asociaciones Femeninas.

Celebración del Primer Congreso Nacional de Mujeres.

Celebración del Quinto Congreso Internacional de la Unión Panamericana.

1925 Celebración del Segundo Congreso Nacional de Mujeres.

Creación de las Damas Isabelinas de Cuba, filial de "Catholic Daughters of America". Primera presidenta: Lily Hidalgo Conill.

Dulce María Borrero reclama los derechos de la madres trabajadora.

1926 Domitila García Coronado publica su *Álbum Poético Fotográfico de Escritoras y Poetisas Cubanas.*

La Federación de Obreros crea un Comité Proletario de Defensa de la Mujer.

1927 Creación de las Escuelas del Hogar

1928 Fundación de la Alianza Nacional Feminista, por Pilar Jorge y Ofelia Domínguez.

Creación de un Comité Pro Igualdad de Derecho.

Creación de la Asociación Femenina de la Prensa.

Los senadores Ramón Zaydín y Carlos Márquez Sterling proponen la abolición de la "Ley de adulterio", que permitía al esposo dar muerte a la esposa infiel.

El representante Rafael Guas Inclán presenta una ley para la equiparación de los hijos ilegítimos.

La VI Conferencia Panamericana, celebrada en la Habana, consigna el principio de igualdad de derechos entre la mujer y el hombre para todos los países de América.

Se establece en el hospital Calixto García una clínica sólo para mujeres.

Ofelia Rodriguez Acosta publica *La vida manda.*

1929 Fundación del Lyceum por Berta Arocena y Renée Méndez Capote, el 22 de febrero. Seguirán los de Camagüey, por Rosa Martínez Cabrera y Onelia Roldán Fonseca. y el de Pinar del Río, por Elena Alfonso.

Se crea una Escuela de Artes y Negocios para Mujeres con $150,000 donados por Rosaslía Abreu.

Las empleadas de Woolworth van a la huelga en demanda de salarios más altos.

Colocación de la primera piedra en un edificio destinado a maternidad obrera municipal de la Habana.

1930 Queda abolida la "Ley de Adulterio".

El 3 de diciembre comienza el presidio femenino durante la República, con el arresto de las dirigentes estudiantiles Inés Segura Bustamante, Flor Loynaz del Castillo, Ángela Rodríguez, Virginia Pego y Silvia Shelton.

Se crea, por Ofelia Domínguez Navarro, la Unión Laborista de mujeres.

Se crea la Comisión Interamericana de Mujeres, adscrita a la Unión Panamericana.

1931 El partido A B C incluye el voto para la mujer en su manifiesto político.

El 8 de marzo las mujeres social1stas celebran por primera vez en Cuba el Día Internacional de la Mujer.

1933 Se crea la Caja de Maternidad.

La Comisión de Sectores Oposicionistas extiende el voto a la mujer.

Se crea la sección de Asistencia Social en el Lyceum, bajo la dirección de Elena Mederos.

La Alianza Nacional Feminista organiza protestas contra los Ómnibus Aliados por no emplear a mujeres como "conductores".

1934 Alfredo Nogueira, delegado de Cuba ante la Conferencia Latinoamericana celebrada en Uruguay, presenta la moción de conceder el voto a las mujeres, aprobada por varios países.

Cuba concede el voto a la mujer por Decreto-Ley de 2 de enero.

Se nombra Consejera de Estado a Margarita Guerra Miranda, dando así participación a la mujer en la dirección de los asuntos públicos. Le sigue María Gómez Carbonell.

Se crea El "Desayuno Escolar", por decreto presidencial.

Se crea en Guanabacoa una cárcel exclusivamente de mujeres.

Surge la Asociación Atlética Femenina.

1935 Se celebra la Primera Fiesta Intelectual de la Mujer, organizada por María Luisa Ríos.

1936 Por primera vez las mujeres eligen y son electas.

El día 6 de abril tomaron posesión de sus cargos en la Cámara de Representantes de la República, las mujeres electas, que fueron: Por la Habana: Balbina Remedios y María Gómez Carbonell; por Las Villas, Consuelo Vázquez Bello y María Antonia Quintana; por Camagüey, Rosa Anders y Herminia Rodríguez; por Oriente, María Caro Más.

El 11 de mayo, Consuelo Vázquez Bello presentó un proyecto de ley para distribuir entre los campesinos todas las tierras baldías de la nación.

1937 Se dictan diversas leyes y disposiciones que regulan el trabajo de la mujer.

Por Ley del 5 de diciembre se crea la Junta Central de Salud y Maternidad, que erigiría el espléndido edificio de Maternidad Obrera, situado en la Calzada de Columbia, en Marianao.

Se funda la Orquesta Femenina de Conciertos.

1938 Declaración de Lima (en favor los derechos de la mujer)

Se celebra la Segunda Fiesta Intelectual de la Mujer.

1939 Fundación del Club Femenino de Prensa.

Tercer Congreso Nacional de Mujeres (con ausencia de las organizaciones femeninas católicas).

Inauguración de la Casa Cultural de Católicas de las Damas Isabelinas.

Se funden en una sola institución el Lyceum y el Lawn Tennis Club.

La constitución de ese año consolida todos los derechos obtenidos hasta entonces por las mujeres ya que reconoce la igualdad de todos los cubanos y cubanas ante la ley.

Especifica que la mujer tiene el derecho a elegir y ser elegida.

1943 Se crea la Escuela de Servico Social en la Universidad de la Habana, adscrita a la Facultad de Educación y más tarde a Ciencias Sociales.

1960 Comienza a producirse y distribuirse masivamente el anticonceptivo conocido como "la píldora", aprobada por la FDA norteamericana en 1962.

Se aprueba en las Naciones Unidas la declaración de la eliminación de la discriminación contra la mujer.

2.2.3 El movimiento feminista cubano

Ni el esclavo ni la mujer hubieran podido ser mantenidos,siquiera sea por la fuerza, en el estado abyecto en que fueron sumidos si no hubiesen sido convencidos poco a poco de su inferioridad.

Martín Sagrera

Muchos, millones, no han comprendido el gran cambio que significa la igualdad de sexos, en un mundo donde no es el músculo lo que impera, sino la inteligencia,. Ya es hora de sacudirse los prejuicios milenarios y llamar compañera de veras a ese otro ser que apenas comienza a contribuir con su talento a la marcha del universo. Quizás cuando más mujeres participen en los asuntos del mundo las cosas marchen mejor.

Antonio Hernández Travieso

El feminismo debía inspirar un profundo orgullo y plena confianza. No tiene "esqueletos en el clóset". No ha librado guerras, ni masacres, ni holocaustos, ni conquistas, ni exterminios; no ha

perseguido ni sometido a nadie por sus creencias, o por su género,
o por su preferencia sexual, o por el color de su piel.

Ileana Fuentes

Las luchas de la mujer cubana por obtener las mismas posibilidades que los hombres de realizarse individualmente, ha despertado el interés de la norteamericana Kathryn Lynn Stoner, que dedicó al tema algunos años de investigación y un libro muy conocido: *From the House to the Streets,* aparecido en 1991. En preparación de su obra, Stoner vino a Miami a convivir con las exiliadas cubanas, quienes pusieron a su disposición los archivos de la Colección Cubana de la Biblioteca de la Unversidad de Miami, además de colecciones, recursos y recuerdos personales. De aquí siguió a Washington, para rebuscar en los archivos de Elena Mederos y de allí (o antes, en realidad no sabemos bien el orden de sus idas y venidas) marchó a Cuba, donde la recibieron algunos miembros de la FMC, en cuyas casas habitó y que la guiaron por los recovecos de la Biblioteca Nacional, el Archivo Nacional y fuentes similares. El resultado de estas investigaciones, el libro mencionado, presenta en esta forma el movimiento feminista cubano: "Las feministas] provenían por lo general de las clases privilegiadas y de esferas profesionales. [...] tenían criadas, por lo que no realizaban tareas domésticas [...] Las líderes del movimiento, conociendo que estaban en mejores condiciones que las obreras, campesinas y mujeres humildes, asumían la respondabilidad de hablar por las marginadas, lo que de hecho las convertía en representantes indirectas de todas las demás".

O sea, que el feminismo histórico cubano –como reitera en varias ocasiones a lo largo del libro– fue la obra de mujeres de la clase alta, que entretenían sus ocios con estas actividades y se abrogaron el derecho de hablar a nombre de las restantes mujeres. Stoner califica a las feministas históricas de "burguesas", no sin cierta connotación despectiva. El calificativo no define la esencia de sus personalidades. Estas mujeres, ellas mismas o sus progenitores o sus familias enteras habían participado en la última Guerra de Independencia, y gozaban de un status parecido al que gozan en los Estados Unidos las "Hijas de la Revolución Americana" (Daughters of the American Revolution), entre las cuales, por cierto había una cubana, fallecida hace poco, o las "Hijas de la Revolución" en México. Formaban parte, pues, del patriciado de la nación, queen muchas ocasiones había sacrificado fortunas y vidas a la causa de la libertad de Cuba y por eso se creían con legítimo derecho a participar en la decisión de los destinos del país. No eran unas advenedizas oportunistas (aunque estos adjetivos no llegan a producirse en Stoner). Eran nuestras patricias y como tales disponían de todo el prestigio y recursos humanos, no sólo económicos de la nación, y ésta es la verdadera razón de que pudieran realizar esos "cambios tan grandes en tan corto tiempo", que dejaron asombrada a la Stonner.

Por otra parte, se queja amargamente Stoner de que las mujeres obreras no están representadas en las distintas organizaciones femeninas (lo cual estaría por demostrarse), pero no se le ocurre destacar la presencia femenina en las filas de los sindicatos obreros ya existentes, algunos de ellos de composición enteramente femenina, ni analizar algunos tipos de relevantes eventos que tienen lugar por esa época, protagonizados por mujeres obreras o en los cuales las obreras participan en forma decisiva. Aunque Stonner menciona asociaciones y actividades femeninas como la Asociación Femenina de Cuba, el Comité de Sufragio Femenino, la Asociación de Damas Isabelinas, el Club Femenino de Cuba, la Alianza Nacional Feminista, el Lyceum, la Unión Laborista de Mujeres, entre otras, y los respectivos congresos celebrados, deja a un lado dos importantes eventos que incluimos en nuestra relación de "fechas significativas" en la emancipación de la muer cubana y que son los que con el título de "Fiesta Intelectual de la Mujer", I y II, se celebraron en la Habana en 1935 y 1938, respectivamente, organizados por María Luisa Ríos.

No nos va a ser posible por razones de espacio reproducir los progamas de ambas "Fiestas" femeninas, que, como todos los materiales consultados para este libro, utilizados o no, donaremos a la Colección Cubana de la Universidad de Miami. Pero para que se tenga una idea de su importancia, vamos a destacar que, en la *Primera Fiesta Intelectual de la Mujer* estaban presentes figuras provenientes de todas las ramas de la actividads humana, como Leticia de Arriba, Ester Borja, Ana María y Dulce María Borrero, Mirta Cerra, María Collado, María Corominas, Eusebia Cosme, María Gómez Carbonell, María Julia de Lara, Ernestina Lecuona, Rita Longa, Elena Mederos, María Muñoz Quevedo, Amelia Peláez, además de la propia organizadora. Se presentaron varios conciertos con música e intérpretes femeninas, una obra teatral, y se escucharon las notas el "Himno de la Alianza Nacional Feminista", todo realizado por mujeres, amén de varias exposiciones, no sólo de libros y artes plásticas tradicionales, sino de artes aplicadas y una sección de artes populares o artesanías, a cargo de Isabel Chapotín.

En la *Segunda Fiesta Intelectual de la Mujer* el espectro es mucho más amplio. Debemos añadir a las de la Fiesta anterior: Mirta Aguirre.

Emilia Bernal, Ofelia Domínguez Navarro, Ana Etchegoyen, Hortensia Lamar, Dulce María Loynaz, Carmela Nieto, Emma Pérez, Carolina Poncet, Ciana Valdés Roig, entre otras muchas, y se consideran además otras producciones como fabricación de muebles y variados objetos de uso doméstico (mesas, libreros, ceniceros, cojines, muñecas, estuches, bomboneras, joyeros, pantuflas, alfileteros, búcaros, flores artificiales, lencería, tejidos, tallas en madera). Y, agrupados como "elaboraciones domésticas", los más sabrosos postres y licores de la cocina criolla. En esta ocasión estuvieron representadas todas las provincias cubanas a través de un sistema de delegadas-participantes en las distintas actividades.

La prensa contemporánea reflejó ampliamente estos eventos. Merecen mención especial los reportajes de un hombre sensible, Arturo Ramírez, para *Carteles*.

2.2.3.1 Algunas participantes en el movimiento feminista histórico cubano.

A Carmen Rosa Aguiar, Mirta Aguirre, Mercedes Alemán, Elena Alfonso, Otilia André, Matilde Álvarez Frank, Rosa Anders, Andrea Arango, Berta Arocena, María Aróstegui, Rosa Arredondo, Esperanza Arza Quintero.

B Teresa Baloyra, Margot Baños, Graziella Barinaga, Ana María Bas, Caridad Benítez, Sarah Benítez, María Teresa Bernal, Manuela Bérriz, Isabel Betancourt, Emma Betancourt Agramonte, Laura Betancourt Agüero, Ana María Borrero, Dulce María Borrero, Dolores Borrero Matamoros, Julia Bosque, Ofelia Brito.

C Isabel Caballero, María Cabrera, Renée Cabrera, Carmen Cancio, Ana Cañizares, Josefa Casanova Adelantado, Conchita Castañeda, Leonor Castillo Pardo, Carmen Castro, Rosa Castro, Teté Casuso, Victoria Caturla Bru, María Collado, Rosario Collazo, Emilia Córdoba, Julia Crespo, Hortensia de las Cuevas.

D Bertha B. Darder, Caridad Delgadillo, Flora Díaz Parrado, María Luisa Dolz, Ofelia Domínguez, Clara Luz Durán, Pilar Duy Houston.

E Delia Echevarría, Dulce María Escalona, América Escudero.

F Blanca Fernández, María Luisa Fernández, Rita Fernández, Fina Forcade.

G Graziella Garbalosa, Alicia García, Carmelina García, Mercedes García Tudurí, Cristina Gelabert Torres, Matilde Gobel, Candita Gómez Calás, María Gómez Carbonell, Ana María González, Belén González, Edelmira González, Fela González, Juana María González,

Lucrecia González, Carmelina Guanche, Rosario Guilaume, Dolores Guiral, Calixta Guiteras, Inés Guiteras, Edelmira Guerra, Frances Guerra, Rebeca Gurtiérrez, Carmelina Guzmán.

H Alicia Hernández de la Barca, Ángela Hevia, Ana Luisa Hidalgo, Lilia Hidalgo, María Hidalgo

I Ana Luisa Irigoyen.

J Dora Jiménez, Mercedes Jiménez, Pilar Jorge.

L América Labadie, Amanda Labarca, Rosa Lagomasino, Adelaida Lafargue, Aida Lamar, Hortencia Lamar, Eudosia Lara, María Julia de Lara, Rosa Leclerc, Sara de Lllano, Elena Lobo, Gilda Lois, Ada López, Margarita López, María López, Pura López, Emma López Seña, Ana Luisa López Lay, Carmen Lorenzo, Flor Loynaz.

M Ángela Elvira Machado, Consuelo Machado, Mercedes Madrazo, Águeda Malpica, Amalia Mallén, Amparo Manzanilla, Uldarica Mañas, Nelita Marín, Sylvia Martel, Graciela Martín, Bernarda Martínez, Julia Martínez, Leonor Martínez, Rosa Martínez, Veneranda Martínez, Matilde Martínez Márquez, Julia Martínez y Martínez, Mercedes Más, María Ignacia Mateu, Piedad Maza, Elena Mederos, Lillian Mederos, Rafaela Mederos, Serafina Meléndez, Renée Méndez Capote, Sarah Méndez Capote, Cándida Mesa, Consuelo Miranda, Eulalia de Miranda, María Laura Mora, Clara Moreda, Consuelo Morillo, Isabel Morel, Pilar Morlón, Zoila Mulet, Clemencia Miranda, María Montalvo, Margot del Monte.

N Bertha Neckerman.

O Xiomara O'Hallorans, Liliam Ojeda, Carola Olavarría, Clemencia Ostos Kiel, Ernestina Otero.

P Dania Padilla, Esperanza Palacios, Sara Pascual, María Payán, Irma Pedroso, Josefina Pedroso, Virginia Pego, Josefa Peña, Blanca Piedra, Manuela Picabia, Patricia Pina, Herminia Planas, Aida Peláez, Guillermina Portela, Catalina Pozo Gato, Concepta Prado, Antonia Prieto, Hermanas Provenza (Caridad, Juana, Luisa, Rita, Teresa), Amalia Puga.

Q Esperanza de Quesada, Noemí Quevedo, Nena Quintana.

R Julia Ramírez, Teté Ramírez Medina, Carmen Ramírez Sureda, Juana **F.** Rambla, María Luisa Ríos, Minina Rodríguez, Ofelia Rodríguez Acosta, Virginia Rodríguez Caíñas, Ángela Rodríguez Llano, Herminia Rodríguez Lamoult, Serafina Rodríguez Rosado, Julia Rodríguez Tomeu, Dolores Roldán, Luz Rubio.

S Mariblanca Sabas Alomá, Amelia Salcines, Eloísa Sánchez, Rosa Sánchez, Esperanza Sánchez Mastrapa, Fulgencia Santana, Pelegrina Sardá, Celia Sarrá, Ernestina Sarrá, Cecilia Scarret, Julia Sedano, Inés Segura Bustamante, Hermanas Shelton (Georgina, Rita, Sylvia), María Seijo, Clementina Serrra, Evangelina Sifredo, Amelia Solberg, Maruja Soliño, Lesbia Soravilla, María Teresa Suárez Solís.

T Adriana Taquechel, Josefina Tarafa, Leticia de Tiedra, Loló de la Torriente, Mercedes Trespalacios, Mina Truffin.

V Inocencia Valdés, Antonia Valdés Perdomo, Ciana Valdés Roig, Conchita Valdivieso, Carmen Velacoracho, Amelia de Vera, María Josefa Vidaurreta, Guadalupe Villamil, Loló Villar.

Z Blanca Zacharie, Ángela Zaldívar, Pepa Zaldo, Mercedes Zambrano, Julia Zapatero.

De estas feministas de los años 30, que hemos denominado históricas, conocí personalmente a Rosario Gillaume (Charo Guillón), una especie de fetiche que Edith García Buchaca llevaba a todos los actos de la entonces Federación Democrática de Mujeres Cubanas. No sé si "Charito" sería muy vieja o habría sufrido mucho, pero estaba completamente ida. Parecía muy apacible, eso sí, y sonreía continuamente. No llegué a ver en persona a Amalia Mallén, pero su hijo, Oscar Ostolaza, y sus nietos eran nuestros vecinos en Marianao. Oscarito era mi compañero de juegos infantiles. Conocí de vista a Uldarica Mañas, diplomática (una mujer alta, de rasgos duros, que llevaba el pelo canoso partido en dos y trenzado en ruedas sobre las orejas), Sara Pascual, comunista (muy amiga de las Proenza y de Mirta Aguirre), de piel bermeja, dientes protuberantes y mentón muy pronunciado, Ernestina Otero, que resultó luego ser, cuando la lucha por el poder de los castristas "la Voz de la Sierra". Y muchas otras, como Calixta Guiteras (parecía norteamericana), Piedad Maza, un poco desvaída, Virginia Pego, minúscula, Pepilla Vidaurreta, que siempre parecía, aún después de estar el comunismo en el poder, un poco asustada… Y ya en el destierro, coincidí varias veces con la exquisita Mercedes García Tudurí y la elocuente María Gómez Carbonell, digna exponente femenino de la gran escuela cubana de oratoria, que tenía los ojos de un increíble azul, a tono con el cielo de su patria.

Conocí y traté mucho a María Luisa Ríos, que figura en la sección de artes plásticas. (**V. 3.7.1.1**). Las escritoras y periodistas Berta Arocena, Ana María Borrero, Renée Méndez Capote, Julia Ramírez, Ofelia Rodríguez Acosta, Mariblanca Sabas Alomá, figuran en la sección de las Grandes periodistas republicanas (**V.6.2**).

2.2.4 La lucha contra Machado

Cuando comienza la resistencia cívica contra la intención del presidente Machado de obtener una prórroga de poderes, muchas de las feministas militantes se lanzan abiertamente a la lucha y sufren prisión y destierro. La protesta comenzó en el seno del estudiantado universitario, con la muerte del estudiante Rafael Trejo en 1930. Estuvieron integradas al Directorio Estudiantil: Clara Luz Durán Guerrero, Sara del Llano Clavijo, Flor Loynaz, Silvia Martell Bracho (Secretaria), e Inés Segura Bustamante (luego profesora universitaria e historiadora, que sería la cronista de su generación), a las que se sumaron Berta Arocena, Carmen Castro, Rosario Guillaume, Calixta Guiteras, Pilar Jorge Tello, Zoila Mulet, Virginia Pego, Regla Prío Socarrás, Ángela Rodríguez, Silvia Shelton.

Recuerdo a Flor Loynaz que, siendo riquísima tenía la apariencia de una mendiga, con sus jabas cargadas de cuanto poseía y aquellos enormes tabacos que fumaba, sentada por las aceras del Vedado. Su ilustre hermana Dulce María, en una entrevista habanera, ha trazado de Flor una delicada semblanza:

[Era] una criatura rebelde por naturaleza, siempre tan rebelde que no se pudo seguir con ella la antigua costumbre de ponerle una niñera o manejadora. No soportó a ninguna, las arañaba, las mordía, hasta que se iban. No soportaba a nadie más que a su propia madre. Se rebeló hasta con nuestro padre, lo trataba de tú y le decía: ¡General, soy tu hija, no tu esclava! Eso era a los 5 ó 6 años y expresaba esas cosas: puedes imaginarte que era todo un carácter. Tomó parte en las luchas políticas contra Machado, perteneció al Directorio Estudiantil, al ABC. Luego se desilusionó y lo dejó todo. [...] No publicó en vida nada en absoluto, por lo menos no lo tengo guardado en mi memoria. A eso no le llamaría modestia, sino una especie de pudor que compartíamos. [...] A mi juicio era una superdotada que no supo hacer valer sus dotes, no sé si era su sentido de humildad franciscana, pues era muy religiosa o en realidad no le importaba que se conocieran sus creaciones.

Flor murió en casa de su hermana.

Sufrieron prisión, entre otras: Juana Álvarez, Leonor Borja, Teté Casuso, Marianita Conchado, Caridad Delgadillo, Silvia Dauval, Leonor Ferreiro, Polita Grau, Pastora Leclerc, María Dolores Machín Upmann, Carmela Nieto Herrera, Armonía Lipiz, Caridad Proenza, María Aurora Reyes, María Josefa Rivero, Marianela Rivero, y Georgina, Rita y Sylvia Shleton, Consuelo Trejo Machín, Mariana de la Torre Mendoza. En Camagüey, una de las Toro Abril. Muchas se vieron forzadas a exiliarse.

Era la primera vez en la historia de Cuba republicana que mujeres de clase media y alta se veían recluidas en las cárceles por defender sus opiniones. El escándalo producido por este desmán fue uno de los factores decisivos en la caída del régimen de Machado.

Otras mujeres destacadas en la lucha contra Machado fueron: Liliam Ojeda, Sarah Ben;ítez, Hortensia de la Cueva, Eulalia de Miranda, América Labadie.

Tras el asesinato de sus hermanos, María Teresa Freyre de Andrade, luego Directora de la Biblioteca Nacional del régimen castrista, marchó al exilio en París y allí constituyó una "especie de cédula" del partido A B C, que público un documento *El terror en Cuba* (1933). con fotos que María Teresa había traído al destierro, prologado por ella, Enrique Henríquez Ureña, Henry Barbusse, John Dewey, y que reunía más de 500 firmas de intelectuales franceses de primera categoría.

Cuando se gestó el Partido Revolucionario Cubano (Auténtico) fueron fundadoras Josefina Pedrosa, Conchita Castañeda, Otilia André y María Teresa Freyre de Andrade, que luego sería sucesivamente destacada figura femenina de la ordodoxia y finalmente del castrismo.

Otras feministas que participaron en las luchas contra Gerardo Machado y Fulgencio Batista llegarían a militar también en las filas del castrismo y algunas, tras su desilusión completa, en las del exilio.

Cabe destacar la figura de Teté Casuso, quien durante el machadato realizó una espectacular aparición en el Senado de la República para demostrar, desnudándose la espalda, que la porra machadsista sí torturaba a las mujeres (de hecho existió una porra femenina). Con posterioridad, almacenó en su hogar de Ciudad México armas con destino al desembarco del Gramma, y más tarde, siendo embajadora del régimen de Castro en las Naciones Unidas, con un coraje a toda prueba, denunció la naturaleza comunista del castrismo en una de las sesiones plenarias más emotivas de ese organismo internacional.

Merece también destacarse que en esta ciudad de Miami falleció, según la historiadora Raquel de la Villa, Cecilia González y Valdés Machuca, de 92 años de edad, que de niña se vio envuelta en la Guerra de Independencia, y de adulta luchó contra las dictaduras de Machado, de Batista y por supuesto de Castro.

2.2.4.1 Georgina Shelton

Una de las más impresionantes figuras feministas, destacada en la lucha contra Machado fue Georgina Shelton. "Georgia" en mis recuerdos, viste siempre una de aquellas sus blusas maravillosas, llenas de bordados, calados y encajes finísimos: hilo, holán, holán de hilo, Brujas, Bruselas..

No era muy alta, pero portaba con tanta altivez su cabeza de cabellos rojizos (siempre perfectamente peinados) sobre los hombros rectos, que de lejos lo parecía. Facciones mínimas, regulares, el cuello tenso, ligeramente acordado, quizás si por el esfuerzo de lograr una voz siempre difícil, de tonalidades hoscas, que articulaba meticulosamente, con moderada resonancia facial, persona al fin parca de gestos.

Dentro de su estilo profesional, era una de las mujeres más elegantes de la Habana, y no usaba una sola joya. Sólo un modesto reloj en la muñeca y un, eso sí, soberbio broche para unir las solapas del cuello de las blusas, un camafeo blanco, rodeado de filigrana, sobre un fondo coralino fresa mate. Y era una Shelton, de las primeras graduadas universitarias en carreras de ciencias. Rita, la mayor, medicina. Georgia, odontología.

¿Fumaba? Creo recordar que sí, en alguna época. Pero en forma moderada, bajo control, como todo en su persona, y nunca jamás en público, sino en casa de alguien de su pequeño círculo de amistades.

Fue durante años incontables miembro de la directiva del Lyceum. Por su tacto, distinción, entereza, profesionalismo, estoy segura que Georgina Shelton era la imagen de mujer que el Lyceum deseaba proyectar. Y sin duda intervino en muchas de las tomas de decisión, cabildeos, posiciones públicas, que hicieron del Lyceum, mientras existió Cuba republicana, una institución insumergible.

Su presidencia de la ilustre casa estuvo salpicada de anécdotas memorables, como el día en que René Bush, hoy director, entonces autor de una obra de teatro estrenada con éxito, se presentó a una conferencia en el Lyceum (¡hombre!, no sé si del ciclo "Uso y abuso de la guayabera"!), con una camisa roja llena de palmeras, para colmo abierta hasta bien abajo, mostrando parte del pecho varonil. La forma en que Georgina Shelton manejó esta situación merece figurar en los tratados de derecho diplomático. Llamó a Prim, el conserje (esa otra institución dentro de una institución) y le dijo: "Prim, vaya adonde está el Sr. René Bush [o sea, reconozco de quién se trata] y dígale que vaya a su casa a cambiarse de ropa" [esto es: él no está "expulsado" del salón de conferencias del Lyceum, sino invitado a deshacerse de su camisa estridente]. Estoy segura que todas las personas que tuvimos el privilegio de tratar a Georgina Shelton conservamos recuerdos similares.

A pesar de ser muy concisa en cuanto decía, la conversación de Georgia era en extremo interesante. Había viajado toda Europa. Y había visitado (quizás si acompañando a su hermana Rita, que se especializaba en enfermedades pulmonares) nada menos que Davos Platz, donde adquirió, allí mismo, sobre el escenario inolvidable de su acción, un ejemplar de *La Montaña Mágica,* en alemán, que alguna vez me mostrara.

Conocía de primera mano muchos aspectos de la historia cubana contemporánea (que ella y sus hermanas contribuyeron a moldear en no poca medida desde las cárceles machadistas) y muchos aspectos a veces soslayados de la cultura cubana. Recuerdo una tarde en que merendábamos un grupo de estudiantes en la célebre terraza-cafetería del Lyceum que miraba a la calle Calzada, y derrochábamos sabiduría libresca en nuestros comentarios y discusiones. Georgia, que nos escuchaba desde una mesa vecina, se acercó al grupo y dejó caer una pregunta:

–¿Y saben ustedes [se sobreentendía, "ya que son tan sabias"] cuál es la flor nacional de Cuba?

Querida, inolvidable Georgia, por ti nos enteramos. Ojalá que se lograran exhube-rantemente aquí, en el destierro, las gentiles, aromáticas mariposas. Con ellas tejería una frágil corona a tu memoria.

2.2.5 Dos organizaciones femeninas

Estas actividades femeninas y feministas no estarían completas sin referirsnos a dos instituciones claves: El Lyceum y Lawn Tennis Club y la entonces llamada Federación Democrática de Mujeres Cubanas, que se convertiría en la actual FMC, suprimiendo el adjetivo *democrática.*

2.2.5.1 El Lyceum

El Lyceum surgió en 1928, por una iniciativa de Berta Arocena y Renée Méndez Capote, como una sociedad cultural, que más tarde se fundió con el Lawn Tennis, un club más bien de actividades sociales, que existìa desde 1913. Figuraban en la primera junta directiva, además de las fundadoras, Sara Méndez Capote, Carmen Castellanos, Matilde Martínez Márquez, Carmelina Guanche, Ofelia Tomé, Alicia Santamaría, Dulce María Castellanos, Lilliam Mederos, Rebeca Gutiérrez, Mary Caballero Ichaso, María Josefa Vidaurreta y María Teresa Moré.

Solía decirse en la Habana, que aunque habían unido sus destinos, el Lyceum siguió siendo el Lyceum, y el Lawn Tennis lo mismo: dos instituciones en una, pero con intereses separados. Al Lyceum se le atribuían los actos culturales que lo convirtieron en un sitio de avanzada y al Lawn Tennis las obras de carácter benéfico en que tanto se destacara. Fueron pioneras de los servicios de aistencia social Corina Behar, Lilia Cervera Vieta, Guillermina Lanuza, Ada López, Elena Moure, Esperanza Palacios, Marta Vignier. Guillermina Llanusa fue encargada por las Naciones Unidas de organizar los servicios de asistenca social en varios países hispanoamericanos.

Por la tribuna del Lyceum desfilaron las mejores escritoras de América, como Gabriela Mistral o Frida Schultz. En sus salones expusieron todos los grandes artistas plásticos cubanos, en parte atraídos por la vocal de pintura de la institución, la pintora Raquel Lázaro.

Alguien se preguntará ahora por qué nunca fui miembro de una institución que en definitiva yo respetaba y admiraba. Para responder, debo remontarme a la aparición de *La vida manda* de Ofelia Rodríguez Acosta, una novela que se consideró "audaz" en su momento y hoy nos parece una inocentada. Pues bien, a Ofelia se le negó la entrada al Lyceum con estas palabras textuales: "Ninguna señora decente puede estar en el mismo salón donde se sienta Ofelia Rodríguez Acosta". Pero, andando el tiempo, cuando la novela Romelia Vargas de Surama Ferrer (mucho más "atrevida") ganó un premio universitario, fue una comisión de señoras decentes del Lyceum a invitarla a que se asociara a la institución. La respuesta de Surama fue contundente: "Un lugar que no sirvió para albergar a Ofelia Rodríguez Acosta no puede ser bueno para mí".

Y fueron éstas las razones que me impidieron hacerme socia del Lyceum, aunque lo frecuentaba y aplaudía sus otros empeños.

A impulsos del Lyceum habanero, surgieron instituciones similares en toda Cuba: el de Santiago, presidido por Josefina Miyar Báez, el de Camagüey por Rosa Martínez Cabrera y Onelia Roldán Fonseca, el de Pinar del Río, por Elena Alfonso Méndez Anaya. Poseemos mejor información acerca del Lyceum de Camagüey, que realizó una labor notable de divulgación musical y de las artes plásticas. Sus fundadoras llevaron en persona los archivos del Luyceum camagüeyano a la Colcección Cubana de la Universidad de Miami.

2.2.5.1.1 Elena Mederos

I came to know Elena Mederos through her concern with Cuban political prisioners and the establishment of her publication Of Human Rights. I thought that she was one of the most remarkable people whom I had met. It seemed to me that her commitment to democracy and freedom was as pure and enduring as that of anyone whom I ever met.

Jeane J. Kirkpatrick

[Lo que sigue es una apreciación sobre esta destacada liceísta, que me fue solicitada para un volumen en su memoria que iba a realizarse en Madrid, y de cuyo destino final no he sabido.]

Acerca de Elena Mederos sé lo mismo que sabe cualquier cubano: que fue una mujer extraordinaria, creadora en Cuba de la profesión de trabajadora social y de la carrera universitaria donde recibían la formación adecuada. Que su gran taller experimental fue el Lyceum, la benemérita institución habanera, desde donde se impartían diversos servicios sociales que abarcaban desde socorrer a las madres necesitadas con canastillas muy completas hasta ofrecer clases nocturnas de alfabetización y preparación para trabajos diversos.

Cuando llegó Fidel Castro a la Habana, Elena Mederos creyó, como el 97% de nosotros, que comenzaba una era republicana distinta a las que habíamos conocido, en la cual las únicas condiciones de triunfo serían el mérito y la dedicación personales. Con Vicentina Antuña en la Dirección de Cultura, María Teresa Freyre en la Biblioteca Nacional, al ser nombrada Elena Mederos en el recién creado Ministerio de Bienestar Social, pareció a muchos que era el Lyceum. –la cubanía, la decencia– lo que se encontraba en el poder. Amarga equivocación. Y amarga desilusión. Al comprobar que no era así, Elena, como miles de cubanos, marchó al destierro. Y como miles de cubanos, en vez de dejarnos aplastar por la tragedia comenzamos a luchar con más fervor que nunca, cada uno en su campo de trabajo, por nuestros ideales nacionales. Elena Mederos se convirtió desde Washington en campeona de la defensa de los derechos humanos, continuamente pisoteados por el régimen castrista. Y a esa tarea entregó su vida.

Hasta aquí, lo que cualquier cubano sabe en un plano histórico. Pero en un plano legendario (¿o no?), se decía que Elena Mederos formaba parte de un cónclave liceísta secreto, donde una serie de señoras que actuaban como fideicomisarios aseguraban la integridad y la continuidad de la institución. Y que se trataba al mismo tiempo de un trust de cerebros: que eran ellas quienes imprimían al Lyceum su orientación cultural, social y política. Otras integrantes destacadas de este núcleo habrían sido Celia Estrada, María Luisa Guerrero, más tarde excelente biógrafa de Elena, Lilian Mederos, autora de los planos del edificio de Calzada, y en especial Emelina Díaz Parajón.

Sobre Emelina Díaz y su papel en la dirección de los destinos del Lyceum, Rosario Rexach, presidenta en dos ocasiones de la institución,

87

escribió un esclarecedor artículo, tanto en lo personal cuanto a su labor dentro de la Directiva del Lyceum. Nos ha trazado Rosario este maravilloso retrato de Emelina:

Era celosa, tal vez hasta la exageración, de su privacidad, de su hacer callado y eficiente. Lo más cercano a dibujar su personalidad es decir que era una mujer de hogar, entregada a él con todos sus talentos, que fueron muchos. Pues tenía una asombrosa inteligencia, una insondable curiosidad y sensibilidad y un alma entregada a lo que ella consideraba valioso, siendo muy rígida en su tabla de valores, así con o en todo lo que redundara en beneficio de los que requerían protección. [...] Nada de lo que esta mujer hacía parecía costarle esfuerzo. Y su pronta sonrisa y el calor humano que de ella dimanaba la hacían una compañía grata y siempre deseada. [...] Pero no fue hasta algún tiempo después que sus verdaderos talentos se pusieron de manifiesto, [cuando fue designada para presidir la Comisión ancargada de redactar unos nuevos estatutos para el Lyceum]. Como miembro principal de la Comisión redactora impulsó unos estatutos por demás sabios y equilibrados. [...] Y si a mí me preguntasen cuál fue la piedra angular del éxito del Lyceum, no vacilaría en afirmar que sus estatutos....

2.2.5.2 La Federación de Mujeres Cubanas

La federación no es otra cosa que una agencia del gobierno para movilizar a las mujeres hacia las campañas de educación, de salud, producción y defensa. No una voz de las mujeres cubanas al gobierno, sino una voz del gobierno sobre ellas.
Ruth Lewis

La FMC se describió a sí misma como una organización de masas femenina, pero no feminista, dado que el feminismo era considerado como un movmiento social que desviaba esfuerzos y atención de la lucha revolucionaria, además de una ideología propia de las "burguesas ociosas".
Isabel Holgado Fernández

Es muy significativo que en tiempos republicanos esta organización se autodesignara "Federación Democrática de Mujeres Cubanas". Y que con la llegada del comunismo, se suprimiera el adjetiuvo "democrática".

Según diversos testimonios reunidos en *¡No es fácil!* por Isabel Holgado, pertenecer a la FMC es obligatorio en Cuba comunista, y reclutan a las jóvenes desde que tienen de 13 a 15 años. La única participación en la vida del país que se les reconoce es asistir a los trabajos voluntarios. Para que se tenga una idea de lo que esta fuerza de trabajo representa, diremos que el 82% de las mujeres de Cuba están enroladas en la Federación. En 1970, 4,286,669 mujeres, en su mayoría amas de casa, recaudaron 41 millones para la ceación de guarderías infantiles. A pesar de lo cual un castrista Ministro del Trabajo se refirió a ellas como "esa estúpida casta de mujeres ociosas". Hay un millón de mujeres en las Milicias de Tropas Territoriales y 2 millones en las Brigadas de Producción y Defensa.

En recompensa por estos esfuerzos, el gobierno castrista mantiene a las mujeres alejadas de los verdaderos centros de poder. Sólo hay 2 mujeres en el Politburó (8%). Y sólo 38 en el Comité Central del Partido Comunista (un 17%) y así organismo por organismo. No en balde afirmó el teórico marxista Henri Marcusse: "También las instituciones socialistas pueden discriminar a la mujer, por eso no sólo está justificado, sino que es necesario un movimiento de mujeres independiente"

2.2.5.2.1. Edith García Buchaca

Como aún no había ingresado en el Partido las compañeras comunistas me trataban con marcado recelo y me hostilizaban visiblemente.

Ofelia Domínguez

Sin ser mestiza, Edith García Buchaca tenía la piel dorada, el cabello del tono bronceado con reflejos rojizos y los ojos del verde aceituna que he observado en una variedad especial, muy vistosa, de mulatas cubanas [y según algunos historiadores, el colorido de la piel, el cabello y los ojos del general Antonio].

Cuando la conocí, Edith tendría unos escasos 40 años, y desplegaba una personalidad avasallante y magnética. Quizás no fuera tan brillante intelectualmente como Mirta Aguirre, pero podía dominar con facilidad las audiencias, y mientras hablaba, a veces estrujándose el lóbulo de la oreja izquierda en momentos de concentración, las mujeres quedaban pendientes de su palabra como de las de un profeta. Admiraba secretamente a Ana Pauker, "la tigresa de Rumanía", caída en desgracia. ¡Quién le hubiera predicho que andando el tiempo ella corerría una suerte similar!

Estábamos en una merienda en casa de Vicentina Antuña. Yo era estudiante universitaria y dirigía por entonces un "Seminario de Estudios Humanísticos". Y no sé si Edith aconsejada por Vicentina o a la inversa, pensaron que ese Seminario era la agrupación ideal para lanzar un "Congreso Nacional por los Derechos de la Infancia".

A mí todo lo que fuera en defensa de los niños siempre me ha parecido estupendo. Pero las otras integrantes del seminario (entre ellas nada menos que Gracielita Pogolotti) mostraron grandes recelos por la presencia de una connotada dirigente comunista en el asunto. No se llegó a ningún acuerdo, pero dada la escisión de opiniones, de paso desapareció aquel empeño juvenil.

Yo, sin embargo, seguí viendo a Edith García Buchaca, a quien visitaba en el local habanero de la Federación, que albergaba los comités Nacional, Provincial y Municipal. Y colaboré algunas veces en el tabloide que publicaban, titulado *Mujeres Cubanas*, título que luego fue reducido a *Mujeres*. Allí conocí tipos femeninos muy interesantes, aunque en su mayoría, claro, eran militantes comunistas. Entre ellas, la secretaria de Edith, Hortensia Gómez, que no se diferenciaba en nada de una vieja beata y que no movía un dedo de la mano sin consultarlo antes con el equivalente de su confesor, algún "miembro del Partido" dispuesto a disipar sus escrúpulos. Y Aurelia Restano, marianense, con la que nunca había estado antes en contacto, abnegada militante "de base" del comunismo, que creía sinceramente que la implantación de ese sistema era la única solución para los problemas humanos. Le decían cariñosamente "Yeya", y no había misión que se le encomendara, por difícil que fuera, que ella no cumpliera a cabalidad.

No sé si he dicho en otra parte que soy de las personas salidas de Cuba con un pretexto y un permiso y que aprovechamos esa salida para no regresar. En mi caso, fue el Primer Congreso Internacional de Hispanistas en Oxford, en 1962. Viajé de la Habana a Praga, como escala obligatoria para seguir hasta Londres, y de ahí al lugar del Congreso. Y ¿a quién me encuentro nada más aterrizar en el aeropuerto checo? A Aurelia Restano. "¿Qué haces aquí, Yeya?", le pregunté. Y se le aguaron los ojos cuando me contestó: "Estoy desterrada. Tuve una discusión con Mirta Aguirre y me desterraron. Aquí casi nadie habla español. Así que vengo todos los días al aeropuerto a ver si por casualidad llega alguien conocido".

También en el local de la FDMC conocí a Nila Ortega, concejal por el Municipio de la Habana [¿debo enfatizar que por aquellos años el Partido Comunista era un partido electoral, inscrito legalmente?] y a la compositora Tania Castellanos. Conversaba mucho con ellas, hasta que Edith, con una falta de tacto increíble, me reclamó que yo había sido recibida allí por el Comité Nacional [ella] y que no tenía por qué estar hablando tanto con "la gente del Municipal". Otro tanto sucedió cuando supo que yo había estado en el local marianenese de la Juventud Comunista, entonces presidida por un compañero mío del Instituto. Me aconsejó que no volviera a ese lugar, que no era conveniente que me tratara con ellos, porque si algún día la Federación me necesitaba para algo, yo no debía ser una persona "señalada". (!!!)

Al triunfo del castrismo, me encontré, no sé si en el Lyceum, con Edith, como siempre cálida, cariñosa, que ahora disponía de un auto con chofer y me llevó hasta mi casa, a pesar de la distancia. Fue la última vez que la vi, aunque desde el exilio seguí de cerca su aparatosa caída, cuando los castristas decidieron deshacerse de los "comunistas viejos". Considero que Edith resultó condenada no por estar involucrada en algún tipo de "crimen necesario", ya que eso ha sido desde siempre arma característica del comunismo internacional, sino por su falta de tacto al manejar una cuestión tan delicada.

2.2.6 Feminismo en el exilio

El "Día Internacional de la Mujer" se celebra religiosamente cada 8 de marzo, tal y como lo propuso Clara Zetkin, la discípula, auxiliar y "diz" que amante de Lenin, en la Segunda Conferencia Internacional de Mujeres Socialistas celebrada en Copenhague en 1910.

¿Cuál era la significación original del 8 de marzo, muy poco conocida? Pues un holocausto obrero, equivalente femenino de "Los Mártires de Chicago" del 1ro de mayo: "Las Mártires de Nueva York". El 8 de marzo de 1908, las obreras de una fábrica textil de ese estado, llamada Cotton, declararon una huelga en protesta por las condiciones insoportables de trabajo. Con toda tranqulidad, el dueño de la fábrica cerró las puertas, dejándolas allí aprisionadas, y dió fuego al edificio. Murieron abrasadas 129 mujeres.

En Cuba, el 8 de marzo es tenido por una "festividad socialista", y como tal venía celebrándose desde 1931. Ahora en casi todo el mundo se ha ampliado la celebración a la totalidad de marzo, "Mes Internacional de la Mujer" y ha querido dársele un carácter menos partidista. También lo celebran las cubanas en el exilio.

A comienzos de los años 60, se constituyó en Miami la agrupacion "Mujer cubana", de marcado carácter feminista, presidida por la Dra. en Medicina Eleonor Pimentel.

Se han constituído también diversas organizaciones femeninas, como la Asociación Cubana de Mujeres Universitarias (ACMU), el Cuban Women's Club, la Asoaciación de ex presas políticas y otras.

En el exilio han continuado escribiendo a favor de la mujer, defendiendo su liberación de las cárceles castristas, sus logros y aspiraciones actuales, aclarando aspectos de su aporte a la nacionalidad cubana: Concha Alzola, Dora Amador, Uva de Aragón (antes Clavijo), Madeline Cámara, Daína Chaviano, Olga Connor, Ena Curnow, Ileana Fuentes, Elena de Jongh, Paquita Madariaga, María Márquez, Mignon Medrano, Norma Niurka, Ninoska Pérez Castellón, Nancy Pérez Crespo, Eleanor Pimentel, Inés Segura Bustamante, Raquel de la Villa, Rosa Whitmarsh y Gladys Zaldívar.

Como dato curioso diremos que una cubana que ya residía en Estados Unidos, participó en el movimiento norteamericano de liberación de la mujer: Olga Connor, en la Universidad de Pennsylvania, a comienzos de los 70.

2.2.7 Condición de las mujeres bajo la dictadura castrista

Tengo la convicción de que esta hora de dolor, de privaciones, de sacrificios y de heroísmo es esencialmente la hora de la mujer. Su capacidad para sufrir y amar, su gran poder de adaptación y sus facultades creadoras constituyen el barro propicio con que ha de construirse el nuevo hogar y la nueva existencia.
Ana María Borrero, durante la Segunda Guerra Mundial

Se está tratando de difamar la imagen de la mujer cubana. Pero lo de las jineteras es responsabilidad del régimen. Esas pobres mujeres son víctimas de Fidel Castro y nadie tiene autoridad para juzgarlas.
Eleonor Pimentel

Una forma obvia de explotación de las mujeres bajo el castrismo es la del control por parte del estado de las "jineteras", muchachas obligadas a prostituirse para llevar el pan a sus familias. El actual régimen cubano en sus inicios condenó con su característica feroz sintaxis la prostitución y fustigó a la sociedad capitalista que "si para impulsar un negocio tienen que prostituir a la mujer, a ellos no les importa". Andando el tiempo, no tuvo reparos en instituir la prostitución estatal, el "jineterismo" de ambos sexos, al comprender que ese era un modo fácil de obtener divisas. Por eso alguien ha podido comentar: "Gracias a la mujer, la gente sigue comiendo".

Otra forma, no tan obvia pero no menos oprobiosa es el llamado trabajo "voluntario", en cuyas unidades son integradas forzozamente las mujeres. Efrén Córdova describe así la situación:

La forma como en todas estas unidades [de trabajo "voluntario"] se ejecuta el trabajo se reviste al propio tiempo de características castrenses. Si en los trabajos normales es necesario cumplir con las metas de producción y ajustar el rendimiento a las normas, en las unidades paramilitares la exigencia es mucho más rigurosa. Son más estrictas las horas de trabajo que en muchos contingentes suman de 14 a 16 horas al día y en algunas ocasiones se extienden a 20. Quienes trabajan en los contingentes llegan usualmente a sus casas después de las 10 de la noche y apenas pueden ver a su esposa e hijos. Los que laboran en la agricultura viven desde luego en campamentos. En algunos contingentes se trabaja un promedio de 312 horas al mes.

[...]

Adviértase por último que la organización paramilitar del trabajo concierne también a las mujeres. Sólo en Ciego de Ávila, por ejemplo, se hizo público en agosto del 2000 que había 26 brigadas femeninas que laboraban en la agricultura, 16 en la producción azucarera y 13 en la industria tabacalera, todas auspiciadas por la Federación de Mujeres Cubanas.

No en balde la tasa de suicidios entre las cubanas es la más alta de América Latina y la tasa de natalidad una de las más bajas del mundo. Entre las suicidas notables se encuentran las poetisas Marta Vignier y Rafaela Chacón. Y nada menos que una de las fundadoras del Movimiento 26 de julio, que acompañó a Fidel Castro a la Sierra, Haydée Santamaría.

2.2.7.1. Mártires contemporáneas

Mujeres de Cuba, que me decís tan elocuentemente tantas angustias y tantos sufrimientos: me arrodillo ante vosotras y beso vuestros piés doloridos. No lo dudéis: vuestra patria perseverante recibirá el premio de su esfuerzo. Tanta sangre no se habrá vertido en vano, y la magnífica Cuba se erguirá un día libre y soberana entre sus augustas hermanas, las repúblicas de América.
Victor Hugo, 1870

Esteban Beruvides, en su impresionante compilación de mártires del castrismo, menciona una serie de mujeres que de diversas maneras ofrendaron sus vidas a la causa de la libertad de Cuba. Son ellas:

Fusiladas: Celia Alfonso, Obdulia Suárez, Luisa María Escobar, Olga Fernández Arrufe, Onelia Fernández García, Clotilde Farías, Olga Digna Fernández, Juana Figueredo (embarazada), Olga Herrera Marcos, Sor Aida Rosa Pérez, Tita Rodríguez, Teresita Savedra, Josefa San Román, María Isabel Torrado, Lourdes Valladares.También Felipa B. Armenteros.

Asesinadas: Celia Alonso, Amelia Arias Gómez, Digna Arufe, Felipa Benítez, María Capiro, Sra. Cardona, Pura Castellano, Rev. Madre María Echevarría, Olga Fernández Cañizares, Aselia Fernández, Ana Marta García Delgado, Elida García López, Aida García Soler, Julia González (Guanajay), Rosa González, Julia González Méndez, Julia González Roquete, Julia González, Livia Gouvernier, Estrella Gutiérrez, Ana María Hernández, Micaela Hernández, María Morejón, Emma Muñoz, Lourdes Nadal, Sara Oquendo Hernández, Caridad Pavón (Villa Marista), Raquel Perdomo, Silvia Perdomo, Dora Victoria Reyes (Guanajay), Sara Rodríguez Alemán, Edmunda Serret (G 2), Vinigo (3 hermanas).

Muertas en prisión: Norma Díaz (Manto Negro), Silvia Marrero (Manto Negro), Sivia Montiel (Manto Negro), Lydia Pérez León y su hijo (Guanajay).

Desaparecidas: Nurys Cabrera, Gloria Casañas, Inocencia Castro, Arisdey Galbán, Ana María García, María Magdalena Gómez, Ana González, Carmen González, Hidaelina González Quevedo, Marlene González (embarazada), Bárbara Hernández Ravelo, Leticia Herrera, Sara Oquendo, Margarita Ortega, María Caridad Rodríguez, Belkis Rodríguez Estrada, Margarita Troya.

Se suicidó, enloquecida por las torturas, Delia Navarro. Posteriormente Claribel Mena.

Un aparte para las mujeres y niñas deliberadamente ahogadas en el hundimiento del remolcador 13 de marzo, el 13 día de julio de 1994:

Lisette Álvarez Guerra (24 años), Yaltamira Anaya Carrasco (22), Pilar Almansa Romero (30), Giselle Borges Álvarez (4), Marta Carrasco Tamayo (45), Yuliana Enríquez Carrazana (23), Myladys Fernán Rivero (27), Cindy Fernández Rodríguez (2), Caridad Leyva Tacoronte (4), Helen Martìnez Enríquez (6 meses), Mayulis Méndez Tacoronte (17 años), Odalys Muñoz García (21 años), Yolindys Rodríguez Rivero (2), Julia Ruiz Blanco (35), Estrella Suárez Esquivel (45), Marta Tacoronte Vega (33).

2.2.7.2 Las presas de conciencia y activistas contra Castro

Jamás ha habido un presidio político femenino de la magnitud de éste.
La brutalidad, la masividad, la longitud es lo que lo ha caracterizado.
Juan Clark

Mujeres revolucionarias, jóvenes universitarias, profesionales o simples
amas de casa, cumplieron condenas tan duras como las de sus compañeros
varones, y han sido, a mi entender, tristemente olvidadas.
Mari Paz Martínez Nieto

No me arrepiento de hacer lo que hice. [Salvar vidas humanas, ayudando a
varios cubanos a escapar de la Isla]. Si fuera necesario, lo volvería a hacer.
Albertina O'Farrill, tras escuchar su sentencia
a 40 años de prisión, el 5 de septiembre de 1967.

Un sueño aplazado es doblemente más dulce cuando se realiza, y yo
estoy viviendo mi vida para el futuro, no el pasado. Pero no podría
nunca olvidar los años que pasé en prisión, ni perdonarlos; las heridas
se curan, pero las cicatrices permanecen. En todos los años en que me tu-
vieron encerrada nunca me hicieron verter una lágrima, ni
siquiera una vez. Pero ahora, algunas veces lloro.
Ana Lázara Rodríguez

La relación que sigue, necesariamente incompleta, ha ido formán-
dose con los datos aportados por las escritoras y periodistas Inés Segura
Bustamante, Mari Paz Martínez Nieto, Esther Pilar Mora, María Márquez, Ninoska Pérez Castellón, Teresita Mayans, Mignon Medrano, Ana
Lázara Rodríguez, Ileana Fuentes, Raquel La Villa, Ileana Ros-Lehtinen,
Dora Amador, en los libros, artículos, y programas radiales que se
reseñan en la bibliografía consultada. Abarca mártires, activistas en
Cuba y en el exilio, presas políticas, participantes en los movimientos
pro derechos humanos y mujeres que han militado en otras formas de
resistencia. Estas periodistas y compiladoras, por supuesto –algunas de
ellas ex presas políticas– deben ser consideradas como activistas en la
lucha contra Castro. Entre ellas, Ana Lázara Rodríguez y Cary Roque
son tambien voceras de estas heroicas mujeres, entre las cuales (muestra
de que el régimen de Cuba no respeta nada) hay dos monjas: Aida Pérez
López, que murió por falta de atención médica y Pauline Turcher. Hay
una niña en la cárcel desde los dos años, Natacha Valdés. Y hasta una
norteamericana: Geraldine Chapman.

En una de las raras ocasiones, quizás la única, en que ha hablado
de su encarcelamiento, la actriz Griselda Noguera ha expresado: *Es una*

de esas experiencias en que lo primero que se te ocurre pensar es que no lo puedes soportar y te vas sorprendiendo de tí misma, que dentro tenemos una fuerza desconocida, que día a día uno va adquiriendo la fortaleza para sobrellevarlo todo. [La cárcel es el lugar] *donde estás apartado de la familia* [en su caso una niñita de 9 meses], *donde sientes que en la vida, aunque después vayas a continuarla, siempre va a existir una rotura, algo donde se perdió el hilo de continuidad.*

Otras presas de conciencia y activistas:

A Raquel Aballí, Julia Abellet, Concepción Abello, Nieves Abreu, Norma Acebo, Guillermina de la Caridad Acuña, Bertha Alemán, Ana María Agramonte, Zoila Águila, "la Niña del Escambray", Eladia Aguilera Almanza, Mercedes Aguilera Almanza, Zoila Aguirre, Berta Lidia Aizpurúa Sarduy, Sara Aizpurúa Sarduy, Norma Albuerne, Ana Luisa Alfonso, Clara Alonso, Isabel Alonso, Alicia Álvarez, Haydée Álvarez, María de la Cruz Álvarez, María Magdalena Álvarez, Olga Álvarez, Zoraida Álvarez, Vicky Andrial Zaldívar, Berta Antúnez Pernet, María Elena Aparicio, Ofelia Arango Coirtina, Ileana Arango Puig, Gloria Argudín, Xiomara Argüelles, Estrella Arián, Carmen Arias, Nidia Rosa Armada, Mirta de Armas.

B Ledy Bailly, Hortensia Baquero, María Elena Ballo, Ana Barroso,Teresita Bastansuri, Amalia Benejam, María Milagros Bermúdez, Carmen Besada, Teresita Betancourt, Margarita Blanco, Violeta Blanco, María Antonia Bode, Yara Borges, Esperanza Braña, Ela Bravo, Gloria Bravo, Alicia del Busto.

C Cristina Cabezas, Caridad Cabrera, Cusa Cabrera, Laura Cabrera, Margot Cabrera, Hilda Cabrera Matos, Mirta Cabrera Sotolongo, María Calil, Julia Calvo, Manuela Calvo, Margot Calvo, Ester Campos, Beba Canabal, Olga Canosa, Clara Berta Cantón, María del Pilar Caramés, Nenita Caramés (Gloria Álvarez Medina), Daula Carpio Matas, Mirta Carranza, Sara Carranza, Margarita Carrillo, Nydia Cartaya, Carmelina Casanova, Salomé Casanova, Ada Castellanos, Ester Castellanos, América Castillo, Elaine del Castillo, Gladys Castillo Alonso, Elia Castro, Carmen Castro, Vivian de Castro, María Juana Cazabón, Ada Cervantes, Nancy Céspedes Borroto, Conchita de Céspedes, Gemma de Céspedes, Geraldine Chapman, Gladys Chinea, Ana Luisa Chirino, Olga Chirino, Mercedes Chirino, Onelia Chirino, Georgina Cid, Olimpia Cifuentes, Ángela de la Coba, Odilia Collazo Valdés, María Comellas, Mary Conde, Lillian Correoso, Lolín Correoso, Marta Crespo, Migdalia

Crespo Pino, Isora del Cristo, Edita Cruz Rodríguez, María Elena Cruz Varela, Bienvenida Cúcalo Santana, Hortensia Cura.

D Gladys Dávalos, Dora Delgado, Doris Delgado, Gisela Delgado, Lidia del Carmen Denis Serrano, Elda Deniz, Adelaida Díaz, Berta Díaz, Caridad Díaz, Nilda Díaz, Teresa Díaz, Griselda Díaz, Velia Díaz, Tania Díaz Castro, Ana Díaz Silveira, Consuelo Concepción Doger, Sinecia Drake, Caridad Duarte, Ofelia Duque.

E Emérita Elejalde Sarracén, Annette Escandón, Delia Espino, Gisela Estévez, Nancy Estrada Galván.

F Nieves Fábregas, Haydée Fadhel, Hilda Felipe, Hilda Feo, Aurea Feria Santiesteban, Cándida Melba de Feria, Caridad Fernández, Olga Digna Fernández, Oneida Fernández, Vilma Fernández Batista, Zeida Cuesta, María Amalia Fernández del Cueto, Caridad Fernández López, Esther Ferro, Erta Fiallo, Rita Fleitas, Arelis Fleites, Marta Frayde.

De Marta Frayde ha dicho Ileana Fuentes:

Renunciar a su cargo diplomático en París le costaría caro a la veterana revolucionaria Martha Frayde, destacada activista política de la República, miembro fundador del Partido Ortodoxo, militante de la lucha antibatistiana, fue condenada a 20 años por el solo delito de disenti.r. Sólo la gestión de altas figuras en Francia lograría su libertad prematura. Libertad, pero con exilio. Han pasado 25 años pero sigue luchando desde Madrid, no sólo en pro de los derechos humanos, sino en contra del régimen que traicionó los ideales de todo un pueblo. Ante nobles y plebeyos, a sus casi 90 años.

G Araceli Galán. Mercedes Galtés, Carmen García, Elicenda García, Guillermina García, Juana Luz García, Oriustela García, Miriam García de Castro, María Antonia García Rangel, María Caridad García Tavera, Nena Garrote, María Luisa Giralt Menocal, Berta Godínez, Tania Gómez, Ada González, Carmen González, Clara González, Elba González, Lydia González, María de los Ángeles González, María Cristina González, Mercedes González Diego, Isabel González Faxas, Gladys González Noy, Julia González Roquete, Inés González Thorndike, Polita Grau, Olga Guillot, Juana María Guzmán.

H Mary Habach, Zelma Hazim, Clarivel Hernández, Elda Hernández, Elena Hernández, Emelina Hernández, Gladis Hernández, Mariana Hernández, Nereida Hernández, Olga Lidia Hernández, Minín Hernández, Yamilet Hernández, Alina Hernández Monaga, Ana María Hernández Torres, Ángela Herrera, Dalia Herrera, Hilda Herrrera, Lydia Herrrera, Olga Herrera, Alina Huiolt.

I Nancy Ibargollin, Blanca Iguanzo, Silvia Iriondo, Onelia Izquierdo.

J Zelma Jacín, Aida Rosa Jiménez, Amelia Jiménez, Adriannette Jordán Contreras, Mayda Bárbara Jordán Contreras.

L Edith Labrit, Carmen Lago Gloria Lasalle, Aleida Leal, Belkis de León, Iraida León León, Gladys Linares Blanco, Yolanda Lidner, Mercedes Llauró, Caridad López, María Antonieta López, María Isabel López, Oristela López, Ana Luisa López Baeza, Susana Rosa López Cué, Carmen Rosa Lora, Sara Lorenzo Fabrera, Maritza Lugo Fernández, Emilia Luzárraga Fernández.

M Berta Machado, Estela Madruga, María Márquez, Yara Marrasé, Aida Marrero, Olga Marrero, Teresita Marrero, Sara Martín, Adelaida Martínez, María Julia Martínez, Mabel Martínez, Riselda Martínez, María Teresa Martínez, Mary Martínez Ibarra, María Martí, Irma Martínez Osa, Conchita Massaguer, Teresita Mayans, Mercedes Medina, Lucía Mejía, Gloria Mejía, Julieta Méndez, Lilian Meneses, Enriqueta Meoquí, Elvita Mesa, Ernestina Mesa, María Antonia Mier, Digna Milán, Hilda Molina, Lourdes Molina, Sara Montesino Arguelles, Esther Pilar Mora, Xiomara Moreira Violat, Isabel Morgado, Olga Morgan, Josefina Mosquera, Nydia Mouriño, María del Carmen Muñoz y Grau, Mireya Muro.

N Digna Naranjo, Caridad Navarrete, María Antonia Nickse, Griselda Noguera.

O María Odoardo, Albertina O'Farril, María Cristina Oliva, Marta Esperanza Oliva, Felicia Olivia, María Cristina Oliva, Marta Oliva, Rebeca Olivera, Leonor Bárbara Olivero, Lourdes Oms, Martha O'Neal, Estrella de Oro, Miriam Ortega, Floribel Otero, Georgina Otero.

P Marta de la Paz, Purita Padrón, Marta Parga García, Mercedes Pelegrí, Hilda Pelegrín, Carola Peña, Josefina Peña, Ileana Peñalver Duque, Reina Peñate, Clara Peraza, Silvia Perdomo, Graciela Pérez, Karla Pérez, Luisa Pérez, Lydia Pérez León, Aida Pérez López, Vivian Pérez Medina, Juana Pérez Pantoja, Bárbara Pérez Pérez, Regla Pérez Pérez, Teresa Pérez Pou, Heidi Pimentel, Porfiria Pimienta, Lidia (Lilita) Pino, Nereida Polo, Migdeiglis Ponce Casanova, Elana Porgark, Dolores Portela, Berta de la Portilla, Margot Pou, Julia Puente, María Amalia del Puerto, Ofeia Puig, María Elena Pujol.

Q América Quesada, Tania Quintero, Silvia Quiñones.

R Etelvina Ramírez, Lilian Ramírez, Mercedes Ramírez, Noelia Ramírez ("Preciosa"), Olga Ramos, Rosa Ravelo, Ángela Rey, Dora

Victoria Reyes, Margot Reyes, María Rosa Richis, Mercedes Rico, Estrella Riesgo, Asela Ríos, Rirri Rivas, Antonia Rodríguez, Berta Rodríguez, Blanca Rodríguez, Carmen María Rodríguez, Emma Rodríguez, Hermanas Rodríguez: Magda, Milagros y Ana Lázara, Isabel Rodríguez, María Celina Rodríguez, Mechito Rodríguez, Ofelia Rodríguez, Raquel Rodríguez, Yesenia Rodríguez Aguilar, Berta Rodríguez Ceballos, Olga Rodríguez Morgan, Alma Rodríguez Pérez, Araceli Rodríguez San Román, Cecilia Romero Acanda, Raquel Romero, Ana María Rojas, Pastora Rojas, Reina Isabel Rojas Sánchez, Cary Roque, Celeste Roque, Marta Beatriz Roque Cabello, Margot Roselló, Mercedes Roselló, Estrella Rubio, Mercedes Ruiz, Amparo Ruiz Salas.

S Teresita Saavedra, Hortensia Salvi, Teresa Sargadó, Aleja Sánchez, Gisela Sánchez, Lucrecia Sánchez, Virginia Sánchez, Marcela Sánchez Santa Cruz, Aleja Sánchez Piloto, Arely San Román, Damaris Santana Aguilera, Berta Santacruz, Marta Santanach, Julia Sargen, Julia Sarraín, Alba Serrano, Edmunda Serrat, Ana María Simo, Gloria Solano, Mariluz Solís, Nancy Sotolongo, Isabel Sotolongo del Pino, Gloria Solano, Fidelina Suárez, Gladys Suárez Scull, Mariel Swab.

T Isabel Tejera, Alicia Thomas, Margarita del Toro, Sara del Toro Odio, Carmina Trueba, Hilda Trujillo.

U Nélida Urtiaga, María Utset.

V Caridad Vega, Aleida Valdés, Natacha Valdés, Onelia Valdés Hurtado, Teresa Valdés Hurtado, Aida Valdés Santana, Paula Valiente, Raquel Valladares, Yoanis de la Caridad Varona González, Gudelia Vázquez, Caridad de la Vega, Marta María Vega Cabrera, María Vidal, Carmen Velozo, Fefa Velozo, María Vidal, Teresa Vidal, Cecilia la Villa.

W Gladys Wong, Xiomara Wong.

Y Berta Yeste.

Z Cecilia Zamora.

También fue destacada combatiente anticastrista Delia Reyez Díaz, fallecida recientemente.

Otras luchadoras contra Castro: Concha Acevedo, María Comellas Anglada, Olga Guillot, China Lee, Aida Montero.

Merecen especial atención las heroínas de la visita del Papa, Juan Pablo II a Cuba, la joven María Lourdes Gutiérez que dio gritos de "¡Abajo la dictadura!" y Karla Pérez que deplegó un cartel con el mismo mensaje.

Las extranjeras que más se han fundido con la causa cubana son: Maripaz Martínez Nieto, campeona de los Derechos Humanos. Y Ana

Navarro, valiente Embajadora de Nicaragua, que denunciara al castrismo en Ginebra. No tengo el gusto de conocerlas en persona, pero sus obras trazan fiel retrato de la rectitud y generosidad de carácter de ambas.

La religiosa norteamericana Jeanne O'Laughlin, por pura humanidad, desempeñó un gran papel en la defensa del niño balsero Elián González, tratando de impedir que fuera devuelto al infierno castrista.

3. SOMOS LEGIÓN

[Quiero aclarar que en esta tercera parte, como en todo este libro, me baso en fuentes documentales. Cuando éstas faltan recurro a la memoria de personas conocidas y a mi propia experiencia. Sorprendarán las listas al parecer interminbables de mujeres en las distintas ocupaciones. Esto se debe a que he seguido un criterio incluyente. Sorprenderá también el hecho de que se encuentren en una relación hombro con hombro las "grandes figuras" y las representantes de la llamada "gente sin historia". Pues bien: aquí han tenido su historia. Y que sea el tiempo el encargado de relegarlas. No yo. Seguramente habrá muchas omisiones, porque nunca se han realizado recuentos sistemáticos de las mujeres en los distintos ámbitos de la vida cubana. Ruego a las lectoras que me ayuden a subsanarlas con vistas a una posible segunda edición. Gracias].

3.1 Educadoras y maestras

...en todos los países puramente comerciales y agricultores, servidos de esclavos, la mujer no necesita de otras prendas ni virtudes ni adornos que los de su cara, para hacer fortuna. Flaca y débil de suyo además, como no puede entrar a la parte con el hombre, cuya ambición y egoísmo las inutiliza y las rechaza de todas partes, lleva una vida ociosa, de retiro y soledad. También las costumbres, hijas de esas ideas, como las falsas de moralidad y honor, que a pesar de tantos años y cambios sociales, nos han trasmitido los muelles árabes, aunque proclamen a la mujer en las plazas públicas reinas de la hermosura y del amor, las condenan a vivir esclavas de sus desapoderadas pasiones en el interior de las cámaras de sus palacios. De este abandono y de este descuido nace por consecuencia forzosa que generalmente nuestras mujeres no tengan más que dos grandes ocupaciones: –el espejo y el amor
Cirilo Villaverde (1841)

Lectura, escritura, religión, moral, aritmética, gramática, dibujo, historia sagrada y profana, higiene doméstica, labores (muchas de ellas tan trasnochadas, inútiles y hasta nocivas como el bordado) y música, lo más frecuente en forma de piano y de solfeo; toda esta balumba de conocimientos, y a veces algunos más, que suele agregarles la especulación, en la enseñanza privada, tiene que pasar por la mente juvenil de la niña en el breve período que media entre los nueve y doce años de su vida, y... pasa cierta-

mente, pero muy a menudo, como dijo el poeta que lo hacían los peces por el agua y las aves por el aire, sin dejar huella.

Francisco Figueras (1907)

Los trajines de una mujer deben ser otros: la casa, el amor al hombre, el arte, tocar el piano, saber hacer un dulce, bordar. Ser amable, ésa es la mujer.

Rachel (ca. 1920)

Una habilidad que pocas veces han podido impedir que realizáramos y que casi todas las mujeres poseemos, en mayor o en menor grado, es la capacidad de enseñar, desde las cosas más simples como dar los primeros pasos, hasta las más complejas, como la adquisición del lenguaje. Tradicionalmente, en muchos hogares las madres se ocupaban no sólo de mantener a la familia alimentada, limpia y unida, sino que eran ellas también (o algún pariente femenino acogido bajo el techo familiar) las encargadas de preparar a los niños para cuando comenzaran a ir a la escuela, instruyéndolos en las primeras letras y las operaciónes aritméticas básicas, "las cuatro reglas". Algunas de estas mujeres no sabían mucho más de lo que trasmitían. Otras eran de intento mantenidas lejos de todo tipo de instrucción. Y otras más, especialmente las de clase media o alta, habían estudiado algo de música; tocaban un instrumento, dibujaban "del natural", conocían varios idiomas.

La enseñanza sería pues ocupación favorita de las mujeres, no sólo porque educar ha sido una de las funciones que por naturaleza ejercían las madres, sino porque en sus inicios era una actividad que podía y solía realizarse sin necesidad de salir del hogar. Mujeres que por viudez o por soltería debían ganarse el sustento apelaban al socorrido expediente de reunir en la sala de su casa a un grupo de niños para iniciarlos en las letras. Si carecían de un mínimo de preparación para realizar aun esta modesta función, pues, ya se sabe, tendrían que dedicarse a ocupaciones manuales, serviles, etc. Y en casos extremos a su degradación personal.

Al estallar la Guerra Grande, muchas mujeres se unieron con sus familias a los hombres de la casa que se lanzaban a pelear en los campos, y fue preciso entonces improvisar escuelas en los campamentos de alzados, a fin de que, cuando cesara la contienda, los niños pudieran incorporarse a una escuela regular. Fueron maestras en la manigua, entre otras, Consuelo Álvarez y Ana María Echevarría.

Con los reveses de la guerra, muchas patriotas se ven obligadas a marchar al exilio, y mantenerse por cuenta propia, como sucedió con Ana Betancourt, que en Jamaica se dedicó primeramente a hacer bordados y flores y más tarde dirigió allí una escuela evangélica para niñas cubanas. Posteriormente dirigió el colegio de niñas Santa Tecla, en El Salvador. Exiliada en 1870, la notable pianista Inés Vasseur se dedicó a dar clases de música en Veracruz. Las que con motivo de la Guerra se ven desplazadas de su medio adoptivo también hallan en la enseñanza forma decorosa de ganarse el sustento. Tal es el caso de Avelina Correa, que cuando regresa de Filipinas a la Habana en 1895, comienza a dar clases en los Colegios San Fernando, la Piedad y La Pureza. De hecho, rara es la mujer de alguna significación que no haya tenido que ver con la enseñanza en algún momento de su vida. Martina Pierra Poo (tía, por cierto, de Juana Borrero) fue maestra de Avelina Correa. Domitila García Coronado fundó en 1822 el colegio Nuestra Señora de los Ángeles, y, por la misma época, una Academia de Tipógrafos y Encuadernadores. Publicó también un *Método de lectura y breves nociones de instrucción elemental,* y en 1911, sus *Breves nociones para aprender el arte tipográfico.* Mercedes Matamoros fue maestra en el colegio de María Luisa Dolz. Y así sucesivamente.

La primera maestra cubana que irrumpe en las aulas universitarias (todavía en calidad de alumna) fue Mercedes de la Rina, quien logra en 1883 su ingreso a la Escuela de Filosofía y Letras de la Real y Pontificia Universidad de la Habana, de donde se graduó en 1886.

Cuando se inaugura la Repùblica se pone de manifiesto la necesidad de ciudadadanos competentes. Y, como expresara Medardo Vitier, "era general la confianza en que la educación nos haría aptos para la ciudadanía". Así pues, se recibe con júbilo la disposición del gobierno interventor norteamericano de Cuba de crear, por orden militar No, 368 de 1900, las primeras 3,000 aulas de enseñanza pública. Para cubrir estas plazas magisteriales se organizan diversos cursillos y escuelas de verano. (La creación de las escuelas normales tendría que esperar hasta las primeras décadas del siglo XX). Este nuevo campo profesional que se abre ante las mujeres resulta tan atractivo y conveniente que, según Caraballo, en 1918 alrededor del 82% (unas 4,244) de los maestros de escuelas elementales de Cuba eran mujeres. A las que hay que añadir las maestras de Kindergarten, las de Corte y Costura, etc., y las que dirigen sus propios planteles.

Un viajero llegado a Cuba en 1929, Góngora Echenique, dejó constancia en sus memorias de viaje de las profesoras que componían el claustro de la Escuela Normal para Maestras por esa fecha: Srtas. López Lay, Isolina Velasco Millás, Guillermina Portela, María Capdevila, Carolina Poncet, María Corominas, Estrella Delgado, Julia Martínez y Julia Crespo. Era tanto el fervor educativo que animaba a las mujeres que para 1919 ya habían alcanzado el mismo nivel de alfabetismo que el hombre. Al llegar el Centenario del Nacimiento de José Martí, el número de las mujeres maestras representaba un 82.2% de los educadores.

Quizás es debido a este carácter patriótico que adquiere la enseñanza, que Cuba ha sido un país de extraordinarias educadoras. Y es un hecho curioso que en las reseñas que hemos consultado acerca de la labor y logros de las mujeres cubanas, no se hace ninguna mención por separado de nuestras insignes maestras. Va siendo pues hora de que alguien emprenda el estudio y recuento sistemático de esta señera labor femenina. En lo que llega ese momento, he preparado una modesta relación, de seguro muy incompleta, de reconocidas maestras cubanas. Algunas con rango de educadoras. Todas con el rango que les otorga el deber cumplido.

3.1.1 Breve relación de educadoras y maestras.

Se incluyen además de las enseñanzas primaria, secundaria, universitaria y profesional, educadoras en los campos de las artes plásticas (y artesanías), música, (canto, ballet), educación física, enseñanzas especiales, etc.

A Carmen Acosta, Magaly Acosta, Ángela Abete, Ana Abril Amores, María Teresa Agramonte, Emilia Agramonte Duque-Estrada, Estela Agramonte, María Aguado, Ana Aguado Tomás, Aida Aguayo, Clotilde Agüero, Carmen Rosa Aguiar, Mercedes Aguilera, Gertrudis Aguilera Céspedes, Carmelina Alberni, Celina Alfonso, Clara Emma Alonso, Consuelo Álvarez, Isabel Álvarez, María Álvarez, Mariana Lola Álvarez, María Eloísa Álvarez del Real (además distinguida publicitaria y durante muchos años directora de *Almanaque Mundial*), María Teresa Álvarez Estrada, Florinda Álzaga (tambien ensayista, recientemente fallecida en Miami), Concepción Alzola, Ana María Amigó, Margarita Andino, Pura Angulo, María del Carmen Anido Berrera, Vicentina Antuña (Directora Nacional de Cultura del castrismo, mi profesora de Latín, que me inoculó el amor a Horacio y a Virgilio que me ha compañado el resto de mi vida), Estefanía Antuña (hermana de Vicentina que, por el contrario, murió en el exilio) María Aragón, Berta Arce, Ángela Arche, Emelina Argudín, Ana María Arisó, Manuela Aristondo, María Ariza, Isabel Ariza Delance, Margarita de Armas, Consuelo Armona, Ana María Ayala (Coautora de unas *Lecciones de Español* que se usaban como texto en Bachillerato del primero al cuarto año).

B Ana Betancourt, que como dijimos, se dedicó en Jamaica primeramente a hacer bordados y flores y más tarde dirigió allí una escuela evangélica para niñas cubanas (1872-73). Posteriormente dirigió el colegio de niñas Santa Tecla, en El Salvador. Emilia Clemencia Betancourt, Dulce María Betancourt, Sara Betancourt, Ana Báez Mares, Adriana Billini, Leonor Barraqué, Olga de Blanck Directora del Conservatorio "Hubert de Blank", Josefina Blanco, Dolores Borrero, Dulce María Borrero, Dolores Brito, Silvia Bustamante Fernández, Sara Bustillo.

C Mary Caballero Ichaso, María Cabarricas Ayala, Elena Calduch, Luisa Calonge Falcón, Madelaine Cámara, Elvira Campos, Camila Candela León, Adelfa Cantelli (colaboradora de *La Voz*), Herminia Cantero (Profesora del Instituto de Marianao. Cofundadora de los programas bilingües en el condado de Dade), Teresa Cantón, María Capdevila, Moravia Capó (luego destacada activista comunitaria), Yolanda Carbó, Juana Carrillo Rojas, Zoila Cartaya, María Luisa Casals, María de las Mercedes Casals y Caraballo, Elodia Caso Valdés Miranda, América Castellanos Salazar, Lucía del Castillo, Marta de Castro (una de las profesoras auxiliares de la Cátedra de Historia del Arte de la Universidad de la Habana, autora de *El arte en Cuba*), Loreto Cebrián, Luz Cebrián, Mercedes Cebrián, Consuelo Cervera (que falleciera en el exilio), Ángela Chabau Arregui, Rafaela Chacón (poetisa, ella misma alumna eminente de la Escuel Normal y de la Facutad de Educación de la Universidad de la Habana, méritos por los cuales obtuvo un aula en la Escuela Anexa a la Normal. Murió en Cuba), Isabel Chappotin (maestra cubana de las artesanías), María Luisa Chartrand, Isabel Cisneros, Paula Coll Núñez, Ángela Belén Comas, Enriqueta Comas (colaboradora anónima de la obra de su esposo, el historiador Leví Marrero), María Teresa Comellas (directora de la escuea de su nombre), Eva Condon, Sofía Córdova Fernández (ilustrre folkorista, autora de la compilación precursora "El Folklore del Niño Cubano", aparecida en la revista *Archivos de Folklore*), Matilde Córdova Quesada, María Corominas (directora de la escuela de su nombre), Zoila Corominas (coautora de los textos para la enseñanza del español que se usaban en Bachillerato del primer al cuarto año), Avelina Correa (extraordinaria periodista. Autora de unas memorias de su estancia en Filipinas), Emma Cotarello, María Crespí (fundadora y directora de *El Camagüeyano Libre*), Julia Crespo, Bárbara de la Cruz, Evelia Cruz Pérez, Dolores Cubas Prats, Alicia Cué (de una larga familia de maestras villaclareñas), Ester Cué, Asela Cuervo, Lolina

Cuervo, Mercedes Cuervo, Zilia Cuervo, América Ana Cuervo Barrena, Teresa Cuervo Fraxedas, Ana Teresa Curbelo.

D Lydia M. Dauni, Luisa Deas Mancebo, María Derllaba Castro, Zoila Estrella Delgado, Elvira Delofeu (madre de Surama Ferrer), Flora Díaz. Sonia Díaz Blanco, Delia Díaz de Villar (historiadora. Fallecida en el exilio), Margarita Dihigo Llano, María Luisa Dolz (una de las feministas históricas más destacada), Luya Domenech, María Josefa Domezain, Blanca Dopico, Elvira Dopico (destacada en el exilio), María Isabel Duarte, Araceli Dubreuil y Jackson, Carmen Dorta Duque.

E Ana Etchegoyen (profesora de la Facultad de Educación de la Universidad de la Habana), Ana María Echevarría, Berta Echevarría, Celeste Echevarría, Eugenia Edelman, Angelina Edreira, Isabel Elejalde, Josefina Erqiaga Fernández-Fraga ("Mana", mi compañera de Filosofía y Letras) Dulce María Escalona (profesora de la Facultad de Educación de la Universidad de la Habana), Libia Escanaverino, Teresa Escandón, Angelita Esparraguera, Conchita Espinosa (gran divulgadora en Miami de los bailes españoles), Himilce Estévez, Sonia Estévez, Felipa Estrada Collazo, María Estravi.

F Obdulia Fabregat, María Luisa Facciolo, Tina Farelli Bovi (una de las mejores maestras del *bel canto* que la Habana tuvo el privilegio de acoger), Olga Fariñas, América Fernández, Berta Fernández, María Fernández, Esther Fernández Fernández, Estefanía Fernández Iruela, Luisa Fernández Morell, Luisa Fernández Real, María Fernández Real, María Fernández Xiqués, Concepción Ferrant Gómez, Arminda Mari Ferrer Espinosa, Ada Fitzgibbon (una de las primeras mujeres profesoras de calistenia), Pura Fleites, Josefina Fons, Elvira Fornaris, Silvia Frías, Blanca Fuentes, Marta Fuentes.

G Dulce María Gacio, María de los Ángeles García, Asunción García Arias, Domitila García Coronado (periodista, autora, como dijimos, de un Manual para aprender tipografía y de un *Método de lectura y breves nociones de instrucción elemental*, fundó en 1882 el colegio Nuestra Señora de los Ángeles), Rita García Cossío, María del Rosario García Gómez, Luisa García González, Aurora García Herrera, María Teresa García Montes, Leticia Mireille García Moré, Carmen García Palacios (dirigente católica. Fallecida en el exilio, en México), Rosa García Rivas, Mercedes García Tudurí (poetisa), Rosaura García Tudurí (ambas Tudurí miembros de la Sociedad Cubana de Filosofía), Aleida Garrido, Evelina Garrido Díaz, Teresa Gavalda, Juana Antonia Geada (que fuera la presidenta de las Damas Isabelinas de Pinar del Río) Rita

Geada, poetisa, Margarita Gelpi, Rosa Gómez Arias (además destacada publicitaria. Mi inolvidable profesora de Lógica en el Instituto de Marianao), María Dolores González, Victoria González (una de mis compañeras de Filosofía y Letras, con una singular historia. V. 5.1). Liliana González de Chávez ("la segunda Corín Tellado", encargada de editar para *Vanidades Continental* las novelas de la conocida autora), Adoración González de Chávez Puig, María González Llerena, Hilda González Mateo (mi fiel auxiliar de cátedra en la Escuela de Comercio de Marianao), Hilda González Puig (mi titular en la Universidad Central de las Villas, coautora de unas notas de literatura latina por las que estudiábamos en la Universidad, antes de que aparecieran obras como las de Millares Carlo), Ana María González Rodríguez, María Consuelo González Rodríguez, Sylvia Goudie Suárez (destacada tanto como profesora de ballet como activista comunitaria), María Govín Gómez, María Grajellas, Estrella Grande Armas, María del Carmen Grave de Peralta, Rosa Guás Inclán (de una prominente familia de políticos e intelectuales cubanos. Cofundadora de los programas bilingües del Condado Dade, que sirvieron de modelo a otros en los Estados Unidos. Mi querida profesora en el Instituto de Idiomas de la Universidad de la Habana), Felicia Guerra Seguí, Frances Guerra, Ana Margarita Guerra Massaguer, María Teresa Guerra Massaguer, Edenia Guillermo (trasplantada con éxito a la enseñanza en los Estados Unidos, fallecida recientemente), Helena Guitart, Mariela Gutiérrez, Camen Gutiérrez Alea.

H Diana Hardouin, Gisela Hernández, Josefina Hernández, Juana Amelia Hernández, María C. Hernández, Camila Henríquez Ureña (la dominicana entrañablemente cubana, una de las conferencistas más amenas que he escuchado), Alicia Hernández de la Barca (también destacada feminista). María Luisa Hernández Doval, Nora Hernández Hendrix, Graciela Herrera (también inspectora escolar), Ofelia Hudson (que fuera Hispanista en Residencia de la ciudad de Miami).

I Marta Ibañez, Rafaela Ichaso, Isabel Iglesia, Rosario Irango Gener, Ana Irigoyen, Juana Isa Santiago (destacada periodista), Sara Isalgué, Amelia Izquierdo.

J Blanca Jiménez, Florinda Jiménez, María Jones Castro, María Jorge Hernández (una figura injustaente olvidada: feminista, librepensadora, fue enviada por el gobierno interventor a Boston para que ayudara a preparar lo que sería la escuela pública cubana. Fue directora de la escuela núm. 1 de Cárdenas y se le concedió la Medalla de la República por sus 50 años de servicios a la Educación), María Junco (no sé si parienta de una compañera mía de colegio –¿quién podría olvidarla?– que se llamaba María Dolores Elisa Adela Rita Junco y Díaz).

L Mercedes Labourdette (profesora de Filología Clásica y Lingüística de la Universidad de la Habana. Ella era muy buena persona, pero sus clases muy aburridas, porque se pasaba la vida trasmitiéndonos las medidas exactas del Discóbolo, del Espinario... que se suponía que debíamos memorizar. A veces hasta delante de ella misma coreábamos: "Cambia el paso, Cheché, cambia el paso". Recuerdo que era su alumna de Lingüística en 1949, cuando murió Karl Vossler, uno de los mejores, si no el mejor hispanista de todos los tiempos y uno de mis amores. Llegué a clase esperando encontrar a Cheché de luto, desolada... pero el nombre de Vossler ni se mencionó –¿lo habría oído ella alguna vez en su vida?– por lo que nunca más volví a pisar su aula.), Ana Isabel Labrada, Ana Lafont, Virginia Lafuente, Rosa Lagomasino Seigle, Inés Lamar, Ángela Landa González (directora de la escuela de su nombre), Ernestina Larrauri, Rita Larrauri Polo, Dolores Larrúa, Josefina Lastra, Eloísa Lezama, Concepción López, Norma López, Ana Luisa López Baeza, Rita López Castro, Elena López Hernando (autora de una excelente *Historia de la Literatura Española* por la que se estudiaba en Bachillerato, que desapareció), Ana Luisa López Lay, Margarita López López, Isabel Lora, Elodia Luján (compañera de muchísimos años de María Luisa Ríos).

M Julia Manresa, Adela Maresma, Carmen Mariña (iniciadora de los programs bilingües en varios "colleges" de Miami), Pilar Martín De Blanck, Emilia Martínez (maestra "de grados". Uno de los pilares de la enseñanza en Marianao, a quien yo, de muy joven, en mi época "cervantista", dediqué un artículo en el periódico local) y su hermana, Manuela, Marta Martínez, Rosa Martínez Cabrera (una de las fundadoras del Lyceum de Camagüey y gran animadora de la cultura), Elisa Martínez Fortún Foyo, Julia Martínez Martínez, "Cocola" Martínez Ortiz, Pilar Massaguer Pujol, Benita Maza, Piedad Maza, Mercedes Matamoros, Eugenia Medina, Sylvia Medina Goudie (destacada líder comunitaria), Ana Teresa Merino, Elizalde Mesa, Julia Mesa, Dulce Millet, Violeta Miqueli, Ángela Mariana de Miranda, Consuelo Miranda, Enriqueta Molina, Adelina Montané, Margarita Montero (la distinguida arpista), Aurora Montoulieu, Elvira Montoulieu, Dalia Montori, Graciela Montori, Violeta Montori, Elida Montoya, Ondina Montoya, Carlota E. Morales, Ofelia Morales del Campo, Abigail Morales Miranda, Eva Morejón Ruiz, Adriana Morell, Ángela Morell, Pilar Moreno, Ena Mouriño (autora de una erudita tesis sobre *El juego en Cuba,* liceísta, como su hermana, que sigue) Mirella Mouriño, Flora Mousset, Alicia Muñoz, María Muñoz Quevedo (directora de la Coral de la Habana), Guillermina Musa Riis, Sara Musa Riis.

N Berta Nápoles Manzanedo, Emilia Nin, Lourdes Noda, Rosario Novoa.

O Isabel Orbea, María de la Obra, Hilda Orosa (según una aécdota que circuló mucho en la Universidad, Vicentina Antuña dijo en una reunión que la más brillante de sus alumnas era yo. Cuando vinieron con la historia, comenté: "Se equivocó; la más brillante de sus alumnas es Hilda Orosa" (más tarde profesora de la Universidad de Oriente), Magda Rosa Orta, María de los Ángeles Ortiz Casanova (autora de un tratado de enseñanza doméstica y agrícola), Aida Osuna Díaz.

P Miriam Padilla, Ana María Pajares, María de la Asunción Pajares Bannantyne, Carmelina Palacios, Elvira Paneque, Luisa Pardo Suárez, Amada Parody Pisonero ("Mamacita"), Margot Párraga, Mercy Paz, Carmen de Pazos, Virginia Pego (destacada feminista), Magdalena Peña (la patriota y feminista), Emilia Perdices, Caridad Pérez, Emma Pérez (gran periodista, V. 6.2), Carlota Pérez Borrego, Margarita Pérez Cobo (destacada en un campo tan infrecuente como el de las matemáticas), Leonides Pérez Dámera, María Luisa Pérez Lorenzo, Rosa Pérez Velasco, Rosa Peyrellade, Hortensia Pichardo (la historiadora), Ondina Pichardo, Raquel Pola, Martina Pierra de Poo (en un curioso caso de continuidad histórica, Martina fue, como dijimos, maestra de Avelina Correa), Isora Pineda, Marta del Pino, Blanca Piñera Lastra, María Teresa Piñeira, Carmela Pizzi, Gloria Plasencia (religiosa apostolina de mi generación), Herminia Planas Valladares, Raquel Pola, Rosa Pola, Ena Polledo, Natalia Pomares, Regla Ponce, Carmela Ponce de León, María Josefa Ponce de León, Carolina Poncet (la gran folklorista cubana), Herminia del Portal (la dos veces directora de *Vanidades*) Guillermina Portela, Lucía Zenaida Portillo, Edenia Portuondo, Serafina Portuondo, Sofía Pradas de la Torre, María de las Nieves Prieto, Angelita Primelles, Clotilde Pujol.

Q Cecilia Quesada, Dolores de Quesada, Esperanza Quesada Villalón, Odilia Quesada Cahuet, Rosita Quintero, Carmen Quirch.

R Rosa Rafael, Clara Elena Ramírez, Ana Fidelina Ramos, María Teresa Ramos, Ofelia Rasco (religiosa apostolina de mi generación), Estrella Recio, Teresa Recio Forns, Benilde Remond Sánchez, Rosa Rendón Rodríguez, Blanca Rensoli Machado, Rosario Rexach (la ensayista, liceísta y una de las intelectuales más destacadas de Cuba republicana), Estrella Rey (arqueóloga, mi profesora del Instituto de Marianao), Celia Reyes, Ninoska Reyes, Micaela María Reyes Galindo, Hortensia de la Riva, Zenaida Rizo, Gemma Roberts (querida compañera universitaria, profesora de la Universidad de Miami y ensayista destacada), Emilia Roca Falcón, Ana María Rodríguez Gutiérrez (fundadora del Instituto Edison), Lucrecia Rodríguez, María Eumelia Rodríguez, Palmera Rodríguez, Mercedes Rodríguez Arjona, Eva Rodríguez Cuétara, Susana Rodríguez Fortún (a quien conocí a través de su sobrina Blanca Emilia Rodríguez Capestany. En su casita del Vedado, "Susanita" poseía la colección completa de toda la música que se había editado en Cuba. ¿A qué fauces habrá ido a parar?), María Rodríguez Gutiérrez, Luz María Rodríguez Herrera, María del Carmen Rodríguez Maribona, Dolores Rodríguez Vidal, Estrella Rodríguez Zerquera, Olga Rojas, María Rojas Escobar, Onelia Roldan Fonseca (distinguida liceísta y profesora del Instituto de Camagüey. Gran animadora de la cultura), Marianela Román, Alejandrina Pilar Romero Beltrán, Clara Romero Nicola, Ana María Romo Novo, Daisy Roque, Ileana Ros Lehtinen (la destacada congresista y líder cubana comenzó su activismo en la BIPRISA, asociación de maestros de escuelas privadas biligües), Olimpia Rosado (que fue durante años profesora de la Escuela para Ciegos Varona Suárez), Zenaida Rosaínz Araña, Olimpia Rosaínz Recio, Dora Rovira, Matilde T. Rus.

S Georgina Sabat Rivers (reconocida autoridad en Sor Juana Inés de la Cruz), Teresa Sagaró Percadé, Ángela Salas Canto, Eloísa Sánchez, Gloria Sánchez, Serafina Sánchez, Sonia Sánchez, Eleuteria Sánchez Rodríguez, Hermanas Sánchez Tiant, Mercedes Sandoval (además antropóloga y ensayista), Antonia Santovenia, Carmen Sed (de la Universidad Central, folklorista), Concepción Sedano, Carnen Segón, Inés Segura Bustamente (siquiatra, líder estudiantil de los años 30), Adelina Sepúlveda, Estela Serrano Bertrán (Directora de la Escuela Normal de Camagüey), Rafaela Serrano, Dulce María Serret, Ana Luisa Silio, Anparo Soca-Llanes (mi compañera de colegio y luego mi directora en el Centro Especial de Inglés # 16 de Marianao), Ángela Sola, Estela Sosa, Sara Soto Lugardo, Garciela Altagracia Soto Rovirosa, Blanca Suárez, Gladys Suárez, Manola Suría.

T Otilia Tagle, Ida Tamargo, Blanca Nieves Tamayo (extraordinaria periodista, brillante reportera), Estrella Terrén (mi profesora del Instituto de Marianao, a quien me refiero al hablar de la Avellaneda (V.3.2.1). Me encontraba en su aula, en Quinto Año de Bachillerato, cuando se estaba celebrando el Cuarto Centenario del Cervantes, y se había convocado a un concurso de ensayo entre el alumnado de todos los Institutos de la República. Y no sé por qué "la Terrén", como le decíamos, pensó que yo podía sacar la cara por el Instituto de Marianao. Me animó y me abrió las puertas de su biblioteca. Creo recordar que vivía en la Habana, por la calle Belascoaín. Y todos los mediodías, en la mesa del comedor de su casa, me sepultaba bajo una montaña de manuales de lo mejor en aquella época: Pfandl, Fitzmaurice Kelly, Justo de Lara... Con ese bagaje, ni qué decir que ganó el Instituto de Marianao), Emilia Tintera, Amelia de la Torre, Rosa de la Torre, Teodomira de la Torre, Clemencia Emilia de la Torre Hinojosa, Adelaida de la Torre Mujica, Isolina de Torres Sariol, Natalia Torroella, María de Triana.

U Josefa Uriz, Otilia Urrutia Álvarez.

V Concepción Valdés Cremé, Amparo Valdés Rodríguez, Roxana Valdivia, María Valella, Caridad Valverde, Irmina Valverde, Clemencia Varona, Josefa Varona, Inés Vasseur (la patriota emigrada de nuestras guerras), Consuelo Vázquez, Gloria de la Vega (profesora de Matemáticas en la Universidad de Miami "en tiempos normales", antes de que se produjera el exilio masivo de cubanos), Irma de la Vega (teatrista, profesora de teatro, vegetariana... La recuerdo como un ser muy atormentado que no acababa de encontrar su vocación), Isolina Velasco Fales, Elsa Veloso, Amelia de Vera, Josefa Vesa Sansaricq, Felisa Viciana, Zoila Vidal Caro, María Josefa Vidaurreta (la célebre "Pepilla", esposa de su primo Juan Marinello, presidente del P.S.P.), Marta Vidaurreta, María Luisa Villalta, María Villar Buceta (también poetisa y bibliotecaria. V. 3.3.1).

W Berta Walter, Gita Walter, Virginia White, Rosa Leonor Whitmarsh. Las Walter, (pronunciado *Valter)* eran dos hermanas de ascendencia alemana, viejísimas y profesoras del Colegio del Apostolado en ambas casas de Marianao y del Vedado. Berta, muy dulce, de ojos azules, rubia, conservaba su propio pelo, peinado a los años 20, con redecilla y todo. Gita usaba una peluca color castaño, como sus ojos, que apenas cubrìa la frente abombada y hablaba en forma atropellada el español. Pero sucede que al ir yo a comenzar bachillerato, estalla la Segunda Guerra Mundial. Las hermanas se panificaron. Y en lo sucesivo su apellido comenzó a pronunciarse *Walter (Gualter)* a la inglesa. Ahí no para la historia. En una excursión del colegio a una de las casas apostolinas del interior de Cuba (no sé bien cuál) se descubrió que la mamá de las Walter vivía. Podría haber sido la novia de Matusalén, pero se dijo sólo que era alumna fundadora de la casa que visitaríamos. Este personaje, también con peluca, insistía en dormir en litera alta en el tren, "para poder hacer sus ejercicios mañaneros". Y el alumnado entero del Colegio desfilaba para ver ¡pum! una pierna que salía de la litera. ¡Tras! Un brazo que inflaba la cortina... Ya en el exilio y en los 80, lo último que se supo de las hermanas es que vivían en Pensilvania y que Gita estaba muy mal de la vista.

X Josefa Xiqués, Rita de los Ángeles Xiqués, Rosa Xiqués.

Y Grace York, Elena York, Esperanza York, grandes maestras de Marianao, que se colocaron en plano nacional al convertirse en profesoras de la Escuela del Hogar, la Universidad Católica y centros de enseñanza parecidos. Me parece que también Aurora Valmaña, la madre del clan, fue maestra.

Z Gladys Zaldívar, Cecilia Zayas-Bazán, Laura G. Zayas Bazán, Olga Mari Zuazo.

La educadora extranjera y mujer de empresa que más se integró a la sociedad cubana fue la panameña Briseida Miranda, que tuvo en Marianao el plantel de su nombre, muy bien dotado y con sistema propio de transporte.

Guardo, como es natural, querida memoria de mis profesoras de enseñanza primaria, las reverendas madres apostolinas: Josefa Apaolaga, Teresa Azcona, Mercedes Barbarrosa, Emma Beaupied, Florinda Bermúdez (un poco después de mi época), Isabel Bolívar, Josefa Cabrera, Julia Campos, María Colón (durante muchos años Reverendísima Madre General), Isabel Cruz, Ester Diago (de Marianao, que llegó a Reverendísima), Antonia Díaz (que además de la enseñanza regular tocaba el armonio en la capilla y dirigía el coro de las alumnas), Isolina Díaz, Plácida Echevarría, Gabriela Fontán, Andrea Fundora, Matilde Galán, Isabel García, María Giner, Apolonia Gorriarán, Mercedes Loredo, Carolina Martínez (anterior a mi época, pero cuyas noticias me llegaron), Ángela Olarriaga, Amelia Silverio, ¡Sister Jenny!,. (la huella de la monja inglesa fue tan honda que en 1962, encontrándome en Inglaterra, todo el mundo se asombraba de que proviniendo de este continente no hablara inglés 'americano'), Pilar Suhourt, Mercedes del Valle. Y las madres Abigaíl (mexicana, con fuerte acento), Adolfina, Dolores, Enriqueta, Juana, Jovita, Maximiliana, Valentina, Visitación. Y las madres Joaristi y Querejeta, entre tantas otras.

Dos de mis compañeras colegialas: Ofelia Rasco y Gloria Plasencia profesaron luego como religiosas apostolinas.

3.1.1.1 Amelie

A pesar de que ahora podía usar delante de su nombre las iniciales R.M., la Reverenda Madre Amelia Silverio (para más señas añadir R. A.) nunca fue para los marianenses otra cosa que "Amelie". Quizás alguna nonagenaria la recuerde todavía, correteando las calles del pueblo en medio de una turba de chiquillos "de la doctrina", a los que explicaba el catecismo y la seguían a todas partes. Otros quizás la recuerden como colaboradora del periódico local, perenne abogada de las causas perdidas.

Con semejante apellido, no hay que aclarar que formaba parte de una de las familias patricias de la pequeña y sustanciosa comunidad que se agrupaba en el barrio de Los Quemados, y se extendía desde la Parroquia de la Calle Real hasta la Ermita de la calle Samá. Cansada, parece, de escarbar problemas sociales, reclamando justicia, proclamando su remedio sin resultados, decidió meterse a monja (que los españolas dicen sin preposición) en el colegio de niñas del pueblo, el Apostolado de la Oración del Sagrado Corazón de Jesús (reducido al Apostolado). Y he aquí que en mi flamante primer año de bachillerato, la profesora de Religión que nos toca es Amelie. (¡Qué esfuerzos para que no se nos escapara "Amelie" delante de las otras monjas! Destino de las vocaciones locales, como sucedía con Ester Diago, que aun habiendo llegado a "Reverendísima Madre" de la orden, jamás fue la Madre Ester).

Todavía con hábito de novicia, Amelie se presentó a clase y anunció que, puesto que ya éramos mayorcitas, ella no iba a explicar Catecismo, sino Apologética. Y tampoco Historia Sagrada, sino Historia de la Iglesia. ¡Qué revuelo!

Amelie era de talla pequeña. Piel rojiza. Debajo del hábito se adivinaba un descuidado acicalamiento personal, porque jamás se cortaba parejamente las uñas (¿se las cortaba? O se le gastaban del uso, como las de los gatos). Era fea, pero no horrible. Sólo que tenía siempre la cabeza inclinada hacia un lado y hacia ese lado se inclinaba la boca, y el hábito y la toca, y la cruz en el pecho... Y por ese mismo lado salía de estampida de vez en cuando un chisguete de saliva que ella no encomendaba a la indiscreción de un pañuelo y nosotras pretendíamos no ver.

Pero ¡qué maestraza Amelie! ¡Qué cultura tan vasta la suya! ¡Qué formas tan ingeniosas de involucrarnos! Cuando leer la Biblia era punto menos que una herejía entre católicos, ella nos citaba extensos pasajes y hasta nos hacía memorizarlos. Recuerdo una recitación a coro del Evangelio de San Juan, en la que cada alumna decía por turno el versículo que había memorizado. "En el principio era el Verbo", decìa una. Y seguía la otra "Y el Verbo era Dios". Y concluíamos al unísono: "Y el Verbo se hizo carne y habitó entre nosotros y fuimos testigos de su gloria, la gloria del Unigénito del Padre, lleno de gracia y de verdad". La monja se emocionaba, emocionaba a sus alumnas, y rodaba alguna que otra lágrima, la de ella, por supuesto, hacia el mismo lado al que se inclinaba toda su persona.

No supe qué fue de Amelie. Debe haber sido expulsada de Cuba como el resto de las religiosas. Ignoro dónde y cómo murió. Permanezco en contacto con su sobrina, María Elisa Casuso (otro prominente apellido marianense), pero no me interesa averiguarlo. En mi memoria, Amelie sigue tan vital como siempre, luchando por lo que considera justo, echando chisguetes de saliva, haciéndonos llorar.

3.1.2 Las que escriben sobre Educación

Existieron en Cuba numerosas publicaciones especializadas en Educación. Entre las más sobresalientes se encontraban *Cuba Pedagógica,* donde colaboró Dolores Borrero; *Nueva Escuela,* donde escribía Elvira Delofeu, también poetisa y cuentista. En la *Revista de Instrucción Pública* colaboró Dolores Borrero, en *El Educador*, Lucía del Castillo. En *El Federado Escolar,* Elvira Fornaris y Bertha Nápoles Manzanedo, entre tantas otras.

Merece mención aparte, por la calidad y el número de sus colaboradoras la *Revista de Educación,* en la que escribieron Celina Alfonso, María Luisa Dolz, Dulce María Escalona. Luisa Fernández del Real, Hortensia Pichardo, Edelmira Leporti, Graciela Herrera, Ana Luisa López, Raquel Pola, Dulce María Borrero, Carolina Poncet, Dolores Borrero, Emma Pérez Téllez, entre otras muchas educadoras.

3.1.3 La educación bajo Castro

Para liquidar a las naciones, lo primero que se hace
es quitarles la memoria. Se destruyen sus libros, su cultura
su historia. . Y luego viene alguien y les escribe otros libros,
les da otra cultura y les inventa otra historia.
Milan Kundera

La educación de la niñez y la juventud en el espíritu comunista
es deber de toda la sociedad.
(Art. 39 de la constitución castrista actual)

Viví ese terrorismo sicológico. Bastaba ser niño cubano,
obligatoriamente debías ser pionero comunista a los siete años,
el Estado tenía más poder sobre ti que tus padres...
Zoe Valdés

Fuimos aquella generación de cubanitos que nunca usó medias ni
calzoncillos porque nunca los conocimos.[...] Muchos aprendismos
a comer gato y usar zapatos plásticos que nos quemaban los pies
por el calor, el sudor y la falta de medias
Jay Martínez

Al producirse la toma del poder por los castristas, una de las primeras clases en sufrir los ataques del gobierno fue la de los maestros. Tan temprano como el 24 de marzo del mismo año 59, el improvisado amo comenzó a criticar el sistema de enseñanza en Cuba y anunció que lo reformaría de acuerdo con las "nuevas orientaciones". Ya en mayo 5 se ponen en circulación los nuevos "libros de texto", o manuales de indoctrinación. El hostigamiento hacia las escuelas privadas , especialmente las religiosas, va en aumento.

Ante la inminencia de convertirse en adoctrinadoras de marxismo y propagandistas del nuevo régimen militar, las maestras cubanas y maestros optaron por el exilio, y en los primeros años (hasta 1967) ya se habían exiliado 10,000 maestras y maestros cubanos, y un número igual se encontraba en las listas de espera para abandonar el país. Muchos pudieron retomar su profesión en el exilio, pero muchos otros tuvieron que emplearse en hoteles, hospitales, restaurantes, bancos, taxis, autobuses y diversos comercios, y hasta haciendas agrícolas.

Por su parte, los padres, ante la amenaza de que el Estado les disputara el derecho a educar los hijos a la manera tradicional, comenzaron a sacar a los niños de Cuba, en la gigantesca operación conocida como "Pedro Pan", por la cual se desplazaron hacia los Estados Unidos cerca de 16,000 niños de todas las edades. Y tal y como temían los padres cubanos, en octubre de 1959 Raúl Castro toma juramento como "pioneros" a 15,000 niños y en ese mismo mes, en la Asociación de Jóvenes Rebeldes, Fidel Castro insta a los jóvenes y niños a ser "atrincherados en la lucha de clase", insiste en que no se puede confiar en la generación madura y por tanto incita a los jóvenes y niños a delatar a sus mayores.

Una tras otras son clausuradas todas las escuelas privadas, y parejamente son expulsados del país los religiosos y religiosas, quienes en su mayor parte se dedicaban a la enseñanza. Tras la invasión fallida de Bahía de Cochinos, que contaba con tres capellanes, hay detenciones en masa de sacerdotes, ciudadanos religiosos y ciudadanos laicos. Se allanan los recintos religiosos, incluyendo las residencias episcopales. Los obispos son detenidos y el Cardenal Arteaga busca refugio en la Embajada Argentina. El 6 de junio de 1961 se promulga la ley de nacionalización de la enseñanza. Monseñor Boza Masvidal y 131 sacerdotes cubanos y extranjeros son llevados por la fuerza pública al barco "Covadonga" a punto de zarpar para España y expulsados del país.

En lo sucesivo, como anunciara el entonces Ministro de Educación y Cultura: "Nosotros orientaremos la educación en función de la política del Estado". Y, en efecto, la actual constitución cubana contiene una serie de artículos referentes a la educación que debe impartirse a los niños, tales como "promover la formación comunista de las nuevas generaciones y la preparación de los niños, jóvenes y adultos para la vida social" en un sistema comunista. O "la educación de la niñez y la juventud en el espíritu comunista es deber de toda la sociedad".

Pero sin duda la ignominia mayor que se realiza a través de las escuelas es la catalogación de los niños por la actitud de sus padres ante la revolución castrista y, a medida que el niño avanza en sus estudios, la actitud del propio niño. En eso consiste el llamado "carnet escolar", reflejo y reseña de las opiniones, actitudes y actividades del estudiante y su familia, cuyo contenido favorable o no al régimen instituido será lo que decida si ese estudiante podrá aspirar algún día a ingresar en una universidad. Si el joven, y a veces ni siquiera él mismo, sino su familia, no ha demostrado una activa militancia en las organizaciones del castrismo, le será negado el derecho a matricularse en uno de los planteles de enseñanza superior cubanos.

3.2 Literatas

Según la fina observación de Gladys Zaldívar, Anacaona, autora de letras de areítos debe ser considerada la iniciadora de la literatura oral de Cuba, aunque, como se sabe, la iniciadora de la literatura femenina escrita fue la Marquesa Jústiz de Santa Ana, de quien ha expresado Lezama que constituye la "simbólica apertura revolucionaria del discurso femenino en las letras cubanas", con su "Dolorosa métrica espresión" y su "Memorial" , con motivo de la Toma de la Habana por los ingleses en 1 792. También rebelde, aparece en 1807 la poetisa Rafaela Vergas, autora de unas décimas "Contra la política que se usa, en la revista *Aviso*.

Alrededor de 1811 (para otros autores 1815) se destaca como poetisa la "parda" Juana Pastor. Según Antonio López Prieto, citado por Gastón Baquero, "sorprendente improvisadora" que "logró alguna instrucción, al grado de obtener un colegio y ser profesora de las damas más distinguidas de su época y muy versada en latín".

3.2.1 Siglo XIX

Todas las grandes figuras literarias femeninas del siglo XIX colaboraron en la prensa cubana, aunque sólo fuera enviando ocasionalmente algún poema en verso o en prosa. Algunas, como la Avellaneda o Luisa Pérez de Zambrana fundaron y dirigieron publicaciones propias, la Avellaneda el *Álbum Cubano de lo Bueno y lo Bello* y Luisa Pérez Zambrana *La Revista del Pueblo*.

Va a parecer extravagante lo que afirmo, pero he estado en presencia de la Avellandeda. Sucedió en el año 47. Yo terminaba el Bachillerato en el Instituto de Marianao y mi profesora de español para ese curso era Estrella Terrén, culta, fina, poetisa de algún mérito, que colaboraba en el *Diario de la Marina* y era muy amiga del padre jesuíta José Rubinos, también literato, y custodio en el Colegio de Belén de nada menos que la corona de oro con que fue laureada la poetisa, y que ella dedicó a la Virgen. Fuimos con la Dra. Terrén un pequeño grupo de sus alumnas a la biblioteca de Belén y el padre Rubinos accedió a mostrarnos el preciado tesoro. Ante nosotros estaba un enorme estuche de madera con la forma de una cabeza humana, forrado en terciopelo negro, un tanto raído por el tiempo. Al ir Rubinos a abrir la caja, una especie de escalofrío se nos aposentó como un chal sobre los hombros… dada la forma del envase estábamos seguras de que iba a surgir ante nuestra vista una cabeza decapitada. Se hizo un silencio sobrecogedor. Pero el estuche guardaba, efectivamente, la corona. Maciza, pesada. En una de las hojas de laurel, había enredado un cabello… ¿de la Avellaneda? Y entonces sentí su presencia. No podría explicar cómo. Porque no vi nada, ni escuché nada, y sin embargo sabía que ella estaba allí. Que estuvo allí, por unos instantes…

Mi relación con Luisa Pérez de Zambrana es más indirecta. Me contaba mi madrina, reglana, que frente a su casa vivía una pulcra ancianita, que todas las tardes, bañada y vestida de limpio, se sentaba en el portal de su casa a tomar el fresco de la tarde. "Doña Luisita', me explicó. Y por sólo este nombre la conocían sus vecinos.

En la relación que sigue, en la imposibilidad de rastrear individualmente a cada mujer de letras, incluimos aquellas literatas de menor

117

resonancia, agrupadas por el género que cultivaron. Seguimos primordialmente la relación de escritoras aportada por Francisco Caraballo, añadiendo las que mencionan los historiadores de la Literatura Cubana Raimundo Lazo y Juan J. Remos, así como la ensayista y crítica literaria Gladys Zaldívar.

3.2.1.1 Traducción

Una casi lógica consecuencia de que los idiomas formaran parte de la educación femenina fue el hecho de que muchas mujeres se dedicaran con posterioridad a traducir de las lenguas que habían estudiado, especialmente el francés. Un ejemplo, María Dolores Bonet, traductora de George Sand. Sería interesante rastrear el impacto que habrán tenido sobre éstas y otras mujeres algunas ideas contenidas en lo que traducían. Por ejemplo, Amalia Mallén Ostolaza, fundadora del primer partido sufragista cubano, fue traductora. También tradujeron del francés Luisa Dulzaides, y del francés e italiano Emelina Peyrellade. Otras traductoras, mencionadas por Caraballo, sin especificar las lenguas, fueron Manuela Agramonte Zayas y Mary S. Springer. Existieron "traductoras religiosas", como Ignacia M. Heredia y Dolores Zárraga, pero no hemos podido saber si traducían del latín, o libros piadosos en lenguas contemporáneas. Laura Guiteras tradujo del inglés un "sketch" de la vida de Guiteras.

3.2.1.2 Poesía

La poesía, con el canto y la composición de comedias para ocasiones diversas, fueron ocupaciones típicamente femeninas. Las poetisas cubanas tienen un curioso antecedente en Teresa Beltran Santa Cruz, del siglo XVIII, rescatada por Lezama Lima en su *Antologia de la poesia cubana*.

Entre la verdadera avalancha de nombres femeninos que nos trasmite Caraballo se encuentran:

Ángela Adams, Manuela Agramonte Agramonte, Corina Agüero, Rosa Araoz, Mercedes Arus, Dolores Elvira Balbuena, Isabel Esperanza Betancourt, Dolores Cabrera Heredia, Fermina de Cárdenas, Belén Cepero, Luisa Collazo, María Cristobalina Consuegra, María del Pino de la Cruz Soler, Ana Josefa Fernández, Pamela Fernández Laude, Luisa Franchi Alfaro, Elena Gómez de Avellaneda. Francisca González Ruiz, Ana María Hechemendía. Francisca Hernández Montes, Juana de Horta, L.S. Houston, Eloísa Lestache, Carlota López Turla, Rosa López Turla, Manuela Macías, Rosa Marrero y Caro, Caridad Morell de Santa Cruz, Mercedes Muñoz y Pons, Matilde Otero, Juana de Orla, Amalia Padin, Concepción Peñalver Calvo, Nena Perdomo, Eloísa Pérez Pimentel, Emelina Peyrellade, María del Pino Penichel, Cecilia Porras Pita, Amparo Rivadeneyra, Autora Riverol, Carlota Robreño, Clotile del Camen Rodríguez, Catalina Rodríguez Morales, Carlota Ruiz, Francisca Ruz Montoro, Adelaida Saínz de la Peña, María Teresa Sánchez, Aurora Silvestre, Mercedes de la Torre, Rosa Trujillo, Matilde Valdés Roig, Inés Vasseur Arrioja.

A los nombres aportados por Caraballo debemos añadir, destacadas por Remos: Brígida Agüero, Sofía Estévez, Adelaida del Mármol, Luisa Molina, Mercedes Valdés Mendoza, y Ana Lorenza Díaz. Lazo añade a Dulce María Borrero, Juana Borrero, Aurelia Castillo González, Úrsula Céspedes Escanaverino, Mercedes Matamoros, Julia Montes de Oca, Nieves Xenes, Isabel Ximeno, Luisa Pérez Zambrana. Añadidas por Gladys Zaldívar: Martina Pierra, y Rosa Kruger.

Entre las poetisas no podía faltar la figura femenina de Hispanoamérica que sintiera la causa de Cuba como propia, en este caso, Lola Rodríguez Tió, puertorriqueña, casada con el periodista cubano Benicio Tió. Exiliada primero en Venezuela, se radicó definitivamente en Cuba, donde reposan sus restos, en el Cementerio de Colón.

3.2.1.3 Narrativa

La Condesa de Merlín dejó unas encantadoras memorias de su niñez. Una carta de la Avellaneda, que se conoce como su "autobiografía", narra también los primeros años de su vida.

Según Caraballo, cultivaron la novela, con distintos grados de eficacia: María Josefa Barnet, Margarita Dou, Laura Dulzaides. Concepción Galarraga, Ignacia García Tarafa, Salomé Núñez Topete, Rosa de Paz, Georgina Rencurrel, Blanca Rosa Rodón, Mercedes Valdés Mendoza, María de Santa Cruz, Matilde Troncoso.

3.2.1.4 Antologías

Antología de cuentos del siglo XIX de Bueno (1975): Gertrudis Gómez de Avellaneda.

3.2.1.5 Otras literatas (prosa)

Natalia Ferrant, Enriqueta Lozano, Dolores Madan, Gregoria Urbina.

3.2.1.6 Otros campos:

Mercedes Alcalde (Geometría y Dibujo), Francisca Camacho (Costumbrismo), América Du-Bouchet (Erudición), Ángela Echániz

(Historia), Clara María Fraga (Dibujo), Dolores Figueroa (Ciencias), Isabel Galarraga Kruger (Geografía), Francisca Gispert (Higiene). Rosa López Ferrari (Ortografía), Cecilia Miranda (Historia), María de Jesús Pimentel (Botánica), Amelia Portela (Historia de Cuba), Ma. De Jesús Reyes Herrera (Historia de España, Urbanidad), Isabel G. Robert (Historia), Blanche Zacharie Baralt (Crítica Literaria y Arte).

3.2.2 El Siglo XX

Algunas figuras que comenzaron sus tareas literarias en el siglo XIX las prolongan al XX. Aquí, como en el siglo anterior, la base de la información sigue siendo la relación de Caraballo, si bien su obra sólo alcanza hasta 1918, como dijimos, y debemos suplementarlas con las mencionadas por Remos, Lazo y Zaldívar.

3.2.2.1 Traducción

Elvira Benavente, Angelina Fantoli y Blanca Sanjenís. Mercedes Cortázar actuó como consultora de la traducción de *Paradiso* de José Lezama Lima publicada por Farrar,. Strauss y Giroux. Gladys Zaldívar me recuerda que Emilia Bernal fue traductora de Antero de Quental y varios poetas portugueses y catalanes.

3.2.2.2 Poesía:

Según Caraballo y Remos: Mirta Aguirre, Dora Alonso, Teresa Alonso, Margot Álvarez Soler, Graziella Barinaga, Emilia Bernal, Lourdes Bertrand Agramonte, América Boleia, Dulce María Borrero, Elisa María Bordas, Esperanza Casal, Isa Caraballo, Julia Cárdenas, Lucila Castro. Teté Casuso, Josefina de Cepeda, Rosa Cisneros, Esther Costales, Mary Cruz, Elvira Deulofeu, Libia Escanaverino, Esperanza Figueroa, Ada Gabrielli Zoila García, Mercedes García Tudurí, Rosaura García Tudurí, María Antonieta Gómez Capiro, Luisa González Téllez, Tony Isla, Carmen y Adela Jaume, Blanca Rosa Jiménez, Olga Lago, Fidelia Lavín, Flor Loynaz, Uldarica Mañas, María Luisa Milanés, Manuela Morales, Mary Morandeira, María L. Muñoz, Carmela Nieto, Serafina Núñez, María Pino, Renée Potts, Cuca Quintana, Ofelia Quiñones, Mercedes Rey, Pura Rodríguez Castells, Julia Rodríguez Tomeu, Estrella Soto Segura. Araceli Torres, Estrella Terrén, Mercedes Torrens Garmendía, Carmen Valdés Gallol, Ciana Valdés Roig, Dora Varona, Amelia Vento, María Villar Buceta, Rosa Hilda Zell.

Lazo añade: Rafaela Chacón, Belkis Cuza Malé, Flora Díaz Parrado, Fina García Marruz, Rita Geada, Dulce María Loynaz, Nancy Morejón, Ana Rosa Núñez, Carilda Oliver Labra, Herminia del Portal.

Zaldívar añade: Magali Alabau, Uva de Aragón, Silvia Barros, Lourdes Casal, Amelia del Castillo, Carlota Caulfield, Mercedes Cortázar, Belkis Cuza Mirta García Veliz, Ana González Raggi, Elena Iglesias, Edith Llerena, Sara Martínez Castro, Clara Niggemann, Silvia Odio, Marta Padilla, Juana Rosa Pita, Pura del Prado, Isel Rivero, Teresa María Rojas, Cleva Solís, Nivaria Tejera

Añado: Luisa Duque.

Ha cubierto de gloria el nombre de Cuba Dulce María Loynaz.No sólo con su poesía, sino también con su novela *Jardín*, donde exhibe una de las mejores prosas hispanoamericanas de todos los tiempos.

3.2.2.2.1 Antologías

He contado para esta sección con la inapreciable ayuda de Gladys Zaldívar.

3.2.2.2.2 Siglos XIX y XX combinados

En la antología de Chacón y Calvo (1921) figuran: Gertrudis Gómez de Avellaneda, Mercedes Valdés Mendoza, Luisa Pérez Zambrana, Aurelia Castillo González, Nieves Xenes, Mercedes Matamoros, Juana Borrero.

3.2.2.2.3 Antologías del Siglo XX

En la de Juan Ramón Jiménez (1936): Mirta Aguirre, Dora Alonso, Julia Cárdenas Quintana, Teté Casuso, Josefina de Cepeda, Esperanza Figueroa, Ada Gabrielli, Zoila García Fominaya, Mercedes García Tudurí, Dalia Iñiguez, Dulce María Loynaz, María Luisa Muñoz del Valle, Serafina Núñez, Emma Pérez, Herminia del Portal, Renée Potts, Cuca Quintana, Julia Rodríguez Tomeu, Mariblanca Sabas Alomá, María Sánchez de Fuentes, Carmela Valdés Gallol, Rosa Hilda Zell.

En la de Esténger: (1948 y 1969): Juana Borrero, Aurelia Castillo González, Gertrudis Gómez de Avellaneda, Mercedes Matamoros, Luisa Pérez Zambrana, Nieves Xenes.

En la de Cintio Vitier, 10 poetas (1948): Sólo el nombre de su esposa, Fina García Marruz.

En la de Cintio Vitier, 50 años (1952): Mercedes Matamoros, Dulce María Borrero, María Luisa Milanés, María Villar Buceta,

Emilia Bernal, Mercedes Torrens, Dulce María Loynaz, Mercedes García Tudurí, Mirta Aguirre, Julia Rodríguez Tomeu, Serafina Nuñez, Fina García Marruz, Carilda Oliver Labra, Rafaela Chacón Nardi.

En la de Baeza Flores (1958): Gertrudis Gómez de Avellaneda, María Luisa Milanés, Dulce María Loynaz, Carilda Oliver Labra, Rafaela Chacón Nardi, Pura del Prado.

En la de Retamar-Jamis (1959): Cleva Solís, Nivaria Tejera.

En la de Humberto López Morales (1967): Sólo Carilda Oliver Labra.

En la de Oviedo (1968): Isel Rivero, Belkis Cuza, Nancy Morejón, Lina de Feria, Excilia Saldaña.

En la de Tarne (1969): Lina de Feria, Nancy Morejón, Isel Rivero, Belkis Cuza, Fina García Marruz.

En la de Goytisolo (1970): Belkis Cuza, Nancy Morejón, Lina de Feria.

En la de Ángel Aparicio Laurencio (1970): Merccedes García Tudurí, Pura del Prado, Teresa María Rojas, Rita Geada, Ana Rosa Núñez, en ese orden.

En la de Taracido (1971): Gertrudis Gómez de Avellaneda, Luisa Pérez Zambrana, Dulce María Borrero, Juana Borrero, Mercedes Torrens, Dulce María Loynaz, María Villar Buceta, Mirta Aguirre, Rafaela Chacón Nardi.

En la de Montes Huidobro (1980): Amelia del Castillo, Rita Geada, Isel Rivero, Gladys Zaldívar.

En la de Valdés (1983): Mirta Aguirre, Digdora Alonso, Olga Alonso González, María Álvarez Ríos, Anilcie Arévalo Ocaña, Emilia Bernal, Juana Borrero, Dulce María Borrero, Mercedes Borrero, Mayda Bustamante, Mary Calleiro, Dulcila Cañizares, Raquel Carrió, Belkis Cuza, Rafaela Chacón, Olga Deulofeu, Tania Díaz Castro, Lina de Feria, Fina García Marruz, Mercedes García Ferrer, Rita Geada, Gertrudis Gómez de Avellaneda, Haydée Gómez, Xiomara González Figueroa, Georgina Herrera, Teresita Herrera Muíña, Dulce María Loynaz, Mercedes Matamoros, Nancy Morejón, Olga Navarro, Ana Núñez Machín, Carilda Oliver, María Esther Ortiz, Luisa Pérez Zambrana, Julia Pérez Montes de Oca, Pura del Prado, Soleida Ríos Soa, Teresita Rodríguez Baz, Mercedes Rodríguez, Reina María Rodríguez, Teresa María Rojas, Excilia Saldaña, Minerva Salado, Magaly Sánchez Ochoa, Mercedes Santos Morya, María del Refugio Segón, Albis Torres, Olga Torres Socas, Yolanda Ulloa, Yvette Vian Altarriba, Enid Vian, Marta Vignier, Nieves Xenes, Mirta Yanes,

En la de Le Riverend (1983): Amelia del Castillo, Clara Niggemann, Arminda Valdés Ginebra.

En *Poesía Cubana Contemporánea* (1986): Magaly Alabau, Benita C. Barroso, Amelia del Castillo, Uva Clavijo, Elena Clavijo Pérez, Belkis Cuza Malé. Hortensia Delmonte Ponce de León, Alina Galiano, Rita Geada, Mercedes Limón, Edith Llerena Blanco, Lilliam Moro, Clara Niggemann, Isabel Parera, Juana Rosa Pita, Isel Rivero, Arminda Valdés Ginebra, Joely Remón Villalba.

En *Nueva Poesía Cubana* (1987): Cira Andrés, Marilyn Boves, Lourdes González, Nancy Morejón, Reina María Rodríguez, Minerva Salado.

En la antología de Felipe Lázaro (1988): Benita Barroso, Elena Clavijo Pérez.

En la de Alicia G. Aldaya (1988): Gertrudis Gómez de Avellaneda, Luisa Pérez de Zambrana, Dulce María Loynaz, Edith Llerena.

En la de Mihaly Des (1993): Juana Borrero, Fina García Marruz, Gertrudis Gómez de Avellaneda, Dulce María Loynaz, Luisa Pérez de Zambrana,

En la de Alma Rosa Gil (1994): Marvis Aguilar, Arbelia Artiles Rodríguez, Lucy Boronat, Janett Camps, Inés del Castillo (Inés García Ruiz), Mayda Cuervo Leal, Angélica Díaz, Pura E. Fleites, Raquel Fundora Rodríguez-Aragón. Mercedes García-Tudurí, Dorcas Damaris Gelabert, Alma Rosa Gil, Olga González del Pico, María Dolores Gutiérrez González, Herminia D. Ibaceta, Adela Jaume, Carmen Jaume Vallhonrat, Idilia Jiménez, Solange Lasarte Fundora, Miriam López Weiss, Sara Martínez Castro, Margarita Masqué Latour, Berta G. Montalvo, Hortensia Munilla, Emelina Núñez, Josefina Peña, Luisa Pérez Zambrana, Dolores Pujadas Codina, Chiquy Rivera, Margarita Robles, María Luisa Rodríguez Sarmiento, Esperanza Rubido, Verónica Ruiz, Ana Celia Santos, María del Carmen Smit, Irma Suárez, Arminda Valdés-Ginebra, Edenia Valera.

En la de López Lemus (1995): Dulce María Loynaz, Fina García Marruz, Carilda Oliver Labra.

En la de Rodríguez Matos (1995): Carlota Caulfield, Mayda Torres Álvarez.

En la de Abel Ligalupi (1995): Lidia Alfonso Fonteboa, Benita Barroso, Carmen Borges, Lucy Boronat, Mary Calleiro, Marilú Capín

Aguilar, Olga Caturla de la Maza, Walkiria Cortés, Fernanda Covas, Inés del Castillo, Hortensia del Monte, Angélica Díaz, Nena Díez Ramos, Raquel Fundora, Mercedes García Tudurí, Mirta García Vélez, Lourdes Gil, María González Pazos, Olga González del Pico, Herminia Ibaceta, Adela Jaume, Ydilia Jiménez, Solange Lasarte, Ela Lee, Zoraida López, Myriam López Weiss, Noemí Losa, Nieves del Rosario Márquez, Sara Martínez Castro, Margarita Márquez-Latour, Berta G. Montalvo, Hortensia Munilla, Clara Niggemann, Ana Rosa Núñez, Gina Obrador, Gloria Obrador, Eliana Onetti, Esther Ortega-Lage, Natividad Pérez de Cáceres, Ada Perna, Pura del Prado, Dolores Pujadas Codina, Ana H. Raggi, María Ramírez Canella, Joely Remón, Isel Rivero, Margarita Robles, Mireya Robles, Rosa C.. Rodríguez, Ondina Rodríguez Bermúdez, Esperanza Rubido, Ana Celia Santos, María del Carmen Smit, Mariela Soto Barreto, Irma Suárez, Conchita Utrera, Hortensia Valdés, Arminda Valdés Ginebra, Gladys Zaldívar.

En la del Centro Ollantay de Nueva York (1995): Carlota Caufield, Mayda Torres Álvarez.

En la de Padrón Barquín (1996): Marilyn Bobes. Fina García Marruz, Reina María Rodríguez.

En la de Zaldívar (1997): Uva de Aragón, Sylvia Barros, Amelia del Castillo, Mirta García Vélez, Rita Geada, Elena Iglesias, Adela Jaume, Sara Martínez Castro, Ana Rosa Núñez, Silvia Eugenia Odio, Martha Padilla, Juana Rosa Pita, Teresa María Rojas, Gladys Zaldívar

En la de Espinosa Domínguez (2001): Amelia del Castillo, Pura del Prado, Gladys Zaldívar, Rita Geada, Teresa María Rojas, Juana Rosa Pita.

En la de Caulfield (2002): Magali Alabau, Odette Alonso, María Elena Blanco, Damaris Calderón, Alina Galliano, Maya Islas, Juana Rosa Pita, Minerva Salado, Elena Tamargo.

3.2.2.2.4 Colecciones, diccionarios y bibliografías de poesía

Poetas de la Ciudad de Camagüey de Feijóo (1958): Dolores Loret de Mola, Gladys Zaldívar, Clara Niggemann, Hortensia Pérez Castellanos, Aleida Cruz Espineta, Carmen Cordero, Daura Olema García, Altagracia Sanz Agramonte.

Poesía en éxodo de Núñez (1970): Norma Niurka Acevedo, Ángeles Caíñas Ponzoa, Mercedes Cortázar, Mercedes García Tudurí, Rita Geada, Lourdes Gómez Franca, Anisia Meruelo, Beba del Mazo, Ana

124

Rosa Núñez, Pura del Prado, Dolores Prida, María Josefa Ramírez, Isel Rivero, María Antonia Rodríguez Ichaso, Teresa María Rojas, Ofelia Suárez Fox.

Bibliografía crítica de la poesía cubana de Montes-González (1972): Norma Niurka Acevedo, Ángeles Caíñas Ponzoa, Lourdes Casals, Mercedes Cortázar, Nina Folch, Eulalia García, Mercedes García Tudurí, Rita Geada, Lourdes Gómez Franca., Ana H. González Raggi, Bertha Miranda, Ana Rosa Núñez, Marta Padilla, Dolores Prida, Isel Rivero, Teresa María Rojas, Concha Valdés Miranda, Gladys Zaldívar.

Diccionario biográfico de poetas cubanos en el exilio de Le Riverend (1988): Magaly Alabau, Lidia Alfonso Fonteboa, Benita Barroso, Carmen Borges, Rosa M. Cabrera, Amelia del Castillo, Inés del Castillo, Olga Caturla Maza. Carlota Caufield, Uva Clavijo Aragón, Elena Clavijo, Belkis Cuza, Iluminada Díaz Lesmes, Raquel Fundora, Alina Galliano, Mercedes García Tudurí, Mirta García Vélez, Rita Geada, Lourdes Gil, Olga González del Pico, Ana González Raggi, Maya Islas, Iraida Iturralde, Adela Jaume, Mercedes Limón, Noemí Losa, Edith Lllerena, Nieves del Rosario Márquez, Sara Martínez Castro, Hortensia del Monte, Lilian Moro, Clara Niggemann. Ana Rosa Nuñez, Yolanda Ortal, Marta Padilla, Isabel Parera, Juana Rosa Pita, Pura del Prado, Josefina Pujals, Isel Rivero, Margarita Robles, Mireya Robles, Ondina Rodríguez Bermúdez, Teresa María Rojas, Esperanza Rubido, Conchita Utrera, Arminda Valdés Ginebra, Carmen Valladares, Gladys Zaldívar.

3.2.2.3 Narrativa

Tomando nuevamente como base a Caraballo: Dora Alonso, Flora Basulto Montoya, América Betancourt, Rosa Betancourt, Lydia Cabrera, Condesa de Cardiff, Lucila de Castro, María Collado, Fanny Crespo, Flora Díaz Parrado, Elvira Deulofeu, América Fleytes, Concepción Godoy, Clara Moreda, Cuca Quintana, María Luisa Ríos, Ofelia Rodríguez Acosta, Pura Rodríguez Castells Isolina Torres Douverne, Hortensia de Varela.

Lazo añade los nombres de Hilda Perera y Ana María Simó. Omite los de Surama Ferrer y Nivaria Tejera, dos de las grandes escritoras de Cuba. *El barranco* de Nivaria Tejera, escrito en una maravillosa y económica prosa. Y *Romelia Vargas,* de Surama Ferrer extraordinaria por sus planteamientos sociales.

También se destacaron como narradoras en Cuba republicana: María Lafita Navarro, Graziela Garbalosa, Teté Casuso, Lesbia Soravilla, Rosa Hilda Zell, Darcia Moretti.

3.2.2.3.1 Antologías del cuento

Revisadas también con la ayuda de Gladys Zaldívar.

En la antología de Ibarzábal (1937): Lesbia Soravilla, Aurora Villar Buceta, Hortensia de Varela, Dora Alonso, Cuca Quintana.

En la de Emma Pérez (1945): Dora Alonso Betancourt, Aurora Villar Buceta.

En la de José Antonio Portuondo (1946): Lydia Cabrera, Dora Alonso, Rosa Hilda Zell.

En la del cincuentenario, de Bueno (1953): Lydia Cabrera, Aurora Villar Buceta, Dora Alonso, Rosa Hilda Zell, Surama Ferrer.

En la de Arrufat y Masó (1961): Ada Abdo, Esther Díaz Llanillo, Ana María Simó, Josefina Jacobs.

En la de Rodríguez Feo (1967). Ninguna mujer.

En la de Llópiz (1968): Esther Díaz Llanillo, María Elena Llana, Marinés Mederos, Evora Tamayo.

En la de Cuentos cubanos (sin antologista, 1974): Esther Díaz Llanillo, María Elena Llana, Ángela Martínez, Marinés Mederos, Évora Tamayo.

En la de Cuentos del siglo XX de Bueno (1975): Dora Alonso, Rosa Hilda Zell.

En la de Hernández Miyares (1975): Concepción T. Alzola, Sara P. Fernández, Mireya Robles.

En la de Fernández Marcané (1978): Concepción Teresa Alzola, Rita Geada, Luisa Gil, Ofelia Martín de la Vega, Yolanda Ortal, Hilda Perera, Mireya Robles, Gladys Zaldívar.

En la de Hernández Miyares (1996): Miriam Adelstein, Carmen Alea Lastra, Ana Alomá Velilla, Ana María Alvarado, Florinda Álzaga, Concepción Teresa Alzola, Nedda de Anhalt, Vivi A. de Arenas, Mercedes Arés, Anita Arroyo, Alicia G. Barrionuevo, Iraida Bustillo, Lydia Cabrera, Rosa M. Cabrera, Mary Calleiro, Inés del Castillo, Amelia del Castillo, Nilda Cepero-Llevada, Mercedes Cortázar, Marta Domínguez de Fariñas, Aleida Durán, Surama Ferrer, Ofelia S. Fox, Raquel Fundora de Rodríguez Aragón, Rita Geada, Lourdes Gil,

Amanda Gironelly-Jiménez, Ana Hilda González, Ileana González Monserrat, Asela Gutiérrez Kann, Rosario Hiriart, Ofelia Hudson, Maya Islas, Onilda A. Jiménez, María Le Riverend Suárez, Rita Martín, Marisel Mayor Marsán, Ana María Miranda, Berta G. Montalvo, Mercedes Muriedas, Ana Rosa Núñez, Gina Obrador, Silvia Eugenia Odio, Yolanda Ortal, Hilda Perera, Juana Rosa Pita, Alicia Portuondo. Pura del Prado, Rosario Rexach, Mireya Robles, Olga Rosado, Esperanza Rubido, Rosa Sánchez, Teresa Sansirene, Gloria Santamaría, Nivaria Tejera, Lourdes Tomás, Gladys Triana, Hortensia Valdés, Ondina Ybarra Behar, Gladys Zaldívar.

3.2.2.3.2 Dora Alonso

Merceditas Buigas era una mujer mayor, sin ser vieja (deduzco ahora que mayor porque le clareaba el pelo en el centro de la cabeza, muy visible, porque era de baja estatura) que vivía frente al colegio de monjas del pueblo, por la entrada de la calle Martí. Pesaba sobre ella el horrible dictamen de la Iglesia, en aquella época, contra las mujeres divorciadas. Pero Merceditas se lo tomaba todo con una inquebrantable alegría. Vivía aislada con su padre y su pequeño hijo en una casona de madera, tan gris y roída, que estoy saegura de que debe haber sido una de las primeras en edificarse en todo el pueblo. Leía mucho, hablaba con una correción poco acostumbrada en los cubanos, dándole a cada palabra su recto sentido y su adecuada pronunciación...

Pues bien, fue idea de Merceditas que, puesto que a mí también me gustaba escribir, –aunque fuese casi una niña– debía presentarme a su vecina, escritora, que vivía al doblar, por la calle Rosendo Collazo. Y así, en esta forma natural, conocí a Dora Alonso.

Todo en Dora Alonso era también natural. Su estatura alta, sus cabellos castaños y rizados, sus ojos verdes, sus manos enormes, su sonrisa constante. Estaba casada con un Enrique, no recuerdo qué, bajito, canoso en el poco cabello que le quedaba, inspector de los relojes de electricidad del barrio, que, según decían las malas lenguas pueblerinas, aprovechaba su oficio para introducirse en los hogares de las amas de casa, cuando estaban solas, y sostener con ellas largos devaneos.

También era natural en Dora su arte narrativo (al cual más adelante dedicaría yo un ensayo muy abombado y pedante). Directo, sin artificios, sencillamente lo que diría cualquier vecino que por las tardes se pusiera en un ruedo a contar: un arte realmente tradicional. Alardeaba ella de ser "guajira pura", de no haber leído nada en su vida. Lo cual no era enteramente cierto, porque al menos se había soplado todo Blasco Ibalñez y similares decimononos españoles, como luego pude descubrir.

Proseguimos la amistad cuando ella, ya divorciada, se decidió a escribir novelas radiales y comencé a visitarla en su apartamento de Almedares o la Sierra (cada vez tengo la cabeza peor). Seguí admirando su narrativa convencional, sin malabarismos técnicos, tan apegada al cuento oral y que, sin embargo, no desdice si se compara con la de los grandes del género, Horacio Quiroga incluido.

Dora Alonso había sido guiterista en su juventud matancera. Luego amiga de muchos comunistas habaneros. Y fue debido a su trato con uno de ellos, Juan Marinello, que se desilusionó completamente de "la lucha por una sociedad mejor". Marinello (Juan, decía ella) le pedía de vez en cuando la llave de su apartamento para celebrar una reunión de cédula, supersecreta, con otros dirigentes nacionales, que irían llegando uno a uno, cada diez minutos, para no despertar sospechas y comprometerla. Dora entregaba la llave y se iba a un cine para dar tiempo a que la reunión terminara.

Y todo marchó bien. Hasta un día, en que la película terminó antes, o los "complotados" no advirtieron el paso del tiempo, y es el caso que se presenta Dora en su apartamento y siente un corre-corre en la alcoba, de donde salen descompuestos "Juan" y una de sus alumnas de la Normal de Maestros, entre las que organizaba, según la gente, inacabables cacerías.

Allí terminó el izquierdismo de Dora Alonso, que estaba dispuesta a narrarle este cuento verdadero a todo el que quisiera escucharla. Cuál no sería mi sorpresa cuando sube al poder el partido comunista cubano y me veo de abanderada, en primera fila… ¡a Dora Alonso!…

3.2.2.4 Ensayos

Fueron extraordinarias ensayistas cubanas, durante la República: Mirta Aguirre, Anita Arroyo, Ena Mouriño, Carolina Poncet, Rosario Rexach.

EN EL EXILIO

En el Tomo I del libro de Gutiérrez de la Solana figuran:

Rosa Abella, Miriam Adelstein, Florinda Álzaga, Concepción Teresa Alzola, Anita Arroyo, Silvia Barros Rosa M. Cabrera, Lourdes Casal, Lillian Castañeda, Isabel Mercedes Cid Sirgado, Raquel Chang-Rodríguez, Uva Clavijo, Beatriz Cuéllar Varela, Blanca Dopico Guernica, Angelina Edreira Caballero, Lucila Fariñas, Magali Fernández, Mercedes

García Tudurí, Rosaura García Tudurí, Rita Geada, Lourdes Gil, María Gómez Carbonell, Ana González Raggi, Yara González Montes, Edenia Guillermo, Zenaida Gutiérerz Vega, Juana Amelia Hernández, Rosario Hiriart, Josefina Inclán, Maya Islas, Iraida Iturralde, Eladia León Hill, Marta Linarez Pérez, Dolores Martí Cid, Silvia Martínez Dacosta, Anisia Meruelo González, Esther Mocega González, Ana Rosa Núñez, Luisa M. Perdigó, Hilda Perera, María E. Pérez, Estela Piñera, Marta R. de la Portilla, Rosario Rexach, Eliana S. Rivero, Mireya Robles, Hortensia Ruiz del Viso, Myriam Finkelman Sánchez, Olga Santoyo Matamoros, Adriana Tous, Rosa Valdés Cruz, Elena Vérez Peraza, Gladys Zaldívar.

Han publicado en la colección *Polymita*, de Ediciones Universal: Emma Álvarez Tabío, Florinda Álzaga, Teresa Bolet Rodríguez, Zelda I. Brooks, Alina Camacho-Gingerich, Madeline Cámara, María Capote, María Julia Casanova, Amelia del Castillo, María del C. Cerezo, Uva Clavijo, Yvonne M. Conde, Wilma Detjens, María C. Dominicis, Nora Erro-Orthmann, Esperanza Figueroa, Marilyn R. Frankenthaler, Marlene García, Olga Carrera González, María Castellanos Collins, Gloria Feiman Waldman, Teresa Fernández Soneira, Mirza L. González, Ela Rosa Gómez Quintero, Linda Gould Levine, Rosario Hiriart, Josefina Inclán, Onilda A. Jiménez, Ellen Lismore Leeder, Sara Márquez, Rosa Martínez Cabrera Silvia Martínez Dacosta, Gioconda Marún, Rhyna Molds, Montalvo, Bertha G. Violeta Montori, Ana Rosa Núñez, Xiomara Pagés, Mary Paschal, Mireya Pérez Erdelyi, Juana Rosa Pita, Josefina A. Pujals, Rosario Rexach, María Luisa Rodríguez Lee, Lady Rojas-Trempe, Catherine Rovira, Hortensia Ruiz del Viso, Esperanza G. Saludes, Esther Sánchez-Grey Alba, Bertha Savariego, Amalia de la Torre, Martha a. Umanzur, Rosa Valdés Cruz, Catharina V. Vallejo, Beatriz Varela, Gladys Varona-Lacey, María Vega Febles, Rosa L. Whitmarsh, Gladys Zaldívar.

Son también ensayistas destacadas Yvonne Conde, Marifeli Pérez-Stable, Gemma Roberts, Mercedes Sandoval y la más reciente Lucrecia Artalejo.

3.2.2.5 Otras literatas:

Adela Godoy, Herminia Gómez, Adelina Montané, Consuelo Montoro, Rafaela de Varas.

3.2.2.6 Otros campos.

María de los Ángeles Ortiz Casanova, escribió un Tratado de Enseñanza Doméstica y Agrícola. También tratadistas: Carmela Acebal (Expedientes administrativos), María Aguirre (Enfermería), Consuelo Álvarez (Ocultismo), María Teresa Álvarez Estrada (Ciencias Naturales), María Cristina Bolaños (Crítica literaria), América Cuervo y Barrera (Moluscos americanos), Estrella Delgado (Erizo antillano), Angelina Edreira (María Montessori), Micaela Escola (Historia), María Luisa Fernández (Lengua y literatura latinas), Mireille García Moré (Lope de Rueda), María Gómez Carbonell (Numismática), Josefina Gispert (Telepatía), Mercedes Herrera (Historia), María de los Ángeles Landa (Evolución de la moralidad), Mercedes Loret de Mola (Historia), Clotilde Marlans (Geografía), Julia Martínez (Humanidades), Eva Morejón (Historia), María de Torres (Religión).

3.2.3 Escritoras relacionadas por Marsá Vancells

Por su parte, Marsá Vancells, en la sección destinada a Cuba de su obra *La mujer en la literatura*, que abarca hasta 1987, menciona las autoras que se relacionan:

Poesía: Josefina de Cepeda, Rafaela Chacón Nardi, Adela Jaume, Mercedes Torrens, Dulce María Loynaz, Mercedes García Tudurí, María Villar Buceta, Dalia Iñiguez, Thelvia Marín, Ana Rosa Núñez, Esther Costales, Julia Rodríguez Tomeu, Loló Acosta, Amelia Susiras, Matilde Álvarez Frank, Carilda Oliver Labra, Renée Potts y Serafina Núñez.

Ensayo: Berta Arocena, María Julia de Lora [sic], Leonor Barraqué, Herminia del Portal, Adela Jaume, Emma Pérez, Mirtha [sic] Aguirre. Loló Acosta, Ofelia Rodríguez Acosta, Surama Ferrer. María Julieta Orizondo, Caridad Bravo Adams, Dora Alonso, Flora Díaz Parrado. Mariblanza Sabas Alomá y otras muchas. [Como puede apreciarse, aunque algunas hayan cultivado también el ensayo, este grupo está más bien formado por periodistas. Aunque si, como suponemos, se refiere a un periodismo literario, culto, debemos añadir los nombres de Olga Connor, Rosario Rexach, Gladys Zaldívar.]

Narrativa: Loló Acosta, Ofelia Rodríguez Acosta, Adela Jaume, Lalita [sic] Guiralt , Herminia del Portal, Bertha [sic] Arocena, Flora Basulto de Montoya, Pilar Morlón, Carolina Poncet, Hortensia Lamar, Martha de Castro, Consuelo Mosillo [sic] de Govantes, Anita Arroyo de Hernández, Loló de la Torriente, Martha [sic] Aguirre, Emma Pérez y Gladys Laudermann. [Muchos nombres, como se ve, hubieran encajado mejor entre las ensayistas.]

Dramaturgia: Adelaida Clemente, Flora Díaz Parrado, Isabel Fernández de Amado Blanco, y Caridad Bravo Adams. [En este libro aparecen agrupadas como "autoras teatrales" en la sección **3.4.1**].

Hasta aquí la relación de Marsá Vancells.

3.2.4 Literatura para niños y jóvenes

El concepto de la mal llamada literatura "infantil" no estaba enteramente desarrollado en el siglo XIX, plagado de nociones educativas. Y esto lo refleja la excelente bibliografía de Mercedes Muriedas sobre este tema, en la cual, según explica, "se incluyen los textos para la enseñanza de la lectura, la religión y la moral, por ser la única clase de literatura dedicada a los niños que existía en la época". Haciendo la salvedad, por supuesto, de muchas colecciones de fábulas que aunque no fueran escritas para niños, los niños se las apropiaron.

Al igual que sucede con las publicaciones "femeninas", fueron los hombres quienes produjeron abundantemente este tipo de obras. El primer libro relacionado por Muriedas es un *Silabario español* de José Arazoza, y data de 1812. La primera revista, *El Álbum de los niños,* de 1858, fue editada por Manuel Zapatero.

SIGLO XIX:

Las pocas mujeres presentes aparecen hacia finales del siglo.

Libros:

- Aurelia Castillo González, *Fábulas*, 1879.
- Domitila García Coronado, *Método de lectura y breves nociones de instrucción primaria*, 1886.
- Isabel Galarraga Krüger, *Biblia para niños,* 1887 y 1890
- Catalina Rodríguez Morales, *Libro de los niños*, 1892.
- Victoria Ventura, Silabario o cartilla de primera lectura 1894.

Publicaciones periódicas:

- En *La niñez*, 1879, colaboran: Luisa Pérez Zambrana. Aurelia del Castillo, MercedesMatamoros.
- En *El álbum de los niños*, 1892. Laura Romero (redactora) y Avelina Correa.

SIGLO XX:

- Casi al comienzo del siglo, Carmela Nieto Herrera publicó la historia del perro *Buchón*. Basulto Montoya las *Aventuras de Raflo y Raúl alrededor del mundo*. En 1932 Herminia del Portal gana el premio Lyceum para literatura infantil con su cuento *Miguelito*. Mediando el siglo, aparecen los *Cuentos de Apolo*, de Hilda Perera y en 1955 mi pequeña colección de *Cuentos populares infantiles*.

- En la antología *Navidades para un niño cubano* de 1959, figuran: relatos para niños de María Álvarez Ríos, Concepción T. Alzola, Rosario Antuña, Anita Arroyo, Dora Carvajal, María Julia Casanova, Isabel Fernández Amado Blanco, Marinés Mederos, Hilda Perera, Renée Potts, Ruth Robés, Aurora Villar Buceta, Rosa Hilda Zell. Una Estampa "Navidades en Placetas, 1934", de Blanca Emilia Rodríguez Capestany, y una obra de teatro: "La Marímbula Mágica" de María Álvarez Ríos.

- Los tomos I y II del *Folklore del niño cubano* contienen materiales utilizables, ya que, como bien expresara Gabriela Mistral: "La mejor liretatura infantil es el folklore".

- Con el título "El rinón de los niños" mantuve una sección en la revista *Ideas* durante algo más de un año, donde se presentaron básicamente romances, rondas y cuentos. También publiqué materiales para niños en el périódico miamense de corta duración *El Mundo*. Las obras infantiles para teatro de títeres aparecen reseñadas en el epígrafe desdicado al teatro.

- En su *Historia y Antología de la Literatura Infantil Iberoamericana*, 1964, Carmen Bravo Villasante menciona estas autoras del siglo XX: Renée Potts, Concepción Teresa Alzola, Emma Pérez, Hilda Perera, Anita Arroyo, Anita Ortega (?) y las colaboradoras del Guiñol Nacional de Cuba: María Álvarez Ríos, Concha Alzola, Dora Alonso, Silvia Barros y Clara Ronay.

- Anita Arroyo, en unión de Antonio Ortega es autora de *El pájaro de hojalata*.

- Gladys Zaldívar posee un exquisito poemario para niños titulado *La Baranda de Oro*, y es autora de varias obras para teatro de títeres, una de las cuales *Crónica del ruiseñor"* festejó el Quinto Centenario de (como ella dijo con acierto) la Fundación de la América Hispánica.

- Ana Rosa Núñez compiló una bella antología de poesía infantil.

- Silvia Barros realizó y publicó su teis de grado sobre *La Edad de Oro* de José Martí.

En cuanto a la literatura juvenil, noción enteramente del siglo XX, la autora más destacada es:

- Hilda Perera Soto, novelista de talla, muchas de cuyas "noveletas" para jóvenes alcanzan con naturalidad tiradas de 150, 000 ejemplares. Entre ellas: *Podría ser que una vez, La Pata Pita, Rana Ranita, Pericopín, Pepín y el abuelo, Mai, Kike, La fuga de los juguetes, Mumú, la Jaula del Unicornio, Javi, El puerquito que quería ser azul*. Varias han sido traducidas a otras lenguas, como el inglés, el gallego, el italiano, el alemán, el catalán, el euskera, el francés, el ruso y varias lenguas eslavas. Por eso la autora ha podido declarar: "Aunque he cosechado triunfos en la novela, creo que mis triunfos mayores han sido en el terreno de la literatura infantil".

Otras autoras para niños: Alma Flor Ada Lafuente, Lucía Gómez (autora del delicioso *Bossy Gallito*), Yasnitzia Canetti, Daína Chaviano, Raquel Puig Zaldívar. Melba Hernádez publicó en Trinidad la encantadora fantasía *Atosicosey,* acerca de un duende del tabaco.

3.2.5 Literatura de viajes

En el siglo XIX, Catalaina Rodríguez Morales publicó unas Impresiones de un viaje a Colombia. En el siglo XX, Ofelia Rodríguez Acosta dio a la estampa unos *Apuntes de mi viaje a Isla de Pinos* y unas memorias de su viaje a Europa (*Europa era así*). Teté Casuso aportó: *Recuerdos de un viaje a Europa,* y un *Panorama de México*. Dulce María Loynaz reunió en libro sus recuerdos de *Un verano en Tenerife.*

EN EL EXILIO

Josefina Inclán publicó en forma de libro, unas crónicas radiales realizadas en Cuba para la Comisión Nacional de Turismo, con el título de *Viajando por la Cuba que fue.*

3.2.6 Narrativa radial y televisada.
3.2.6.1 Radial

> *Las obras dialogadas y de acción dramática que se escriben para ser trasmitidas por radio requieren una disposición y un sentido peculiares, completamente distintos a los que se emplean para el teatro. [...]. En Cuba se han escrito obras expresamente inspiradas para la radio y también se han adaptado obras populares o famosas. Se ha hecho, es verdad,mucha obra de circunstancia, poco valiosa, a menudo detestable; pero ha habido aciertos que es bueno reconocer. Algunos autores le han dado a sus obras el calificativo de "novelas radiales.*
>
> **Juan J. Remos**

Según algunos historiadores de los espectáculos en Cuba, como Rosendo Rossell, el antecedente de las novelas radiales debe buscarse en los "lectores de tabaquería", empleados encargados de mantener entretenidos a los tabajadores mientras realizaban sus variadas labores. Y esta práctica puede remontarse a las lecturas en los refectorios de los conventos medievales, mientras los monjes ingerían sus alimentos. Según Yoli

Arocha, el origen de las novelas radiales hay que buscarlo más bien en las novelas por entrega y los folletines del siglo XIX. "Ya en 1922", dice Arocha, se transmitían por las ondas radiales zarzuelas y programas con formatos similares, pero no fue hasta 1940 [con *La Novela del Aire*] cuando explota con fuerza en sus ondas hertzianas el género de la radio-novela".

Debe considerarse aparte la figura de Caridad Bravo Adams que, aunque nacida en México, desarrolló la mejor parte de su carrera en Cuba, y fue la adaptadora de cientos de obras para *La novela del aire,* gran favorita de los tiempos de oro de la radio, que se trasmitía diariamente a las 9 de la noche. La calidad de esas adaptaciones (interpretadas por un elenco excelente) no sólo era estupenda, sino que a través de este medio tan popular, Caridad pudo divulgar la obra de autores de cierta consistencia literaria como Alarcón, Gregorio Matínez Sierra y hasta alguna novela de Unamuno.

Fueron también autoras radiales muy conocidas: Dora Alonso, Mercedes Antón, Nora Badía, Caridad Bravo Adams, María Julia Casanova, Lucrecia Cuba Collazo, Iris Dávila, Delia Fiallo, Hilda Morales Allouis, Inés Rodena y Olga Ruilópez.

En México escribió novelas radiales con éxito la desaparecida Livia Sedeño.

3.2.6.2 Televisada

Según Yoli Arocha, autora de una valiosa reseña sobre estos "géneros menores", la primera novela con carácter de continuidad que se realizó en América Latina se produjo en Cuba en el año 1952". Se titulaba *Concierto de amor* e intervinieron en ella las actrices Rosita Fornés, Adela Escartín (española residente en Cuba), Sol Pinelli, Margarita Prieto y Ofelia Dacosta.

"Entre 1952 y 1957", continúa la reseña de Arocha, otras telenovelas importantísimas se transmitieron en Cuba, pero no se hacían con frecuencia diaria y como suele hacerse hoy día. Iban 'en vivo' al aire dos o tres veces por semana" .

Fue Delia Fiallo quien en 1957 "dsesarrolló este género en el horario estelar a las nueve de la noche con la telenovela *Soraya: una flor en la tormenta*". Acusada de contrarrevolucionaria por el gobierno castrista, al haber incluido en sus novelas pasajes de Benito Juárez hablando de la libertad, Delia huyó de Cuba en 1966.

Debemos recordar también que pocos éxitos hubo en la televisión cubana comparables a *Historia de tres hermanas,* de Mercedes Antón. Exiliada en España, continuó su labor con telenovelas como *Santa Isabela* y *Los Vengadores.* Trabajó después como publicitaria en Puerto Rico, y murió en Miami en mayo del 2001, sin haber regresado a Cuba.

EN EL EXILIO

"La primera telenovela de autora cubana que se trasmitió en el exilio", dice el comentarista Morán Mariño, "fue *La vida de Santa Bárbara,* de Olga Ruilópez".

Inés Rodena logró gran popularidad en México con sus telenovelas, entre ellas: *Los ricos también lloran* y *La Indomable* .

De acuerdo con María Argelia Vizcaíno, la primera novela televisada en México fue *Senda prohibida* de la escritora cubana Fernanda Villeli, al comprobar don Emilio Azcárraga el éxito que había tenido en Cuba. Según Eloísa Leal, la novela televisada cobra impulso en Brasil con los libretos de la cubana Gloria Magadán, sustituida por presentar ambientes exóticos, fuera de la realidad local, como *Sheik de Agadir (* ¡Y ya ven lo que ha sucedido con *El clon,* de Gloria Pérez!)

Ninguno de estos éxitos puede compararse a los de Delia Fiallo, llamada "La Primera Dama de la Telenovela". Es graduada de Filosofía y Letras de la Universidad de la Habana, y comenzó su exitosa carrera de escritora como cuentista, lo que le valió un premio Hernández Catá. Su primera telenovela, en Cuba, fue *Hasta que la muerte nos separe.* La más famosa, *El ángel perverso*, fue posteriormente lanzada en la televisión internacional con igual éxito. Otros triunfos de Delia Fiallo incluyen *Cristal, Topacio, Lucecita, Una muchacha llamada Milagros*, y otras tantas. *Cristal* ha sido vista por 1,600 millones de personas, en casi todos los países del mundo, doblada a numerosos idiomas.

A pesar de este éxito sin paralelo, Delia ha declarado que su finalidad es lograr "que se reflexione sobre los distintos aspectos de la vida cotidiana en forma positiva. Mi lucha, desde el principio, ha sido dignificar la telenovela mejorando su calidad. Es una importante manifestación de la cultura popular. Incluso me han llamado de varias universidades para pronunciar conferencias sobre el tema, lo cual es una gran satisfación personal. El escritor de telenovelas, como cualquier otro, debe tener mucha imaginación, capacidad de trabajo y respeto por lo que hace. En resumen, ser todo un profesional".

3.2.7. Escritoras del exilio

Muchas de estas escritoras comenzaron su labor en Cuba, por lo que deben revisarse también las secciones correspondientes al **Siglo XX**, **3.2.2** y **3.2.3**, supra.

ÍNDICE BIBLIOGRÁFICO DE AUTORES CUBANOS, DIÁSPORA (1959-1979) de José y Roberto Fernández (1983):

A Sandra Abravanel, Miriam Adelstein, Fefi Agüero, Alicia Aldaya, Ana Alomá. Florinda Álzaga., Concepción Alzola, Anita Arroyo.

B Amalia Bacardí, Zenaida Bacardí, Caridad Bravo Adams, María Brenes.

C Lydia Cabrera, Rosa M. Cabrera, Ángeles Caíñas Ponzoa, Julieta Campos, Olga Carrera, Lourdes Casal, Amelia del Castillo, Raquel Chang-Rodríguez, Isabel Cid Sirgado, Uva Clavijo, Dora Collado, María Collins, Mercedes Cortázar, Marcia del Mar.

D Dalia Díaz St, Marie, Blanca Domínguez, María Dominicis

F Lucila Fariñas, Esperanza Figueroa, Nina Folch, Liz Frances Boleda, Raquel Fundora.

G Eulalia García, Mercedes García Tudurí, Rita Geada, Lourdes Gil, Lourdes Gómez Franca, Ela Gómez Quintero, Ana H. González, Edelmira González, Mirza González, Yara González, Edenia Guillermo. Asela Gutiérrez Kan, Zenaida Gutiérrez Vega.

H Alina Hernández, Juana Amelia Hernández, Rosario Hiriart.

I Elena Iglesias, Josefína Inclán.

K María Luisa Krieghoff, Nerty Kusnier.

L Ellen Leeder, Eladia León Hill, Marta Linares, Noemí Losa, Edith Llerena.

M Sara Marqués, Dolores Martí, Silvia Martínez Dacosta, Maricel Mayor, Anisia Meruelo, Berta Miranda. Esther Mocega, Rita Molinero, Violeta Montori, Areceli Moreno.

N Norma Niurka Acevedo, Ana Rosa Núñez.

O Gina Obrador.

P Marta Padilla, Rosa Pallás, Luisa Perdigó, Hilda Perera, Laura Pérez, María Pérez, Lourdes Pérez Lavín, Juana Rosa Pita, Aleyda Poertuondo, Pura del Prado, Dolores Prida.

R Susana Redondo, Rosario Rexach, Isel Rivero, Mireya Robles, Inés Rodena, Teresa María Rojas, Olga Rosado, Olimpia Rosado, Esperanza Rubido, Hortensia Ruiz del Viso.

S María Elenas Saavedra, Margarita Salles Díaz, Gloria Santamaría, Auristela Soler, Irma Suárez, Ofelia Suárez Fox, Marguerite Suárez-Murias, Eliana Suárez Rivero.

T María Tames, Nivaria Tejera, Amalia de la Torre.

U Conchita Utrera, Esther Utrera.

V Carmela Valdés Gayol, Rosa Valdés Cruz, Concha Valdés Miranda, Cuca Vidal, Balbina Villiers.

Y Laura Ymayo.

Z Gladys Zaldívar.

Cuban Literature, a Record Guide de Foster (1985). Autoras: Dora Alonso, Juana Borrero, Lydia Cabrera, Gertrudis Gómez de Avellaneda, Dulce María Loynaz, María Mercedes de Santa Cruz. Presenta también Foster una relación de "Críticos" de literatura, algunos con sólo un artículo en su haber, donde entremezcla los cubanos con los extranjeros.

Escritores de la diáspora cubana de Maratos–Hill (1986):

A Norma Niurka Acevedo, Mercedes Acosta, Miriam Aldestein, Ángela Aguirre, Alicia Aldaya, Ana Alomá Velilla, Florinda Álzaga, Concepción Teresa de Jesús Alzola y Vega, Blanca Arnas de Arenas, Anita Arroyo, Lucila Azcuy.

B Silvia Barros, Benita Barroso, Lidya Berdeal Montalvo, Lilian Bertot Herrera, María Brenes, Noheli Brothermann.

C Lydia Cabrera, Rosa Cabrera, Ángeles Caíñas Ponzoa, Julieta Campos, Isabel Carrasco Tomasetti, Lourdes Casal, María Castellanos Collins, Matilde Castells Olivella, Carlota Caulfield, Isabel Mercedes Cid Sirgado, Uva Clavijo, Mercedes Cortázar. Belkis Cuza Malé, Raquel Chang Rodríguez, Teresa Labarta Chávez.

D Amalia de la Torre, Amelia del Castillo, Elena Díez Ramos, María Canteli Dominicis,

F Esperanza Figueroa, Raquel Fundora Rodríguez Aragón.

G Rosaura García Tudurí, Mercedes García Tudurí Coya, Rita Geada, Lourdes Gil, María Gómez Carbonell, Lourdes Gómez Franca, Ela Rosa Gómez Quintero, Ana Hilda González, Edelmira González, Mirza González, Yara González-Montes, Edenia Guillermo, Asela Gutiérez Kann, Zenaida Gutiérrez-Vega.

H Alina Hernández, Georgina Hernández (Gina Obrador), Juana Amelia Hernández, Rosario Hiriart.

I Elena Iglesias, Josefina Inclán, Maya Islas (Omara de la Caridad Valdivia Isla), Iraida Iturralde.

J Onilda Angélica Jiménez Pineda,

K María Luisa Krieghoff,

L Eladia León Gil, María Linares Pérez, Martha López, Noemí Losa, Edith Llerena Blanco, Nilda Cepero Llevada.

M Sarah Marqués, Dolores Martí Cid, Silvia Martínez Dacosta, Marisel Mayor Marsán, Anisia Meruelo González, Bertha Eugenia Miranda, Esther Mocega-González, Rita Virginia Molinero.

N Clara Niggemann, Ana Rosa Núñez.

O Yolanda Ortal.

P Marta Padilla, Rosa Pallás, Elena Peraza, Luisa Marina Perdigó, Hilda Perera Soto, María Esther Pérez, María Teresa Pérez-Cisneros Font, Concepción Pérez Utrera, Lourdes Pérez Lavín Salas, Juana Rosa Pita, Aleida Portuondo Tamayo, Pura del Prado Armand, Dolores Prida, Raquel Puig Zaldívar.

R Rosario Rexach, Eliana Rivero Suárez, Isel Leonor Rivero y Méndez, Gemma Roberts, Mireya Robles, Teresa María Rojas, Olga Rosado Menéndez, Dolores Rovirosa, Esperanza Rubido, Hortensia Ruiz del Viso.

S María Elena Saavedra, Georgina Sabat Rivers, Esperanza Saludes, Esther Sánchez-Gray Alba, Berta Savariego, Ana María Simo, Auristela Soler.

T Miquen Tan, Nivaria Tejera Montejo, Zoila Toledo Ruiz.

V Rosa Valdés-Cruz, Carmela Valdés-Gallol, Balbina de Villiers Piña, Conchita Vizoso.

W Sarah Wekselbaum Luski.

Y Laura Ymayo.

Z Gladys Zaldívar.

▪ Se ha reactivado la producción de Nivaria Tejera con la extraordinaria *Espero la noche para soñarte, Revolución*.

▪ Hilda Perera, la gran autora de literatura infantil es también una importante novelista, y la mayor y mejor parte de su producción se ha producido en el exilio: *El sitio de nadie, Felices Pascuas, Plantado, Los Robledal*. He dedicado un extenso ensayo al lenguaje de mi preferida entre todas: *El sitio de nadie*, titulado "La lengua de todos". Hilda Perera ha publicado también una formidable colección de relatos con el título *De encuentros y despedidas*.

138

- Rosario Hiriart, poetisa, ha incursionado con éxito en la novela con *Nuevo Espejo de Paciencia,* de novedosa estructura y *El patio de mi casa,* a la cual he dedicado también un ensayo.

OTRAS NARRADORAS: Mercedes Acosta, Miriam Adelstein, Ana María Alvarado, Anita Arroyo, Martha M. Bueno, Isabel Carrasco, Amelia del Castillo Tomasetti, Sarah Chyzyk Wekselbaum, Uva Clavijo, Mirza González, María Elena Cruz Varela, Sarah Baquedano, Rosa Dihigo Beguiristain, Marina P. Easly, Asela Gutiérrez Kann, Onilda A. Jiménez, María López, Olga Lorenzo, Ofelia Martín Hudson, Julia Miranda, Mercedes Muriedas, Carmen Navarro, Maruxa Núñez Villavicencio, María Luisa Orihuela, Ondina Pino, Marie Françoise Portuondo, Exora Renteros, Isabel Rodríguez, Olga Rosado, María Elena Saavedra, Bertha Savariego, Auristela Soler, Susy Soriano, Claribel Terré, María Vega Febles, Ana Velilla, Marta Yenes.

3.2.8. Últimas adiciones
3.2.8.1 Poesía

Odette Alonso Yodú, Cira Andrés, Marilyn Bobes, Damaris Calderón, María Elena Cruz Varela, Georgina Herrera, Rosario Hiriart, Nancy Morejón, Reina María Rodríguez, Minerva Salado, Elena Tamargo.

3.2.8.2 Narrativa

Quizás el fenómeno más interesante de la literatura cubana en el exilio es la proliferación de mujeres novelistas y novelas, en una escala y a un ritmo desconocidos en Cuba republicana, variedades, inclusive inéditas entre las escritoras de antes, como la novela de detectives. Bien es verdad que algunas de estas novelas, cubanas hasta la médula, están escritas en inglés, y a veces por "minorías" cubanas, entre ellas mujeres *yuban*, es decir, cubanas de ascendencia judía. En vista de todas estas peculiaridades, ¿habrá que redefinir lo que es una literatura nacional? Por orden alfabético:

Julieta Campos: *Muerte por agua, Celina y los gatos, Tiene los cabellos rojizos y se llama Sabina, El miedo de perder a Eurídice.*

Yanitzia Canneti: *Al otro lado.*

Daína Chaviano es la autora de *Los mundos que amo, Historias de hadas para adultos, El hombre, la hembra y el hambre, Casa de juegos, La Habana oculta, Gata encerrada, Fábula para una abuela extraterrestre, Confesiones eróticas y otros hechizos.*

Ángeles Dalmau: *Habanera.* Nacida en Barcelona, de una familia catalana asentada en Cuba, la progonista de su novela es una pintora catalana que regresa a Cuba, donde transcurrió su infancia, para encontrar sólo las actuales miseria y destrucción.

Cristina García es autora de *Dreaming in Cuban.*

Carolina García Aguilera es tataranieta de Francisco Vicente Aguilera. Cultiva la novela de detectives. La protagonista de la serie es una mujer, Lupe Solano, detective privada de origen cubano

Alina Fernández: *Alina* (Memorias)

Betty Heisler-Samuels, cubano-hebrea, que aunque escribe en inglés (como algunos otros jóvenes cubanoamericanos) narra en sus memorias noveladas *The Last Minyan in Havana* cómo los refugiados de Europa de los años 20 y 30 hallaron un nuevo hogar en Cuba, hasta que la llegada de Fidel Castro marcó el fin de la cálida y vibrante comunidad judía cubana.

Yvonne Lamazares es autora de *The Sugar Island*, traducida al español con el título de *La Isla de Tanya.*

Josefina Leyva: *El tiempo inagotado de Irene Marquina*, *Rut la que huyó de Cuba*, *Las siete estaciones de una búsqueda. A*demás de novelista, Josefina es autora del primer libro-documento que recogió las experiencias de los niños sacados al exilio mediante la Operación Pedro Pan. Y las de los balseros en *The freedom rafters.*

Chely Lima: *Brujas.*

Ana Menéndez: *In Cuba I was a German Shpeherd* (Cuentos). *Loving Ché.*

Marcia Morgado sale a competir fuertemente por el cetro de la novela "risqué" con su obra titulada 69*, Memorias eróticas de una cubanoamericana.*

Achy Obejas, cubano-hebrea, escribe en inglés *Memory Mambo, We Came All the Way f rom Cuba, So You Could Dress Like This?* Y la más reciente y celebrada *Days of Awe.*

Mirta Yáñez publicó en Cuba *La hora de los mameyes*

Raquel Puig Zaldívar: *Women Don't Need to Write, Robert Goes Fishing, Joaquina.*

Zoe Valdés, autora de *La nada cotidiana, Te di la vida entera, La hija del embajador, Café Nostalgia, El pie de mi padre,* y otros tantos éxitos de librería.

Otras: Ena Lucía Portela, Rosario Rexach. C.C. Medina. Al parecer *A little love,* firmado por C.C. Medina, es la obra conjunta de Carolina Hospital y su esposo, Carlos Medina.

3.3 Bibliotecarias

¿Qué sería del mundo sin bibliotecarias? Los niños no podrían concluir sus tareas escolares. Y los viejos no tendrían quienes les enviasen al hogar los libros que no pueden ir a buscar por sí mismos. Los científicos no podrían documentar a cabalidad sus hipótesis. Los escritores no podríamos dialogar con nuestros autores favoritos de otras épocas. ¡Hasta las amas de casa caerían en la más espantosa de las monotonías! Si no tuvieran a mano el último libro de cocina publicado. Ciertamente, una ciudad como Nueva York, donde para todo llaman a su biblioteca más cercana, sin bibliotecarias quedaría paralizada.

Concha Alzola

La primera biblioteca pública que funcionó en Cuba fue la de la entonces Real Sociedad Económica de Amigos del País.

María Villar Buceta, una de las más originales poetisas cubanas, bibliotecaria de profesión, enseñó el primer curso de biblioteconomía que se ofreció en Cuba, en el Lyceum, en 1936.

Al crearse la Escuela de Bibliotecarias de la Universidad de la Habana, formaron parte del claustro de profesores: María Teresa Freyre de Andrade (más tarde bibliotecaria particular de Julio Lobo y finalmente, bajo Castro, Directora de la Biblioteca Nacional), Elena Pérez Peraza, Isabel Pruna Lamadrid, Carmen Rovira. Entre las graduadas se encontraban: Rosa Abella, Ondina Arrondo, Alicia Forns Godoy, Blanca Bahamonde, Ana Rosa Núñez, Dolores Rovira, Esperanza Varona.

Formaron parte de la escuela de bibliotecarias de la Sociedad Económica de Amigos del País, alumnas y profesoras: Ofelia Álvarez Díaz, Ofelia Álvarez Guerra, Berta Becerra, Carmelina Casanova, Caridad Fernández Goicoechea, Alicia Forns Godoy, Angelina Gómez Vilá, Ana Guerra, Zoila Lapique, Ana Rosa Núñez, Raquel Robés, Raquel Romeu, Margarita Villaurrutia.

Fue durante muchos años Directora de la Biblioteca Nacional Lilian Castro Morales.

Fue, también durante muchos años, Directora de la Biblioteca de la Sociedad Económica de Amigos del País (SEAP) Berta Becerra.

Y en la biblioteca Municipal de Marianao trabajó muchísimo tiempo María Teresa Segredo, perteneciente a una vieja y numerosa familia habanera, y una de las informantes del *Folklore del niño cubano*.

El castrismo se ensañó especialmente con las bibliotecas. En los primeros momentos de la instauración del nuevo régimen, me llegó la noticia de que estaban saqueando y quemando la biblioteca de Jorge Mañach, que acababa de exiliarse. Recordé que en Cuba republicana unos sicarios del régimen anterior habían saqueado la biblioteca del dirigente comunista Juan Marinello y que Mañach había condenado el hecho enérgicamente. Así que, en el acto, telefonée al que me parecía más culto entre los recién llegados al poder, Carlos Rafael Rodríguez, y le conté lo que estaba sucediendo. Respondió que él no podía hacer nada, que ésas eran "exaltaciones de los jóvenes rebeldes".

Dada su antigüedad, la SEAP poseía una valiosa colección de libros cubanos del s XIX. A la llegada del castrismo, entre los "bienes recuperados" se encontraban los valiosos volúmenes de la SEAP, que desde un principio codiciaron. Fui testigo de la llegada a la Biblioteca Nacional, donde me encontraba investigando, de las cajas donde yacían los libros, amontonados de cualquier manera. Por el camino, durante el traslado, los "intelectuales" que formaron parte del séquito fueron apropiándose de todo lo que les convenía, libros y manuscritos.

Suerte igual correspondió a la biblioteca personal del erudito cubano Don Eligio de la Puente, Secretario de la SEAP, igualmente secuestrada y saqueada.

EN EL EXILIO

Por muchos años, desde los primeros del exilio, fue la Dra. Alicia Godoy la encargada de mantener en alto la antorcha de la cultura cubana en la "Main Library", la sede central del Sistema de Bibliotecas del Condado Dade. Alicia no sólo fue adquiriendo libros de temas cubanos, sino que organizaba actividades como conferencias, exposiciones, etc., que tanto estimularon la lectura y el intercambio de opiniones. También desde comienzos del exilio, Rosa Abella y Ana Rosa Núñez, crearon la "Colección Cubana" en la Biblioteca Richter de la Universidad de Miami, que ahora, transformada en la "Herencia Cubana" ("Cuban Heritage"), dirige y fomenta Esperanza Bravo Varona con la asistencia de Lesbia Varona, Gladys Gómez y María Estorino May. Es proverbial la dedicación y la servicialidad de estas biblotecarias. En realidad, la "Cuban Heritage" consta de dos partes: la "Colección Cubana" en sí (más de 45,000 ejemplares, entre libros y publicaciones periódicas) y los Archivos Cubanos. En la Colección se encuentran desde libros raros, a partir de la colonia, hasta los famosos "periodiquitos" del Exilio, con más de 720 títulos. En los Archivos, se encuentran manuscritos y diversos documentos que han ido donando distintas instituciones y autores. Hoy por hoy, "Cuban Heritage", de la Universidad de Miami, es la mayor colección de materiales sobre el exilio cubano que existe en los Estados Unidos.

No hace mucho, Esperanza Varona fue designada Presidenta de la Sección de Archivos Universitarios e Instiutuciones de Investigación del Consejo Internacional de Archivos, con sede en Estocolmo.

En 1976 se creó La Rama Hispánica del Sistema de Bibliotecas de Dade. Esta biblioteca, situada en el número 2190 de la Calle Flagler, la única en el Condado dedicada enteramente a libros en español, y la que sirve a mayor número de miembros de la comunidad es sin embargo la más pequeña. Dirigida desde su creación hasta el año 2003 con ejemplar capacidad por la Dra. Ondina Arrondo, en la actualidad la Rama Hispánica posee más de 80,000 libros a más de casettes, videos, etc., con una circulación de más de 10,000 materiales al mes y una visita a sus salones de más de 8,000 personas por mes. Las actividades realizadas han sido múltiples, desde las presentadas por la Asociación de Hispanistas de las Américas, el Instituto de Cultura Hispánica, dirigido por María Orta, la Asociación Cultural GALA, presidida por Amelia del Castillo, hasta las charlas ilustradas del profesor Octavio Delgado, el asesoramiento del desaparecido representante de Seguridad Social José Paulos, los cursos y lecturas de la actriz Nena Acevedo. La Asociación de Hispanistas ha venido celebrando el Dia del Idioma en la Rama Hispánica desde 1979. Y ha ofrecido conciertos, exposiciones, conferencias, y diversas activi-dades de divulgación cultural, organizadas en su mayoría por la Secreta-ria de la institución, Gladys Zaldívar.

Colaboraron con la Dra. Arrondo (née Díaz Pichardo) Teresa Prol, Teresita Gómez, Renée Meyer, Natalia Porras. La bibliotecaria, ya retirada, Alicia Godoy se ha encargado voluntariamente de los archivos verticales. Agradezco especialmente a Teresa Prol que me haya obtenido en préstamo de otras bibliotecas del país muchos libros para éste y otros trabajos.

Al retirarse Ondina Arrondo, la selección de una nueva bibiioteca-ria ha recaído en Grace Armada, de excelentes credenciales, que ya es-taba familiarizada con el local y sus lectores.

Margarita Ruiz también publicista y activista comunitaria, fue coordinadora de los programas LEAD del Sistema de Bibliotecas Públi-cas del Condado de Dade.

Por iniciativa de Dolores Rovirosa, que fuera Jefa de Catalogación de la Biblioteca Nacional de Cuba, se creó el Colegio Nacional de Bibliotecarios Cubanos en el exilio, del cual fue primera presidenta, seguida por Ana Rosa Núñez. Agradecemos los nombres que ha añadido a nuestra relación. Y el dato curioso de que pertenece al Colegio de Bibliotecarios Madame Florentina Sánchez, una cubana que ejerce en Clamart, Francia.

También realizaron una labor notable en la difusión de la cultura Magda López y Estela Rasco, en las Bibliotecas John F. Kennedy y la Municipal de Hialeah, Lua A. Curtis, respectivamente.

En la Biblioteca Central, realizó una labor excelente, al frente del Departamento de Arte, la bibliotecaria y pintora Margarita Cano. Gracias a ella las bibliotecas públicas del Sistema de Dade poseen cuadros originales en sus paredes y también excelentes reproducciones de obras famosas que circulan.

Otras bibliotecarias destacadas que se encuentran tanto en Cuba como en el exilio son: Olinta Ariosa, Sara Armengol, Blanca Bahamonde, Isabel Caballero (de silenciosa labor cívica), María Elena Cros, María Teresa Fernández Borrell, Hortensia Clara, Myriam Figueras, Martha García Lindnner, Cuca Gómez Carbonell, Esther González, Isabel Hernández, Gisela Hernández, Zoila Lapique, María Lastayo, Celia López Capestany, Pura Martín Prieto, María de los Ángeles Menéndez, Silvia Mora Oña, María de los Ángeles Varona, Silvia Mora, Carmen Palmieri, Elena Peraza, Luisa Pérez, Hotensia Planas, Pura Prieto, Isabel Pruna, Carmen Rovira (tenida en muy alta estimación por sus compañeras), Sara Sánchez, María Teresa Sánchez, Evidia Sánchiz, Cristina Rivera, Raquel Robés.

No ha sido fácil reunir algunos nombres, porque por el contrario de lo que sucede con otras profesionales, las bibliotecarias, verdaderas vestales de la cultura, realizan su labor (básica, imprescindible) en medio del casi anonimato. Algunas se destacaron paralelamente a su profesión en la lucha anticastrista. Entre otras, Luisa Pérez es una ex presa política. Y María Elena Cros fue de los cubanos que penetraron en la Embajada del Perú, ocasionando la postrior avalancha del Mariel. María Elena, en plena calle, mientras pugnaba por entrar a la embajada, recibió golpes, patadas, escupitajos y otras lindezas del repertorio de las "brigadas de respuesta rápida".

En mi artículo "Bibliotecarias", publicado en *Viva Semanal*, rindo homenaje a dos de las bibliotecas que más han significado en mi vida: la del Lyceum, en Cuba, y en Miami, La Rama Hispánica del Sistema de Bibliotecas Públicas del Condado Miami-Dade.

3.3.1 María Villar Buceta

Carezco en absoluto de rasgos distintivos: ni una joroba hilarante, ni un miembro contrahecho me destaca de la abrumadora unanimidad del montón.

María Villar Buceta

Así comenzaba María las palabras preliminares a su único poemario, *Unanimismo*. Se equivocaba: sí tenía un rasgo distintivo: era una de las mujeres más feas de Cuba. Y en compensación, una de las más inteligentes. Dotada de una gran capacidad de ironia, ni siquiera se salvaba de sus dardos ella misma. Así se describió en *El Fígaro*, 1915, como "la mentora, la costurera y la cocinera de sus hermanos". En realidad, fue durante muchos años bibliotecaria de la Escuela de Periodismo, y en alguna ocasión declaró: *"[...] lo que fue la pasión de mi vida, el trabajo de biblioteca. Yo trabajé cuarenta y dos años en bibliotecas sin aburrirme".*

Cuando, para ocupar mis tardes libres matriculé periodismo en el año 47, un día me la presentó (en realidad me presentó a mí a ella) Mario Parajón. Como las clases de aquel periodismo me aburrían soberanamente, terminé yendo todos los días a pasarme el horario casi completo en la biblioteca, charlando con María.

Yo admiraba extraordinariamente a la poetisa y no hallaba otra manera de expresarlo sino mortificarla, y decirle cada día a modo de saludo: "¿Qué dice la mujer que tiene una lengua como una saeta?". "Como una espada, como un cuchillo, como un bisturí, como una lima, como una segueta...", hasta que, cansada, me respondió un día: "Y tú, niña, no te quedas atrás, tienes una lengua como una tijerita Solingen".

Pero era evidente que tenía mucha tolerancia para la gente joven. La visité en su casa habanera algunas veces, y no puedo recordar si una sombra que se movía en la habitación contigua era su hermana Aurora. Sí recuerdo que María se sentaba al lado de la puerta entornada, que daba directamente a la calle, a mecerse en un sillón y fumar incansablemente. Nunca supe cuántos gatos tenía, pero era un desfile interminable el que salía por la puerta y regresaba por la ventana. María hablaba del machadato, del feminismo, de Rubén... Pero aquella amistad tan estrafalaria que yo atesoraba desde hacía años concluyó de una manera imprevista cuando apareció mi relato *Firpo*, en el año 57. Como es probable que casi nadie lo haya leído, diré que contiene un personaje, "La

Dame", una intelectualoide excéntrica, rodeada de una corte de aduladores que siempre reían sus ocurrencias. Pues bien, un día llego a saludar a María, y me la encuentro hecha una furia. La descripción de "La Dame" podía venir bien a tres o cuatro cursis damas habaneras y sus cortes respectivas. Pero, no sé por qué motivo, María pensó que yo había tratado de retratar el círculo de amistades y la casa de Dulce María Loynaz.

– ¡Dulce no se merece eso! –gritaba fuera de sí, en lo que yo trataba de explicarle que jamás habia puesto un pie en casa de la Loynaz. Pero María no quería escucharme.

– Lo peor que puede tener un escritor es la falta de ética. (Ya aquélla era una ofensa mayor). Introducirse en las casas ajenas, donde se les recibe con toda confianza, para crear luego esos infundios…

Estaba irracional. Algunas personas en la biblioteca miraban hacia nosotras pensando qué estaría sucediendo. Opté por marcharme. Me sentía terriblemente herida de que María no me hubiera dado la oportunidad de explicarme. A aquel sitio no volvería nunca más.

Y sucedió que, como estaba tan afligida, se me ocurre contarle lo que me había pasado justamente a la persona que, sin yo saberlo, poseía la clave del misterio: Surama Ferrer. No sé si los lectores actuales recuerdan que Surama, una de las grandes cuentistas y periodistas cubanas de todos los tiempos, tiene una novela, titulada *Romelia Vargas*, que, por cierto, ganó el primer premio en un concurso convocado por la FEU en los años 40. Y que el ambiente y los personajes de esa novela, son la casa de María Villar, su hermana Aurora y Rubén Martínez Villena, ya herido de muerte, a quien acogieron bajo su techo. Surama utilizó todos esos materiales y creó alrededor de los personajes una historia de amor, no sé hasta qué punto verdadera. Pero lo grave no había sido eso, sino que el personaje Romelia, una valiente feminista que se supone sea el retrato literario de María, un día se entrega en un parque a un fugaz encuentro amoroso con un hombre… negro.

Ahora todo quedó en claro. Lo que María hubiera querido decirle a Surama, y quizás nunca tuvo ocasión de hacerlo, me lo había echado a mi por encima en tremendo chaparrón. ¡Uno de los impensados servicios de la amistad!

3.3.2. Bibliógrafas

En Cuba republicana se destacaron: Berta Becerra, Raquel Catalá, Lillian Castro Morales, Esperanza Figueroa, Berta G. Montalvo, Ana Rosa Núñez (que, en colaboración con Berta Becerra, produjo una "Lista selectiva de bibliografías en revistas cubanas"), Carmen Rovira, Elena Verez Peraza y María Villar Buceta.

EN EL EXILIO

Han realizado una extraordinaria labor de servicio a la cultura cubana las bibliógrafas: Rosa Abella que ha publicado tres magníficas bibliografías sobre la novela cubana, otra sobre las publicaciones periódicas del exilio (con dos suplementos) y una "Bibliografía de la Guerra de los Diez Años". Dolores Rovirosa compiló la Bibliografía Martiana del Exilio, en 2 volúmenes. Es autora, entre otras, de bibliografías de los Carbonell, Calixto García, Jorge Mañach, Hilda Perera, y últimamente la bibliografía de Cundo Bermúdez que figura en el colosal libro sobre su pintura.

Esperanza Varona es autora de dos biblografías imprescindibles: la de los "periodiquitos" de la Calle 8 y la de los *posters* del exilio.

Josefina Inclán es autora de una biblioghrafía de Juan J. Remos, que abarca su obra en Cuba y en el exilio incluida en su libro *Cuba en el destierro de Juan J. Remos.*

Estando todavía dentro de Cuba, Mercedes Muriedas, ahora en el exilio, publicó una *Bibliografía de la literatura infantil en Cuba*, y colaboró en la edición de *la Toma de la Habana por los ingleses* y las *Obras Completas* de Casal.

En la Cuba de Castro, María Luisa Antuña y Josefina García Carranza publicaron una "Bibliografía del Teatro Cubano". Y Zoila Lapique es autora de una excelente clasificación de los instrumentos de música afrocubanos.

3.4 Teatristas

Descanso en esta compilación, que no es completa ni mucho menos, no sólo en las historias del teatro cubano existentes, los materiales ya publicados que me hayan caído en la mano, como los estupendos volúmenes de Rosendo Rosell sobre la farándula cubana, diversos artículos de Gonzalo de Palacio y de Fausto Miranda, sino en programas y reseñas en archivos personales puestos a mi disposición y las memorias de Francisco Morín, *Por amor al arte* y de María Julia Casanova, *Mi vida en el teatro,* además de mis propios recuerdos de los años 50, época feliz de la cultura cubana. Debemos destacar que, durante muchos años una mujer, Mercedes Dora Mestre, fue presidenta del Patronato del Teatro.

3.4.1 Autoras

Escribir comedias para ocasiones diversas parece haber sido una ocupación típicamente "femenina", como bordar, pintar acuarelas, tocar algún instrumento, y similares. Por esta razón los nombres de mujeres aparecen asociadas con preferencia a esta forma teatral, que la mayor parte de las veces no debe haber rebasado el círculo familiar. Una excepción parece haber sido Pamela Fernández Lande, que vió representadas teatralmente una comedia suya en un acto, *Lea usted,* otra en tres actos, en verso, y un juguete cómico, *Los Artistas* (1858).

Con respecto al propio siglo XIX, Caraballo conserva los nombres de estas autoras, algunas de las cuales ya había mencionado Calcagno: Concepción Agüero, Eloísa Agüero, Francisca y Vicenta Arregui, Amalia Carnet Bello, Julia Luján, María Lorenza Migueles, Belén de Miranda, Ramona Pizarro. A comienzos del siglo XX, Clotilde Díaz.

La Avellaneda, por supuesto, máxima figura del teatro romántico en lengua española es punto y aparte. Y para el estudio de su obra remitimos a la copiosa bibliografía que ha originado, tanto en su patria como en España, donde transcurrió gran parte de su vida. Una eficaz actualización de la crítica avellanedina fue el volumen *Homenaje a Gertrudis Gómez de Avellaneda, memorias del simposio en el centenario de su muerte*, recopilado por Gladys Zaldívar y Rosa Martínez Cabrera.

Según transcurre el siglo XX, el teatro se profesionaliza cada vez más y podemos hablar con mayor propiedad de autoras teatrales, como Gloria Parrado, Mercedes Acosta Renée Potts, Margarita Agüero, Cuqui Ponce o Isabel Fernández Amado Blanco. Juan J. Remos menciona a Laura G. Zayas Bazán, Úrsula Ducassi, Flora Díaz Parrado, Irma de la Vega. José Cid menciona a Isabel Margarita Ordext, más conocida como periodista.

Algunas mujeres tuvieron la oportunidad de disfrutar de más de un estreno de sus obras o adaptaciones, como María Álvarez Ríos y María Julia Casanova. Otras, como la cuentista Dora Alonso, Nora Badía, Olga Ruilópez, y la española residente en la Habana Matilde Muñoz, derivaron hacia la radio y la televisión. Juan J. Remos menciona una serie de autores de libretos radiales, entre ellos Sara Hernández Catá, "Con sus bien trazados bocetos de grandes figuras de la historia".

En el año 1954 el premio Luis de Soto, del Patronato del Teatro, correspondió a Paquita Madariaga, con su drama *Maquiavelo*. Esto explica la gran soltura y autenticidad de sus diálogos cuando, en función periodística, entrevistó a diversas celebridades. Esta habilidad desembocó en una inesperada actividad profesional: la del doblaje de películas, en lo cual trabajó algún tiempo.

El teatro de títeres, por su parte, con la dirección experta de los hermanos Camejo y Pepe Carril, contaba con un equipo de autoras y adaptadoras como Dora Alonso, Silvia Barros, Renée Potts, Clara Ronay, sobre una base más o menos regular. También Carucha Camejo realizaba extraordinarias adaptaciones, como la de *El cartero del Rey* de Tagore, y en Guiñol para adultos la de *Don Juan Tenorio* de Zorrilla. El Guiñol Nacional de Cuba, que ostentaba legítimamente este nombre hasta que le fue usurpado con una serie de pretextos a partir de 1959, estrenó dos piezas mías, adaptaciones de cuentos populares para niños, *Mariquita la Linda y Mariquita la Fea,* y *Lunes y Martes y Miércoles tres.* La primera obtuvo más de trescientas representaciones consecutivas, por lo que bromeando la llamaban "la ramera respetuosa de los títeres" recordando la revitalización que imprimió al teatro de adultos la puesta en escena de la célebre obra de Sartre, protagonizada por Chela Castro. La segunda fue reestrenada en el exilio con el título *Cuento de Brujas,* por el grupo "Teatro Guignol Theatre", que dirigiera Pepe Carril, y en el cual participaban destacados actores.

Con la llegada al poder del castrismo, se nombraron una serie de interventores en distintos aspectos teatrales. Nora Badía fue la encargada de lidiar con los libretistas, en especial los autores de obras para niños. Una de sus primeras medidas fue prohibir las representaciones de las Mariquitas, porque el personaje que restablece la juistica en la obra es San José y eso convertía la pieza, de acuerdo con los nuevos cánones, en "sectaria". También se prohibió utilizar a "Libélula", la negrita animadora del espectáculo, por considerarla "producto de la discriminación racial".

Otra medida fue comenzar a comprar todas las obras que siempre, desgraciadamente, tienen engavetadas los escritores. La obra adquirida pertenecía en exclusiva al Teatro Nacional... donde no se montarían jamás. De esta manera quedaba literalmente secuestrada esa producción libre, republicana, no teñida de adoctrinamiento, que sería más tarde sustituida por obras dogmáticas, en muchas ocasiones adaptadas de la producción rusa. Ya hablé en detalle de la destrucción sistemática del Guiñol de Cuba, en una reseña histórica de sus actividades hecha para la revista teatral *Ollantay* de Nueva York, que dirige Pedro Monge.

EN EL EXILIO

Los Carril (Pepe, Nancy y Alicia), estrenaron otras dos obras mías: *La estrellita de Belén* (una versión en inglés fue trasmitida por la PBS) y *Martina Rock,* una actualización de *Cucarachita Martina.* De Gladys Zaldívar estrenaron *Crónica del Ruiseñor*, un delicioso relato de la Conquista de América, vista a través de un pajarito que viaja como polizonte en "La Niña". También de Gladys Zaldívar, se estrenó en The English Center de Miami, esta vez en inglés, *Why Enali Couldn't Hear the Sound of Christmas,* con títeres de varilla realizados por la autora. Ambas obras y una tercera, *Colombina en contrapunto*, estrenada en la Rama Hispánica, fueron publicadas recientemente.

Es bueno recordar que María Julia Casanova es la autora de la primera comedia musical cubana, "Vivimos hoy", con música de Olga de Blank. Y del libreto de la única comedia musical cubana para niños, *Cuento de Navidad,* también con música de Olga de Blank, estrenada en la sala Hubert de Blank en 1942.

Esta espléndida tradición de obras teatrales de todo tipo, escritas por mujeres, la han continuado en el exilio, además de las ya mencionadas, autoras como Dolores Prida, María Inés Fornés, Gloria González, Julie de Grandy, Graciela Molina Maricel Mayor y Dolores Prida.

3.4.2 Directoras

Mercedes Dora Mestre, de la directiva del Patronato del Teatro imprimió un vigoroso impulso al teatro cubano, pero sin duda la directora que más obras ha puesto en escena, tanto en Cuba como en el exilio, es María Julia Casanova, que como se desprende de sus memorias, habrá dirigido más de 50 obras en su larga y brillante carrera artística. Imposible reseñar su cadena de éxitos a lo largo de tantos años. Recordemos solamente su versión de *Lecho Nupcial* en el Hubert de Blank, alrededor de 1956. Y en el exilio, en Miami, *Abelardo y Eloísa.* María Julia fue también, durante 7 años consecutivos, la directora general de "La "Fiesta de la Canción Cubana", encargada del libreto y la selección musical.

Al arribar al poder el régimen castrista, Mirta Aguirre, "dea ex machina" de la cultura y en especial del teatro en Cuba, le pidió reiteradamnente a María Julia Casanova que se hiciera cargo de la dirección del Teatro Nacional. María Julia rechazó todas las veces la oferta, muy segura de lo que ya se avecinaba.

Un perfil de María Julia Casanova no estaría completo sin hacer referencia siquiera a su labor como escritora y periodista en la prensa escrita (*plana*, dicen ahora), la radio y la televisión. Esa larga asociación al periodismo queda manifiesta en sus memorias, *Mi vida en el teatro*. Ya estaba escrita su semblanza como teatrista cuando aparecieron sus formidables memorias. Hablaré del aspecto que mejor conozco de los tres, que es la prensa escrita.

Cuando entré a formar parte de *Cosmopolitan – Intimidades,* Cristina Saralegui era la Directora y María Julia la Vice, a cuyas órdenes directas me tocó trabajar. Alta, imponente, estaba rodeada de una aureola de prestigio que me intimidaba, hasta que comencé a tratarla, y a respetarla sin temor.

Tal y como narra en sus memorias, María Julia escribía ella sola buena parte de *Cosmopolitan,* utilizando diversos estilos y seudónimos. Pero tan notable como esta habilidad era su manejo de las "computadoras" de aquellos tiempos, unas máquinas llamadas "Mergenthaler", verdaderas imprentas manuales. ¿Tengo que decir que yo era la torpeza personificada? María Julia, con una paciencia exquisita me conducía por todas los vericuetos de la máquina. Y sucedió que había de jefa de redacción en *Intimidades* una chica rubita que sin más la emprendió conmigo, y le pedía a su amiga, la directora de arte de *Cosmo*, que me diagramara las páginas más difíciles y enrevesadas que pudiera, para hacerme la vida imposible. Pues bien, siempre que, sencillamente, mi cabecita no daba más, María Julia colocaba dentro de las medidas dadas, en forma de rombos y pirámides sin fin, lo que yo hubiera escrito. Y esa situación duró meses enteros: María Julia es una de las personas más bondadosas que he conocido y su generosidad no tiene límites.

Conversábamos a la hora de almuerzo y ella tenía siempre un rosario de anécdotas que referir. Por eso comencé la campañita de que escribiera sus memorias. Y después de mucho batallar con ella, así lo hizo, por el bien de la historia teatral y la cultura cubanas. Gracias, jefa.

Otras directoras de teatro cubanas han sido: Cuqui Ponce de León y Lorna de Sosa, para el Patronato del Teatro; Teté Collazo, en la Sala Hubert de Blank. Directora de teatro infantil, hecho por niños, María Luisa Ríos, en el Lyceum. De teatro de títeres, Carucha Camejo; Silvia Barros, del grupo "Títeres de Guanabacoa" y Dora Carvajal de los grupos "Titiretada" y "La Carreta".

Ha continuado esta tradición directriz en el exilio Teresa María Rojas, la nunca suficientemente bien ponderada directora del grupo "Prometeo", del Miami Dade Community College, también actriz genial.

Por su parte, Nena Acevedo ha realizado una encomiástica labor de divulgación teatral con sus lecturas con actores, realizadas en la Rama Hispánica del Sistema de Bibliotecas Públicas de Dade, y en la Sala Teatro Avante, muchas de las cuales, con los movimientos marcados, lograban dar una impresión muy similar a una puesta en escena, propiamente dicha.

En teatro no profesional, Gladys Zaldívar, con sus alumnos de Historia del Teatro, puso en escena y dirigió en 1976 "Dos viejos pánicos", de Virgilio Piñera, en la entonces escuela comunitaria Ada Merritt.

3.4.3 Actrices

José Martí publica una reseña de Eloísa Agüero en la *Revista Universal* de México de 6 de junio de 1875. Otra actriz legendaria fue Adela Robreño Irigoyen, nacida en 1840. También se conservan los nombres de Evangelina Adams, María Sabatini y Amalia Carnet, Mercedes Zarza Delgado. Y Calcagno reseña la muerte trágica de Isabel Gamborino. Su hija Manuela, también fue actriz. De Luisa Martínez Casado, escribió Calcagno: *Cubana que a la par de Paulino Delgado ha ganado grande crédito en el teatro: muy joven pasó a la Península, ingresó en el conservatorio de Madrid y recibió lecciones de la distinguida actriz Matilde Díez [...]. Ha brillado especialmente en los dramas de Echegaray Mar sin orillas (escrito para ella) y Vida alegre y muerte triste.* Luisa es la figura matriarcal de varias generaciones de actores y actrices cubanos.

Tan legendaria como las actrices del siglo XIX es en el XX Isolina Herrera, de la cual escasamente sabemos que protagonizó en México una película sobre *El cantar de los cantares,* dirigida por Manuel Altolaguirre. O Socorrito González, primera actriz y cabeza de compañía, que alrededor de los años 20 realizó importantes temporadas en el Principal de la Comedia.

Un dato curioso es que, según Gonzalo de Palacio, Catalina Bárcena, primera figura de la compañía de Gregorio Martínez Sierra y luego de la suya propia, había nacido en Cienfuegos.

3.4.3.1. Algunas actrices cubanas (todos los géneros, todas las épocas. Incluye radio y televisión).

Yo disfruto tanto actuando que el teatro es la mejor terapia
que puedo tener para todas las heridas de mi vida.
Griselda Noguera

Cuba ha producido extraordinarias actrices, en los más diversos géneros, desde el teatro bufo hasta la tragedia clásica griega. Aunque es evidente que no podemos referirnos a todas individualmente, sí desearíamos consignar algunos nombres:

A Bertina Acevedo, Nena Acevedo, Norma Niurka Acevedo, Miriam Acevedo, Celia Adams, Alicia Agramonte, Magaly Agüero, Marisol Alba, Elizabeth Albuquerque, Magaly Alfaro, María Conchita Alonso, Jenny Álvarez, Eloísa Álvarez Guedes, Carmen Arenas, Dinorah Ayala, Natacha Amador, Felisa Amelivia, Elena de Armas, Margot de Armas, Julia Astoviza, Dinora Ayala, Marta Azpiazu.

B Margarita Balboa, Carmelina Banderas, Sonia Barriel, Blanca Becerra, Hada Béjar, Sonia Benguría, Pilar Bermúdez. Lolita Berrio, Pepa Berrio, Magaly Boix, Bellita Borges, Leonor Borrero, María Brenes, Minín Bujones, Alicia Bustamante, Manela Bustamante,

C Ileana Cabana, Yamela Cabel, Gina Cabrera, Gladys Cáceres, Manuela (Mimí) Cal, Berta Camejo, Carucha Camejo, Leopoldina de la Campa, Florinda Camps, Ana Carballosa, Violeta Casal, Zulema Casal, Marta Casañas, Doris Castellanos, Zobeida Castellanos, Consuelo Castillo, Chela Castro, Elvira Cervera, Margarita Coego, Hilda María Colomé, Aurora Collazo, Hilda Coro, Alejandra Cossío, Ana de la Cotera.

D Ofelia D'Acosta, Laura Desiderio, Clara María Diaz, Mercedes Díaz, Glenda Díaz Rigaud, Celia Domuíño, Nury Doré

E María Elsa Estanillo, Antoinette Estévez, (luego Silva, luego Scott).

F Laura Fabián, Yolanda Fabián, Beba Farías, Rosa Felipe, Xiomara Fernández, Zoe Fernández, Araceli Fernández Monzón, Daisy Fontao, Úrsula Freundlich, Herminia de la Fuente.

G Eileen Galindo, Idalmi García, Lucy García, Elsa Gay, Hortensia Gelabert, Liliana Gibrán, Luz Gil, Rosita Ginorio, Miriam Góimez, Berta González, Cary González, Maribel González, Ofelia González, Julie de Grandy, Hortensia Guzmán, Tania Guzmán.

H Sandra Haydée, Isabel María Hernández, Lidia Hernández, Teresita Hernández (que hiciera cine en Madrid, en compañía de actores de la talla de Norman Wooland) Mequi Herrera, Laura Hevia.

I Carmen Ignarra, Rosi Inguanzu, Alina Interián, Magda Iturrioz, Eliana Iviricu.

J Pilar Jiménez, Violeta Jiménez, Marta Jiménez Oropesa, Patricia Jiménes Rojo, Martha Jorge.

L Rosita Lacasa, Mercy Lara, Raquel La Villa, Lilia Lazo, Aleida Leal, Miriam Learra, Trini Ligüeri, Ernestina Linares, Estelita del Llano, Lilian Llerena, Martha Llovio, Ivonne de Lys, Georgina Loy, Verónica Lynn.

M Teté Machado, Esperanza Magaz, Luz Marabel, Ana Margo, Pilín Márquez, Cristina Martí, Berta Martínez, Velia Martínez, Ana Margarita Martínez Casado, Luisa Martínez Casado, Marta Martínez Casado, Luisa Maubán, Elvira Meireles, Carmen Melero, Isaura Mendoza, Ana Margarita Menéndez, Julia Menéndez, Petra Moincau, Carmen Montejo, Zully Montero, Carlota Morales, Rebeca Morales, Isabel Moreno, Mary Munné, Marta Muñiz.

N Conchita Nogara, Griselda Noguera, Consuelo Novoa.

O Hilda Oates, Raquel Olmedo, July Ortega, Lola Otero.

P María Pardo, Lucy Pereda, Margarita Pérez, Zoila Pérez, Asunción del Peso, Marta Picanes, Sol Pinelli, Silvia Planas, Margarita Prieto, Conchita Pujol.

Q Candita Quintana, Carmela Quiroga, Ileana Quirsch.

R Sara Reina, Neida Revuelta, Raquel Revuelta, Antonia Rey, Alicia Rico, Marta del Río, Lidia Ríos, Elodia Riovega, Marina Rodríguez, Mercedes Rodríguez, Olga Lydia Rodríguez, Teresa María Rojas, Lita Romano, Gina Romand, Marilyn Romero, Caridad Roque, Maritza Rosales, Cary Roque, Loly Rubinstein, Vivian Ruiz.

S Raquel Sabater, Marisabel Sáenz, Ana Saínz, Cristina Sánchez, María de los Ángeles Santana, Isabel Sampayo, Cristina Sánchez, Herminia Sánchez, María Elena Sánchez Ocejo, Berta Sandoval, Nidia Sariol, Adela Serra, Edna Schwab, Enriqueta Sierra, Parmenia Silva, Charito Sirgo, Amelia Sorg, Juanita Sozaya, Norma Suárez, Alicia Tellechea, Antoinette Silva (más tarde Scott).

T Ana Toirac, Araceli Torres, Eloísa Trías, Alina Troyano, Rosita Tudela.

V Antonia Valdés, Hortensia Valerón, María Valverde, Carmen Valle, Pillín Vallejo, Blanca Vázquez, Cuca Vázquez, Eva Vázquez, Marta Velasco, Inés Velazco, Violeta Vergara, Lola Villar, Ana Viña, Nenita Viera. El nombre verdadero de la actriz cómica Vitola, "la que se defiende sola" era Fanny Kauffman.

W Jordana Wester.

Z Lolita Zabala, Digna Zapata, Laura Zerra, Norma Zúñiga.

Siempre vivirán en la memoria de quienes tuvimos la suerte de presenciar sus actuaciones: la *Medea* de Violeta Casal, la *Juana de Lo-*

*rena d*e Raquel Revuelta, el *Té y simpatía* de Minín Bujones, *La Rosa Tatuada* de Ofelia Gónzález. También la histórica versión de *La Ramera Respetuosa* de Chela Castro, que reavivó el movimiento teatral cubano.

Algunas de estas actrices decidieron permanecer en Cuba. Algunas otras retomaron en el destierro el curso interrumpido de sus carreras, con éxito similar. Según diversos testimonios, Raquel Revuelta, fundadora de Teatro Estudio en 1958, amparó a diversas figuras teatrales caídas en desgracia durante el castrismo. Otro tanto afirma de Myriam Acevedo, hoy en el exilio, el gran director teatral Francsco Morín..

Actuaron de jóvenes en el Teatro Universitario: Carucha Camejo, más tarde una de las directoras del Guiñol Nacional, Hilda Perera, notable novelista, autora de numerosos relatos juveniles. Natividad González Freyre, autora de una *Historia del teatro en Cuba,* Perla Vázquez, luego distinguida publicitaria, y Sonia Kozolchyk, que presentara una erudita tesis, inédita, sobre Spinoza.

Irma de la Vega, se destacó como actriz, autora, directora, en numerosas producciones. Dirigió el Teatro Universitario de la Universidad Central de Las Villas.

EN EL EXILIO

A estos nombres deben añadirse los de aquellas actrices más jóvenes cuyo escenario principal ha sido el destierro, como Magali Alfaro, Natacha Amador, Patricia Azán, Diri Cantillo, Clarita Castañas, Aurora Castellanos, Margarita Coego, Alejandra Cossío, Laura Desiderio, Úrsula Freundlich, Lucy García, Luz Marabel, Tania Martí, Amelia de Mayo, Berta Sandoval.

Debe destacarse el éxito singular de Antonieta Rey (Antonia en los medios norteamericanos) al haber logrado incorporarse a producciones de Broadway y a la televisión norteamericana en algunos episodios de la serie "Kojak". Ha retomado la antorcha del bufo y renovado sus lauros Sandra Haydée.

Por último, al igual que sucede con algunas cantantes y compositores, a muchos cubanos les costaría trabajo comprender que ni Julia Muñoz, ni Lupe Suárez, la célebre "Mamá Dolores" de *El derecho de nacer* nacieron en Cuba. Así como se consideraban cubanas por su perfecta integración a nuestro medio María Valero, que gozó de adoración nacional y su tía, Pilar Bermúdez.

La actriz y animadora de televisión de otra nacionalidad que más se ha indentificado en el destierro con las desdichas de Cuba ha sido sin dudas Pilar Arenas.

Tuve el privilegio de ver a Blanquita Becerra en la que quizás sería una de sus últimas actuaciones, nada menos que en la Dolores Santa Cruz de *Cecilia Valdés*. Es increíble cómo aquella mujer, según creo octogeraria, se imponía en la escena y convertía en figuras borrosas a cuantos la rodeaban.

A pesar de mi gran afición al teatro, conocí de trato a pocas actrices. Una de ellas fue Carmen Ignarra, compañera de colegio, en el Apostolado de Marianao. "Carmita" era una niña preciosa y conservó hasta mayor una piel muy fina, transparente, sonrosada. Con sus ojos azules y su cabello de oro, parecía un verdadero ángel, y las monjas la escogían siempre para que declamase en la capilla la acostumbrada "Despedida a la Virgen", cada 31 de mayo. Cuando Carmen era la "damita joven" más famosa de Cuba, nos manteníamos en contacto, aunque no muy asiduo, como era lógico esperar, por su falta de tiempo. Quizás fueron sus incursiones en televisión las que le proporcionaron un matrimonio feliz, cuando se trasladó a México. Residiendo allí nos escribimos todavía alguna vez. Siempre la recuerdo como una muchacha muy cariñosa.

Quizás, a pesar de su nacimiento y crianza enteramente norteamericanos no sería muy disparatado reclamar para nosotros un pedacito de alguien que, al cabo, posee sangre cubana: Lucy Arnaz.

También en el exilio, esa gran circunstancia niveladora, he tenido el honor de contar con la amistad de tres grandes: Rosa Felipe, Griselda Noguera y Nena Acevedo, con quienes quizás en tiempos normales, republicanos, no hubiera tenido ocasión de entrar en contacto.

3.4.3.2 Declamadoras

En Santiago de Cuba, ca. 1918 existió una "Sociedad de Declamación" a la cual pertenecieron Chichí Martínez, Margot Párraga, Mercedes Aragón y la propia Luisa Martínez Casado.

Suele atribuirse a las giras continentales de la gran declamadora argentina Berta Singerman el auge que adquirieron las "recitadoras" por los años 30. Alcancé a ver en persona a la Singerman en la que sería su ultima visita a la Habana y todavía conservo intacta la impresión extraordinaria que me produjo la forma en que declamaba a uno de mis poetas favoritos: León Felipe. Otras notables declamadoras cubanas han sido Myriam Acevedo, Nena Acevedo, Carmina Benguría, Coralia de Céspedes, Eusebia Cosme, Aida Cuéllar, Hortensia Gelabert, Dalia Iñiguez, Ana Isabel Mendoza, Olga Rodríguez Colón y, ocasionalmente, Carmen Montejo. Eusebia Cosme hizo carrera en el cine, tanto latino como internacional.

Esta tradición ha sido continuada en el exilio por Bertila del Pozo y Silvia Landa, entre otras. Silvia Landa posee una de las voces más poderosas que hemos escuchado y una vasta cultura que le permite trasmitir adecuadamente, sin estridencias, el mensaje poético.

De las declamadoras mencionadas, he conocido personalmente a Carmina Benguría, que frecuentaba el estudio de María Luisa Ríos. Acerca de Carmina había expresado Juan Ramón Jiménez: "Tiene por las dotes que la adornan vocación imborrable, voz y acento de eterna poesía". Dalia Iñiguez visitaba mi casa cuando estaba casada con el tenor Juan Pulido, amigo de mi padre. Yo era muy niña y, aunque apenas la recuerdo, conservo la impresión de su extraordinaria belleza. Acerca de Dalia escribió Gabriela Mistral: *El éxito de Dalia Iñiguez en Madrid, que mejor que un éxito ha sido un triunfo pleno, significa para la América Latina una honra nueva, de la cual carecíamos hasta este momento: la de nuestro castellano reivindicado. [...] Ha venido en buena hora a lavar nuestro terrible desprestigio lingüístico, ha venido a probar que el latino puede, cuando quiere, hablar un perfecto, un consumado castellano* (opinión trasmitida por Rosendo Rossell).

Acerca del arte de Eusebia Cosme dijo Juan Ramón Jiménez: "Bien está la suave rosa mulata, la rosa Eusebia repleta todavía de gracia y sentido orijinal [sic]. Tiene aún por fortuna para ella todas las ventajas y derechos de su raza. Puede hacer de nuevo y por lo tanto lo que quiera ante todos y estar siempre a salvo por sí misma".

De Eusebia querría narrar una anécdota que quizás de otra forna se perdería, y es la siguiente, tal y como disfrutaba contándola Gastón Baquero:

"Eusebia se encontraba en Nueva York con motivo de una presentación en algún sitio importante, no sé si el Carnegie Hall, y una tarde, en Penn Station, fue a tomar un taxi, al mismo tiempo que una señora blanca y encopetada, posiblemente sureña, tomaba el mismo taxi por la puerta contraria. Era antes de la ley de los Derechos Civiles, y la mujer empezó a dar gritos: *A nigger!, A nigger!.* Y Eusebia, despistada o intencionalmente, comenzó también a gritar: *Where? Where?",* mirando para todos lados.

Acerca del arte de Eusebia dijo Juan Ramón Jiménez: "Bien está la suave rosa mulata, la rosa Eusebia repleta todavía de gracia y sentido orijinal [sic]. Tiene aún por fortuna para ella todas las ventajas y derechos de su raza. Puede hacer de nuevo y por lo tanto lo que quiera ante todos y estar siempre a salvo por sí misma".

De Carmen Montejo , ¿qué decir? Cuando se presentó en Miami en una adaptación libre de *El ramo de rosas* de Manuel Puig, que recordaba un poco su historia, como parte de las actuaciones evocadas de la actriz protagonista comenzó a recitar "Los zapaticos de rosa". Sólo puedo asegurar que quien no haya *asistido* a ese poema martiano interpretado por ella, no lo ha *visto*. Ni a las niñas, ni la madre, ni el militar, ni la gente, ni la playa, ni nada. Tengo el privilegio de poseer, debido a su gentileza y la de María Julia Casanova, una grabación del poema, esta vez sólo leído por la gran actriz cubana.

3.4.3.3 Lecturas dramatizadas

Una iniciativa singular de la actriz Nena Acevedo fue la de mantener a lo largo de varios años en la sala teatro Avante una serie de veladas en las que un grupo de destacados autores leían obras dramáticas (a veces con movimientos marcados), que no hubieran podido ser montadas por falta de recursos económicos. Cuando Gladys Zaldívar reportó esta actividad en *Éxito,* en noviembre de 1994, se habían leído ya obras de 17 autores de primera fila, entre ellos muchos cubanos y las lecturas continuaron. Entre las actrices que habían contribuido voluntariamente a leer se encontraban Rosa Felipe, Marta Velasco, y Clarita Castañas. Esta actividad se trasladó más tarde a la Rama Hispánica del Sistema de Bibliotecas del Condado de Dade (en la actualidad Miami-Dade).

3.4.4 Escenógrafas y luminotécnicas

María Julia Casanova, que domina todos los aspectos de la producción teatral, realizaba la escenografía de las obras de teatro que presentaba en la sala Hubert de Blank, y las de las óperas que allí se produjeran, las de algunas representaciobes de Pro Arte, y las del ballet de la Leonteva. María Luisa Ríos diseñaba y realizaba las escenografías para sus funciones de teatro infantil, cursos que impartía en el Lyceum. También realizó escenografías para el Guiñol Nacional de Cuba.

EN EL EXILIO

María Julia ha continuado cultivando esta faceta teatral, y a su nombbre se ha unido el de Eleana Iviricu.También en el exilio, se ha destacado en luminotecnia, María Madruga.

3. 4. 5 Vestuario

Jordana Wester, Gladys Washington, Mirta Ruiz, Rosario Quevedo, Alicia Velasco, Mercedes González.

3. 4. 6 Musicalización

Yoli Arocha, Adela Serra. Otros nombres mencionados en estos terrenos han sido los de Norma Rojas, María Saavedra y Ana Toirac.

3.4.7 Historiadoras de teatro

Han realizado una notable labor Natividad González Freyre, Dolores Martí Cid, Esther Sanchez Grey.

Recordemos que al referirnos a las bibliógrafas consignamos que María Luisa Antuña y Josefina García Carranza publicaron en la Cuba de Castro una "Bibliografía del Teatro Cubano".

3.4.8 Cronistas y comentaristas

Se destacaron como cronistas de espectáculos: Mirta Aguirre de *Hoy*, el periódico comunista, y Regina de Marcos, del conservador *Diario de la Marina*. La crítica de Mirta Aguirre era sarcástica, demoledora. La crítica de Regina de Marcos, muy exigente, a veces irónica, era más equilibrada y justa.

EN EL EXILIO

Ambas corrientes han tenido su representación. En el periódico *El Nuevo Herald,* Norma Niurka Acevedo ha ejercido durante años una crítica de línea severa. Y Josefina Rubio, fundadora de la ACCA, ejerció una crítica conservadora algo inclinada a la indulgencia, en varios periódicos de la Calle Ocho. De su muerte expresó la directora María Julia Casanova: "Es un golpe muy duro para el mundo artístico latino de Miami. Ella se ganó el respeto y el afecto de todos". Y la actriz Julie de Grandy pidió para Josefina. no un minuto de silencio, sino "un estruendoso ¡BRAVO! y una ovación de pie".

Durante el breve tiempo en que redactara la columna de teatro del ya desaparecido semanario *Éxito*, la poeta y ensayista Gladys Zaldívar, ejerció un criterio intermedio, atento a salvaguardar la existencia misma de un teatro cubano en Miami, cuyo desarrollo era puesto en peligro muchas veces por críticas aniquiladoras. Zaldívar fue la cronista que comenzó en el exilio la "reivindicación" del teatro bufo, al expresar en septiembre de 1994: "No siempre puede encararse lo terrible con seriedad y para eso ha servido históricamente, y servirá, el teatro bufo".

Amando el teatro en la forma en que lo he amado, es lógico que yo a mi vez intentase en alguna ocasión comentar en público lo que me había parecido tal o cual obra teatral a la que había asistido. Empeño vano. Yo no era graduada de la Escuela Nacional de Periodismo Manuel Márquez Sterling y por tanto el Colegio Nacional de Periodistas opinaba que yo no estaba capacitada para escribir en la prensa. Publiqué una columna en el *Diario Nacional*, de corta duración. Algunos prestigiosos cronistas de espectáculos, como el desaparecido Edgardo Lezcano Abella, de *Pueblo*, se hacían los distraídos y me publicaban alguna que otra reseña... hasta que se producía la consabida llamada amenazante del Colegio de Periodistas. Donde navegué mejor fue en el periódico *Tiempo*, porque la directora de las páginas de espectáculos era nada menos que la extraordinaria periodista Surama Ferrer, que tampoco estaba "colegiada", y porque, además, al director de *Tiempo en Cuba*, Rolando Masferrer, todo lo que tuviera que objetar el Colegio de Periodistas a ese o cualquier otro respecto, le importaba un pito.

3.5 Mujeres en la Música

> *[A comienzos de la República], la Banda Municipal de Música de la Habana] ofrecía retretas al aire libre, especialmente en la Glorieta del Maleón, a las que acudía gran público, llegando a ser una costumbre para muchas familias el ir a pasear en coche por sus alrededores, en tanto que otras muchas personas paseaban a pie en torno a la Glorietas o se sentaban en las inolvidables sillas de hierro esparcidas por aquel lugar, para disfrutar mejor del fresco y de la música. Los programas, aunque confeccionados a base de música popular, incluían siempre una o dos obras de mérito artístico, como overturas, arreglos de ópera y algunas composiciones que no podían escucharse de ninguna otra manera, ni en ninguna otra parte.*
>
> **Flora Mora**

Es legendaria la figura de Teodora Ginés, la "Ma Teodora" del sonsonete, quizás de origen dominicano, que con su hermana Micaela formó un grupo musical en el siglo XVII.

Alrededor de 1792, según refleja el *Papel Periódico*, deleitaba al público habanero María Josefa Castellanos. "con su rara habilidad y destreza en la música del clave", con la que ofrecía "los más dulces y particulares conciertos de los mejores compositores". También en esa época, menciona Calcagno a María Luisa O'Farril, "aficionada a la música", que logró gran popularidad" y era "de gran cultura para su época".

Hay una interesantísima precursora en el campo de la música, cuyo nombre en justicia también debe figurar en la relación de las patriotas, en el de las educadoras y hasta en el de las literatas: Inés Vasseur Arriola, destacada pianista, convertida en profesora de música en Veracruz, alrededor de 1870, cuando tuvo que exiliarse con motivo de la Guerra Grande. Colaboró en la prensa veracruzana. En el periódico "La Esperanza" publicó sus *Epístolas a mi hermana América*. Al morir, en Puebla, tenía apenas 25 años y como otra prueba de la versatilidad de su precoz talento dejó inédita una novela epistolar titulada *Raquel y Matilde*.

Otra destacada pianista fue Natalia Broch Calvo, discípula distinguida de Akland y Wolf. Akland expresó que era "la primera vez que veía reunidas en un mismo pianista tal fuerza y tan gran ejecución con tanta delicadeza y ternura". Y a su vez Wolf comentó "es una gran artista. El sonido que saca del piano es desconocido en Europa". No fue famosa "porque nunca aspiró a la popularidad y "se complacía en su oscura tranquilidad".

Cecilia Porras Pita, presa por las autoridades españolas en 1871, compuso la letra de la canción "La presa enferma" que alcanzó extraordinaria popularidad en su tiempo.

Cecilia Arizti, pianista y compositora, en 1896 ofreció varios conciertos en las salas Carnegie y Chickering de Nueva York. Sus composiciones fueron editadas en la propia ciudad. Según José Ardévol se la consideraba de un estilo "más riguroso y menos virtuosista que el de Espadero".

Es igualmente interesante reseñar la figura de la cantante Rosalía ("Chalía") Hererra, que también podría figurar en la lista de las beldades criollas. Chalía fue ensayada para el papel de Nedda en "Payasos" por el mismo Leoncavallo. Y paseó su arte triunfante por Europa y por todos los Estados Unidos. Fue una gran patriota, a la que el Generalísimo Máximo Gómez tuvo en gran consideración. Regresó a Cuba con una pensión otorgada por el presidente Grau San Martín, quien también la hizo Dama de la Orden Carlos Manuel de Céspedes.

Muchas de las figuras que siguen, tanto en la música como en la danza, se dedicaron a la enseñanza de sus artes respectivas. En algunas ocasiones he optado por no repetir sus nombres.

3.5.1 Compositoras

María Matilde Alea, María Adam Aróstegui, María Álvarez Ríos, Lili Batet, Catalina Berroa, Olga de Blanck, María Emma Botet Dubois, Isolina Carrillo, Tania Castellanos, María Cervantes, Carmelina Delfín, Rosita Delgado Pazos, Hermanas Domech (Africa, Francia y Grecia), Felicia Duran Agüero, Teresita Fernández, Blanca Fernández de Castro, Mercy Ferrer, Gisela Hernández, Ernestina Lecuona, Margarita Lecuona, Coralia López, Antonia Méndez, Flora Mora, Ela O'Farrill, Graciela Párraga, Olga Puventud, Alicia Rivero, Bernarda Rodríguez Rojas, Magaly Ruiz, Julie Ruffino, Cristina Saladrigas, Cora Sánchez Bustamente, Ramona Sicardó, Emma Tabares, María de los Ángeles Tellaeche, María de la Torre, Carmen de la Torre, Matilde T. Rus, Marta Valdés, María Tersa Vera, Marisela Verena.

De María Emma Botet y Dubois ha expresado Rosa L. Whitmarsh: *Tres facetas, su música de inspiración criolla, estilizada, portadora de un estilo propio; su música didáctica infantil y su profesión del magisterio musical por más de cuarenta años (desde las aulas primeramente del Conservastorio Hubert de Blanck y luego del Conservatorio Nacional de Música) hacen de ella un verdadero orgullo de Cuba.* Su labor como compositora consta en el *Diccionario Musical* de la Casa Riccordi.

Muchos cubanos creen de buena fe que María Greever y Chelo Velázquez eran compositoras del patio (y esas serían nuestras cubanas adoptivas).

EN EL EXILIO

Se han destacado Tania León, también pianista, directora de orquesta y educadora; Lisette [Álvarez Chorens], delicada intérprete, una de las primeras, si no la primera en hacer el "cross-over" hacia el público norteamericano de habla inglesa cuando se presentó en televisión con la orquesta de Michel Legrand; Concha Valdés Miranda, de canciones audaces, y Marisela Verena, algunas de cuyas composiciones se han convertido en verdaderos himnos de los exiliados cubanos.

De Tania León ha expresado el maestro Aurelio de la Vega en 1999: *Tania León es una compositora de reconocida fama internacional, cuya obra adquiere de continuo mayor importancia y relevancia. Su carrera como pianista, directora de orquesta y eduadora corre paralela a sus logros creativos. En Estados Unidos desde 1967, León es Asesora de Música Latinoamericana para la American Composers Orchestra y profesora de Música de Brooklyn College. Anteriormente fue con-*

sejera para Kurt Masur y la Orquesta Filarmónica de Nueva York, y Directora Musical del famoso Dance Theater de Harlem. Su primera ópera, The Scourge of the Hyacinths *fue co-producida recientemente por la Opera de Ginebra y la Opera de Nancy et Lorraine y recibió once audiciones bajo la dirección de la propia compositora. En 1998 le fue otorgado el New York Governor's Life Achievement Award. La música de León se caracteriza por el virtuosismo instrumental y el uso de elementos afrocubanos.*

3.5.2 Directoras de orquesta

Flora Mora, que prestó extraordinarios servicios a la difusión de la música culta en Cuba.

En 1930, Gillermina Foyo fundó y dirigió por muchos años la orquesta "Ensueño", constituida enteramente por mujeres.

En 1932 se fundó el Septeto, más tarde orquesta, "Anacaona", por las hermanas Castro Alzugaray. Ambas orquestas llegaron a la década de los 50.

Paula ("Nena") Coll dirigió a miembros de la Banda del Cuerpo de la Policía Nacional, en conciertos públicos, y la orquesta de representaciones operáticas como *Don Pasquale* y diversas zarzuelas. Fue también pianista y compositora.

EN EL EXILIO

Sobresale, además de la ya mencionada Tania León, Marlene Urbay, fundadora y directora de la Orquesta de Cámara de la Florida.

3.5.3 Directoras de coros

Se destacan los nombres de: María Muñoz Quevedo, fundadora de la Sociedad Coral de la Habana, cargo en el que la sucedió a su muerte la compositora Gisela Hernández; María Adams, Ana Arriaza, Carmen Collado, María Escobar, directora de la estudiantina "Ignacio Cervantes", coro de la Juventud Católica matancera; Carmen Riera, Hilda Ruiz Castañeda, Margot Menéndez, Marta Fernández Morrel.

María Muñoz Quevedo era española de nacimiento. Y cuenta por la extranjera cubanizada de este grupo.

EN EL EXILIO

Continuó su labor Hilda Ruiz Castañeda, de quien recuerdo una maravillosa conferencia ilustrada sobre la habanera.

3.5.4 Instrumentistas

A las instrumentistas que se reseñan habría que añadir las que desarrollaron su carrera en la Orquesta Filarmónica de la Habana, principalmente en la sección de cuerdas.

Arpa: Asunción Montalvo frecuentaba las tertulias habaneras entre los años 1828 a 1830.

Otras arpistas: Dolores Ardois, Margarita Ardois, Margarita Montero Inclán, fallecida recientemente en el exilio, Virginia Pardi Marras.

Piano: Además de las consignadas por Calcagno, María Josefa Castellanos, María O'Farrill, Natalia Broch Calvo, añadiremos a Isabel Caballero Salazar, que ofreció conciertos en el Stein Hall de Nueva York. Hacen la transición hacia el siglo XX: María Adam Aróstegui, Isabel Caballero Salazar, María Luisa ("Misa") Chartrand, Dolores Comellas, Angelina S. Couret, Margarita Pedroso, Pilar Ortiz, Mariana Payne Pintó, Inés Ayret. José Ardévol comenta que Angelina Sicouret "brindó memorables conciertos".

Otras pianistas cubanas, ya en este siglo, algunas dedicadas a la enseñanza de su instrumento y otras a la difusión de la cultura musical:

Carmen Agramonte, Graciela Aguiar, Enriqueta Almanza, Isabel Angulo, Emma Badía Fontanals, Ileana Bautista, Catalina Berroa, Margot de Blanck, Josefa Blanco, María Pepa Boudet, Natacha Broch Calvo, Nancy Casanova, Ernestina Cabaleiro Cervantes, Isabel Caragol, María Carbonell, Aida Carrera Aguirre, Margarita Carrillo, Nancy Casanova, María del Castillo Rodríguez Vélez, María Cervantes (también intérprete de sus composiciones), Úrsula Coimbra, Julia Crespo, Carmelina Delfín, Olga Díaz, Aida Diestro, Egenia Edelmann, Gumersinda Entralgo, María Antonieta Henríquez, Josefa Erce, Karelia Escalante, Conchita Espinosa (actualmente dedicada a la enseñanza en Miami), Ester Ferrer, Rosario Franco, Fidelina García, Pastora García Ríos, Carolina Gastón, María Josefa Girón, Belén Godoy, Matilde González, Elvira Grandée, Delia Hechevarría Magarolas, Rafaela Heredia Angulo, Antonieta Henríquez, Ivette Hernández, Francisca Hortsman, Margarita Horruitiner, Berta Huberman, Concepción Izquierdo, Teresita Junco, Sara Jústiz, María Isabel López Rovirosa, Zenaida Manfugaz, Ernestina Márques, Emma Martínez de la Torre, Rusela Martínez Villena, que ha ofrecido notables conciertos en Miami, Piedad Maza, Hilda Meliz, Berta Monroy Tió, Luisa Montané, Flora Mora, Elisa Morales, Hortensia Núñez, Gertrudis Pérez, Altagracia Prieto, Pura Ortiz, Pilar Otero, "Nena" Puente, Hortensia Rodriguez, Ursulina Saez-Medina Beguristain, Clara del Solar, Ángeles Tellaeche, Laura Raynieri, Margarita Raynieri, Rosa Rivacova, Amparo Rizo, Margot Rojas, Zenaida Romeu, Margot Ros, Graciela Rubio, Ursulina Sánchez, Dulce María Serret, Ramona Sicardó, Angelina Sicouret, Esperanza Somodevilla, Ángela de la Torre, Darleen Trujillo, Juana Valdés, Carmen Valdés, Rosa Vales, Enriqueta Vallejo, Numidia Vaillant, María Luisa Velasco, Angelina Veloso, Velia Yedra, Juana Zayas. Segím el historiador Antonio J. Molina, Matilde González Molina tocó en el primer programa trasmitido por la radio cubana el 10 de octgubre de 1922.

He disfrutado muchas veces del arte de Zenaida Manfugaz. Pero siempre recordaré la impresión que me produjo oír tocar a Ivette Hernández, dos veces en el mismo día, el Cuarto Concierto de Beethoven. Por la mañana con la Filamónica y por la noche en televisión.

EN EL EXILIO

Numidia Vaillant, que reside hace muchos años en España, es también una notable arreglista, en especial de música de Lecuona, para varios pianos, y para tres y cuatro voces.

Se ha destacado en el exilio Marta Marchena, especialmente interpretando la música de Aurelio de la Vega.

He disfrutado la claridad incomparable de Rusela Martínez Villena.

Y la sensacional y poderosa técnica de Teresa Escandón, ya fallecida.

En la década de los 40 y 50, debido al auge del tipo de música e interpretación conocida como "movimiento del *feeling,* se pusieron de moda en la Habana los "piano-bar" y las "descargas" musicales de esos intérpretes. Continúan esta tradición en el exilio, Renée Barrios y Ruby Zayas.

Violín: Según Caraballo, quizás la primera mujer violinista cubana fue Josefa Piñera. Otras que cultivaron este instrumento: Josefa Basarrate, Carolina Desvernine, Elisa López, Mercedes Peláez, Zoila Rosa del Pino, Carmen de la Torre, Marta de la Torre y Emilia Estivil. Esther González, dominaba el piano, el arpa y el violín.

EN EL EXILIO

La sensacional jovencita Lizbeth Martínez.

Guitarra: Clara Romero Nicola inició en Cuba la enseñanza de la guitarra clásica y folklórica. Fue fundadora del Conservatorio Tárrega, autora de numerosas transcripciones y obras sobre metodología y análisis de los ritmos cubanos. Sus alumnos fueron los primeros profesores de guitarra acreditados en Cuba. Guitarristas: Caridad Cuevas, Marion Inclán, Leopoldina Núñez, Pili de la Rosa, Mercy Remos, Kiki

Skirving Remos, Mercy Suárez. Francisquita Villalta. En su juventud, la teatrista María Julia Casanova.

Mandolina: María A. Escobar, Dolores Quesada.

Cello: Mercedes de Armas.

Trompeta: Luisa Cotilla

Percusión: Según Rosendo Rosell, la primera percusionista rítmica "tomada en serio" en Cuba fue Millo Castro, que actuaba con la orquesta Anacaona original.

3.5.5 Cantantes:

> *El mismo día [25 de febrero de 1901] llegó a esta ciudad [Santiago], de tránsito, la distinguida señora Rosalía Hererra de Grahanm, cuya hermosa voz tanto ha prodigado sus gratas sonoridades y sus armoniosos trinos en todas las fiestas de arte celebradas en esta ciudad.*

Emilio Bacardí

En los salones parisinos de la Condesa de Merlin "se oía la mejor música", según testimonio de sus contemporáneos. La Condesa, ella misma, podía cantar en las cuerdas de soprano y mezzo soprano. Y no solamente cantó en su círculo, sino en Londres, Génova y Madrid.

Es legendaria la "cantatriz" Úrsula Deville Miró, que fuera muy aplaudida sobre todo en sus interpretaciones de *Norma* y *Lucía*. La historia la recuerda, además, por haber sido tía de María Cay, musa de Casal y de Darío. Margarita Pedroso, obtuvo cierta celebridad con su *Sonámbula*, Dolores Sait Maxent con los *lieder* de Schubert, Francisca Samá con su *Lucía*. También la "cantatriz" Sofía Adán Pichardo y la "cantora camagüeyana" Eloísa Agüero Osorio, ambas designaciones de Calcagno.

Otras voces registradas por la historia: Sofía Adán Pichardo, Ana Aguado Tomás, Concepción Aróstegui, Ramona Bernal, Isabel Castillo, María Cay, Francisca Ferrán Rodríguez, Rosario Laborga González, Francisca León, Mercedes Martí, María de Jesús Martínez, María Matienzo, María Luisa Mazorra Cabello, Isabel Mendiola Urbizu, Angelina Porro Mora, Ana Ossorio Callejas, Ana Peters, Concepción Ríos, Josefina Sa del Rey, Amalia Simoni, Carmen Spencer Delorme, Carmen van der Gucht.

Según Jorge Antonio González, la primera cubana que cantó una ópera fue Concepción Cirártegui, a partir de 1844. Formaban parte de su repertorio "Los puritanos", "Lucía di Lammermoor" y "Norma", entre otras óperas.

Ana Aguado merece unas líneas aparte porque solía cantar en festivales y el dinero que recaudaba lo entregaba a los fondos para la Independencia de Cuba. Colaboró en varias de estas actividades junto a José Martí.

Y más adelante, a veces entrada ya la República, Amelia Izquierdo Lewenhaupt por su *Marina*. María del Carmen Vinent cantó *La Bohemia* con Hipólito Lázaro. Otras cantantes de transición: Dolores Agramonte, Sofía Barreras, Juana Carnot, Rosario Dueñas, Tití Escobar, Ana Rosa Estorino, María García Ríos, Pura González, Clemencia González Moré, Ana Rosa Grillo, Ana Luisa Herrán, Dolores Herrero, Dolores Ibarra, María Teresa Larrea, Carmen Melchor, Josefina Menéndez, Flora Margarita Ramírez, Estrella Ramírez, Julia Rogel, Onelia de la Torre, Edelmira Véneto, Edelmira Zayas.

La profesora de canto Mariana Albadalejo publicó numerosos artículos de divulgación musical y en 1946 mantuvo un programa de igual asunto a través de la emisora C.M.Z del Ministerio de Educación.

3.5.5.1 Algunas cantantes republicanas (todos los géneros)

A Iselma Acosta, Ángela Adams, Rita Agostini, Estela Agramonte, Irene Agramonte, Ana Aguado, Elsa Agüero, Las Hermanas Águila, María Matilde Alea, Xiomara Alfaro, Enriqueta Almansa, Rosita Almansa, María Carmencita Alfonso, María Conchita Alonso, Virginia Alonso, Elisa Altamirano, Amparo Álvarez, Paulina Álvarez, Lisette Álvarez, Olga Álvarez, Margot Alvariño, Hermanas Alzugaray, Pilar Arcos, Lutgarda Arencibia.

B Miriam Balmori, Mercedes Barbón, Conchita Bañuls, Blanca Rosa Bárcena, Renée Barrios, Margarita Barroso, Carmelina Barveris, Zoraida Beato, Ángela Beodors, Dominica Berges, Estrella Betancourt, Rosaura Biada, Myriam Blanco, Ana María Bolaños, Obdulia Breijo, Rosita Bujones, Esther Borja, Iris Burguet, Carmita Burguette, Elena Burke, Hermanas Busquets,

C Ela Calvo, Mercy Cantillo, Mercy de Cárdenas, Maggie Carlés, Dora Carral, Gladys Carrasco, María Teresa Carrillo, Esther Casas, María Castillo, De Castro Sisters, Hortensia Castroverde, María Cervantes, Esperanza Chediak, María Luisa Chorens, Olga Chorens, María Ciérvide, María Luisa Clark, Hortensia Coalla, Luisa de Córdoba, Luisa Cotilla, Marta Cramer, América Crespo, Celia Cruz, Caridad Cuervo, Margarita Cueto.

D Emilia Dago, Alice Dana, Carmelina Delfín, Anolan Díaz, Margarita Díaz, Rosita Dirube, Raquel Domínguez, Elia Doval, Georgina Dubouchet, Berta Dupuy,

E Isabelita Elías, Sara Escarpenter, Carmita Escariz, Nilda Espinosa, Olga Espinosa, Mary Esquivel, Gloria Estefan,

F Amelita Faber, María Fantoli, Irene Farach, Alba Marina Fernández, Amparito Fernández,Rosita Fornés, Vivian Fornias, Amelita Frades, Gladys Fraga, Argelia Fragoso, "Freddy" [García].

G Zoila Gálvez, Farah María García, Rosario García Orellana, Blanca Rosa Gil, Dolores Giralt Sterling, Hilda Gómez, Zoila Gómez, Mariana Gonitch, Alma González, Mara González, Maruja González, Sara González, Yolanda González, Clemencia González Moré (fue tiple de la compañía de Esperanza Iris), Georgina Granados, Luisa María Güell, Ana Luisa Guillot, Olga Guillot, Georgina Guerra, Eglisse Gutiérrez.

H Trío Hermanas Lago, Lourdes Hernández, Luisa María Hernández [La India de Oriente], Yolanda Hernández, Martha Hevia,

I Marion Inclán, Arabia Iznaola,

J Ana Julia, Sarita Júztiz,

L Suzy Lemán, Gina León. Carmela de León, Hortensia de León, Ninón Lima, Radeunda Lima, Aurora Lincheta, Hilda Liu, Emelina López Ofelia López Guash, Hilda Luisa [Díaz], Juana de Lara, Toty Lavernia, La Lupe, Marta Luque,

M Josefina Manzanares, Lita Mar, Alicia Llorent, Mara, Hermanas Márquez, Tania Martí, Ana Margarita Martínez Casado, Josefina Manzanares, Trío Hermanas Márquez, Zoraida Marrero, Hermanas Martí, Tania Martí, Gina Martín, Ana Margarita Martínez Casado, Amalia Martos, Beatriz Márquez, Josefina Meca, Celeste Mendoza, María de los Ángeles Menéndez, Mercedes Menéndez, María Teresa Merino, Elsa Milián, Linda Mirabal, Celia Miranda, Zelandia Miranda, Rosa Elena Miró Rita Montaner, Hortensia Montero, Clara Morales, Luisa María Morales, María Rosa Morales, Zoraida Morales, Lily Morales Batet, Rosa Elena Miró.

N Dinorah Nápoles, Tomasita Núñez,

O Paquita O'Farrill, Berta Oramas, Dorita Osiel, Emma Otero,

P Onelia Padilla, Graciela Pérez, Marta Pérez, Martha Pineda, Omara Portuondo, Lucy Provedo, Gladys Puig, Francisca Pujals,

R Dulce María Raggi, Marta Rams, Miriam Ramos, Elsa Rigual, Elizabeth del Río, Lydia de Rivera, Olga Rivero, Rita María Rivero, Margarita Robles, Albita Rodríguez, Teté Rodríguez, Carmelina Rossell, Julie Ruffino, Isabel Ruiz, María Ruiz, Martica Ruiz, Pili Ruiz.

S Hilda Santana, María de los Ángeles Santana, Carmelina Santana Reyes, Hilda Salazar, Alina Sánchez, Berta Sandoval, Estelita Santaló, Alina Santeiro, Graciela Santos, María Teresa Sardiñas, Moraima Secada, Carolina Segrera, Marta Strada. Caridad Suárez.

T Margot Tarraza, Doris de la Torre, Lourdes Torres, Marilola Travieso.

V Esther Valdés. Merceditas Valdés, Concha Valdés Miranda, Elsa Valladares, Luisa Valladares, Vilma Valle Vera, Elisa Vázquez, Blanca Varela, Rosa Vento, la legendaria María Teresa Vera, Marisela Verena, Violeta Vergara, María del Carmen Vinent, Dominica Verges.

W Xiomara Wong,

Z Margarita Zambrano, Edelmira Zayas, Mercedes Zayas Bazán.

Dulce María Blanco y Natalia Aróstegui, ambas de la directiva de Pro-Arte, y relevantes figuras sociales poseían también bellísimas voces.

Fui gran admiradora, desde casi niña, de Iris Burguet, que se presentó durante años en un programa radial auspiciado por la compañía General Electric. Como era mi edad de coleccionar autógrafos, recuerdo haberle escrito una carta solicitando el suyo. Iris me envió una foto dedicada, y, por la forma en que me contestó, comprendí que no se había percatado de que le escribía una chiquilla. Años más tarde, le conté a ella misma esta anécdota en un inolvidable concierto que ofreció en el Aula Magna de la Universidad de la Habana. El evento tuvo lugar durante los últimos días del gobierno de Batista, y recuerdo que, cuando Iris comenzó con las primera notas del "Lamento Cubano", todos los presentes nos echamos a llorar… ¡mejores razones para llorar tendríamos después!

Otra memoria que atesoro tiene como protagonista a Rita Montaner, quien, cuando estaba casada con aquel luchador que creo se llamaba Rey Tatú, entró una tarde al cine en que yo me encontraba. No había dos asientos juntos, por lo que me puse de pie como movida por un resorte. Rita dijo que no me molestara, que de ninguna manera aceptaría, pero mi argumento fue contundente: "Rita Montaner es la dueña de todos los asientos en todos los teatros de Cuba". Pude percibir en la penumbra que se había emocionado.

Cuando salí al exilio una de las pocas cosas que pude sacar de Cuba fue la cinta magnetofónica (carrete grande), grabada por Pepe Carril, del programa que la CMBF dedicó a Rita en el primer aniversario de su muerte. Cometí la estupidez de prestárselo en Madrid a una muchacha cubana que cayó en trance cuando supo que yo tenía semejante cosa. Y, naturalmente, le llegó la visa americana, se largó y jamás me lo devolvió.

Y siguiendo con las memorias, una que va a parecer increíble (como tantas otras cosas en este libro): yo he cantado *Cecilia Valdés* con Marta Pérez. Muy simplemente: me encontraba de visita en casa de Numidia Vaillant, en Madrid, cuando apareció por allí la Diva, que se encontraba en la capital española dilatándose la voz para una *Cecilia* que por aquella época (los años 60) preparaban en Miami. Cuando Marta daba esta explicación, la interrumpí: *"Yo sabía, vida mía, que esta puerta la abriría la firmeza de mi amor…"*. Marta, con naturalidad siguió la corriente: *"Yo sabía que algún día con tu labia vencerías mi tristeza y mi rencor…"*. Numidia se mataba de la risa. Fue una tarde muy agradable.

En cuanto a voces agradables, difícilmente vuelva a haber, a mi gusto, un timbre como el de Zoraida Marrero. Su interpretación de "Te he visto pasar" de Lecuona (que por cierto, ella estrenó) es un clásico cubano. También tiene un timbre muy agradable Mara González, cuya interpretación de "Habana, sirena encantada…", de Fernando Mulens, otro hito en la música cubana, atesoro.

Orlando González Esteva ha publicado en *El Nuevo Herald* una pequeña serie de dos artículos sobre Rosario García Orellana, para quien Ernesto Lecupona escribió la canción "Escucha al ruiseñor".

Luisa María Güell es otra cosa: ella sola es un espectáculo. No encuentro la palabra adecuada en español. Pero lo que quiero decir es que pocas cantantes latinas tienen ese *showmanship*.

Mientras yo trabajaba en la revista *Cosmopolitan*, irrumpió en el ámbito artístico Olguita Álvarez, con un enorme talento que me empeñé en destacar. Pero en aquel momento lo nuevo que la muchacha traía era nada menos que *hard rock* y el público latino de entonces no estaba preparado para recibirla.

Constituye una "curiosidad" en el ambiente músico-teatral cubano la existencia de "Musmé", reportada por Rosendo Rosell: un travestí chino que, vestido de mujer, cantaba con voz de soprano en los cabarés y clubes nocturnos de la Habana. [¿Inspiraría el personaje de *De dónde son los cantantes*?]

Otro dato curioso: Conchita Utrera nació en La Habana.

En cuanto a figuras aclimatadas en Cuba, ¿quién convencería a un cubano de que Toña la Negra, Mirta Silva o Ruth Fernández (la sensacional Dolores Santa Cruz de *Cecilia Valdés*) no son sus compatriotas? De una adoración general parecida, al mismo nivel que las figuras nacionales, también disfrutaron Imperio Argentina, Esperanza Iris y Libertad Lamarque.

3.5.5.2 Dúos y Conjuntos vocales

El dúo más conocido en Cuba republicana y primeros años del exilio fue el de las Hermanas Martí. También muy conocidos el "Dúo Primavera", integrado por María Ciérvide y Georgina Du Bouchet, y el de Lily-Margot. Gozaron de mucha popularidad en Cuba el trío de las Hermanas Márquez y el trío Hermanas Lago. Pero los más famosos conjuntos fueron: el Cuarteto D'Aida, fundado y dirigido por Aida Diestro, e integrado por Elena Burke, Haydée y Omara Portuondo y Moraima Secada, luego solistas. y el cuarteto de las hermanmes Benítez. El conjunto mixto, de voces masculinas y femeninas, de los Ruffino, integrado por Ignacio Ruffino ("Papá"), Mercedes Villaverde ("Mamá") y Carlos y Julie Ruffino, que grabaron más de una docena de LPs, en 8 idiomas. Papá Ruffino sobresalió como tenor dramático y compartió la escena con María Callas, Mario del Mónaco y otros grandes de la época. Formando dúo con Mercedes, alcanzó a trabajar en Hollywood con personalidades del cine de la altura de Ronald Reagan, Clark Gable, Hedi Lamar y Rita Hayworth. Los hijos tocaban varios instrumentos musicales y Carlos poseía una bella voz de tenor. Pero según muchos la estrella del conjunto fue Julie Ruffino, autora de más de 600 canciones y alma del grupo hasta su inoportuna muerte.

EN EL EXILIO

El dúo formado por Mara Fonzález y Orlando Gonález Esteva, que presenta suntuosos espectáculos, se ha encargado de mantener viva la canción cubana de todas las épocas.

3.5.6. Comedias musicales

Fueron autoras de las dos únicas comedias musicales estrenadas en Cuba republicana Olga de Blanck y María Julia Casanova. Se titularon *Vivimos hoy* y *Hotel tropical*. También crearon la única comedia musical para niños *Cuento de Navidad*, cuyo libreto, cedido por María Julia, he donado a la colección Cubana de la Biblioteca de la Universidad de Miami.

3.5.7. Compiladoras de música folklórica

Fueron compiladoras de la música folkórica de Cuba Carolina Poncet con su magistral ensayo sobre el romance tradicional (1913), Sofía Córdova, compiladora de folklore infantil, Ana Margarita Aguilera, autora de un *Cancionero infantil de Hispanoamérica* (1960), Concepción Teresa Alzola: *Folklore del niño cubano,* vols I y II, (1961 y

62). También Ana María Arizó compiló un *Cancionero infantil de Sagua*. Y María Teresa Linares ha producido dentro de Cuba una monumental obra sobre las décimas campesinas.

3.5.8 Musicólogas y críticas musicales

La prensa musical de Cuba, tan abundante, ha merecido estudios particulares, donde deben reseñarse aparte la colaboración de las mujeres. Se inicia tan temprano como con *El Filarmónico Mensual* que se hacía en la imprenta de Boloña. Mencionaremos sólo a María Álvarez Ríos, Conchita Gallardo, Nena Benítez, Mana Fraga, María Antonieta Henríquez, María Teresa Linares, Tamara Martín, Elena Pérez Sanjurjo, Rosa Leonor Whitmarsh.

Zoila Lapique es autora de una *Historia de la música colonial cubana*.

3. 6 Danza

La buena mestra es aquella que no le quita al niño la
imaginación artística y el amor por la danza.
Mariana Álvarez-Brake

Alicia Alonso, figura estelar del American Ballet Theater y del Ballet Nacional de Cuba ha paseado en gloria el nombre de su patria por todos los rincones de la tierra.

3.6.1 El ballet y la danza moderna

Otras figuras estelares del ballet cubano: Raquel Aedo, Dinora Agudín, Oria Albarrán, Leonor Albarrán, Mariana Álvarez, Laura Alonso, Loipa Araujo, Dulce Anaya (Wohner), Marta Andrews Maury, Aurora Bosch, Sonia Calero, Elena del Cueto, Sonia Díaz, Lydia Díaz Cruz, Adelina Durán, Marta García, Gladys González, Leonela González, Magda González Mora, Gloria González Negrera, Belkis de León, Betty Lismore, Lourdes López, Mirna López, María Elena Llorente, Cuca Loret de Mola, Cuca Martínez., Menia Martínez, Josefina Méndez, Sylvia Mediavilla, Marielena Mencía, Mitsouko Miguel, Dagmar Moradillo, Delfina Pérez Gurri, Mirta Plá, Berta Prieto, Susana Quirch, Yolanda Rivero, Olga Russinyol, Margarita y Ramona de Saa, Cristina Saladrigas, Lissete Salgado, Shirley Sastre, Rosario Suárez, Adolfina Suárez Moré, Vivian Tobío, María Magdalena Valdés, Fabiola Villa, Esther María Villavicencio, Duklce Wohnar, Ada Zanetti. Y en danza moderna. Neri Torres.

Bailarinas extranjeras, aclimatadas: Ana Leontieva, Martha Mahr.

Patricia Olalde comenzó a destacarse como coreógrafa a los 17 años. Su muerte imprevista a los 20 años tronchó una brillante carrera. Otras coreógrafas: Magali Acosta, Mariana Álvarez.

En la enseñanza del ballet, en distintas épocas, han sobresalido: Mariana Álvarez Brake, Mercedes ("Pupusa") Camejo, Judith Córdova, Sonia Díaz Blanco, Josefina Elósegui, Fernán Flor, Marianela González, Gloria González Negreira, Martha Jackson, Ana Mariani, Cuca Martínez, Teresita Martínez, Sylvia Medina Goudie, Lourdes López, Célida Perera, Margot Párraga, Marta del Pino, Carmelina Rey Mier, Hilda Riva, Clarita Roche, Mirta Roselló, Margarita de Saa, Vivian Tobío, María Eugenia Winthrop.

3.6.2 Vedettes (baile y canto populares combinados)

El que nace en Cuba, nace bailando.
Miguel Matamoros

La legendaria Mariana Galino, considerada "la primera vedette de nuestra historia", había nacido en España.

Entre 1931 y 1934, Alicia Parlá internacionalizó la rumba. Fue estrella del Teatro Alhambra Amalia Sorg.

Caridad Morales, creadora de la "Danza de las Antorchas", actuó con celebridades internacionales como Josephine Baker y llevó en triunfo su acto por todos los escenarios europeos.

Más recientemente, fueron grandes vedettes cubanas:

Rosita Alfonso, Chelo Alonso, Blanquita Amaro, Aidita Artiga, Raquel Bardisa, Obdulia Breijo, Brenda, Nally Castell, Teresita España, Mary Esquivel, Hilda Fabiola, Caridad Fernández López, Rosita Fornés, Aurora Lincheta, Flor de Loto Larrúa, Gina Martín, Yolanda Montes (Tongolele), Eva Negrín, María Antonieta Pons, Carmita Ortiz, Lina Salomé, Ninón Sevilla, Rosa Sopena Antúnez, Marta Véliz (la Meneíto), Emilia Villamil, Gladys Ziskay.

3.7 Artistas plásticas

La Academia de Artes Plásticas "San Alejandro" abrió sus puertas en 1818, pero no fue sino hasta 1878, cuando un cubano, Miguel Melero, al frente de la Escuela Nacional de Ballas Artes, permitió a las mujeres el acceso a estos estudios. El principal escollo, como era de suponerse, había sido la presencia de modelos desnudos de ambos sexos. La primera mujer en matricularse fue María Valdés, según *Cuba en la Mano* "seguida de las señoritas Cacho Negrete, Vicino y Carbajal".

En seguida se echó de ver la marcada preferencia femenina por estos estudios. Son innumerables sus graduadas, que con mayor o menor éxito siguieron cultivando este aprendizaje, algunas sólo en el seno de sus familias, otras con carácter más o menos profesional.

3.7.1 Pintoras

Calcagno nos ha preservado el nombre de una pintora del siglo XIX, Luisa Molina, que era sin embargo conocida principalmente por sus poemas. De su dominio plástico expresó una crónica en 1848: "Muchas veces nos ha dicho [Luisa] que su afición es más grande a la pintura, y aunque sus ensayos a la aguada y al creyón no parezcan tan notables como sus versos, consiste esto en que es más fácil expresar una idea con la palabra que con el pincel, y en que de ella se puede decir que ha inventado el arte de pintar, pues ha hecho pinceles, colores y copias de la naturaleza, sin que antes hubiese visto pinceles, ni el modo de usar los colores, ni una pintura, ni un grabado regular".

Según el historiador Antonio J. Molina, la primera pintora cubana fue Baldomera Fuentes Segura.

A mediados del siglo, brillaba en los medios parisinos Rita Matilde de la Pezuela (Peñuela, según Pichardo), que mereció los elogios de Gautier y Adrien Paul. Se destacaba como pintora alrededor de 1860 Ángela Adams.

Alonso y Artigas menciona a las pintoras que se destacaban en 1878: Ángeles Adam [¿Ángela Adams?], Adriana Billini, Emma Campuzano, Elvira Melero y Matilde de la Peñuela. Sobresalió en el Salón de 1918 Concepción Mercier.

Una de las primeras promociones de graduadas de San Alejandro incluía a: María Alfonso, María Álvarez, Margarita Aragón, "Nena" Boti, María Capdevila, Caridad Correa, Evelia Cruz, Esperanza Dalmau, Dolores Desvernine, Concepción Ferrán, Josefina García, Blanca González Simó, Paula Jiménez, María Lamarque, Berta Linares, Carolina Martínez, Margarita Pedroso, Margarita Puig López, María J. Soler, Concepción Vildósola.

Pero la gran pintura cubana es un fenómeno que comienza a partir de 1925, bajo la influencia de las escuelas de París.

Varias de las pintoras que mencionamos a continuación (profesionales y aficionadas) expusieron sus obras en la Primera Fiesta Intelectual de la Mujer, organizada por María Luisa Ríos en 1935. La labor de muchas profesionales de la pintura ha sido reseñada por Adela Jaume en la *Enciclopedia Biográfica de la Mujer*. Tomando ambas fuentes cono base, incliuimos otras que han ido incórporándose con el tiempo. La mayoría pertenece a diversas etapas del exilio, y unas pocas permanecieron en Cuba.

A Hercilia Abreu Tillet, Isabel Álvarez, Hilda Aguiar, Rosina Arca, María Ariza Delance, Mercedes Armas, Helena Avilés Truijillos.

B María Elena Badías, Martha Balais, Orealys Batista, Dulce Beatriz (con una obra en el museo El Prado de Madrid), Bellita Betancourt, Adriana Billini, Aidée Blanco, Concepción Bochs, Josefina Bonett Zayas, Dulce María Borrero, Juana Borrero, Terina Bourke, María Brito Avellana.

C Luisa Caballero, María Cabrera-Macías, Violeta Cabrera, Walkiria Cabrera, María Teresa de la Campa, Margarita Cano, María Capdevila, Fabiola Capdevila, Yolanda Capó, Mercedes Carballal Remos, Loló Carricarte, María H. Carrillo, Marta Cerulia, Mirta Cerra, Isabel Chapottin, Rita Concepción, Julia Consuegra, Josefina Corzo, Terina Cossío, Evelia Cruz Pérez, Josefina Cubeñas, Rosario Cuervo.

D Demi, Carmita Dorado, Elsa Díaz Biart, Carmen Diez Oñate.

E Aleida Echemendía, Antonia Eiriz.

F Laura Fabón, María Teresa Fernández Arrojo, Sylvia Fernández Arrojo, María Luisa Fernández Corral, Luisa Fernández Morell, María Fernández Suárez, Beatriz Fernández de la Vega, Concepción Ferránt, Esperanza Fierros y Bado, Elba Funes.

G Lia Galetti, Mirta García Buch, Margarita García Mendoza, Gloria Garzón, María Teresa Gineres, Josefina Ginorio, Rosie de Girón, Lidia Godoy, Lourdes Gómez Franca, Eugenia González, Fe González, Blanca González Simó, Silvia González del Valle, Hortensia Gronlier.

H Betty Hausmann, Francisca Hernández Sol.

L María Pepa Lamarque, Raquel Lázaro, Lilia Lazo, Olga Ledón, Gilda Lois, Esther López, Carmelina Loredo, Laura Luna.

M Matty Marcos, Sara Martínez Maresma, Elvira Martínez Martínez, Silvia Matas, Rosana McAllister, Margarita de Mena, Kathy Marrero-Figueras, Zoila Mendaro, Elena P. Menocal, Mireya Milanés, Carmen Miranda Carvajal, Ángela Munns Blanchart.

N Victoria Nanson, Beatriz Navarrete, Mercedes Navarro.

O Iris Odio, Gloria Ortiz.

P Ana Pardo, Amelia Peláez, Gina Pellón, Carmelina Pérez Vento Nin, Georgina Pomares, Etta Pujals, Sarah Pujol, Teté Pujols.

Q Loly de Quesada.

R Berta Radín, Caridad Ramírez, Gaby de la Riva, María Luisa Ríos, Rebeca Robés, Encarnación Rodríguez, Olga Rodríguez Plasencia, Margarita Roig, Josefina Rubio, Lydia Rubio.

S Zilia Sánchez, Elvira Sánchez Juncoso, Margarita Sarriera Vázquez Bello Inés Segura Bustamante, Loló Soldevilla, Susana Sorí.

T María de los Ángeles Tellaeche, Martha Tomeu, Gladys Triana, Sara Trías (madre e hija).

V María Luisa Valentino, María Teresa Varona, Rosilda Verdeja, Gloria Vila (seud. de Gloria Inclán), Paquita Villa.

Z Amelie Zell.

Han participado en exposiciones organizadas por el Municipio de Camagüey en el Exilio: Jossie Azorín, Marta Balais, Orealys Batista, María Cabrera-Macías, María H. Carrillo, Marta Cerulia, Elba Funes, Cathy Marrero-Figueras, Elena Menocal, Mirey Milanés, Mercedes Navarro, Etta Pujals, Loli de Quesada, María Hortensia de Quesada, Martha Tomeu, Rosa de Varona.

En el DIBUJO se destacaron: Esperanza Gómez Bustamante, Margarita de Mena, Victoria Nasson, Renée Potts, Caridad Ramírez, Zoila Sánchez Vilabrille, Margarita Sarriera, Pyro Sora, María Luisa Valentino, Amelie Zell.

En la Segunda Fiesta Intelectual de la mujer, organizada por María Luisa Ríos en 1938, hubo una exposición de ARTE MÉDICO dibujos sobre diapositivas procedentes de gastroscopias, operaciones, análisis, cortes histológicos, etc. Hubo también una exposición de CARICATURAS de María Luisa Ríos.

Se destacó en el dibujo científico, Gloria Inclán.

Adoptó Cuba como su patria Rosanna Mc Allister.

He conocido y tratado a lo largo del tiempo a muchas pintoras, pero sólo he mantenido vínculos de fuerte amistad con María Luisa Ríos, Zilia Sánchez y Raquel Lázaro, todas tres modelos de integridad artística.

María Luisa ilustró algunos libros míos en fechas tan distantes como 1955 y 1975. Sólo nos separamos unos meses, entre mi salida de Cuba y la suya, y volvimos a reunirnos en España y luego en Miami. Traje conmigo al exilio la fotografía del retrato mío que realizó María Luisa en 1962, unos meses antes de mi salida de Cuba, sólo que ya en ese momento sólo quedaban rollos fotográficos en blanco y negro. En honor a su memoria, he compilado en el epígrafe siguiente casi todo cuanto se había dicho de ella en la prensa de Cuba y lo que se dijo en la de Miami, a su muerte.

Por la misma época 1947 ó 1948, en que conocí a María Luisa, conocí a Zilia Sánchez, que por aquel entonces hacía unos extraordinarios rostros a dos tintas (del cual poseo uno). Zilia mantenía una postura absolutamente rebelde frente a la cultura oficial de su país, y frente a la sociedad misma, porque recuerdo una ocasión en que se tiñó el pelo de verde (¡en aquellos años!). Pero recuerdo también, lo más notable de todo, un "salón nacional" no sé si del año 56 ó 57, lleno de "paisajitos" con su bohío y su palma, que tenía lugar en el Capitolio Nacional. Llegó Zilia a ver la exposición, y uno por uno comenzó a descolgar los paisajitos y a tirarlos contra el suelo… hasta que llegó la policía, claro. Ya en el exilio, volvimos a coincidir en España, y aunque mantenemos contacto, el hecho de que resida en Puerto Rico hace que las relaciones no sean tan estrechas como antes.

A Raquel Lázaro (especialmente cerca de mi sensibilidad por cierto "dejo" infantil en sus producciones, ese aire Klee-Chagall-Ciencia-Ficción) la conocí con motivo del primer artículo sobre ella que escribí para *Vanidades Continental*. Como destaqué en esa y en otras ocasiones, Raquel realizó una importante labor de difusión como Vocal de Artes Plásticas del Lyceum, dándole su primera oportunidad a muchos de los ya hoy pintores consagrados. Poseo varias de sus naves-submarinos espaciales y los célebres "Peces" que figuran en la colección *Fuera de Cuba*. Raquel ilustró el cuento mío que aparece en la antología de Hernández Miyares y me ha asesorado diligentemente en varios aspectos de este libro.

3.7.1.1 María Luisa Ríos

En su pintura se saborean regustos apenas perceptibles de secretas reminiscencias de artes manuales femeninas, —la hilandera, la bordadora, la encajera— han dejado allí sus huellas digitales desvanecidas…

Mariano Brull

La casi totalidad de los intelectuales cubanos de su época emitieron juicios elogiosos acerca del arte de María Luisa Ríos. He seleccionado sólo algunos juicios, los emitidos por mujeres:

EN CUBA:

Habíamos visto cómo María Luisa Ríos, espíritu rebelde; quimerista sistemática que vive siempre anidando ilusiones y regalándolas a manos llenas; soñadora romántica que desteje para tejer de nuevo con fruición utopías extraordinarias; habíamos visto, repetimos, cómo María Luisa Ríos, imaginativa y audaz, emoción sostenida y risueña perseguidora de cosas lejanas, había ido creando alrededor suyo, paulatinamente, un ambiente de encantamiento y de magia, de bellezas subjetivas y de exaltaciones espirituales, en el centro de las cuales su sentimiento de artista gozaba y se regodeaba, se extasiaba y se deleitaba ajena con mucho a cuanto de vulgar ocurriera a su alrededor. [...] Sus matizaciones, leves y como temerosas en ocasiones; acentuadas y arrogantes otras; cándidas y virginales en otras más; su línea, su ritmo, su acierto en la composición, son, de suyo, características que la definen y la anuncian como un temperamento de artista y un talento de mujer poco común que se encuentra a sí mismo. –Adela Jaume

María Luisa Ríos, cabecita plena de ideales nuevos, volcán en constante erupción de ideas; mente soñadora, voluntad creadora; perenne plasmadora de proyectos, corazón ansioso de renovaciones; temperamento artístico, espíritu selecto" –María Collado

"María Luisa Ríos ha trabajado febrilmente, con inspiración, con entusiasmo, con creciente dominio del "métier" para colgar en las paredes del Círculo de Bellas Artes 29 cuadros (algunos notabilísimos, ninguno mediocre) –retratos, paisajes y otras obras– y 27 caricaturas. Sus retratos, sobre todo, constituyen una revelación. Se piensa, mirándolos, en la vocación de heroísmo tan grande que ha de poseer un artista para lograr tan acabadas formas, para dominar de tal forma los matices del color, para ofrecer, en fin, aporte de tal calidad a la cultura artística pictórica de nuestro país. –Mariblanca Sabas Alomá

María Luisa Ríos, nuestra inquieta compatriota, inteligente y esforzada [...] además de que allí ofreció su espíritu asomándose a la tan angustiante como asombrada redondez de los ojos de sus 'negritas', engalanadas en una técnica inédita, por las tiras bordadas, presentó ella algunos retratos abstractos, dando pie el con éxito intentado 'expresionismo' de María Luisa Ríos. –Berta Arocena

Toda su obra es un alarde de femineidad de la que no ha podido ni ha querido deshacerse ni aún en sus creaciones más graves. Su profunda bondad de mujer cabal es responsable de una obra que, para ser seria y trascendente no ha tenido necesariamente que dejar de ser bella. –Ana María Borrero

Fue una mujer polifacética. Escribió versos, dictó conferencias, dió a la publicidad un libro de cuentos [...] hizo ilustraciones para perió-

dicos y revistas, realizó escenografías, figuró en varias galerías de artes plásticas y llevó a cabo una excepcional esposición de caricaturas. Era la primera mujer cubana que realizaba esa actividad. –Renée Potts

Apresurada, perseguida, diríamos por la urgencia desesperada de su imaginación, arida de entusiasmos fecundos... –Serafina Núñez

María Luisa tiene siempre muchos proyectos. Molde tenaz donde se ductilizan y acrisolan los más cálidos ensueños. Su imaginación efervescente es un látigo constante sobre su voluntad de crear. Su alma vive poblada de visiones como uno de esos bellos mundos imaginarios con que los maestros del cuento deleitaron las horas de nuestra niñez. Pero esos sueños magnos y rientes van y vienen de su imaginación a sus labios, llegan, a veces, a oídos de algunos de sus íntimos y parecen como oleajes contra las costas de lo imposible. –Josefina De Cepeda

María Luisa Ríos ha logrado desarrollar una técnica propia y un colorido original. Sus cuadros, llenos de luz y tropicalidad, logrados, por una parte con los fondos blancos –síntesis brillante de todas las gamas, y por otra con colores de tonalidades inconcebibles por su sutileza, por su firmeza, por su claridad, , van surgiendo mediante la pincelada espesa, que da relieve a la tela dando así una nueva valoración a las ya inherentes al arte pictórico. –Gladys Lauderman

[En una tarjeta] *Que el éxito te sonría y que nunca se agote ese manantial de bondad que te carateriza y que embellece y hace bueno cuanto toca tu mirada de artista.* –Ena Mouriño

La retina tropical de la pintora está saturada de cromatismo y deslumbrada de sol. La luz florece en todas partes, trepa por los muros y por el aire y todo se llena de lentejuelas y de iridiscencias deslumbrantes, enceguecedoras. [...] Pero el inmenso latido humano de su alma no deja a la pintora flotar en los puros paisajes de color, y busca motivos de inspiración en los parajes más variados de la vida criolla. Entre éstos prefiere como fondos los interiores coloniales, los jardines y los patios, con arcos de medio punto de vidrios de colores [...] y sobre todo del solar. [...] Ella ama y comprende a su pueblo y lo encarna en sus mejores virtudes. –Anita Arroyo

*No puede uno evitar que todos sus respetos converjan hacia la artista que en la soledad de su taller 'lejos del mundanal ruido' (los Ministerios y el recién creado Instituto, las exposiciones invariables, todo ese ajetreo y gestiones de trabajos menudos y puesto en perspectiva) se permite hacer caso omiso de las corrientes de la época y **pinta lo que tiene que pintar** por imperativo íntimo de su necesidad expresiva. Y si*

179

ése 'lo que tiene que pintar es el niño nuestro en toda su dulzura y abandono. Y si al pintarlo pone en ello toda su ternura de mujer y toda su sensibilidad de artista, estamos en presencia de un milagro.
–Concha Alzola

EN EL EXILIO

Pequeña, rechoncha, indefectiblemente vestida con la bata de su oficio, parecía un Sancho Panza divertido y criollo, tan sabio como su señor. María Luisa no conocía el tiempo, ni lo medía, ni se le venía arriba para mondarle aquella aparente 'real gana' que dirigía su vida. Creo que no conoció lo 'práctico', lo 'moderno', lo 'útil', sajonas virtudes que nos van convirtiendo en robots tan eficaces cuanto víctimas de todas las esterilidades de la imaginación y el sentimiento. –Hilda Perera*

Jamás podán aprisionar el color de tu paleta encantada, ni la gracia de tus negritas tropicales con caritas grises y boquitas de cereza danzando con falditas de tul, como las bailarinas. Fuiste única en lograr el susurro de maracas en tus patios coloniales llenos de luz y enredaderas y de transformar la fiereza de los gallos de pelea en príncipes gladiadores con sus espolones de plata en la arena de sus vallas. ¿A dónde fue el gallo de morón, mi buena amiga...? ¿Y el Don Quijote, a qué tierras extrañas marchó...? ¿Y la alegría de tus guajiritos cubanos, dónde quedó...?–Ana Pardo

"Basta una sola mirada al conjunto de cuadros de María Luisa Ríos para saber que apoyaba la pintura en que se manifestara lo hermoso del ser humano y no su fealdad. Trató de revestir con un suave tono de humor su amor por Cuba. [...] Su país, Cuba, fue el eje de todo su arte y de su sufrimiento. Porque María Luisa padeció la pérdida territorial de la patria menos que la pérdida de los valores espirituales que la integraban y que día a día veía demoronarse lentamente".
–Gladys Zaldívar

3.7.2 Escultoras

Nombres destacados en la escultura: Raquel Aguirregaviria, Lucía Álvarez, Marta Arjona Lucía Victoria Bacardí, Ofelia Balaguer, Luisa Caballero, Magda Cabrera, Walkyria Carrera, Gloria Cervera, Isabel Chapottin, Mirta Cerra, Julia Consuegra, Teresita Fernández, Angelina Fernández Arrojo, María de los Ángeles Fernández de Castro, Josefina García Fox, Rosaura García Tudurí, Gloria Garzón, Dolores Gómez, L. Gómez, María Hernández Díaz Tuesta, María Galdós, Guillermina Lázaro, Rita Longa (autora de la célebre Virgen del Camino y de los ciervitos que daban paso al Zoológico de la Habana), Jilma Madera Valiente (autora del Cristo de la Habana), Telvia Marín (destacada activista cívica) Caridad Ramírez (también ilustradora notable), Rebeca Robés (también dibujante y ceramista), Emma Ordoqui, Florencia Royo, Amelie Zell.

Tallas en madera: Cultivaron este arte: María Felicia del Alamo, Graciela Alfonso, Carmen Boch, Josefina Bonet, Juana L. Cabarroca, Walkiria Cabrera, Bebita de Castro, Graciela Fresneda, Elda Lecuona, Ofelia Lozano, Margarita Martorell, Aurora de Revesado, Graciela Rodríguez, Eudora O' Shanghnessy, Celia Vélez, y otras.

Tallas en cuero: Entre otras tantas: Carmina Betancourt, Berta Diago, Esperanza Camacho, Graciela Fresnedo, Rosa Recio, Josefina la Rosa, María Urbizo, Yolanda Vallar.

3.7.3 . Ceramistas

Se considera que la iniciadora en Cuba de la cerámica fue Araceli Carreño, "que había estudiado este arte en Barcelona". El principal obstáculo para que se desarrollara en Cuba un poderoso movimiento de cerámica fue la ausencia de hornos que pudieran alcanzar la temperatura necesaria. Alrededor del año 56, sin embargo, un tejar de Santiago de las Vegas puso sus hornos a disposición de un grupo de artistas plásticos cubanos, entre los que se encontraban la escultora Marta Arjona (miembro distinguido del Lyceum en Cuba republicana y más tarde testaferro del gobierno castrista) y María Elena Jubrías (profesora, bibliotecaria, todavía bajo el régimen comunista) que cuando incursionó en la cerámica pudo producir delicadas formas en azules y grises. Otras destacadas ceramistas: Elia Rosa Fernández Mendía, María Antonia Hererra, Rebeca Robés, también pintora y Mirta García Buch. En los últimos años de la República, la pintora Amelia Peláez ejecutó algunos de sus murales, como el del edificio del Tribunal de Cuentas, en mosaicos.

3.7.4 Fotografía

Se destacaron en Cuba: Carmen Báez, Cira Casas Moraleda, Marta Domenech, Margarita Fernández, María Fajardo, Lotte Grahn (que poseyó unos conocidos estudios fotográficos), Carmen Guardia, Hermanas Jiménez, Diana Lazcano, Rebeca Mañas, Nancy (Studio), Piedad Soto.

EN EL EXILIO

Ha surgido Asela Torres, gran cronista de la cultura escénica del exilio, quien "durante 30 años no ha faltado a ninguna puesta en escena, concierto o actividades artísticas de esta ciudad", como resume Evelio Taillacq, "sin encomendarse a nadie, sin pedir ayuda, sin abrigar ambiciones materiales, la hemos visto sacar tiempo –luego de su trabajo habitual– para estar con su trípode y cámara en cada función, recogiendo la historia y el arte de sus conciudadanos".

Asela tiene un largo historial en Cuba, asociada a programas infantiles de TV y a programas de la calidad de "Jueves de Partagás". Ha trabajado para la prensa española, la prensa chilena, la de Puerto Rico, y otras. Ha presentado con éxito enorme algunas colecciones de sus fotografías en la Petite Gallery de Burdines, The Historical Museum of Southern Florida, las oficinas del gobernador Lawton Chiles, el Bay Front Park, el Teatro Tower, Citibank, Dade County Auditorium, y diversas bibliotecas del Condado Dade. Su monumental exposición "La Florida de Asela Torres", con motivo del Quinto Centenario del Descubrimiento de América, recorrió todo el Estado. Desde hace tiempo prepara una *Historia del Teatro del Exilio,* para la que posee miles de fotos.

De una promoción más reciente, Carmen R. Corral, llegada al exilio cuando el éxodo masivo del Mariel, ha expuesto en varios lugares en la Florida y ha exportado su arte a otros lugares tan distantes como Australia. También Isabel Sierra, que según dice, "lleva la fotografía en los genes".

3. 8 Artes aplicadas

Impartió cursillos en el Lyceum Serafina de la Lastra. En los cursos de arreglos florales se destacaron: Teresa Álvarez, Margarita Arango, Araceli Argenter, Aida Betancourt, Celia Bordas, Paulina Cáceres, Lola Frades, Fida Magaz, Juana Rosa Martínez, Eugenia Porrúa, Emilia Raschke, María Rizo, Carmen Sánchez Villalón, Jacinta Torres Salazar, que expusieron en la Segunda Fiesta Intelectual de la Mujer, organizada por María Luisa Ríos en 1939. También expusieron mujeres de las restantes provincias, como Conchita Espinosa, Ana García Argudín, Georgina Hernández, Amelita Machado, María Socarrás.

Según Ignacio Ortiz-Bello se distinguió en el cultivo de las orquídeas María Cueto (apodada familiarmente María Pikín), vecina de Jaruco, cuyos bulbos fueron la base de la colección de orquídeas del Jardín Botánico de Montreal. También se destacó en este delicado cultivo una joven de apellido Verdugo, que residía en Soroa.

Las cubanas demostraron además su afición por diversas técnicas ornamentales. Con cañas bravas, semillas, frutas secas, y similares elementos naturales, Isabel Chapottin y sus alumnas creaban utensilios, instrumentos musicales como maracas, y diversos objetos de su fantasía.

Una precursora interesante es la maestra nonagenaria Consuelo Vázquez, a la cual se le rindió homenaje en Miami recientemente. Consuelo fue maestra hogarista y realizó estudios posgraduados en la Universidad de Columbia. De regreso a Cuba, recorrió las montañas orientales alfabetizando a la población campesina. Ál mismo tiempo los adiestaba aa preparar diversas artesanías utilizando semillas, güiras, bambú y otros materiales acequibles.

3.8.1. Diseño de modas

Lily Barrio Wimsett, que llegó a diseñar modas en Hollywood. Daba charlas y cursillos sobre estos temas. También decoradoras: Esperanza Durruthy, Paquita Parodi.

3.8.2 Diseño de Interiores y Decoración

Anita Arroyo se refiere a las exposiciones de muebles coloniales celebradas por Lydia Cabrera en el Convento de Santa Clara cuando salieron del mismo las monjas, y su activa propaganda en el Diario de la Marina a favor del arte colonial. Y añade:

Lydia Cabrera se distinguió también durante años dirigiendo su propio taller de muebeles en el que logró, trabajando seriamente sobre documentos, las más perfectas versiones de estilo. [...] Pero donde más ha sobresalido esta artista es en la reproducción de muebles antiguos cubanos, por los cuales siente verdadera atracción. Comenta además: *[...] y Clara Porset, otra artista cubana de méritos relevantes figuran entre los pioneros de la introducción del mueble moderno en Cuba*

Alonso Artigas menciona, sin precisar época, mujeres que "se destacaron en la creación de muebles y decoraciones", como: Cecilia Arizte, Mercedes Arjona, Josefa Blanco, Isabel Castillo, María Luisa Chartrand, María Payne Pintó, Celia Reyes, Angelina Sicourt.Otras fueron: Esther Béhar, Adriana Betancourt, Dulce María García, América Subarnal, y sólo por sus nombres de pila: Angelina, Iraida y Yolanda.

EN EL EXILIO

Gabriella Arango, Ivette Arango, Judith Arango Henderson, Bárbara Beltrán, Sandra Díaz, Tessi García, Lourdes Muñoz, Celia Pinto, entre otras. Y, por sólo su nombre de pila, Dalia, María Elena, Raquel.

3. 9 Artesanías, oficios y labores

Leían en sonsonete, escribían garabatos. No sabían aritmética, ni historia, ni geografía, ni gramática. [...] Pedí los trabajos de aguja, y sólo me presentaron algunos muy comunes y ordinarios: las marcas estaban regulares, pero nada de bordados, ni de tejidos de ninguna clase, ni obras de pelo ni de flores, ni dorado, ni dibujo, ni pintura, ni música, ni baile, ni nada de lo que deben saber las mujeres decentes y bien educadas.

Gaspar Betancourt Cisneros, 1838

Las otras dos [hijas de una familia] carecían de relieve intelectual pero llevaban todo el peso y dirección de la casa: dirigían la cocina, vigilaban el lavado y el planchado; hacían la ropa interior de hilo, confeccionando los vestidos de holán y muselina para el uso diario; tan inteligentes en repostería como en embutidos, preparaban flanes, pudines, tortas, pasteles de carne y dulce, pastelones de harina de Castilla, jamones en dulce, mamey y cascos de guayaba en almíbar, coco rayado y jaleas francesas; las butifarras y la carne de vaca ahumada de casa de Meza tenían fama entre todos los gastrónomos criollos.

Alberto Insúa, 1901

Como se ve a comienzos del siglo XIX, la educación de las mujeres estaba por lo general bastante descuidada. Gaspar Betacourt Cisneros se queja amargamente de la ignorancia de las hijas de una familia que conoce, y al mismo tiempo reseña qué tipo de labores eran consideradas apropiadas para la mujer. A finales de la colonia las ocupaciones de la mujer no habían cambiado mucho. Exilada en Jamaica, durante la Guerta Grande, Ana Betancourt se dedica a dar clases, a bordar y hacer flores.

Ya en pleno siglo XX, quienes asistimos a una escuela religiosa fuimos entrenadas en canevá, bordado (al hilo y al pasado), repujado de metales y habilidades por el estilo. Una forma fácil de librarse de las labores era ofrecerse de voluntaria para leer las vidas de santos que servían de marco a esas tareas. O tirar la aguja al suelo y pretender buscarla. O salir a comprar una estampita a la "venta", que casi siempre organizaba alguna monja vieja. En las casas, las abuelas enseñaban a tejer crochet. Las madres algo de corte y costura y repostería. Pero algunas niñas, como yo, aunque aprendimos algo, jamás volvimos a tomar una aguja o un cucharón en las manos.

Encuadernación: Estuvo muy en boga en los años cincuenta, y muchas mujeres notables la eligieron como "hobby" o pasatiempo. Otras la practicaron asiduamente. como las destacadas hermanas Brú, Gabriela y María Victoria, verdaderas artistas en su "pasatiempo", reconocido internacionalmente, hasta el punto de que dos presidentes norteamericanos: Truman y Eisenhower les encomendaron encuadernar libros que atesoraban. María Victoria ha sido además restauradora y realizó delicadas tareas para la Biblioteca Nacional. Ambas hermanas se encargaron de adiestrar a su madre, Josefa Collado, que fue quien las alentó a proseguir esta inclinación.

Fue famosa la colección de libros de María Barillas, encuadernados por ella misma, expuesta en varias ocasiones. María escribió un tratado de la encuadernación que estuvo en uso en la Escuela Normal para Maestros de la Habana. Fue también profesora de este arte singular María Luisa de la Torriente y entre sus alumnas se destacó Alina Pérez de la Riva.

Repujado en metales, cuero y madera: Se destacaron en la enseñanza de esta peculiar artesanía Carmen de Pazos y Ana María Guim. Otras cultivadoras: Blanca Albert, Tácita Baizán, Concha Bosh, Charito Castro, Luisa Echecopar, Isabel Estopiñán, Antonia María Fernández García, Carmen Fernández Valle, Adelita Fonseca, Ofelia Jiménez. Gloria Landa, Estela y Eloísa Paz, Josefa Penin, Georgina Rabasa, Amanda Soliños.

Pirograbado: Isabel Ramallal, María Ulloa.

Tipografía: En 1899, Domitila García Coronado creó la Academia de Tipógrafos y Encuadernadores. Y fue autora de unas *Breves nociones para aprender el arte tipográfico,* (1911).

Otras tipógrafas: María Luisa Soureau, Marina Legido, Alicia Fernández Robles.

EN EL EXILIO

Han trabajado más estrechamente con escritores Graciela Montagú, Mercedes Garrido y Miriam Gallardo.

Existió en Editorial América, antes de que las revistas se computarizaran, un departamento tipográfico bautizado "La NASA", especie de *pool* que trabajaba para todas las revistas, donde laboraron, entre otras: Margarita Chaviano, Elena Segurola, Genoveva Hernández, Odalys García, Ruth Álvarez, Esther Peraza.

La extranjera asimilada era Ada León (Nicaragua). En el departamento complementario, Fotolito, trabajaron Ruth Álvarez, Marlene Roger, Miriam Reyes.

Otras técnicas: Gilma Alemán, Hortensia Álvarez, Julieta Bécquer, Marianela Blanco, Celia Bordas, Elena Buendía, Dalia Díaz de

Villegas, Lilia Esteban, María Josefa Fernández Caheira, María Josefa Fernández Vallina, Lourdes Fornias, Mirta García, Pilar García Menéndez, Ofelia González, Fedora González Leal, Aida Groso, Carmen Lamas, Hilda López, Adolfina López Sanz, Rosario Marrero, Mercedes Martínez, Dolores Mateu, Graciela Menéndez, Margarita Montes de Oca, Alejandrina Morejón, Rosa María Noste, Catalina Peláez, Panchita Pérez de Asensio, Eugenia Porrúa, Clara Quintana, Carmen Ramallal, Florentina Rodríguez Acosta, Elena Rodríguez Zoraya, Delia Ruiz, Carmen Santos, Lylia Silva, Ana Luisa Triana

Lencería: En la Habana: Mariana Arellano, María Teresa Armenteros, Hortensia Arroyo, Gloria Carrasquillo, Emma Faura, Graciela Carrera, Silvina Echevarría, Panchita Fernández, Lelia Fernández de Castro, Margot Hidalgo Gato, Mariana Junco, Quiqui Lavandeira, Marta Lamas, Sara Ledo Rojas, Carmelina Lorenzo, Josefina Menocal, Lilita Montalvo, Concha Nodarse, Charito Ortiz, María Luisa Ortiz, Señoritas Portela, Señora de Pérez, Ofelia Repilado, Carmelina Soliño, Ana María Solórzano, Marta de la Torre, Julia Viera, Chana Villalón, entre otras.

En provincias: Dolores Alsina, María de las Virtudes Alonso, Teresa Álvarez, María Amador Cortés, Nydia Bustamante, Elidia Castro, Josefina Cubeñas, Isabel Casín, Ana Rosa Cartaya, Aleida Echemendía, Adelina y Lydia García, Flora García Márquez, Hilda Gatell, Josefina Gomar, Marina González Acevedo, Julia Landín, Quiqui Lavandeira, Alicia Lima, Alicia Márquez, Candelaria Maresma, Aida Mestre, María Montes Peña, Georgina Montoya, Gertrudis Nillo, Alicia Pérez Sosa, Gregoria Rodríguez, Soledad Rodríguez, Mireya Rodríguez Cuervo, María Salas, María Sales, Juana María Tellechea, Ana Josefa Villar, América Ana de Zayas.

Tejidos: Expusieron en la Segunda Fiesta Intelectual de la Mujer (1938): Victoria Alonso, Lilita Álvarez Tabío, Carmelina Argüelles, Clemencia Batista, Anita Blanco Solís, Ofelia Cortina, Chela Crespo, Ofelia de la Cruz, Carmelina Entrialgo, Adriana Essakes, Lili Estrugo, Rosa Fabar, Chita Freyre, Dora Guzmán, Gloria Juarrero, Carmelina Junco, Silvia Jústiz, Zoila Lamar, Beba, Ofelia y Sara Larrea, Angelita López Oña, Atala Marchena, Dora Maruri, Delfina Mir, Concha Montalvo, Angelita Mora, Cecilia Mora, Chiquita Morales, Rosa Hilda Morejón, Matilde Pedraza, Olga del Pico, Meche Roig, Angelita de Salas, Carmelina Salas, Estela Santeiro, Ana María Simpson, Hortensia Martell, Carmelina Solís, Esperanza Tremols, Silvia Usategui, Isabel Zayas y otras.

Entre las inolvidables, Otilia Ruz y Nenita Roca, profesoras del Lyceum.

Cocina y repostería: En la Segunda Fiesta Intelectual de la Mujer (1938), Elita Gómez presentó entre otras fórmulas y recetas: vino de plátano, toronja abrillantada, caramelos de gelatina con menta y con vainilla, y varios *Fondant Elite Dainties* de diferentes sabores.

Desde esa época, creo, se estableció como norma, no sólo de repostería sino de buena cocina cubana el libro *Delicias de la mesa* de María Antonierta Reyes Gavilán, que alcanzó innumerables ediciones. La que yo consulté en Madrid, era la número 13, y como dato curioso debo añadir que era el libro de cabecera de Gastón Baquero.

Otro libro de cocina exitoso fue el de Nitza Villapol, que optó por quedarse en Cuba, diseñando platos extravagantes con las míseras raciones de los pocos alimentos que se encontraban.

Marta Martínez, profesora del Instituto de Marinao, tuvo un programa de cocina por televisión. Y aunque residió muchos años en Canadá, donde falleció, no ocultaba sus simpatías por la dictadura castrista.

Nadie que los probara, estoy segura, ha podido olvidar los deliciosos pastelitos, en especial los de jamón, que confeccionaba Ana Dolores Gómez Kemp para la cafetería del Lyceum, lugar del que vivía puerta con puerta.

¿Y qué decir de los "tamalitos de Olga" que hasta merecieron una canción popular?

Personalmente, recuerdo que mi madre era excelente cocinera y repostera. Eran sensacionales sus pargos asados, flanes de calabaza y tortitas de Morón ¡y el pan!, que amasaba y horneaba ella misma. Y recuerdo los dulces de tomate en almíbar de Dora Alonso, y el pudín de pan de Rosario Rexach, los cascos de naranja de María Hortensia de las Mercedes González.

Rosa Martínez Cabrera ha hecho del flan una especialidad, y posee dos docenas de recetas diferentes que se propone reunir en un libro: *Flanes de dos mundos*. Ella a su vez recuerda en Camagüey a las Martínez, las Arango y María Guirado, todas excelentes reposteras.

Guirado hacía el famoso dulce llamado "Sarah Bernhardt" en honor de la actriz francesa. Las hermanas Minina y Panchita Martínez hacían por encargo alfeñiques de coco y quesitos de almendras y leche.

Las hermanas Chacón, también camagüeyanas, eran unas morenitas que vestían de blanco, con pañuelo también blanco a la cabeza, y que recorrían las calles con un tablerto vendiendo panetelitas borrachas y panetelitas cubiertas, marañones acaramelados, besitos de coco, matahambres, piononos y otras delicadezas. A las mujeres que vendían estas "cositas" por la calle, se las llamaba "cositeras".

En Camagüey, además, recuerda Gladys Zaldívar, fueron famosas las cremitas de leche de Isolina ("Mina") Dalmau Rodríguez, que aunque se vendían en las dulcerías, nunca se comercializaron.

3. 10 Historiadoras de arte y ensayistas

Loló Soldevilla con sus estudios de las *Artes Plásticas en Cuba* e *Imágenes de dos tiempos*; Martha de Castro, con *El arte en Cuba* y Anita Arroyo con *Las artes industriales en Cuba* han sido las máximas exponentes. También han realizado crítica de arte Adela Jaume, Adelaida de Juan, Gladys Laudermann Rosario Novoa, Graciela Pogolotti, y Gladys Zaldívar.

Sin grandes pretensiones, a título de aficionada, he tenido a mi cargo la sección de arte de *Vanidades Continental* un buen número de años.

3.11 Coleccionistas y restauradoras

Fueron grandes coleccionistas María Luisa Gómez Mena, mecenas de las artes, trágicamente desaparecida, y Vera Wilson, fina conocedora, que murió en el exilio.

Es muy conocida la labor restauradora de Dulce Beatriz, que ha tenido a su cargo importantes comisiones del Museo del Prado y otros museos.

También Zilia Sánchez ha realizado labores de restauración.

4. ESTAMOS EN TODAS

Toda la patria es la mujer.
José Martí

Tan estamos en todas, que hemos tenido hasta mujeres teólogas, como Alicia Marill, que ha desarrolado su carrera en los Estados Unidos. También Ada María Isasi-Díaz.

[Quiero aclarar que en esta cuarta parte, como en todo el libro, me baso en fuentes documentales. Cuando éstas faltan recurro a la memoria de personas conocidas y a mi propia experiencia. Sorprenderán las largas listas de mujeres en las distintas ocupaciones. Esto se debe a que hemos seguido un criterio incluyente. Sorprenderá también el hecho de que se encuentren en cada relación, hombro con hombro, las "grandes figuras" y las representantes de la llamada "gente sin historia". Pues bien: aquí han tenido su historia. Y que sea el tiempo el encargado de relegarlas. No yo. Seguramente habrá muchas omisiones, porque nunca se han realizado recuentos sistemáticos de las mujeres en los distintos oficios y profesiones. Agradecemos a las lectoras que nos ayuden a subsanarlas con vistas a una posible segunda edición.]

4.1 Ciencias

Sin duda hubo un tiempo en que hacerse cargo de los niños y de la familia era la única manera en que una mujer podía mostrar sucompromiso con la ciencia. En muchos lugares esto ha comenzado a cambiar. Espero que llegue el tiempo en que haya tantas mujeres desarrollándose en el ámbito de las ciencias que esto signifique una mayor diversidad de modelos de comportamiento femenino en las entidades que deciden acerca de nuestras carreras profesionales. Esto estimularía una mayor simpatía y empatía hacia las diferentes necesidades e impulsos de mujeres y hombres y una apreciación más profunda de que el paradigma mascuilino no es el único válido para vivir la vida y destacar en la ciencia.
T. V. Rajan

Las carreras universitarias de ciencias se abren realmente a las mujeres en la última década del siglo XIX. Una de las primeras mujeres en dedicarse al estudio de las ciencias fue la gran educadora María Luisa Dolz, en 1889.

4.1.1 Astronomía

Isolina Velasco Millás. Autora de numerosas publicaciones en este campo.

4.1.2 Ciencias Físico-Matemáticas

Laura Martínez de Carvajal y Camino y Margot Pérez Cobo Medina.

4.1.3 Ciencias Físico-Químicas

Digna Andrea Sol (1888)

4.1.4 Ciencias Naturales

Entre otras graduadas: Maribel Santa Cruz, María Teresa Álvarez Estrada, Zoila Delgado y Núñez, María Luisa Fernández y Real, Ramona Fernández Moreno

4.1.4.1 Isabel Pérez Farfante

Isabel Pérez Farfante Canet, becaria Guggenheim. De ella nos ha dejado Antonio Hernández Travieso este magnífico retrato:

En sentido estricto, la doctora Pérez Farfante es continuadora de una tradición de naturalistas cubanos que se inicia con Felipe Poey, prosigue con el eminente don Carlos de la Torre y se arraiga con ella y con su maestro Carlos Aguayo. Sus estudios, jamás detenidos, la hicieron ganar muy joven una de las internacionalmente famosas becas de la Fundación norteamericana John Simon Guggenheim. […] De grácil disposición, ni los lentes que usa –puesto que siempre marchan con la moda– revelan que se trata de una mujer poco común. Quien no la conozca se entera de sus dotes sólo si tiene el privilegio de observarla trabajar en el laboratorio, en la cátedra o en plática con sus colegas científicos. Por lo demás, se muestra harto tímida cuando tiene que referirse a su especialidad entre personas no versadas, por temor a lucir sofisticada, lo que no quita para que en el seno de la amistad sea, como buena cubana de sangre española, persona reidora y cordial.

Ha comentado Luis Aguilar León:

Si existiera en el exilio, que más que exilio es ya el cuerpo vivo de una Cuba agonizante, un Premio Nacional de Reconocimiento al Mérito, propondría yo de inmediato que se le concediera a Isabel Pérez Farfante, cuya labor callada, tesonera y brillante ha plantado con mano firme el nombre de Cuba en una parcela recóndita y esencial de la cien-

cia actual. Isabel es mundialmente conocida como una de las autoridades en camarones.

4.2. Ciencias Médicas

La importancia de la existencia en los tiempos modernos de mujeres médicas no podrá nunca ser sobreestimada. Baste recordar que antes de la aparición de las actuales ginecólogas, los médicos hombres resolvían cualquier trastorno femenino ordenando una histerectomía. Este hecho fue ampliamente denunciado, aunque aún no se ha profundizado, que sepamos, en los orígenes oscuros de esos intentos de esterilización masiva.

4.2.1 Hospitales
4.2.1.1 El primer hospital para mujeres

Según César Mena, historiador de la Medicina y la Odontología en Cuba, el primer hospital "dedicado sólo a mujeres" fue el de San Francisco de Paula, *"que estaba junto a la iglesia del mismo nombre, y que fue creado por una donación del presbítero Nicolás Estébez [o Esteves] Borges en 1644, situado al final de la Alameda de Paula, y al que pertenece la cúpula y su cimborrio que se han conservado frente a la muralla"*. Y divide su historia en:

1) Fundación   1644 a 1730
2) Reconstrucción   1730 a 1799
3) Engrandecimiento 1799 a 1909

Según la historiadora Teresa Fernández Soneira, la fecha de fundación del hospital fue 1664. Y continúa: *¿Por qué San Francisco de Paula? En el 1602 se había desatado una terrible epidemia en La Habana y los vecinos se habían puesto bajo la advocación de San Francisco de Paula. Muchos experimentaron una milagrosa curación y se cree que debido a esta devoción popular Estébez Borges decidió que la iglesia y hospital llevaran el nombre de este santo.*

4.2.1.2. El Hospital de Reclusas

Se creó a mediados del siglo XVIII, con una donación del obispo Laso de la Vega y contribuciones del vecindario. Fernández Soneira nos hace esta descripción: *Tenía el hospital solamente cuatro camas en las que se trataban y curaban mujeres pobres y desvalidas. Para su cuida-*

do y asistencia se dispuso de una enfermera o monja, de una esclava o criada y de un médico.

Más adelante reproduce la descripcion de Jacobo de la Pezuela en 1863: *Consta de dos salas altas para mujeres blancas, una de medicina y la otra de cirujía. Dos bajas para las de color; las enfermedades contagiosas y la llamada del Palenque, destinada para refugio de negras y mulatas viejas* .

Fernández Soneira nos recuerda, por último, que es a esta "casa" adonde va a parar la infortunada Cecilia Valdés, y donde encuentra a su madre.

4.2.1.3.Maternidad Obrera

Por Ley del 15 de diciembre de 1937 fue creada la Junta Central de Salud y Maternidad, que erigió el espléndido edificio de Maternidad Obrera, uno de los pocos de América en su clase, verdadero orgullo cubano, situado en la Calzada de Columbia, en Marianao.

4.2.2 Mujeres médicos

Por inclinación natural, las mujeres han sido *healers* desde tiempos immemoriales.

4.2.2.1 La mujer del Protomedicato

Enriqueta Faver, la médico-mujer santiaguera, había nacido en Suiza, estudiado en París bajo el nombre masculino de Enrique Faber, y llegó a Santiago en 1816, donde comenzó a ejercer. Pero, de acuerdo con su pretendido sexo, tuvo la malhadada idea de casarse... con una mujer. Convertida al catolicismo, puesto que era protestante, la boda por la iglesia tuvo lugar el 11 de agosto de 1819. Fijada su residencia en Baracoa, fue nombrada subdelegado de cirugía de la jurisdicción del lugar. Pero la "esposa", Juana de León, no estuvo de acuerdo con esta situación y procedió a denunciarla. Condenada a servir cuatro años en el Hospital de Paula de la Habana, una vez cumplida su condena, marchó a la Florida, donde murió tres años más tarde.

4.2.2.2. Doctoras en Medicina

La primera mujer en estudiar Medicina y Cirugía fue, según Caraballo, Laura [Martínez] Carvajal López, que se especializó en enfermedades de los ojos. Según Alonso y Artigas, también estudió Ciencias Físico-Matemáticas, y se graduó en 1889.

Otras graduadas en Medicina, hasta 1917, fueron: Gertrudis Aguilera y Céspedes, Andrea Amador y Domínguez, Francisca Hernández y Valenzuela, María Matehu, Fidelia Mestre y Hevia, Luisa Pardo y Suárez.

Las mujeres médicos participaron activamente en las luchas cívicas contra la dictadura de Machado. Entre ellas, Rita Shelton e Inés Segura Bustamante. Shelton fue la propulsora de la ley de "La gota de leche" para los niños. Inés Segura, desdoblada en cronista e historiadora, ha publicado diversos libros narrando los principales eventos de los años 30. Exiliada desde el comienzo del castrato, falleció recientemente en Miami.

Según Rosa M. Cabrera, la primera dietista cubana era de Camagüey: la Dra. Gertrudis (Tula) Aguilera Céspedes.

Entre las médicas con cargos públicos recuerdo a Estela Matos, directora del Departamento de Salubridad de Marianao.

Otras médicas destacadas en la República:

A Juana Alejo, Mizar Argota.

B Lillian Beausoleil.

C Ofelia del Campo, Regina Castillo, Margarita Cimadevilla.

D Margarita Despaigne, Elsa Díaz, Catalina Durruthy.

E Ofelia Esquivel.

F Edelmira Fernández, Dora Fernández Cruz, Olga Ferrer (la célebre oftalmóloga), Marta Frayde (también activista política y comunitaria).

G Elda Guerra.

J Mercedes Jorrín.

K Ada Kourí, Josefina Kourí.

L Hady López, María G. Lovio.

M Amparo Macías, Aurelia Martínez Álvarez, María Méndez, Gladys Menéndez, Ana María Mercado, Sara L. Mola.

P Georgina Peña, Zoila Pinto, María Planes, Margarita Prendes.

Q Gisela Quintero.

R Ángela Risco, Arminta Rodríguez, Concepciòn Rodríguez, Isabel Rodríguez, Olga Rossié.

S María Teresa Santa Cruz, Hilda Sariol.

T María del Pilar Torres, Margarita Prendes.

V Gudelia del Valle, Lillian Vieta.

La especialidad más favorecida por las mujeres médicos fue, lógicamente, la ginecología. Entre otras muchas destacadas citaremos a Ana

Acosta, María Luisa Bermúdez, Dolores Carbó, Raquel Cruz, Nedda Díaz Biart, Elda Díaz Ferrer, Leonor Ferreira, Nadelia Gardín, Margarita Gómez, Mirta Guzmendi, Enna Heredia, Marta Kourí, María Julia de Lara, Nereida León, Hilda López, Violeta Ludeña, María Ignacia Ludeña, Nora Mill Hernández, María Dolores Muñoz, Isabel Pereira Torres, Bertina Pérez Bodes, Hilda Pérez Perlacia, Catalina Pozo Gato, Gilbertina Puertas, Amalia Quintero, Elvira Rey Chilía, Ana Ricardo, Nivia Rodríguez Ríos, Amparo Sobral, Esmeralda Tomás.

También fue muy favorecida la pediatría: Adelfa Arce, Minerva de la Arena, María Teresa Estrada, Aurelia Fornos, Sara Galofre, María Luisa García, Edith Gavica, Renée González, Aida Hernández Alfonso, Nolga Sora.

En el campo de la dietética y nutrición se destacaron: Ana T. Curbelo, Margarita Cimadevilla, Catalina Durruthy, Edelmira Fernández, Haydée López, Gladys Menéndez, Dulce María Mestre, Aracelia R. Villalonga.

EN EL EXILIO

Con la llegada del castrismo, tomaron el camino del exilio más de 4,000 médicos cubanos. Porque comprendieron, como muy bien explica Marta Frayde, que la salud pública "tenía dos finalidades: la parte propagandística que siempre ha usado el mundo comunista y la otra, la Medicina como medio de exportación para obtener dólares".

Muchos de los profesionales de la medicina que se quedaron en Cuba no han tenido escrúpulos en poner los recursos médicos al servicio de la dictadura, como en los casos del uso de drogas y los electrochoques contra los presos de conciencia.

Continuaron desarrollando su carrera o comenzaron a ejercer en el exilio: Alicia Acosta, Ramona Paneque y Sigrid Arnoldson, siquiatras. También Idalia Ana Acosta, Emilia Aguilar, Gladys Alfonso, Diosdada Álvarez, Luz Marina Álvarez, Esperanza Arce-Núñez, Cristina Beato (Subsecretaria de Salud de los EE. UU.), Magaly Betancourt, Lourdes Bosch, María Bustillo, Amparo Cabrera, Clarissa Carbó, Teresa Cardoso, Gloria Casal, María Donate Armada, Olga Ferrer, Elda Ferrer-Guerra, ginecóloga, Marta Frayde, Yolanda A. Galarraga, Miriam García-Portela, Amarilys González, Raquel González, Elda Guerra, ginecóloga, Ana María Lamas, alergista, Hilda López, ginecóloga, Marilú Madrigal, Elena Martínez, ortopédica, Nancy Mas Huertas, Estrella Mederos, Gloria Mendizábal. María Milanés, Ana Paláiz Arán, Nilde Peraza, Leonor Pimentel (destacada activista de los derechos femeninos), Mercedes Pino, Marianela de la Portilla, Niva de Quesada, María Sánchez (como laboratorista en el exilio), Lourdes R. Sanjenis, Elvira Terry, María Torres, Elena Ubals, Lydia Usategui, siquiatra infantil y presidenta del Comité Pro Derechos humanos de los Niños, Lillian Vieta, Eneida Vivanco.

Olga Ferrer fundó en Miami el "Horacio Ferrer Eye Institute", en honor del célebre oftalmólogo, su padre y mentor. La Dra. Ferrer ha organizado congresos de su espacialidad, ha sido honrada por diversas instituciones médicas en varios países del mundo. Ha sido conferencista invitada en otras muchas, como la Sociedad Francesa de Oftalmología. Siempre al tanto de los últimos adelantos, no vaciló en diseñar un equipo láser para cirugía a nivel celular. Graduada de la Johns Hopkins, ejerció en Cuba hasta su exilio, cuando pasó directamente a ocupar una plaza de profesora en el célebre Instituto Bascom Palmer de la Florida. Pronto se uniría al Miami Medical Team de voluntarios, que tanto bien ha realizado en los países hermanos.

Martha Frayde es hija de la extraordinaria periodista Leonor Barraqué, de la que recibió una educación esmerada. Ella misma relata: "Mi madre me crió en el amor a los libros, en la pasión por la cultura francesa. Siempre me hablaba con profundidad, y siempre se tomó muy en serio mi educación. A los siete años, me habló de la muerte y del paso del tiempo. Ella seleccionaba mis lecturas y se ocupaba de que yo supiera hablar correctamente". Marta Frayde ha sido una importante figura de la política cubana en los últimos cuarenta años. Amiga y ministra del dictador cubano, no tuvo reparos en denunciarlo cuando se convenció de sus crímenes y engaños. En la actualidad dirige el Comité por los Derechos Humanos de Madrid.

Merece mención aparte Carmen Alfonso, médica y capitana del Ejército de los Estados Unidos (Flight Surgeon).

También Ana María Lamas, graduada a distintos niveles de las Universidades Johns Hopkins, Harvard y Yale, y profesora asociada de Clínica en la Universidad de Miami. Está licenciada en los Estados de Maryland, Florida y Nueva York, así como nacionalmente, para ejercer en cualquier lugar de los Estados Unidos. Ha producido más de una docena de artículos especializados en las mejores publicaciones médicas.

Algunas médicas se distinguieron además por su labor divulgadora en la prensa y la radio. Mantuvieron columnas en periódicos y revistas María Julia de Lara, Inés Segura Bustamente.

Y han continuado esta tradición en el exilio la propia Inés Segura Bustamante, las más jóvenes Alicia Acosta y Estela Mederos Sibila.

Maritza Fuentes y Maribel Santa Cruz realizan una extraordinaria labor de divulgación en los canales televisivos. Últimamente ambas han lanzado su línea de productos médicos para mejorar la salud.

Si fuera a escoger a la médica extranjera "aplatanada", el índice recaería sin duda sobre la oftalmóloga Marta Airala.

4.2.2.2.1 Doctoras en Ciencias Veterinarias

No ha sido una profesión favorecida por las mujeres. En la República sólo hemos podido obtener los nombres de Gertrudis Ortega Hernández, Manuela Hernández, Eleodora Mena Ramón.

EN EL EXILIO

Han sobresalido las hermanas Brower.

4.2.3 Farmacéuticas

Se considera que Jacinta Menéndez Luarca Díaz fue la primera graduada en Farmacia en 1888. Pero Caraballo, apoyándose en Trelles, sostiene que "la primera mujer que se doctoró en Farmacia, en los dominios españoles", fue María de Jesús Pimentel, un poco después, en 1892. La siguieron Estrella Arroyo López (1894, Herminia Plasencia Piedra (1901) y María Felicia Carreño Sardiñas (1901). Y a partir de entonces, graduadas antes de la Primera Guerra Mundial:

A Carmen Aguiar, Silvia Alacrán, Etelvina Álvarez Aguirre.

B Pura Ballina, Gloria Barceló, María Becerra y Bonet, María Cristina Bolaños.

C Eugenia María Cabarroca, Dalia Calderón, Muisa Calonge, Adelaida Camí Hernández, Josefa Cejas, María Sara Cepero y Hernández Lugo, Paula Coll, América Cuervo, María Angélica Curbelo.

D Zoila Delgado, Clara Luz Delmonte, Julia Diago, Margarita Dihigo, Araceli Lucila Dubreuil.

E Luisa Escanaverino (su hermana María Dolores, también farmacéutica, nació en Costa Rica) María de la Asunción Estrrada.

F María Fernández de Velasco, Clara Fernández Gerardo, Estefanía Fernández Iruela, Zoila Fernández Iruela, María Figueroa, Sara Figueroa, Graciela Fuentes, Josefina Fuentes.

G María Victoria García Agreda, María de las Mercedes del Rosario García Gómez, Carmen García Mesa, Antonia Garrigó, Enriqueta Gómez Julián, Josefa González Frexas, Adelina González García, Teresa Gurri.

H Blanca Habana de la Iglesia, Modesta Hernández Valdés.

J Eugenia Jouve, Hortensia Jouve.

L Rosa María Lagomasino, Lucrecia Landa, María de la Concepción Ledón, María Cesárea Letapier, Margarita López López, Aracelia López Roque, Aracely López Villaronga,

M Ángela Martínez Arellano, María Martínez Bacallao, Elisa Martínez Fortún, Juliana Martínez Leiro, María Martínez Rodríguez, Adelaida Martínez Sepúlveda, Amelia de la Concepción Mesa, María de la Trinidad Monte, Alicia Muñoz.

N Máxima Noguiera.

O Eulalia Olano, Hilda Olazábal.

P Digna Pérez Morales, Raquel Pola, Rosa Pola, Edenia Portuondo, Dulce María Presmanes.

R Elvira Ramos, Dolores Riera, María del Rosario Rivero, Luz María Rodríguez Herrera, Perseverancia Rodríguez Sardá, Ana María Romo.

S Justa Seigler, Leonela smith, Natalia Soto, Ofelia Sotolongo.

T Ángela de la Torre, Adela de la Torre Mujica.

V Concepción Valdés Cremé, Estrella Valdés Lafont, Alicia Viamonte, Zoila Vidal, María Carmelina Villaverde.

Otras farmacéuticas distinguidas: Herminia Ancheta, Nemesia Antuña, Lucila Barroso, Reina Behar, María Antonieta Borroto, Cecilia Cartaya, María E. Clavijo, Hortensia Cubiñá, Margarita Cubiñá, Angelina Dalmau, Mirta Estopiñán, Leonor de Feria, Zoila Leiseca, Raquel Lewin, Elena Marrero, Elba Mayor, Georgina Peña Ariet, Ada Ruiz Castañeda, Francisca Ryder, Minerva Sánchez, Margarita Sierra, Georgina Smith, María Antonia Sotolongo, Anaida Tabares, Nieves Tenenbaum, ZoilaTrujillo, Aurora Veloso, Ramona Vergara, Arabel Viera, Cira Villamil, Ana M. Villanueva.

Muchas de estas mujeres eran propietarias de las farmacias de sus nombres hasta alcanzar la cifra impresionante de unas 170 farmacéuticas establecidas en Cuba republicana, a las cuales habría que añadir las graduadas que no ejercían o prestaban sus servicios en farmacias que no era propias.

Rosa Trina Lagomasino fue la primera mujer en ocupar una cátedra universitaria, en la Escuela de Farmacología.

Había en La Habana dos grandes emporios farmacéuticos, las droguerías Sarrá y Taquechel. Las herederas respectivas eran conocidas como "las Sarrá", y "las Taquechel", mujeres millonarias que continuamente figuraban en las crónicas sociales.

Fausto Miranda menciona a una "Dra. Barrouk, que tenía su farmacia en la calle Infanta num. 19 y hasta da el número de teléfono: U 7839 (ENH, 13 de abril de 2002, p. 2E).

Esperanza Sánchez Mastrapa, la célebre senadora por la provincia de Oriente, era farmacéutica de profesión. Fue militante comunista y, cuando decidió retirarse del "partido", sufrió una de las campañas de difamación más feroces que Cuba había conocido hasta entonces, especialmente en el caso de una mujer.

Guardo especial afecto a la memoria de Hortensia Cubiñá, directora-propietaria de la farmacia "Jesús Nazareno", en la Calzada Real de Marianao.

EN EL EXILIO

La visibilidad de las farmacéuticas es mínima porque ya no poseen farmacias propias sino que casi todas trabajan para grandes cadenas, muchas norteamericanas.

4.2.4 Laboratoristas

Cuba produjo destacadas laboratoristas, muchas de ellas médicas, cuyos nombres demasiadas veces permanecían en el anonimato, agrupados bajo el nombre colectivo del laboratorio en el que ejercían, como es el caso de Jaifa Chediak, de los laboratorios de ese nombre. O de Lilian Vieta, de los laboratorios Vieta-Plasencia.

Otras laboratoristas notables: Mercedes Chávez Arango, Ángela Ruiz López, Flora Teresa Villalón.

Fue muy notable la labor imunológica de Josefina Lamas [née López Paniagua], continuada **en el exilio**, cuyo nombre ostenta el laboratorio que desarrollara conjuntamente con su esposo, Juan Federico Lamas, labor que ahora prosigue la hija de ambos, Ana María.

Ana Peláez Arán, que fuera profesora de Bacteriología de la Universidad de la Habana, continuó su labor en el National Children´s Cardiac Hospital de la Universidad de Miami. Son técnicas de laboratorio destacadas Rucca Velázquez y Gloria Inclán.

Otra médica cubana, María Sánchez, fue laboratorista del Departamento de Hematología del Hospital Jackson Memorial, en Miami, dirigido por la cubana Frances Ardouin. También laboratoristas destacadas, en distintos aspectos: María Dolores Martínez, Haydée Navarro.

No carecen las laboratoristas de su "extranjera aplatanada". Laboraba en el Departamento de Hematología del Jackson una flebotomista negra, Opera, que se sentía una de ellos entre los cubanos.

4.2. 5 Dentistas y Cirujanas dentales

Según Martínez Fortún, citado por César Mena en su *Historia de la Odontología en Cuba*, el 13 de enero de 1823 se anuncia una señora de apellido Delane, "que llegada de los E.U.N.A. cura el escorbuto, pone dientes artficiales y vende polvos dentrífricos". Mena piensa que aunque no existan datos concretos debe haber mujeres anteriormente ocupadas en estas actividades porque "desde tiempos remotos la odontología es una profesión donde las mujers se desenvolvieron". Como prueba, su historia está ilustrada con grabados del s. XIII, donde se ven mujeres realizando algún trabajo dental, "aunque la noción de profesionalismo no parece haberse desarrollado hasta el final del siglo XVI".

En 1837 aparecen los nombres de Concepción Page y Juana Osborn. Concepción Page se anuncia en el *Noticioso y Lucero* para una variedad de funciones: extracciones, orificaciones, prótesis, ortodoncia, y medidas preventivas. Por esa época se anuncia en el Diario de la Habana Juana Osborn, "dentista de Filadelfia", revalidada en Cuba, "que continùa desempeñando todos los ramos de su profesión".

Ya en la República, a comienzos del siglo ejerció María del Rosario Badía y León. Y a partir de entonces, se multiplican los nombres en "una de las profesiones que más favorecen las mujeres".

César Mena destaca en su obra a las becarias de los Laboratorios Gravi, distinción otorgada a partir de 1939: Otilia Montero Martínez, primera becaria.

Otras destacadas dentistas: Célida López Rubio, Adriana Gárate y Loynaz, Haydée Sánchez Fernández de Cossío y Blanca Lidia Quevedo. Otras profesionales destacadas en este campo, en Cuba republicana y en el exilio: Josefa Margarita Badía, Ana Altagracia Vega, Ana Villalón, María M. Agramonte, Georgina García, Virginia Ledesma, María de los Ángeles Rodríguez (cuyo gabinete frecuento hace casi veinte años), Dalia Sánchez, Georgina Shelton, Teresita Zapatero (de Santa Clara, que me atendió siendo yo profesora de la Universidad Central).

Tuvieron las dentistas cubanas, como cuenta Mena en el Tomo III de su obra, una mártir de su profesión, Luisa Cira de la Torriente, graduada del año 1927, que en 1953, ejercía en el Hospital Civil del Ministerio de Salubridad y Asistencia Social en Isla de Pinos. Sucedió que un "jamaiquino", llamado Asmond Mc Kenzie, que acababa de ser dado de alta del Hospital de Dementes, se presentó en el Hospital Civil solicitando ayuda médica. El director, a pesar de que el individuo mostraba síntomas de locura, lo envió al gabinete de la Dra. de la Torriente. El loco, tras gritar que iban a extraerle una muela que no era la que le dolía, esgrimió un cuchillo que traía oculto, saltó sobre la dentista y le dio muerte. Ese acontecimiento enlutó a la sociedad habanera y fue uno de los crímenes más resonantes de la época.

En la misma interesante historia de Mena se citan los graduados de la Facultad de Odontología, año por año. Es evidente que no vamos a repetir las relaciones que ese autor ofrece. Pero también relaciona Mena los profesionales de la Odontología que salieron al exilio hasta 1983, fecha de publicación de su monumental obra. Y aquí sí seleccionaremos, de la impresionante lista de dentistas profesionales exiliados, los nombres de mujer:

A Bertila Abel, María Acero, Josefa Acosta, Esther Aguilar, Olga Álvarez Rojo, Berta Aquino, Graciella Aucar, Berta Azán.

B Haydée Barrueta, Julia Beltrán del Busto, Paula Bermúdez, Emma Borges, Vivian Bravo, **C** Elba Calzadilla, Inés de la Campa, Modesta Carrasco, Marta Castell, Josefa Castillo, Nereida Cruz Mesa, Zeida Cuesta, Delfina Chuffat.

D Elvira Daguerre, Sonia Delgado, Adria Díaz, Iris Domínguez.

E Graciella Espinosa, María J. Estrada Oliva.

F Ofelia Febles, Ondina Fernández, Iris Fonseca, Enedina Fuentes.

G Berta García, Clara García, Hilaria García, María Teresa García, Mirta García, Hortensia Giancurso, María Goenaga, Edilia Gómez.

H Celia Hernández, Elena Hernández Amador, Giraldina Hernández, Zenaida Hernández, María Isabel Hevia.

J María Jiménez Álvarez, Ángela Kinsey, Luisa Kirstein.

L Berta Laurencio, Dolores Lescura, Rosa María Longa, Manuela López Criado, Josefina Loynaz, Margarita Luaces, Olga Luján.

M Elena Marauri, María I. Marauri, Isabel Martín, Anisia Martínez, Mayra Mesa, Ana Mir, Hilda Mosquera, Ma. Dolores Moya.

O Nazarena Ortiz.

P Lourdes Pack, Luisa Pardeiro, Mirta Payarés, Celia Pérez Gil, Ángela Pérez, Raquel Pérez Muñoz, Gladys Piacetti, G. Piedra de Armas, Olga Pinto, María Prado, Marta Prieto, Olga Prieto, Eliette Puertos.

Q Margot Quintana.

R Elva Ricardo, Caridad Rodríguez, Concepción Rodríguez, Elva Rodríguez, Hermnia Rodríguez, Juana Rodríguez, Lidia Rodríguez, Mirta Rodríguez, Zoe Rodríguez, Zoila Rodríguez, Delia Romani, Adela Romero, Hortensia Ruiz.

S Bertila Sánchez, Dolores Sánchez, María D. Sánchez Moya, Elisa Soler, Alba Flor Surí, Alicia Suró.

T Zoila Tablada, María C. Tiagunce.

U María Urquiola.

V Norma Vitores.

Z Georgina Zamora, Soledad Zamora, Antonia Zapatero, Teresita Zapatero, Georgina Zayas Bazán.

Como bien aclara Mena, el cambio de apellidos al llegar a los Estados Unidos puede haber originado alguna repetición. En su mismo texto vemos una Elsa Soler, quizás entrada luego como Elisa. Faltan en la relación, que sepamos, Georgina Shelton (que en esta obra yo agrupo con las feministas), Malvida Linares Paneque, cuyos logros profesionales una vez llegada a EE. UU. se reseñan en la propia obra de Mena y Pilar Goenaga, que ejerció en Nueva York.

4.2.6 Enfermeras

Fue en la manigua redentora donde se formaron las primeras enfermeras cubanas. Entre ellas Dominga Moncada, también combatiente, famosa por su coraje. Recuerdo personalmente a Concepción Álvarez, agrupada en este libro con las mambisas.

Luz Noriega, a quien Maceo llamaba "la Reina de Cuba'', cuidaba enfermos en medio de los combates más feroces. Fue apresada y paseada entre bayonetas por las calles de Sancti Spíritus vestida con un sayón de yute. Isabel Rubio con el rango de Capitán de Sanidad Militar en las huestes de Maceo, fue acribillada a balazos en defensa de su hospital, donde también se encontraban mujeres y niños. Otras enfermeras mambisas: Rosa Castellanos (Rosa, "la Bayamesa"), las hermanas Cancino, Caridad Bravo y sus hijas, Adela Azcuy, Carmen Abreu Luna.

Durante la intervención americana y primeros años de la República, muchas ingresaron a las llamadas "carreras agregadas". La primera escuela de enfermeras se fundó en agosto de 1899, por el Mayor Furbush del Ejército de ocupación norteamericana, también fundador de la "Liga Contra la Tuberculosis".

La primera instructora fue Miss Mary O'Donnell en el Hospital Mercedes, que dirigía Emilio Núñez. Caraballo consigna que, entre

1900 y 1917, 385 cubanas ostenraron el título oficial de Enfermeras. También señala la existencia de una "Asociación de Enfermeras de Cuba", de la cual era presidenta en esa última fecha la Srta. Pelegrina Sardá. que se ofreció como voluntaria para acompañar al frente a los miembros del ejército cubano que se disponían a marchar a combatir en Europa, durante la Primera Guerra Munial. Otras enfermeras que se ofrecieron como voluntarias para ir al frente de batalla fueron Adolfina Padrón, Blanca Dieppa, Valentina Medina y Margarita Aldama.

Alrededor del año 1929, era Jefa de enfermeras de la Liga Contra la Tuberculosis Emma Deulofeu (tía materna de la escritora cubana Surama Ferrer).

Fue instructora de la Escuela Nacional de Enfermeras Margarita Andino, muy recordada por sus alumnas. Era la única mujer en el claustro de profesores en aquella época, porque la enseñanza de esa escuela la impartían los profesores mismos de la Escuela de Medicina de la Univeridad de La Habana. Posteriormente fueron instructoras: Cristina Morán y Regla María García.

Dice Fausto Miranda: "Así como se mantenía en la Habana el Hospital Las Ánimas para enfermos en casos contagiosos y el de San Lázaro para los enfermos de lepra, pues en las cercanías de Mazorra estaba el Hospital para Dementes [...] Varios edificios... Funcionó debidamente durante gran parte de la existencia de la república libre. Durante un festival de 1937, las abnegadas enfermeras del hospital prestaron su más decidida cooperación para el evento. Fueron felicitadas a nivel nacional". El artículo (del sábado 29 de agosto de 1998, p. 2E), incluye la foto de un grupo de esas enfermeras.

Era muy conocida en Marianao, por su dulce trato, la enfermera de la Clínica María Milagrosa (¿Panchita?).

Otras enfermeras en Cuba republicana, cuyos nombres he podido, allegar: Ofelia Alta, Ernestina Blanco, Carmelina Cornes, Erundina García, Berta Gómez, María de los Ángeles González, Ernestina Guerra, Carmen Herrera, Rita Mier, Geraldina Morán, María Luisa Peláez, Pilar Rousseau, Aleida Toca, América Vasallo, Eliana Villate.

Según se sabe, todas las enfermeras están colocadas bajo la protección de su patrona, Santa Agata.

Es legendaria la enfermera Victoria Cham Bon Bian, que según Antonio Molina era nieta del célebre "médico chino" del habla popular cubana, Juan Chambombián, que llegó a la Habana en 1858.

EN EL EXILIO

Desde los comienzos del régimen castrista, innumerables cubanos se han exiliado. Al cesar los llamados "vuelos de la libertad", muchos se lanzaron al mar en lo primero que encontraban: rudimentarias balsas y neumáticos de automóviles. Fue así como llegó al exilio la enfermera María Rodríguez, que hizo conmovedoras declaraciones: "La jornada fue muy peligrosa. Nos quedamos sin agua y sin alimentos. Algunos maldecían la oscuridad, otros pedían clemencia a Dios... Cuando fuimos rescatados, abrí una pequeña cajita que traía en un bolsdillo con una minúscula bandera americana que me había dado mi madre y lloré calladamente, besando la bandera, y dije una plegaria... Por primera vez en mi vida me sentí libre".

El sistema de salud de los Estados Unidos no favorece la relación de los pacientes con sus médicos y mucho menos con las anfermeras no sólo de las consultas respectivas sino, muy especialmente, las enfermeras de los hospitales. Así y todo, se ha destacado María Luisa Martínez, graduada muy joven, que fuera enfermera del Hospital Calixto García en tiempos republicanos.

Julie García recibió el premio Vivian Hurst por excelencia en el cuidado de enfermos.

Otras enfermeras: Adela Parrondo y la siguiente, reseñada por mí hace algunos años:

4.2.6.1. María Elena Torres

Es una madre singular, que tiene 16 millones de hijos. O al menos, de esta forma siente María Elena Torres hacia cada uno de los 16 millones de diabéticos diagnosticados en los Estados Unidos. Se calcula que existe otro millón más sin diagnosticar. Y este otro millón también causa los desvelos de María Elena: cómo alcanzarlos, cómo educarlos, cómo salvarlos de un horrible destino que puede ser enfermedades del corazón, de los riñones, daños irreparables en la vista, amputaciones... "Aunque la diabetes por el momento no tiene cura", afirma, "siempre hay maneras de prevenir esas complicaciones, o al menos retardar su aparición, porque la diabetes es una enfermedad progresiva".

En esa lucha obsesiva contra la enfermedad, María Elena ha estado trabajando no se sabe cuántas horas diarias como enfermera clínica especializada al frente del centro para el tratamiento de la diabetes del Hospital Mercy en Miami. Entre sus responsabilidades están las de desarrollar la política y procedimientos para pacientes externos e internos del hospital, la creación de programas educativos para todos esos grupos y para la comunidad, el entrenamiento de los empleados del hospital, de los pacientes en el uso de la insulina, análisis de los resultados obtenidos. Ha combinado estos deberes en el hospital con extensos viajes por los Estados Unidos y por el continente americano, participando en congresos de especialistas. Da conferencias, escribe y publica, pertenece a las más prestigiosas asociaciones de su especialidad y en muchas actúa como asesora.

¿Que la motiva? ¿Había alguien mujy querido con diabetes en su familia? María Elena rehúsa hablar de sí misma, pero en una ocasión admitió que su abuelita era diabética. Siente, además, en forma que no puede explicar que esa es su misión en la tierra, como si Dios le hubiera inspirado combatir la peligrosa enfermedad. Porque siempre, desde que comenzó a estudiar enfermería, sabía que ésa iba a ser su especialidad. Fue graduándose con honores en todos los niveles, y no sólo en enfermería, sino en artes y en ciencias. Y tomando cursillos en el uso de diversos equipos médicos que se usan para administrar insulina. Posee varios premios en enfermería, en educación de pacientes. Es como si no existiera una actividad en la que no haya realizado una labor sobvresaliente. Y esta ejemplar enfermera no tiene otra ambición que servir. Ella rectifica: "Sí, tengo otra ambición: que no quede un solo diabético sin diagnóstico, sin educación, sin tratamiento".

Vanidades Continental, Año 39, num. 19, Sept 7 de 1999, p. 99.

4.2.7 Curanderas

Por los años 1600 habitaba en Santiago de Cuba una mujer de raza aborigen, llamada María Nava, curandera, apelada popularmente "la bruja". A causa de ella se popularizó el dicho: "Más sabihondo que la Nava", usado en la región oriental hasta fines del s. XVIII. A causa de la escasez de médicos, las autoridades le permitieron ejercer la medicina, con la condición de que no saliese de los límites de la ciudad.

El tipo popular de la curandera de su época está representado en detalle por Landaluce en su célebre colección de grabados de 1881.

Realizó también curaciones la espiritista Leocadia Pérez Herrero, que servía de médium al negro congo Tá José, representado en un cuadro que Leocadia tenía en la sala de su casa, fumando un tabaco y apoyándose en un bastón.

4.2.8 Comadronas

Usted es viejo, pero viejo de verdad, si recuerda a las abnegadas
comadronas... Ellas, en el pueblo, se llenaban de orgullo diciendo que
habían "recibido" a los buenos tipos y a las más bellas muchachas...
Cuando las llamaban para un nacimiento en el campo, acudían presurosas
haciendo el viaje a pie o a caballo, según la distancia.... [...] En aquellos
tiempos los honorarios eran $5... Y no faltaba un agradecido nuevo padre
que, además, le regalara una gallina y frutas a la comadrona.

Fausto Miranda

Según algunos autores, el primer nombre de partera en Cuba que registra la historia es el de Blasa Romero, en un Acta del Cabildo de la Habana de 1511. Blasa Romero fue condenada a prisión cuando sólo contaba 20 años de edad, por "reincidencia en público de amancebamiento" con el sargento Juan de León. Pero la condena fue eliminada o suavizada "debido a la penuria que existe de mujeres inteligentes en semejante arte de partera", y se limitaron a aconsejar a Blasa que viviera en lo adelante "honesta y recogida". Otras fuentes proponen como la primera a María Magdalena, cuyo nombre registra la historia en 1613, consignándola como una "madre de parir".

Landaluce dejó constancia de estas mujeres en su imagen de "Partera en Cuba", que forma parte de su conocida serie de tipos populares de 1881. Como en el caso de "La Curandera", se trata de una mujer negra.

Como es lógico suponer, las comadronas precedieron, con mucho, a las enfermeras y hasta hubo una época en que esas funciones eran ejercidas por alguna mujer mayor de la familia o alguna hábil vecina. En casos extremos, la mujer era su propia comadrona. Se contaba en mi familia el caso extraordinario de una hermana de mi abuela, isleña como ella, a quien le había sorprendido el parto mientras araba en el campo. El arado, para aumentar lo extraordinario del cuadro, era del modelo que se pasa por los hombros, es decir, que es la persona misma la que está uncida al arado... Pues bien, esta estoica mujer, a la cual se referían como "la tía Cristina", al sentir que se le quebraba la fuente, se desunció del arado y buscó la sombra de un árbol. Allí tuvo al niño. Le cortó con una piedra el cordón umbilical. Se quitó un paño que tenía atado a la cabeza para protegerse del sol y envolvió en él al niño. Tomó unos sorbos de agua de un porrón que siempre sacaba consigo al campo, dejó al niño en su paño a la sombra del árbol... y volvió a uncirse al arado y siguió en su faena hasta el anochecer.

Con el comienzo de la República, se instituyeron las "carreras agregadas", entre ellas las de comadronas y enfermeras. Caraballo calcula que entre 1900 y 1917 poseían el título de comadronas unas 300 cubanas.

Muchos recordarán con afecto hasta hace pocos años a Esperanza, una comadrona de Holguín. Según Fausto Miranda (ENH, 5 de febrero del 2000, p. 2E), ni ella misma sabía cuantas decenas de niños había traído al mundo.

El Rev. Jorge Bez Chabebe en su crónica acerca del pueblo de Caraballo (al noreste de la Habana) señala: "Es muy famosa la partera o comadrona de Caraballo, que pasó a mejor vida hace poco [Febrero de 2004]. El nombre de Bernardina Guerra es el plato común de cientos de familias a las que ella sirvió en tiempos donde [¿no?] había hospitales de maternidad en la Isla de Cuba".

Fue muy conocida en el Mariano de mi infancia una comadrona llamada Juana Durán, que solía asistir a mi padre, a Joaquín María Álvarez y a otros médicos del pueblo. Juana era una mulata de unos cuarenta años, de pelo negro muy brillante y planchado, que vestía toda de blanco, batas médicas largas, muy almidonadas. Aun de niña me llamaba la atención que mantuviese unas largas uñas al final de unos dedos casi siempre muy estirados, entre los que sostenía, como sin querer tocarla ni contaminarse, una boquilla de hueso, amarillenta por el uso. Juana acarreaba a todas partes un pequeño maletín negro, que era como una especie de símbolo de su status, porque sin llegar a ser enteramente enfermera, se sentía un peldaño profesional por encima de las improvisadas comadronas del barrio. Y, cosa curiosa (aunque nada rara en nuestra casa), cuando se le presentaba algún problema que parecía ir a desembocar en un parto difícil ¡Juana consultaba a mi madre! y no al señor doctorado de la casa.

Otras comadronas de Cuba republicana:

Paula Alonso, Julita Alonso, Felisa del Castillo, Petra Castro, Juana Cruz, Lilia Cruz, Edelma Cuervo, Mercedes Cuesta, Zenaida Elósegui, Herminia Estévez, Filomena Gestido, Carmen Gómez, Caridad Iznaga, Mericia Lovio, Didima Martínez, Luciana Méndez, Celestina Menéndez, Carmen Montalvo, Celedonia Navarrete, Nieves Piña, Carmen Pino, Concepción Requejo, Esther Rivera, Mercedes de la Rosa, Isabel Sáez, Josefa Sánchez. Alejandrina Santana, Juana Silva.

4.3 Ingenieras y arquitectas

Dos de las profesiones "masculinas" que más trabajo costó conquistar.

4.3.1 Ingenieras

Según Anita Arroyo, eran "notables calculistas de estructuras de hormigón y acero": Rita Gutiérrez, Isabel Whitmarsh Escenarro y Elena Súarez Cuéllar.

EN EL EXILIO

Se ha destacado Geisha Williams, que dirige un equipo de 2,000 profesionales para la Florida Power and Light. Ester Calas es la primera mujer que ha dirigido un Departamento de Obras Públicas, el de Miami-Dade. Otra ingeniera: Ana Teresa Gispert.

4.3.2 Arquitectas

- Elena Pujals era la única mujer profesora de la Escuela de Arquitectura de la Universidad de la Habana.
- Su hermana Alicia también era arquitecta.
- Lillian Mederos Baralt diseñó los planos del edificio del Lyceum, en Calzada y Ocho.
- Gabriela Menéndez, colaboró en obras públicas y privadas.

Otras arquitectas: Claudia Baroni, María Elena Cabarrocas, Olga Echezarreta, Beatriz Masó, Noemí Prado, Antonia Suárez, Rosa Talleda.

EN EL EXILIO

Se han destacado María Luisa Lobo Montalvo, Matilde Ponce y Ahmed H. Álvarez, que ha presidido la Asociación Cubana de Mujeres Universitarias.

4.4 Militares y aviatrices
4.4.1 Militares

Aunque ser parte de la Marina es un trabajo fuera de lo común, yo le recomendaría a cualquier mujer que se enliste, por la gran disciplina y ética de trabajo que se adquiere.

Lt. Amelia Reguera

La cuestión de si las mujeres deben o no pertenecer al ejército nacional de sus países ha originado grandes controversias. Muchas veces la actitud protectora de los hombres no obedece a preocupación legítima por la seguridad de las mujeres, sino al deseo de defender ese último bastión masculino por miedo a que pudieran arrebatárselo. En nuestro criterio, no debe existir un servicio militrar obligatorio para las mujeres, pero si en un momento de guerra ellas deciden defender sus patrias respectivas, este derecho no debe negárseles.

Durante las Guerras de Independencia de Cuba, muchas mujeres se "alzaron" junto con sus maridos e hijos **(V. 2.1.2).** Y muchas entraron en combate y obtuvieron rangos dentro del Ejército Libertador. Unas 25 mujeres obtienen el grado de oficiales y quedan inutilizadas en los combates. Mercedes Sirvén y Magdalena Peñarredonda ("La Delegada") y Rosalía Hernández Calestrín ostentan el grado de Comandante del Ejército Libertador. Hubo además 3 coronelas y más de 25 capitanas. Fueron abanderadas María Hidalgo y Paulina Díaz.

También muchas mujeres expusieron sus vidas en las luchas contra las distintas dictaduras que hemos padecido en Cuba. **(V. 2.2.4, 2.2.7 1 y 2.2.7. 2)**

En 1958, las mujeres formaron un batallón femenino denominado "Mariana Grajales" que luchó en la Sierra Maestra al lado de las huestes comandadas por Fidel Castro, que se creía eran un "ejército de liberación".

EN EL EXILIO

Carmen Alfonso, mencionada como médica, pertenece al Ejército de los Estados Unidos.

▪ Amelia Reguera, teniente de los célebres "marines" habla varios idiomas y es criptógrafa de las fuerzas navales de los Estados Unidos.

▪ Lisette García, nacida en Ohio, de padres cubanos, también perteneció a los "marines" norteamericanos donde trabajaba como especialista en contrainteligencia. Estuvo en la Guerra del Golfo. Y finalmente comenzó a actuar como periodista de *Prensa Asociada* y de *The Miami Herald.*

Una adición muy interesante y novedosa de mujeres uniformadas son las policías y las "troopers", policías estatales de carretera. Según afirma su alcalde, Unión City, en el estado de Nueva Jersey, es la ciudad norteamericana con mayor número de mujeres policías.

Otras mujeres de uniforme son las rerpartidoras del correo. La de nuestra casa, la gentil Marie.

4.4.1.1 Juanita Velazquez

Da la casualidad que entre las profesiones prohibidas a las mujeres, la más "tabú" de todas, la militar, fue una de las la primeras conquistadas.

Conocida en fuentes inglesas como Loreta Janeta Velazquez, nació Juanita en la Habana en 1838, y era, según decía, descendiente de Diego Velázquez, el colonizador de la Isla. Volvemos a encontrarla en 1861, casada con un dueño de plantación de Nueva Orleans, de apellido

Roach. Al estallar la Guerra Civil norteamericana, el marido se enlista en el ejército confederado y muere prontamente en batalla. Juanita organiza entonces, y equipa con sus propios recursos una compañía de caballería en Arkansas. Vestida de hombre, parte rumbo a Virginia, donde toma parte en First Manassas y permanece muchos meses a las órdenes del Coronel Dreaux, antes de que sea descubierto el engaño. Se le ordena que regrese a su casa, pero en vez de hacerlo, Juanita se disfraza nuevamente y parte hacia Columbus, Kentucky, donde pelea a las órdenes del general Polk y pasa a Tenneeessee, donde es herida en dos ocasiones. Se casa con un tal capitán De Caulp, que pronto muere en acción, quedando viuda por segunda vez. Entonces, el Gobierno confederado decide enrolarla como espía y agente especial. En esa capacidad, Juanita, unas veces vestida de militar con rango de teniente y otras veces vestida con ropajes de mujer, cruza las líneas enemigas en una dirección y en otras varias veces y logra penetrar el *staff* del Coronel Lafayette C. Baker, Jefe del Servicio Secreto de los Estados de la Unión. Una de sus muchas misiones formaba parte del plan "Northwest Conspiracy" para liberar a los soldados confederados en distintas càrceles, un total de 26,000 hombres.

Su extraordinaria biografía puede verse en *The Woman in Battle: a Narrative of the Exploits, Adventures and Travels of Madame Loreta Janeta Velazquez, Otherewise Known as Lieutenant Harry T. Buford, Confederate States Army,* ed. C. J. Worthington. Hartford. Conn. T. Belknap, 1876.

4.4.2 Aviatrices

Una interesante precursora de la moderna aviación fue Virginia Marotte Robertson, de origen norteamericano, que ascendió en un globo aerostático desde el Campo de Marte el 20 de mayo de 1828 [en 1829 según otros historiadores]. No logró mantenerse mucho tiempo por falta de gas y descendió a poca distancia.

En 1903, Aida de Acosta ascendió en un dirigible desde la estaciòn de Alberto Santos Dumont, en París.

Se considera a Berta Moraleda la primera aviatriz cubana. Pero Lucila Negrín, en una reciente biografía de Teresina del Rey, sostiene que ésta fue en realidad la primera aviatriz de Cuba. Sin embargo, la primera aviatriz militar cubana parece haber sido Hortensia de Aragón, que se ofrecio para formar parte de la escuadrilla aérea cubana que iba a combatir durante la Pimera Guerra Mundial.

4.5 Deportistas

Fue una gran precursora de los deportes Rita Dalmau, quien en los alrededores de 1895 practicaba esgrima, bicicleta, equitación y rifle. Se ocupaba además en la enseñanza de estos "sports".

Las únicas mujeres incluidas en el "Salón de la Fama del Deporte Cubano" son: Berta Díaz y Niurka Montalvo (Atletismo) y Martha Morejón y María Luisa Bonafonte (Baloncesto).

De las informaciones que siguen, muchas proceden del cronista deportivo Fausto Miranda, creador de la leída columna "Usted es viejo, pero viejo de verdad si…", que se publicaba cada sábado en "El Nuevo Herald, página 2 de la sección "Galería". Añadimos a la cita o dato correspondiente sólo su nombre y fecha.

Según Fausto (20 de octubre del 2001), desde el año 1922 comenzaba a desarrollarse el deporte entre las mujeres de los clubes capitalinos y "ellas" participaban en todo tipo de competencias.

Fueron figuras muy completas María Luisa Bonafonte y Quilla Valdés. Y muy destacada, Beba González (Fausto, 16 de septiembre del 2000).

…aquellas hazañas que en el deporte hicieron Margot Gómez de Molina, Cuca Gómez Roca, María Luisa Bonafonte, Olga García Rangel, María Carlota Llanio, Martha Morejón, Berta Díaz, Olga Veulen, etc. (Fausto, 22 de septiembre del 2001)

4.5.1 Marta Morejón

Cualquier elogio que se haga a Martha Morejón es bien merecido. Fue la más completa atleta cubana. Practicó distintas especialidades en campo y pista, hizo récords en lanzamiento de jabalina y disco, en natación y en basketball, y más tarde fue profesora de Educación Física. (Fausto, 21 de noviembre de 1998).

El mismo autor consigna que *el cronista deportivo Fernando del Castillo presentó a Martha Morejón como la atleta más destacada de Cuba, en la concentración Deportiva organizada por Manolo de la Reguera.* (Fausto, 13 de mayo del 2000).

Para Morejón es necesario un libro… Desde que comenzó a dejarse sentir en las competencias del Instituto de Cienfuegos, hasta que, ya graduada de doctora, al decir 'hasta luego', a la universidad, se llevaba a la Perla del Sur un montón de medallas, títulos y diplomas y el absoluto unificado criterio de la crónica deportiva cubana que la colocó en el lugar que merecía ella. [...] Fue campeona de salto largo, triple salto, ja-

balina y disco. Amén de ser básicamente basketbolista ganó campeonatos de softball, natación, tenis. La sección de Fausto del 23 de septiembre del 2,000, está casi enteramente dedicada a esta extraordinaria atleta.

4.5.2. Las"caribitas"

Dice Fausto Miranda (Febrero 20 2002): *Al amparo del glorioso color marrón de la Universidad de la Habana, no solamente adquirieron fama los atletas hombres, sino también las muchachas que estudiaban carreras, practicando toda clase de deportes y convirtiéndose muchas de ellas en figuras de fama internacional y hasta de capacidad olímpica. Usted es viejo, viejo de verdad, si recuerda la hermosa cantidad de atletas femeninas que prestigiaban nuestra universidad. Como a los varones les llamaban "los Caribes", a las muchachas les llamaban 'Las caribitas'".* Enumera entre ellas a Marta Fernández, Margarita Gascó, Gladys Isla, Beba González Ana M. Wust, Yolanda León, Marta Morejón, Lucía Tamayo, Celia Ávalos y Silvia Soler.

4.5.3. Otras deportistas y atletas

Margaret Chapmann, Berta Otazo, Madge Fiddy, Rosita Antich, populares en la Cuba de ayer. (Fausto, 27 de marzo de 1999)

Ajedrez: Jugó con singular maestría María Teresa Mora e Iturralde.

Niña prodigio fue María Teresa Mora, quien a los 14 años ganó el campeonato femenino de Cuba y lo sostuvo hasta su muerte. Paseó su grandeza de estrella en el ajedrez por todo el mundo. (Fausto, 9 de diciembre de 2000). María Teresa fue campeona nacional.

Baloncesto: Según el historiador de deportes Emilio Artechaederra, *Si nos propusiéramos hacer una pequeña historia del basket-ball femenino, tendríamos necesidad de partir del año 1924, sin que entonces el impacto fuera de consideración. Pero a fines de esa década, hubo basket-ball de clase gracias al esfuerzo y entusiasmo de las dirigencias de los clubes Teléfonos, Universidad, Santos Suárez, Hispano, Vedado Tennis, Fortuna, Atlético de Cuba y otros. Después cayó en una etapa de inactividad para volver a la vida cuando surgió la Asociación Atlética Femenina por el año 1934.* Y añade que el *equipo femenino que defendió los colores del Club Atlético de Cuba, campeón 1934-35,* estaba integrado por María Luisa Bonafonte, Cuca Gómez Roca, Totó López Senén, Lourdes Pérez, y Josefina Odoardo, entre otras.

El equipo del "Club Teléfonos", campeón de 1928 a 1937, estaba formado por Rosalía Pachot, Tita Azcué, Aida Díaz, Lina Escarpenter,

Cuca Gómez Roca, Celia Blanco, Estela Mora, Isabel Jiménez, y Totó López Senén.

El equipo "La Virgen Milagrosa" de Matanzas, que ganó muchas competencias, estaba integrado en 1937 por Aurorita Rodríguez, Carmen Novo, Pilo Pardiña, Mary Flor, Cuca Velazco, Berta Flor, Raquel Rodríguez, María Camaraza y como Pardiña, a las que se unieron, andando el tiempo, Sarita Obies, Emma Rodríguez, Isis Rodríguez Olga Velens, María Isalgué, Gloria García, Elizabeth Díaz, entre otras.

El equipo de "Santa Rosalía", inspirado por la reverenda Madre Celia Martínez, conquistó varios triunfos alrededor de 1947, con jugadoras como Yolanda Collar, Berta Fernández, Ofelia González, Caridad Rivas. Josefina Míguez, Ofelia Aldao, Silvia Rodríguez y otras.

Representaron a Cuba en eventos internacionales: Estela Palacios, Ofelia González, Estrellita Suárez, Irma Buergo y Alicia Toroux.

Se destacaron además, *Las jóvenes jugadoras de basketball de la Universidad de la Habana, encabezadas por Martha Morejón. (Fausto,12 de septiembre de 1998). Carmelina Arocha, Olga Azcúe, Gisela Comallonga, Ada Díaz, Rosalía Pacho, María Poch Georgina Rodríguez, Ofelia López Senén. Otra grandiosa figura del basketball cubano era Martica Escarpenter"* (Fausto, 15 de julio de 2000).

Surgió nacionalmente el equipo femenino de basketball de Camagüey, que según Fausto (9 de septiembre del 2000, estaba integrado por Conchita Peñaranda, Beba Agüero, Teté Álvarez, Marta Villanueva, Cuneta Molina, Puchaga Fábregas, Marta Gutiérrez, Dolores del Pino, Maruca de la Torre, Yolanda Guzmán…

Rigurosamente cierto: un equipo femenino de basketball dirigido por Martha Morejón venció a uno de hombres en un juego de exhibición. Las muchachas eran Fifiba Coutao, Olga Fernández, Magda González, Lilia del Cueto, Mayda González (Fausto, 29 de septiembre de 2001).

Una destacada jugadora e instructora de baloncesto, María Luisa Bonafonte, fue presidenta de la Dirección General de Educación Física de la República de Cuba.

Beisbol: *Y las acciones en el tabloncillo de Toto López Senén y María Antronieta Pons. María Antonieta dejó después el teléfono y el deporte para hacer cine en México y radicarse allá.* (Fausto, 17 de abril de 1999).

Boxeo: Silvia Torres, campeona de boxeo en 1948, deporte en el que ganó más de 150 peleas. Y entrenadora de grandes figuras como

Sugar Ray Robinson y Sandy Sadler. Xiomara Pagés publicó sobre ella una excelente entrevista en *Art Deco Tropical.*

También boxeó la bailarina Liduvina Lora Muñoz, madre de las también bailarinas "Las Hermanas Milanés", quien tras una conversión súbita pasó los últimos 18 años de su vida predicando el evangelio.

Corredoras de campo y pista: Sin duda la figura más destacada en los deportes de Cuba es la corredora Bertha Díaz, a quien se refieron como "la Gacela de Cuba", ganadora de 258 medallas de oro a lo largo de una brillante carrera de 16 años durante los que compitió con las mejores atletas de todo el mundo, ganando en los Juegos Centroamericanos, los Panamericanos, hasta llegar a las Olimpíadas de 1956, en Melbourne, donde se impuso mundialmente.

Para mí, haber participado en las Olimpíadas fue como un regalo de Dios", ha declarado. *¿Se imaginan conocer a tantas personas de distintos países y convivir con ellas como familia, oír tantos idiomas en los que todos decían lo mismo? [...] Muy significativo que cada país tuviera su bandera izada a la entrada de su pabellón [...]. Para mí, las Olimpiadas fueron, son y serán una de las experiencias más bellas de mi vida.*

Berta proviene de una familia muy pobre. Su hermana mayor, Noemí, fue campeona nacional cubana en 100 metros planos, pero ambas carecían de recursos para comprar sus "pinchos" (zapatos de correr). Bertha recuerda que su primer par se los regaló Fausto Miranda.

Estrella de los 50, 100, 200 y 400 metros. Brillante en salto largo. Luminaria en los 60 y 80 metros con vallas... evoca el comentarista Marino Martínez.

Berta Díaz es la primera mujer cubana que ingresa al "Hall de la Fama" de los Estados Unidos.

Se distinguió también como corredora Olga Morgolles.

Equitación: Aurora de la Aguilera, Chiquitica Azpiazu (campeona), Martha Caballero Ada Dopico, Rosa Menchi Núñez, Daisy Núñez, Dulcita Masses-Valera, Nena Pequeño, Mirtha Miyares, Rosa María M. Zaldo.

Esgrima: Ernestina Álvarez, Isabel Álvarez., Teresita Mayans.

Golf: Lourdes Mestre.

Lanzamiento de jabalina: [ca. 1956] *Anela Iglesias se destacaba como campeona nacional del lanzamiento de jabalina y de las mejores jugadoras de soft-ball.* (Fausto, 25 de marzo del 2000).

Natación: Etzouko Amargot, Cedalia Castaño, Elsita Dobal, Maggie Fidy, Cuquita Galiano, Ruth Gil, María Teresa Menéndez, Berta Moraleda, Myriam Sotolongo, Angelita Toboso, Virginia Trelles (campeona), Mercedes Zousa, Mercedita Zarza , *una de las nadadoras más completas en el ambiente deportivo cubano* (Fausto, 17 de abril de 1999). Nadadoras del Miramar Yatch Club: Madge Fiddy, María Luisa Callava, Elsie Doval y otras (13 de noviembre de 1999). Dice también Fausto (9 de septiembre del 2000): *Lucy García, una estrella de la natación, fue una de las figuras cubanas más destacadas en los juegos celebrados en Barranquilla, Colombia, en 1946.*

Narra Fausto Miranda (5 de enero de 2002): *Y aquel formidable cuarteto de nadadoras, representando a Cuba, que ganó el Relevo de 4 X 100 en los Juegos Panamericanos de 1938, integrado por Margaret Chapman, Olga Luque, María Carlota Llanio y Ruth Gil.*

A Cedalia Castaño, del "Club Náutico" de Marianao, Fausto dedica una biografía en su sección del 30 de marzo de 2002.

Posteriormente aclara: *Y aquellas jornadas de natación femenina, cuando Ruth Gil, del Casino Español, parecía, después de Olga Luque, la mejor figura en ese deporte por aquellos días.*

Otras nadadoras: Isabel y Graciela Pujals, Alicia Goudie, Emma Espino.

Remos: Mayra González.

Soft ball: Recienetemete incorporada al "Hall de la Fama" deportivo, Vilma Planas, destacada en este deporte "en la parte oriental de la Isla".

Además, Doris Delgado y (mencionada por Cristina Saralegui) Cristy Santamarina.

Tenis: Según el comentarista e historiador Luis Moreno, *la inolvidable Graciela Cancio, también vedadista, fue la primera reina de nuestros courts cuando, en 1904, año oficial femenino ganó la competencia venciendo a raquetas tan temibles como las de Micaela Ferrán, Margarita Martínez, la siempre recordada Margarita Cabarga y aquella gran campeona que fue Angélica Lancís.* Entre todas alternaron sucesivamente los campeonatos hasta 1919.

Otras campeonas que menciona Moreno: Carlotica Gay (1920). Rosita Sardiñas (1921 y 22), Estrella Hernández Esriga (1923), Raquel Ramírez (1924, 25 y 26), Lila Camacho (1927, 28 y 31), Zoilita Rodríguez (1929 y 30). Nena Suárez (1932 y 33). Mirta Mederos (1935 y 41), Margot Torriente (1936, 38 y 40), Celeste Garat (1939), Bertica García ((1942, 43 y 45) Josefina Piedra (1947), que tras seis años consecutivos perdió el título de campeona a manos de Olga García Rangel que jugó en 1948 en el Orange Bowl de Miami, y que será derrotada por Pilar Herrero en 1956.

Completa Fausto: *Ya por la década de los 20, el tenis estaba bien arraigado en el sector deportivo femenino nacional. Al comenzar el año 27, la Federación Cubana de Tenis convocaba al Campeonato Nacional para ambos sexos. Margot Morera, Nena Suárez, campeona, y Nenita Manresa resultaron entre las más distinguidas* (Fausto, 31 de octubre de 1998).

María Luisa ("Nenetica") García Longa "ganó la Copa Azucarera durante tres años consecutivos en el Lawn Tennis Club. Fue una de las más grandes figuras del tenis femenino de Cuba" (Fausto, 28 de septiembre de 2002)

Lila Camacho ganó en tenis el trofeo Lydia Cabrera en la inauguración de las canchas del Lyceum. (Fausto, 26 de agosto del 2000).

Me escribe Amelia del Castillo:

*Mi hermana (18 años mayor que yo), era socia del Lawn Tennis, donde jugaba muy a menudo. Me recogió muchas veces en el colegio para llevarme con ella y allí vi **jugar a campeonas nacionales de Cuba**, como Lila Camacho, Margot Torriente, Elena de la Torriente, Mirta Mederos (Recuerdo a otras, pero no sé si fueron campeonas).*

Años más tarde fui yo la socia y jugadora que, aunque del montón, allá me iba todas las tardes. Del Club tengo gratísimos recuerdos, tanto antes de unirse al Lyceum como después, cuando me perdí eventos culturales importantes por estar comprometida en los courts de tenis. De aquella época, y de allí, salieron otras campeonas ya cercanas a mí, como Berta García y Mary Carvajal. Estoy segura que muchas otras; pero al casarme pasé a jugar no sólo ocasionalmente, sino en otros lugares, y perdí el rastro del desenvolvimiento de sus jugadoras.

Otras tenistas notables, algunas ya mencionadas, que relaciona Fausto: Graciela Cancio, Mary Carvajal, Madge Fiddy, Berta García, Olga García Rangel, Cuca Gómez Roca, Adriana Hernández de la Cova, María Carlota Llanios, Mirta Mederos, Josefina Piedra, María Antonieta Pons, Elena de la Torriente, Rosita Sardiñas. "La señorita Zoila Rodríguez fue campeona de singles femeninos en nuestras jornadas de tenis" (Fausto, 29 de julio del 2000).

Y comenta: "Al reanudarse las series anuales Cuba / México, nuestras representantes en el tenis –en una ocasión–, fueron Consuelo Muñoz, Otilia Silva Giménez, Mirtha Mederos, Josefina Piedra y Mary Carvajal" (12 de diciembre de 2004): 4E

Tiro: Mary Tarrero Prío, Maríoa Teresa Gómez.

EN EL EXILIO:

El exilio ha podido añadir un deporte poco frecuente en países hispanoamericanos, aun en aquellos en los que el clima nos favorece, que es el

Patinaje sobre hielo: Jennifer Rodríguez, de padre cubano y madre estadounidense, ha sido la primera nativa de Miami en competir en los Juegos Olímpicos de Invierno del año 2002 celebrados en Salt Lake City, donde obtuvo la medalla de bronce. Antes había sido la Atleta del Año 1991-92 de los Estados Unidos en patinaje sobre ruedas, deporte en el cual ha ganado 12 medallas en Campeonatos Mundiales.

4.6. Abogadas. juezas, fiscales...

Como señalé en su oportunidad, muchas feministas estudiaron la carrera de leyes, sólo por mencionar algunas: Ofelia Rodríguez Acosta y Ofelia Domínguez.

4.6.1 Abogadas

Según Ena Curnow, la primera mujer graduada en Derecho de la Universidad de la Habana fue María Francisca Isidora Rojas Sabater, en 1888.

Una relación completa de notables mujeres abogadas cubanas va a contener forzosamente los nombres de muchas feministas y políticas, pero es en estos dos campos donde hemos preferido agruparlas. El ejemplo más destacado sería la feminista Rosa Anders, al mismo tiempo la primera abogada de oficio y fiscal cubana que parece haber existido.

Merece mención aparte Rosa Ravelo, quien, al producirse el golpe de estado de Batista en 1952, asumió la defensa de las siete empleadas de Woolworth (el célebre ten-cents habanero) involucradas en el primer juicio político de aquel régimen. Rosa sostuvo una larga carrera en el foro.

Otras destacadas abogadas en la República: (algunas de las cuales se encuentran en el exilio, como periodistas y en otras profesiones:

A Dolores (Loló) Acosta Villalta, Myriam Acosta, Cecilia Álvarez Osete, Berta Arce Veranes, Elena Arcos, Delia Arrieta.

B Nise Bacallao, María Josefa Baños, Laura Betancourt Agüero, Isabel Betancourt Rodríguez-Wahling, Esperanza Borges, Rina Boudet, Lili Bru.

C Celina Cardoso, Diana Cruz Bustillo.

D Teresa Díaz de Villegas, Ofelia Domínguez Navarro.

E Concepción Estrada.

F Hilda Fernández, Consuelo Fernández Maseda, María Antonieta Ferrer.

G Sonia García Navarro, Marta García Ochoa, Mercedes Gatgell Raynieri, Candita Gómez Calá, Nélida Gómez, Seida Gómez Vila, Carmen González Soler.

L Blanca María Lamelas, Olga Lazcano.

M Eugenia Madeley, Rosanna Mañalich, Uldarica Mañas, Mercedes Mazón, Zoraida Méndez, Elisa Montoto.

P Mary Palacios Pérez, Rita Pérez Megret, Rosa Pino Díaz, Dora G. Portela.

Q Esperanza de Quesada, Juana Quintero de la Peña.

R Teté Ramírez Medina, Rosa Ravelo, Balbina Remedios, Dora Rivas, Nery Romero, María Ofelia Rosa Bonet, María Teresa Ruiz Rojas.

S Martha Saavedra, Elina Sáinz, Susana Sánchez Grey, Luisa Seoane, Edmunda Serrat, Laudelina Solsona.

T Blanca Nieves Tamayo, Josefina Trelles.

V Julia Vallejo, Amelia Vera Lens.

Z Manana Zaldívar.

EN EL EXILIO:

Magda Abdo, María Isdabel acevedo, Miriam Acosta, Patricia Acosta, Esther Arango, Beatriz Azcuy, Ada M. Barreto, Beatriz Bernal, Maribel Bonilla, Mercedes Busto, Rogelia S. Castellón, Mercedes Cisneros, Josefina Cofiño, Grace Escalona, María Estévez, Susan Escalona, Vivian Figueras, Marlene García, Rosa García Acevedo, Estrella González Fajardo, Araly Herrera, Linda Larrea, Lourdes Martínez Esquivel, Roxana Mirabal, Carmen Morales, Gladys Navarro, Laura Oña Suárez, Berta Pallás, Silvia Piñera Vázquez, Emilia Quesada, Adriana Quirantes, Mary Reyes, Patricia del Risco, Iliana Ruiz, Olivia Ventira Rojas, María Antonia Santaella, Melissa Suárez (de destacada práctica en New Jersey), Teri Guttman Valdés, entre otras.

Giselle Ibarra, se convirtió en heroína durante las protestas en defensa del niño Elián González, al ser maltratada por una mujer policía de Miami. Giselle ganó el juicio en que la acusaban de desorden púiblico.

4.6.1.1 Diplomáticas

Dolores Álvarez López, Pilar Andueza, Natalia Aróstegui, Hortensia Bertot, Diana Cadilla Rubio, Rita M. Casabuena, Teté Casuso,

Flora Díaz Parrado, Sofía Dihigo, Teresa Durland, Marta Frayde, Evangelina de la Llera, Uldarica Mañas, Patricia Mencía, Fidelia Pedrosa Fermoselle, Margarita Horruuitiner, Gilda Portela, María Prieto Herrera, Margarita Quintana, Josefina Rodríguez Fernández, Carlota Sanguily, Inés Segura Bustamante, Silvia Shelton, Consuelo Vázquez Bello, Ana María Zaldívar, Olivia Zaldívar, Emelina Zaydín.

Julia Rodríguez Tomeu, fina poetisa, que figura en importantes antologías, fue Agregada a la Embajada de Cuba en Washington, entre 1945 y 1950.

La activista Teté Casuso y la médico Marta Frayde han sido embajadoras de Cuba ante la ONU.

Una interesante continuidad en el exilio son las mujeres.

4.6.2. Juezas, fiscales

Entre ellas: Mercedes Armas Bach, Margarita Esquiroz, Ana María Ferández Rundle, María Korvik.

4.7 Políticas, activistas, líderes comunitarias

En numerosas formas la mujer está indisolublemente ligada al mundo del hombre y por tanto, tan expuesta como él a todos los shocks de ese mundo.

C.G. Jung

4.7.1 Políticas

Las mujeres que han seguido una carrera de servicio público en Cuba pueden legítimamente reclamar entre sus antecedentes nada menos que a Doña Isabel de Bobadilla, esposa de Hernando de Soto, quien cuando parte a la conquista de la Florida, deja al mando de la Isla a doña Isabel, que se convierte así en la primera mujer gobernadora de América. Su desdichada suerte, en la espera de un amado que nunca regresaría ha dado origen a innumerables leyendas, como la de "La Ciega de La Fuerza", que narré en mi colección de leyendas históricas *La más Fermosa*.

Muchas de las mujeres involucradas en la política cubana procedían de las filas del movimiento feminista, como Margarita Guerra Miranda, presidenta de la Alianza Nacional Feminista, Rosa Anders y Mariblanca Sabas Alomá, Ministra sin cartera durante el gobierno de Carlos Prío. También fue Ministro sin Cartera María Gómez Carbonell, quien fungió además como Jefa del Servicio Femenino para la Defensa Civil. Alicia Hernández de la Barca fue Subsecretaria de Educación.

Otras mujeres que participaron en la política nacional habían cursado la carrera de derecho en la Universidad de la Habana. Una excepción es Esperanza Sánchez Mastrapa, delegada Consituyente y luego Senadora de la República, que era Dra. en Farmacia. También solían ir a parar a la política dirigentes obreras como Fanny Azcuy, Raquel González y Raquel Valladares.

Hubo mujeres representantes y senadoras en Cuba, pero sin embargo nunca se tomó en serio la posibilidad de que una mujer ocupase la presidencia de la República. Ello no obstante, en 1947, la revista *Carteles* lanzó una encuesta acerca de qué posibilidades de salir electa tendría una mujer que se postulase a la presidencia de la República. Años más tarde, Antonio Hernández Travieso, biógrafo del padre Varela, en un artículo publicado en *El Mundo*, el 30 de octubre de 1954, proclamaba (también entre bromas y veras) que debía ser postulada para presidenta Conchita Fernández, que fuera secretaria por muchos años de Educardo Chibás.

Entre las mujeres representantes recordamos a: Rosa Anders, Ángela Ávalos, Isabel Beritaín, Isa Caraballo, María Caro, Conchita Castanedo, Digna Elías, Marta García Ochoa, María Gómez Carbonell, Mercedes Chirino Julia Elisa Consuegra, Isabel Garcerán, Alicia Hernández de la Barca, Ofelia Khouray Bayllis, Zoila Leiseca, María Teresa Madrazo, Hilda Necolar Rojas, Adelaida Oliva, Ana Teresa Porro, Mireya Prío, María Antonia Quintana, Ana Rivas, Balbina Remedios, Herminia Rodríguez, Angélica Rojas Garcés, Esperanza Sánchez Mastrapa, Loló Soldevilla, Carmen Tous, Blanca Rosa Urquiaga, Dulce Ofelia Vázquez, Consuelo Vázquez Bello, María Ester Villoch Leyva.

Entre las senadoras: María Gómez Carbonell y María Teresa Zayas (La Habana), Isa Caraballo (Matanzas), Alicia Hernández de la Barca (Las Villas).

Otro cargo público desempeñado por mujeres en la República es el de Alcaldesa, entre ellas: Magdalena Aballí (Corralillo, L. V.), Aurora Fernández Roda (Santa Clara), Clara Estrrella Hernández Méndez (Jatibonica, Cam.), Aurora Izquierdo (Guane), María Luisa Madrazo (Rancho Veloz, L.V.), Margarita Pacheco (Corralillo, L.V.), Carmen Olga Taquechel (Matanzas), Concepción de la Torriente (Aguacate, L.H.). Por sustitución, como presidenta del ayuntamiento, Victoria Esquijarosa (Marianao)

No hubo ninguna mujer gobernadora en la República.

EN EL EXILIO

En el exilio, muchas mujeres se han destacado en política, proverbialmente la también notable educadora Ileana Ros-Lehtinen, conocida como "La Loba", por su fiereza en la defensa de los intereses de la liberación de Cuba. Fue electa por primera vez a la legislatura estatal en 1982 y en 1989 al congreso de los Estados Unidos. A partir de ese momento, hasta el presente, ha sido reelegida con carácter automático por no inscibirse ningún otro aspirante a ese cargo. En la más reciente de estas instancias declaró: "Continuaré esforzándome para cumplir con esta comunidad que tanto ha confiado en mí y que tanto cariño me ha demostrado".

Figuras destacadas en política son Miriam Alonso, Annie Betancourt, Matti Herrera Bower, Manty Sabatés, Natacha Seijas, Lorna Virgilí, entre otras.

Continúa en el exilio, ahora reforzada, la tradición de las alcaldesas, con: Gloria Bongo, Gilda Cabrera Corzo, Gilda Oliveros, Rebeca Sosa, Velia Yedra.

4.7.1.1 María Gómez Carbonell

De María Gómez Carbonell poseemos una sucinta biografia por la Dra. Dolores Rovirosa, de la que tomamos algunos datos:

Dra. en Filosofía y Letras de la Universidad de la Habana. Co-Directora del Colegio de Primera y Segunda Enseñanza "Néstor Leonelo Carbonell" . Miembro del grupo fundador de la "Alianza Nacional Feminista". Consejera de Estado (1934), Representante a la Camara (1936-40). Senadora de la República (1940–44 y 1955–59). Miembro de Gabinetes de Gobierno en 1941,1952,1957. Directora y Organizadora del "Servicio Femenino para la Defensa Civil" (1942), amén de la fundación de otras numerosas instituciones, oficiales o cívicas, como el "Hogar de Perfeccionamiento María Luisa Dolz", para menores con retraso mental, el Primer Centro de Servicio Social instituido para estudiar la situación de los desposeídos en Cuba, los "Comedores Populares y Escolares" (ONCEP) y otras muchas. Delegada a numerosos congresos nacionales e internacionales. Fundó en el exilio la "Cruzada Educativa Cubana" y la revista "El Habanero".

La bibliografia de María Gómez Carbonell es extremadamente extensa para ser incluida. Destacaremos sólo su "Informe general de actividades realizadas recientemente, dirigidas a la obtención del sufragio femenino. Publicaciones de la Alianza Nacional Feminista, Año I, num. 5, dic. 1931. Y los nombres de las mujeres a las cuales ha dedicado algún

discurso, artículo o conferencia: Ana Betancourt de Mora, Bernarda To-
ro, Emilia Casanova, Emilia Teurbe Tolón, Isabel Rubio, Mariana Graja-
les o Su majestad augusta Tula de Avellaneda. Y una conferencia pro-
nunciada para la sección femenina de los Municipios de Cuba en el exilio
sobre: La mujer cubana en la lucha por la Independencia.

Cuando la conocí, ya mayor, María Gómez Carbonell era regorde-
ta y llevaba el pelo, todavía negrísimo, en una corta melena partida a un
lado. Pero la sorpresa, y lo que no puede apreciarse en ninguno de sus
retratos, es que tenía los ojos intensamente azules. La tez, muy blanca,
era de las que deben haber suscitado comparaciones más o menos poéti-
cas con la nieve, pero más parecía estar bañada en leche. Debo de haberla oído hablar en un par de ocasiones. Y sus discursos, de corte parla-
mentario, eran ejemplos impecables de los que deben haber escuchado
en el Senado de Cuba cuando alguno de aquellos patriotas de la temprana República, que fueron sus modelos, tomaba la palabra. Sobre todo,
los exordios, que podían durar más de cinco minutos, dirigiéndose por
orden riguroso de jerarquia a todos los presentes.

En una de las ocasiones en que María hablaba, estaban sentadas
detrás de mí un par de cubanitas muy jóvenes, que a duras penas podían
contener la risa ante la avalancha interminable de personas presentes que
María mencionaba. Me volví y les dije: "Dense por dichosas y por privilegiadas. Están asistiendo a una sesión de la Cámara o del Senado (y
hasta de las Academias y del Ateneo) de Cuba, por los años 30. Esta es
una viva y perfecta muestra. Parte del talento del orador consistía en
eso: en que no se le escapara mencionar a ninguna persona de relieve, en
el orden jerárquico que le correspondiese política o socialmente". No sé
si entendieron algo. Pero se pasaron el resto de la velada sin chistar.

4.7.2 Activistas y líderes comunitarias

Muchas mujeres han preferido no la política, sino otra línea de acción, que se desarrolla característicamente en el exilio como es el activismo comunitario. Un buen ejemplo sería Antonia Geada, líder comunitaria en Pinar del Río. También Pastorita Núñez, en el Marianao de los
años 50, que se alzó en la Sierra Maestra con el movimiento 26 de julio
y fue Ministro de la Vivienda del régimen de Castro. Demócrata de corazón, cayó en desgracia y fue a parar a una granja agrícola, condenada a
sembrar hortalizas.

En el Almanaque de la *Community Coalition for Women's Histo-*
ry, Inc. del año 1997, se mencionan las "Women of impact" que se des-

tacaron entre los años 1989-1996, relación en la que están comprendidas estas líderes comunitarias cubanas:

Lourdes P. Águila, Paola Benítez, Annie Betancourt, Esther Celeiro Corona (cuyo activismo benéfico abarca Cuba, Puerto Rico y Miami), María Comellas, Rosa Castro Feinberg, Remedios Díaz Oliver, Blanca Gálvez, Barbara Ann Ibarra, Rosario Kennedy, Aleida Leal, Aida Levitán, Perla Tabares, Julie Remis Thompson, Lula Rodríguez, Ileana Ross Lehtinen, Berta Santa Cruz, Mercedes Sandoval, Natalia Seijas Millán, María Elena Toraño, Silvia Unzueta, Cecilia Zayas-Bazán, Tere Zuibizarreta y otras.

De Lourdes Águila ha dicho Alonso y Artigas: En Miami, los cubanos tenemos el orgullo de la señora Lourdes Águila, una escogida del Creador para realizar la más formidable obra de amor a la humanidad como directora de la Liga Contra el Cáncer.

Julie Remis Thompson ha sido activista de los Municipios en el Exilio, la UNICEF, la Cruz Roja norteamericana y otras instituciones. Ha recibido numerosos reconocimientos.

Cecilia Zayas-Bazán, profesora universitara, graduada en Ciencias Sociales y Trabajo Social en la Universidad de la Habana y en la Sorbona. Sicóloga, consejera. Una de las directrices de la Asociación de Mujeres Universitarias.

A las cuales debemos añadir, tanto en los últimos años republicanos cuanto en el exilio, los nombres de:

▪ Moravia Capó, educadora, que ha pertenecido a numerosas organizaciones como los Leones Cubanos en el exilio, Mujeres Luchadoras por la Democracia, Coalisión de mujeres Cubano-americanas, presidenta nacional de la organización de los Municipios de Cuba en el Exilio. Durante varios años ha denunciado en Ginebra las violaciones de los derechos humanos en Cuba. Ha recibido numerososo premios y distinciones.

▪ Josefina Carbonell realizó una labor maravillosa al frente del Centro de Actividades y Nutrición de la Pequeña Habana, de donde pasó a formar parte del Departamento de Salud y Servicios Humanos de Washington, D.C.

▪ Yvonne Conde, activista de la Operación Pedro Pan.

▪ Marta Frayde, en unión de Rosario Hiriart, han llevado a cabo una intensa campaña denunciando las violaciones a los derechos humanos en Cuba.

▪ Hilda Garcerán ha sido figura destacada al frente de la Asociación Cubana de Mujeres Universitarias (ACMU)

- Leticia Godoy, al frente de una oficina del World Relief ha desarrollado una indescriptible labor de rescate de indocumentados, ayudándolos a legalizar su presencia en Estados Unidos. Su interés, su laboriosidad, su humanidad no reconocen límites.
- Silvia Goudie Iriondo, que ha participado en diversas organizaciones como el Cuban Refugee Center, la United Way, el Salvation Army. Luchadora incansable por la libertad de Cuba, fundó y dirige M.A.R.
- Hortensia Guzmán ayudó a encontrar hogares para los niños de la Operación "Pedro Pan".
- María Márquez, periodista, fundadora y presidenta de la organización Mujeres Luchadoras por la Democracia, miembro del Cuban Women's Club, de la Asociación Cubana de Mujeres Universitarias, participante en numerosos eventos de carácter internacional. Ha recibido numerosos premios y condecoraciones. Incluyendo la Medalla del Congreso de Chile.
- Mignon Medrano dedica todo su tiempo a divulgar las horribles condiciones de las presas políticas en las prisiones castristas, tal y como lo refleja en su libro *Todo lo dieron por Cuba.*
- Ninoshka Pérez Castellón, durante algún tiempo vocera de la FCA siempre ha mantenido una posición de autoridad en el exilio cubano. **(V. 6.5.1)**
- Raquel Scheck, cubana de ascendencia judía, fue declarada "Mujer del año 2002" por el periódico *The Jewish Star Times*, por sus incansables servicios a la comunidad.
- Sara del Toro, con Polita Grau y Margarita Carrillo, entre otras cubanas, se dieron a la tarea de rescatar niños de las garras del comunismo, en la Operación Pedro Pan.
- Silvia Unzueta ha ostentado varios cargos administrativos en la Ciudad de Miami, en muchos de los cuales ha sido la primer mujer en desempeñarlos.
- Carmen Vianello es secretaria de "Vigilia Mambisa".
- Josefina Carbonell realizó una labor maravillosa al frente del Centro de Actividades y Nutrición de la Pequeña Habana, de donde pasó a formar parte del Departamento de Salud y Servicios Humanos de Washington, D.C.
- Otras mujeres miembros del gabinete del presidente George W. Bush son: Elsa Murano, Subsecretaria de Seguridad de Alimentos de la Secretaría de Agricultura; Cari M. Domínguez, Directora de la Comi-

sión para la Oportunidad de Empleo Igualitario; Cristina Beato, Secretaria Adjunta de Salud para el Departamento de Salud y Servicios Humanos.

4.7.3 Otras activistas

Además de las ya mencionadas: Magali Abad, (entrenadora de Trabajadores en Asistencia Social), Guillermina Acuña, Mercedes Barreto, Karen Cabrera, Laida Caro (Coalición de Mujeres Cubanoamericanas), Rosa Castro Feinberg, María Antonia Clark, Cristina Cuervo (Alianza de Jóvenes Cubanos), Sylvia Díaz (de Mujeres Municipalistas), Mercy Díaz-Miranda (una de las fundadoras del *Cuban Women's Club*) Silvia Fortún, Anastasia García, Georgina D. García (rotaria), Ángela Herrera, Nelly Hurtado, Rosario Kennedy, Amelia Lastra, María Antonia Lima (de Derechos Humanos), Maritza Lugo (ex presa política) Graciela Meibar, Jacqueline Menéndez (Administradora de la Ciudad de Key Biscayne), Berta Mexidor (del Proyecto de Bibliotecas Independientes), Ofelia Nardo (de RedFem), Carmen Olavarrieta, Ana María Pando, Libertad Perera, Caridad Pérez (educadora, fundadora en el exilio del Colegio Edison), Marta Pérez, Eleanor Pimentel (distinguida médica cubana), Ady Pino-Viera, Adriana Quirantes, Rosa Ravelo, Rirri Rivas (que fuera una de las coordinadoras del MRR), Manty Sabatés Morse, Julie Stav (autoridad en el campo de las inversiones), Raquel Switzer, Ofelia Tabares (una de cuyas dedicaciones más recientes ha sido la reorganización del Museo Cubano), Wilma Tuñón, Teresita Valdés Hurtado Clara María del Valle (Fondo de ayuda el Exodo Cubano), , Silvia Veciana, Gina Zayas Marrero (Comité de mujeres sindicalistas), entre otras muchas. Ha adoptado como suya la causa de la libertad de Cuba Tanya Wilder.

Entre las municipalistas: Grisela Ford, Delia Cuervo, Rosario Falcón, Olgas Soler, Dasy Casañas, Conchita Acosta, Esther de la Fuente, Celina Brito, Emma Rego.

4.7.3.1. Anarquistas

Merecen mención aparte las mujeres en el movimiento anarquista cubano. En un libro reciente sobre el anarquismo en Cuba sólo se consigna el nombre de Suria Linsuain, a quien conocí en la Habana.

4.7.3.2. Masonas (Hijas de la Acacia)

Miriam Quirós (que fue Gran Luminar de la Gran Logia de la Federación, Orden Caballero de la Luz). Mary Haces, Secretaria de la logia

Rebekah. Propongo que tanto las Hijas de la Acacia como las anarquistas deben ser estudiadas con mayor detenimiento.

4.8 Publicitarias y RP (Relaciones Públicas)
4.8.1. Publicitarias

Entre las actividades económicas de nuestra época, una de las más florecientes es la de las comunicaciones. De éstas, la que concierne a lo que se particulariza bajo el nombre de publicidad es quizás la que más ha concentrado la atención humana. La publicidad es hoy en día ciencia y arte a la vez.

Antonio Hernández Travieso

Un lector, recordando el Día de los Publicitarios "en la Cuba de ayer" (*El Nuevo Herald,* "Tribuna del lector", 11 de julio de 19987, pag. 14-a), enumera cerca de 40 nombres ilustres en la publicidad cubana… entre los cuales figura sólo una mujer, Carmen Moure.

Otras publicitarias:

Loló Acosta, Rocío Almoina, Mercedes Antón, María Eloísa Álvarez del Real, Silvia Beltrons, Flora del Rosario Espín, Isabel Fernández Amado Blanco, Ángela Granda, Rosa Gómez Arias, Ana María Gutiérrez, Eloísa Lezama, Rosa López, Regina de Marcos, María Márquez, Marta Martínez, Nenita Roca, Otilia Ruz; Lucía Schumann, Marta Souza.

Regina de Marcos fue Jefa del Departamento de Publicidad de "El Encanto", donde su auxiliar, por cierto, fue brevemente la escritora Betty Hissler, que luego marcharía con su familia a Estados Unidos. Los anuncios de la famosa tienda, redactados por Regina, casi siempre resultaban ganadores de un premio publicitario.

Pero es significativo que habiendo sido las mujeres parte importante del movimiento publicitario de Cuba, muy pocas poseían una agencia propia. Sabemos de una Teodorina R, Vda. de Castellanos, según reza su anuncio y otra "Propagandas Roberta". También Nydia del Valle, Nada, si tenemos en cuenta que solamente en la Habana existían más de 200 agencias publicitarias activas en 1958.

EN EL EXILIO

Pocas comunidades pueden exhibir una figura femenina con los logros de Tere Zubizarreta, recientemente desaparecida, en los campos publicitario y de relaciones públicas. La compañía de Tere, Zubi Advertising, factura unos $130 millones de dólares al año a las más destacadas empresas norteamericanas y latinas, y posee oficinas en Detroit, Houston y los Ángeles, además de la casa central en Miami. Ocupa el quinto lugar entre las agencias hispanas más importantes.

▪ Ana María Fernández-Haar dirige el grupo IAC (también de relaciones públicas), y su agencia ha merecido más de 200 premios publicitarios.

▪ Aida Levitán, figura muy conocida en las comunidad de habla española también es propietaria de su propia firma publicitaria.

▪ Elsa Negrín ha sido redactora para las firmas publicitarias Sullivan, Stauffer, Caldwell y Bayles, y para Publicidad Siboney, ambas de Puerto Rico.

▪ Han sido directoras de Relaciones Públicas del Hospital Jackson Memorial María Elena Toraño (luego al frente de su propia firma) y Annie Betancourt (más tarde congresista estatal de la Florida.

Por último, los productos comerciales solían utilizar figuras femeninas, tanto en la radio como en la televisión, para que los identificaran. Entre ellas las de: Normita Suárez, Aleida Leal, Xiomara Fernández, Carmen Ignarra, Margarita Balboa, Consuelo Vidal, Conchita García, entre otras.

No he visto mencionada en ninguna parte a Carucha Camejo, anunciadora de los perfumes Coty. Ni he visto que se haya destacado suficientemente el gesto de Antonia Rey, cuando renunció a una remuneración extraordinaria por anunciar, si mal no recuerdo, el jabón "Hiel de Vaca" de Crusellas, para dedicarse por entero a hacer teatro en "Las Máscaras", propiedad del director Andrés Castro, que luego sería su esposo.

4.8.1.1 Eloísa Lezama

Va a parecer increíble, pero hubo un tiempo en que el gran poeta y novelista cubano José Lezama Lima era sólo "Joseíto", el hermano de Eloísa, lleno de rarezas, dedicado sólo a escribir. Eloísa era ya una profesional distinguida, profesora de la Escuela de Publicidad y una de sus fundadoras y destacada publicitaria ella misma. Siempre recuerda lo que ella califica de "una escuelamodelo", donde los profesores, figuras estelares de la publicidad, dispensaban la enseñanza sin remuneración. Con la llegada del nuevo "sistema", la Escuela de Publicidad no tenía razón de ser, porque "exaltaba valores de la burguesía" (como la ley oferta-demanda, en un país donde no hay nada que comprar ni vender). Al clausurarla, el flamante Ministro de Educación de Castro la calificó de "nociva", porque se dedicaba a "propagar lujos".

En unión de Hilda González Puig (hermana de otro notable, más tarde mi profesora titular en la Universidad de las Villas), Eloísa era autora de una compilación de notas de clase de Literatura Latina que se usaban en la Facultad de Filosofía y Letras, cuando aún no se había publicado la historia de Millares Carlo. Fue así como entré en contacto con ella.

Eloísa era uno de los tipos de mujer más cubanos que he conocido. Por tales entiendo "trigueñas lavadas" (morenas claras), con un ligero toque de aceituna en la piel, ojos grandes y negros, pelo negro y ondulado... Eloísa, de joven, se parecía extraordinariamente a mi madre.

Exiliada tempranamente, Eloísa se estableció en Puerto Rico, donde se dedicó a la enseñanza universitaria y produjo una serie de valiosos ensayos sobre lingüística. Al jubilarse, se trasladó a Miami, donde continúa escribiendo y es proverbial su dedicación a mantener viva la memoria de su hermano.

4.8.2. Relaciones Públicas

(Estos empleos son altamente volátiles. Se toma como base la posición que ocupaban en 2003.)

- Ana María Fernández-Haaar, también destacada publicista, como señalamos, dirige la agencia IAC.
- Vivian Gude es directora de RP del Baptist Hospital.
- Teresita Mayans es RP del Departamento de Agricultura de la Florida.
- María Díaz es el enlace del Seguro Social con la comunidad hispanoparlante.
- Elsa Negrín ha recibido numerosos reconocimientos por diversas labores en favor de la comunidad, como los de la Cruz Roja Americana, la Sociedad Americana Contra la Leucemia, la Liga Contra el SIDA y otros. Desde 1998 está a cargo de RP de los Estudios Walt Disney, para la comunidad hispánica, y redacta una revista de Disney para los niños.
- Pat San Pedro es Directora de R.P. del *Miami Herald,* desde 1996.

4.9 Mujeres de empresa y negocios

En la lista de mercaderes que comerciaban con la Flota de Tierra Firme en 1692 aparece el nombre de una María de la Concepción

Según LevíMarrero, Benita Planas cultivaba café en Matanzas, en los alrededores de 1809.

A mediados del siglo XIX, María de Agramonte introdujo y propagó el cultivo del añil en la región de Bayamo. Casal comenta que la Marquesa del Real Socorro poseía "grandes dotes para la administración de negocios".

Es tradición que la primera mujer cubana en ser propietaria de una empresa fue la Sra. Ana María González, dueña a comienzos del siglo XX de la tienda Bazar Cuba, que estaba situada en la calle Salud. Fue entrevistada por Anita Arroyo.

También a comienzos de ese siglo, Engracia Hevia Heres administraba una vega de tabaco, cerca de San Juan y Martínez, "defendiendo la herencia de sus hijos", y allí la visitó Eva Canel.

Mujer de empresa y de extrordinario coraje fue mi abuela paterna: María del Pino ("isleña", como indica su nombre) González Cabrera. Arruinada por un esposo tarambana, María del Pino comenzó a viajar entre Las Palmas y la Habana, llevando y vendiendo mercancías, especialmente encajes, que compraba en Canarias en enormes cantidades y viajaba con ellos a Cuba. A su llegada al puerto de la Habana, la esperaba una docena de morenas con sus canastas, que repletaban con los encajes, y salían a venderlos por toda la ciudad. De regreso, la abuela llevaba jabones y perfumes a las Islas, que vendía ella misma. Así volvió a rehacer su fortuna y dio carrera a sus dos hijos: Manuel, el más pequeño, y Antonio, mi padre.

Las mujeres siempre han buscado alguna forma de contribuir al presupuesto familiar. Algunas lavando y cosiendo "para afuera", organizando "escuelitas" en las salas de sus casas, cuando llegaron las medias de nilon zurciéndolas, otras preparando y vendiendo recetas de su propiedad. Raras veces estos nombres han sobrevivido. Pero uno, salvado por Fausto Miranda del olvido es el de Justa Zenaida Borrego, que hacía unas deliciosas panetelas, las "Panatelas Zenaida". Así como también recuerda Fausto el nombre de "Doña Pilar", propietaria del Hotel Telégrafos (Fausto, 5-26-01).

▪ Lily Barrio de Wimsett fundó y dirigió una "American Academy of Art" donde se ofrecían cursos, charlas, exposiciones, etc.

▪ Martha Murray llegó a ser jefa de la rama habanera de la prestigiosa agencia internacional de viajes Cook.

- Blanquita Amaro poseyó una parrillada en la Avenida hacia el aeropuerto de Rancho Boyeros.
- María Luisa Mendoza fue propietaria de una gasolinera.
- Nenita Roca y Otilia Ruiz eran dueñas de un taller de confección de vestidos tejidos.
- Julia Cerrato presidió con su esposo la firma Orbay y Cerrato.
- María Orta fue propietaria de la conocida óptica La Gafita de Oro en la Habana Vieja.
- María Luisa Gómez Mena, benefactora de las artes, poseyó una Galería en la calle Prado.

Han figurado al frente de sus propias empresas educativas María, Luisa Dolz, Adelina Sepúlveda, Violeta Montori, Margot Párraga, Ana María Rodríguez, Teresa Gavaldá Cruz, Carmen Dorta Duque.

En las empresas periodísticas, fueron propietarias de grandes rotativos: Clara Park Sánchez Pessino, del *Havana Post*. Esther Menéndez Zayas de *Avance* y Silvia Hernández Rivero del *Diario de la Marina*.

EN EL EXILIO

A contrapelo de lo que sucede en el mundo, la mujer cubana, bajo un regimen que desconoce la propiedad privada, ha sufrido un enorme retroceso en este terreno. De hecho, la presencia de la mujer quedó reducida a la propiedad de algún "paladar", especie de fonda minúscula que algunas hacían funcionar en la sala de su casa, posteriormente también incautadas

En el resto del mundo, en los últimos 30 años, las mujeres han avanzado con pasos firmes hacia posiciones de poder dentro de distintas empresas. En Inglaterra, ocupan el 25% de los cargos gerenciales. Pero lo verdaderamente nuevo en el desarrollo social de la mujer es que ahora dirigen empresas que tradicionalmente hubieran sido "cosas de hombre", como sucede con María Silva Marques Bastos, que preside la firma productora de acero mayor del Brasil, la Compañia Siderúrgica Nacional. O Magda Salarich, que dirige en España los destinos de la Citroën. En los negocios de familia, también las mujeres llegan a presidir y dirigir las finanzas familiares, como Belinda Stronch, norteamericana que dirige el negocio global Magna International, de piezas para automóviles. O María Asunción Aramburuzabala, del Grupo Modelo, que controla casi la cuarta parte de Televisa. También la compañìa brasileña Rede Globo está dirigida por una mujer: Marliuce Dias Silva. Y el banco privado J.P. Morgan tiene como presidenta a Elena Lagomasino.

En la edición de octubre de Women's Business hay una relación (South Florida 2001 Resource Guide) de negocios de mujeres, pp 20-28, y a continuación una lista de organizaciones femeninas, pp. 28-31. Aquí reseñaremos aquellas que más se han destacado o que han llegado por diferentes vías a nuestro conocimiento:

- Cristina Saralegui es la propietaria y directora de las empresas Cristina, que en distintas instancias han abarcado una red de negocios como su programa televisivo, sus presentaciones radiales, revista y numerosos otros proyectos.

- Remedios Díaz Oliver es una de las mujeres de empresa más destacadas y que mayores reconocimientos ha recibido en el Sur de la Florida. En un artículo de Mimi Whitefield y Barbara de Lollis, publicado en *The Herald* (V. Bibliografía) aparece una completísima biografía de esta empresaria,"Queen of Containers", que incluye una detallada cronología. Remedios ocupó la portada de esa edición del Business Monday.

- A comienzos del exilio, la Sra. Marieta Álvarez y sus tres hijas, propietarias del Ron Matusalén, abrieron una destilería en las Bahamas y una oficina en Miami para dirigir la empresa.

- Leyda Rodríguez, también desde comienzos del exilio, fundó y ha dirigido un exitoso sistema de cantinas a domicilio.

- Rosa Espinosa es propietaria de las líneas de ómnibus "La Cubana".

- Rosa María García Sarduy fundó en Nueva York la "Galería Sarduy", donde se realizaron no sólo importantes exposiciones en la década de los 60 y 70, sino actividades parealelas, como conferencias, recitales, etc.

- Miriam López ha sido la primera mujer electa en 112 años, para presidir la Asociación de Banqueros de la Florida. Comenzó de cajera y recorrió todas las posiciones posibles en un banco, por lo que se enorgullece de poder desempeñarlas todas.

- Sara Hernández, fue propietaria de Sarita Store en la Calle 41 del Este de Hialeah.

- Esmeralda Vanegas es propietaria de varias clínicas de Cirugía Plástica en Nueva York y Nueva Jersey.

- Mercedes Mestre es una "cazadora de talentos", encargada de suministrar ejecutivos a las grandes empresas. Al igual que

- Nidia Torres, al frente de su Brickelll Executive Colour que brinda además otros servicios.

- En los años 70 y 80, Pilar Sánchez poseyó una fábrica de fabricación de confedcción de ropa en Hialeah
- Nora Bulnes es la editora-directora de la revista *Selecta*.
- Denise González es Ejecutiva de Cuentas de la corporación que opera cuatro de las más poderosas radioemisoras en el sur de la Florida.
- Gloria Oceguera dirige su Agencia de Viajes.
- Aunque su labor patriótica opaca sus otras actividades, Silvia Goudie Iriondo es una destacada mujer de negocios en el campo de los bienes raíces.
- Lidia Godoy fundó la galería de Arte R.S.V.P.
- Zoa Martínez es cofundadora y directora de la agencia ZOA-Design, con base en Manhattan.
- Marta Sastre ha sido presidenta nada menos que de la AIHE. Asociación Interamericana de Hombres de Empresa.
- Berta Bravo, "The Guayabera Lady", creadora y vendedora de especiales modelos de esta prenda de vestir tan cubana.
- Elsa B. Domínguez es Jefa de Ventas del "Reinassance at the Gables".
- Lourdes Sánchez se encuentra al frente de la conocida firma "Society cleaners" de Coral Gables.
- María Elena Toraño es fundadora y propietaria de META. Entre otra distinciones ha recinido el premio NWEC (del New Women Entrepeneur Center).
- Cynthia Hudson Fernández es una exitosa productora de televisión.
- Las publicitarias Aida Levitán y Teri Zubizarreta dirigieron sus propias agencias.
- Aida Santiesteban dirige con su familia la firma "Sanfer Sport Cars", autos de lujo, que vende más de 20 millones anuales.

4.9.1 Mirta de Perales

Mirta de Perales, con sus salones de belleza y sus líneas de productos para el cuidado del cabello, constituye un ejemplo cimero de mujer empresaria. Su peluquería habanera, en la cual trabajaban 36 muchachas entrenadas por ella misma, era la peluqería por excelencia de las mujeres más elegantes de la Habana. Ella misma ha narrado sus humildes orígenes en Rancho Veloz, Las Villas, y cómo, tras haber sido millonaria en Cuba, por su propio esfuerzo, tuvo que salir al exilio, con sólo $5 dólares, cuando las huestes castristas intervinieron sus negocios.

En el exilio, comenzó a peinar enseguida, y antes del año pudo abrir nuevamente una peluquería, pasando luego a la fabricación de sus productos de belleza, una empresa en la actualidad multimillonaria. "Dios no me ha abandonado nunca", comenta.

La famosa estilista, que creó un emporio de productos de belleza en Cuba y logró reconstruirlo en el exilio, tuvo su último establecimiento en la Calle Andalucía, en Coral Gables. Y todas las tardes, cuando acababa de cerrar las puertas, transitaba yo por esa área y la veía, escoba en mano, barriendo la acera. Pensaba que se me había revelado el secreto de su éxito: amor y laboriosidad. Y pensaba que, si yo hubiera dispuesto de los medios necesarios, les hubiera regalado a los niños cubanos un disco con la versión del cuento de "Cucarachita Martina", la gran hacendosa y coqueta de la literatura infantil, narrada por Mirta de Perales.

4.9.2 Contadoras y contraloras

En esta profesión los hombres se encontraban en apabullante mayoría. Sin embargo, he obtenido los nombres de: Carmen Díaz Frank, Gloria Güell, María Teresa Pérez, Lucía Brell, Luz Marina Ruiz, Blanca Santiesteban, María del Carmen Torreiro.

Recuerdo a Regla María Catalán que fue profesora de Contabilidad de la Escuela Profesional de Comercio de Marianao.

EN EL EXILIO

▪ Amelia del Castillo, es contadora profesional, aunque siempre ha preferido dedicarse a la literatura.

▪ Diana Dou Mesa fue en Nueva York contralor de varias organizaciones non-profit y sub directora ejecutiva de Amnistía Internacional.

Otras destacadas mujeres en este campo: Agatha (Águeda) Ogazón, directora de finanzas de la Federación Internacional de Planificaciòn de la Familia para el Hemisferio Occidental. Y Lourdes Falcón, Leonor Fernández, Mirta Pujol y Olga Quintana.

4.10. Empleadas y obreras

With the shift from an agricultural to an industrial economy, from country to town, from home to factory, women lost the previous flexibility, status and control of their work. In its place, they were granted the privilege of low-grade, exploited occupations. The double burden of waged and domestic labor and the sole responsibility for child care that has weighed them ever since.
Rosalind Miles

*This is Women's History Month [1997], a time when we are asked to take
notice [of women's achievements] And we do, by celebrating, with awe and
admiration the grand accomplishments of women who have invented,
transformed, piloted, written, acted and painted their way into history. [...]
But what about the supporting cast, the women whose countless contributions
we rarely notice, not even during this particular month? Teachers, nurses,
waitresses, mothers, secretaries, baby-sitters and crossing guards. Engineers,
architects, doctors and lawyers, clerks and maids, seamstresses and hairstylists* .*

Ana Veciana-Suárez

4.10.1 Inicios

Las mujeres han tratado siempre de suplementar con sus habilidades el ingreso familiar. Y fueron ocupaciones predilectas porque podían
realizarse en el marco del hogar. Una ocupación delicada fue la de fabri-
car flores artificiales, de papel, oficio enaltecido por Dulce María Loynaz en un poema titulado "Cheché (Muchacha que hace flores artificiales)", precedido de la inusual dedicatoria: "Dedico estos versos a la señorita Mercedes Sardiñas, heroína anónima. A ella devotamente, D. M.
L.". Otro poema, en alguna parte, celebra a Antonieta Dolz, "la del canevá y las cintas". Y no podemos olvidar a Flora, la heroina del poema
de Virgilio Piñera a quien "la plancha la doblegaba", (cuyo magnífico
antecedente se encuentra en la "María Belén Chacón" de Emilio Balla-
gas). "Vida de Flora" es uno de los más conmovedores tributos a la mujer trabajadora, una de las tantas mártires que "soltó los pulmones" en la
plancha y la batea. Con su torpeza característica el sistema castrista se
ensañó precisamente con este poeta, demostrando su insensibilidad no
sólo a los problemas realmente proletarios, sino a la participación femenina en la sociedad cubana.

Fue durante la intervencíon americana que las mujeres salieron
a la calle a ganar su sustento y el de los suyos, como política expresa
del gobierno para ayudar a las viudas y madres que habían quedado
desamparadas por la Guerra. Para ellas, Leonardo Wood abrió las
puertas del sector de los empleos públicos. Isabel Margarita Ordext
nos conserva el nombre de una de estas pioneras, la camagüeyana
Abigail Morales Miranda, que más tarde dirigiera un plantel para
señoritas.

A pesar de ello, alrededor de 1907, escribía Francisco Figueras:
*No es sólo dentro del matrimonio donde se recogen los frutos amargos
de esta descuidada o mal dirigida educación. [colonial] Coséchalos*

también la mujer en su vida soltera, cuando se halla desprovista o escasa de recursos para atender a su propia subsistencia o para ayudar a la de su familia. En casos tales, las cubanas sólo han podido, hasta ahora, escalar las gradas humildes de las galeras de despalillado y fabricación de cigarrillos, y las no muy elevadas de la máquina de escribir y de la escuela de primeras letras.

Esta situación cambiaría dramáticamente en los años 30, con el auge del movimiento feminista y la participación de las mujeres en la lucha contra la dictadura de Gerardo Machado. La Constitución de 1940 consagraría la igualdad de la mujer frente a la ley, poniendo a su alcance toda clase de actividades ocupacionales.

4.10.2 Empleadas de grandes compañías

Muchas mujeres ocupaban puestos en oficinas del gobierno, como los ministerios.

Muchas trabajaban para las oficinas de Correo. Los repartidores a domicilio, antes del movimiento de liberación femenina solían ser hombres. Hoy esa situación ha cambiado y se ven numerosas mujeres repartiendo la correspondencia.

Muchas otras mujeres trabajaban para empresas privadas. Tenían un *status* especial las empleadas de grandes compañías como las de Electricidad, Teléfonos y Transportes.

4.10.2.1 Compañía Cubana de Electricidad

Merece una mención muy especial Blanca Rivera Barba, que ostentaba en la Compañía Cubana de Electricidad la categoría de "empleada de confianza", a la cual renunció, para poder sindicalizarse.

También se destacó en este sector Isabel Corrales. Pilar Alvariño fue delegada al Primer Congreso d ela Industria Eléctrica.

4.10.2.2 Compañía Telefónica

Antes de ser actriz y vedette de renombre, María Antonieta Pons trabajó en la Compañía de Teléfonos.

▪ Se destacó como líder de las empeladas telefónicas Ana María Valle Brigas, que en la lucha contra Batista preparó una red telefónica para difundir noticias a través de toda la Isla, y que se dedicaba a interceptar las llamadas telefónicas del dictador, salvando muchas vidas.

- Según se dice, fue la telefonista Rita Andino quien comenzó a contestar al teléfono: "Buenos días, Hubert Matos no es traidor", fórmula generalizada durante unas horas el día en que apresaron a dicho comandante, hasta que fue suprimida.

4.10.2.3 Transporte

Según Fausto Miranda (ENH, 2 de febrero de 2002) Matanzas fue la primera ciudad que empleó mujeres como conductoras de tranvías.

Perteneció al sector del Transporte, en Ómnibus Aliados, Marieta Fandiño, líder comunitaria, directora en el exilio del periódico *La Verdad*.

4.10.3 Empledas de tiendas

Eran especialmente consideradas bonitas y elegantes las empleadas de las tiendas Woolworth (llamadas popularmente *ten-cents*). La fotógrafa Asela Torres fue empleada en el céntrico tencén de Galiano y San Rafael.

Constituyeron una casta aparte las empleadas de "El Encanto", la más lujosa tienda de Cuba. Fundada en 1888, estaba situada en la céntrica esquina de las calles Galiano y San Rafael, "la esquina del pecado" (llamada así porque allí acudían a pasear por las tiendas las mujeres más vistosas de la Habana, que hacían "pecar" a quienes las miraban) la tienda El Encanto sólo tendría aproximaciones en el futuro con las Galerías Preciados, El Corte Inglés y otras exquisitas tiendas madrileñas.

La tienda El Encanto, que había presidido la elegancia habanera desde su fundación, desapareció entre las llamas en los primeros tiempos de la toma del poder castrista, según se cree inmolada por los propios empleados que prefirieron verla desaparecer a contemplar cómo la irían saqueando, desvirtuando y degradando poco a poco los nuevos amos.

En su crónica del 20 de abril de 2002, Fausto Miranda recuerda a una empleada llamada Olga.

EN EL EXILIO

Los fieles empleados de "El Encanto" han mantenido su espíritu en una Asociación de Antiguos Empleados, que se reúne periódicamente y que publica una revista, "Don Julio", por el personaje alegórico símbolo de la tienda que solía anunciar las ventas especiales del mes. La frase "ya es verano en 'El Encanto' " y otros *slogans* de la tienda eran repetidos por toda Cuba.

4.10.4 Camareras

Tuvieron fama de mujeres bonitas las chicas que atendían la cafetería del Ten-Cents (Woolwortth) de Galiano y San Rafael.

EN EL EXILIO

Durante 33 años sirvieron "el mejor café del mundo" en el Versailles, María García, más conocida por "Sarita".

Modesta Iglesias, de la Cafetería del Restaurante Versailles se ha convertido en una verdadera institución, como lo fuera su hermana Clarita.

La extranjera que más se ha identificado con los cubanos, entre tantas, es quizás María Tarrau (née Rodríguez) del retaurante Ayestarán.

4.10.5 Secretarias

Probablemente la secretaria más conocida de Cuba republicana haya sido Conchita Fernández, que trabajaba para el presidente del Partido Ortodoxo, Eduardo Chibás.

▪ La bibliotecaria y bibliófila Mercedes Muriedas fue muchos años secretaria de María Teresa de Rojas.

▪ El cuidadoso historiador de la colonia china de Cuba, Napoleón Seuc, nos ha legado el nombre de las secretarias que desfilaron por su bufete: "Juana Lee, Delia Chiu, Caridad Chang, Irma Lee, Maricusa... etc.", dice: Y una sola cubana, Irma González".

▪ Y el historiador Antonio J. Molina destaca a la Sra. Da. María del Carmen Xifre y Chacón, Condesa de Campo Alegre, que fue secretaria particular de la Reina Victoria Eugenia de Battemberg y marchó con ella al exilio en Lausanne, Suiza.

▪ Hortensia Álvarez Calvo fue una de las secretarias de Eusebio Mujal.

▪ La secretaria durante muchos años de Edith García Buchaca se llamaba Hortensia Gómez.

▪ Carrmela Mediavilla fue secretaria de la Primera Dama María Jaén Zayas.

▪ Fina López fue secretaria de Jacobo Saíf cuando éste se encontraba al frente de la Dirección General de Deportes.

▪ Gloria Mejía fue secretaria de la líder obrera Mercedes Chirino, a quien acompañó a las cárceles castristas.

▪ Raquel Alonso fue Sesecretaria de Elena Mederos.

▪ Isabel Margarita Ordetx nos ha conservado el nombre de Carmela Acebal Mediavilla, secretaria de la Primera Dama María Jaén Zayas.

▪ Amalia Martínez fue secretaria de Herminia del Portal.

- Han sido secretarias de *Vanidades* a lo largo del tiempo: Diana Cartaya, Mari Tere Bonich, Sonia Valdés, Zayda Pérez, Berta Moreno, entre otras de calidad excelente. Zayda fue "secuestrada" por la Gerencia para ser secretaria del Gerente General.

- Irene Carol, que llegaría a ser la sagaz Asesora Editorial de todas las publicaciones de Televisa, comenzó como secretaria de *Vanidades Continental* en la época en que la dirigía la periodista colombiana Elvira Mendoza.

- En sus memorias, Crisistina Saralegui habla encomiosamente de su secretaria, Teresita López.

4.10.6 Costureras, modistas y afines

En toda la isla se encuentran costureras blancas, que pública y honradamente ejercen esta profesión, mientras que en las personas del sexo masculino solamente se dedican a ella los pardos y morenos.

José Antonio Saco (1830)

En su obra *Las Artes Industriales en Cuba*, Anita Arroyyo dedica nu sustancioso capítulo a "Las artes de la aguja". donde entrevista a Ana María Borrero, quien le hace entrega de unas valiosas cuartillas, de imprescindioble lectura, acerca de la historia en Cuba de los aspectos básicos de las distintas labores. Fue Ana María quien introdujo la idea de los "desfiles de moda" con fines benéficos.

Las costureras tendrán siempre su más glorioso antecedente en Emilia Teurbe Tolón, que confeccionó la primera bandera cubana para el expedicionario Narciso López. Para la Guerra del 68, Candelaria Acosta ("Cambula"). Y Eulalia Figueredo, que diseñó y ejecutó el traje de amazona blanco con banda tricolor y gorro frigio que luciría con orgullo su hermana Canducha, como abanderada de la división bayamesa. Para la invasión hacia Occidente, Clotilde Agüero cosió la bandera del Generalísimo Gómez. Y a partir de ellas, las decenas de mujeres anónimas que también cosieron y bordaron banderas e insignias militares mambisas.

Amelia Peláez rindió tributo a estas mujeres con un cuadro titulado *La costurera*.

Fausto Miranda, tan sensible y atinado siempre, recuerda a una costurera llamada Amparito que vivía en la calle Lagunas "y tenía muy buena clientela".

Cristina Saralegui recuerda en sus memorias a Olga, costurera de su madre y sus amigas.

En Camagüey se destacaron Ismelia Arango, que hacía chorreras para blusas y camisas y Petronila Pintado, que daba clases de bordado a máquina. En Santa Clara, fue modista de alta costura Josefina Fernández Méndez, quien fue también probablemente la primera mujer sastre de Cuba. Comenzó como embolsilladora para la célebre sastrería "Los Bobos de la Moda" y llegó a realizar los encargos individualmente.

Algunas casas de moda y *ateliers* habaneros conocidos:

Angelita, Beltina, Bettica, Paula Blanco, Ana María Borrero, Brenda, Chelo, Aida Castillo, Ana Clavero, Edith, Delia Coto, Charo, Carlota Díaz, María Rogelia Diez, María Durruthy, Milagros Estenoz, Ernestina Fernández, Estela Fernández, Modesta Flores, Elena Gaizutiz, María Inés Gallego, Carlota García, Generosa García, Carmen Garriga, Amalia González, Dolores González, Dulce María Hernández, Julia Iglesias, Angelina Inclán, Gloria Inclán, Ofelia Jiménez, Anna Katz, Pepa Katz, Lindaclaire, Lizette Marie, María Luisa, Lucy, Emma Martínez, Elena Mata, Idelis Madsovicius. Elvira Monzón, María Muñiz, Natalia, Isabel Ormaza, Angélica Padura, Caridad Pena, Digna Pérez Veitía, Rebaka, Ocilia Rodríguez, Petrona Rodríguez, María Roque, Rosalia, Piedad Rubio, María Luisa Ruiz, Sabina, Asunción Sánchez Ruiz, Madame Sardi, Shelley Pam, Helena Sick Gold, Hermanas Simó, Soly, Julia Stern, Sylvia, Teraida, Teté, Mme. Teutón, Hortensia Tomeu Vasallo, Delfina Torres, Viki, Mercedes Vizcaíno, Xonia, Yolaida, Zabel.

Algunas modistas:

Esther Álvarez, Dulce María Andrade, Elvira Arias, María Barceló Revuelta, Dora Barrios, Celia Bidot, Catalina Carratalá, Natalia Castro González, Lydia Cuéllar, Isora Espinosa, María F. Fernández, María Cristina Funcasta, Amelia García, Dolores Godínez, Elsa González, Nydia Hechevarría, Eustaquia Hernández, Noemí Hernández, Olga Kessel, Georgina Lorenzo, Aracelia Manrique, Mercedes Martínez, Gladys Massó, Esther Maya, Lina Méndez, Dulce María Muro, Caridad Ormaza, Consuelo de la Peña, Carmen Pérez, Carmen Pla Rodríguez, Lydia Ramos, Dulce Marría Reyna, Rosa María Rodríguez, Carmen Salas, María Ramona Sarría, Paula Sarría, María Valcárcel, Esther Valverde, Onelia Vidal, Elisa Zunzunegui.

EN EL EXILIO

Con esos antecedentes, la costura como inclinación natural fue uno de los campos que inmediatamente se abrieron a la supervivencia en el exilio. Según Robert Gladnick. que fuera presidente del poderoso sindicato norteamericano de la aguja (ILGUW), la *exiliada cubana posee aptitudes muy especiales como costurera y modista, hace gala de gran habilidad y es persona consagrada a su trabajo, tanto en alta productividad como alta calidad. Miami es por ello en la actualidad [los primeros años del exilio] ese gran centro diseñador de ropa de verano, que compite favorablemente con la ciudad de Nueva York.*

El caso de "trasplante" a tierras norteamericanas de empresas de modas es sin duda "Angelita Novias" que en Cuba como aquí goza de gran reputación.

Otras modistas cubanas Angelita (de Angelita Modas), María Aragón, Olga Rodríguez, Esperanza Martínez, Zenaida Nápoles, María Pérez, Olga Rodríguez.

Manos de mujeres cubanas confeccionaron una enorme bandera que, desplegada hacia abajo, cubría la fachada de la Torre de la Libertad en el centro de Miami. Esta bandera fue alevosamente robada, se supone que por algunos de tantos inflitrados castristas.

4.10.6.1 Mercedes Borrero

Un nivel más elaborado que el de la costurera fue la modista, capaz de reproducir elaborados modelos de los "figurines" y revistas de modas. Modista muy conocida entre las familias habaneras fue una de las más pequeñas de la ilustre familia de los Borrero: Mercedes. Alguien que presumía de librepensadora, como Renée Méndez Capote no puede sustraerse a la tentación de consignar que tuvo un vestido hecho por "Mercy" Borrero. Y, según testimonio de varias personas, al final de sus días, la vena de genio y locura de los Borrero se manifestó en ella bajo la forma de una incontrolable cleptomanía que ejercía no sólo en las tiendas, sino en las casas amigas, donde no pudiendo negar la entrada a una Borrero, solían "prepararse", escondiendo los objetos pequeños,) para sus visitas. Es tradición que la célebre canción "Cleptómana", popularizada en la voz de Barbarito Diez, fue inspirada por Mercedes Borrero. La letra es de Agustín Acosta y la música de Manuel Luna.

4.10.6.2 Bordadoras

Llama la atención de los visitantes al Cementerio de Colón en la Habana la hermosa escultura conocida como "La Bordadora", que muestra dos manos de mujer afanadas en un bordado. La escultura cubre el osario de la madre del escultor Fernando Boada y es uno de los raros tributos a las mujeres que desarrollan alguna de las labores tradicional-mente consideradas "de su sexo".

Las bordadoras tienen ilusrtres antecedentes en la patriota Emilia Teurbe Tolón, que bordó la bandera de Narciso López y en la patriota Inés Morillo Sánchez, que realizó el emblema y las escarapelas con que se alza-ron los villaclareños de San Gil en 1869. Antes, María Lema de Insúa había obtenido medalla de oro en la Exposición Universal de París de 1867.

María Caridad Recio, esclava liberta, fue maestra de bordado y te-jido, y tuvo por discípulas a las mejores figuras de la sociedad habanera de entonces.

Otra verdadera artista del bordado fue Concha Guinart. Conserva-ron valiosas piezas de colección Rosa Cantero y Fernández de Lara y Conchita Suárez Iznaga.

Otras bordadoras republicanas: Rosa Abascal, Hermanas Camps, Iraida Grela, Hortensia Martínez, Rosa Papet, Ana Ruiz.

4.10. 6. 3 Zurcidoras

Fausto Miranda (¿habría algo que él no supiera?) dice: Las zurcido-ras calificadas de maestras y que hacían "invisible" el agujero en el panta-lón eran conocidas como "las Catalanas" y tenían sus talleres en la calle Rayo esquina a San Rafael.(ENH, 14 de septiembre de 2002, p. 2E).

4.10.7 Peluqueras

Esta relación no comienza con Mirta de Perales, porque Mirta es además una estilista, especialista en cuidado del cabello, mujer de em-presa y de negocios **(V.4.9.1)** y una destacada figura de la comunidad en el exilio.

Las peluquerías de la Habana tenían nombres elaborados. Algunas fantaseaban con "Madame Sara, "Madame Lee"o "La Francesa", "Vo-gue", "La Parisién". Otras llevaban nombres de firmas de artículos de belleza, no sabemos si eran sus representantes, como "Elena Rubins-tein", y nombres de perfumes como "Vol de nuit". La mayor parte de las peluquerías, sin embargo, tenían nombres de mujer.y casi una ausencia total de apellidos. Como la onomástica es una disciplina tan nueva, siempre ávida de datos, espero que no me tomen a mal relacionar estos nombres de mujer (haciendo gracia de diminutivos, hipocorísticos y versiones exóticas de nombres castellanos):

Acelia, Adelfa, Adolfina, Aida, Amada, Amparo, Ana, Beatriz, Berta, Blanca, Carmen, Caridad, Celia, Ciana, Ciria, Concepción, Consuelo, Diana, Dolly, Dora, Dulce, Elba, Elaine, Elena, Eloína, Elsa, Enida, Enriqueta, Estela, Esther, Esmeria, Estrella, Eva, Evora, Flora, Gladys, Gloria, Graciela, Guillermina, Herminia, Hilda, Iraida, Josefa, Juana, Julia, Laura, Lilia, Leonisa, Lucy, Magaly, Margarita, María Luisa, Marina, Marta, Matilde, Milagros, Mireya, Natalia, Ninón, Nora, Ofelia, Olga, Pilar, Pura, Rosa, Sara, Teresa, Zoila, Ydelia, Yolanda, Zoe.

4.10.8 Obreras y sindicalistas

Entre las tareas apropiadas para las manos femeninas estaba la de torcer tabaco. Otros oficios que se ofrecían para el sector femenino libre, según el censo de 1846, eran los de costurera y bordadora, lavandera, tejedora de sombreros, modista, maestra, partera, dulcera, criandera, panadera, velera, zapatera, jabonera, doméstica y empleada del gobierno. De ellas, desempeñaban oficios unas 20,000 blancas. Las mujeres negras eran un poco menos. Como domésticas había alrededor de 80,000 blancas y unas 29,000 negras.

Ena Curnow

Si algo se echa de menos en las reseñas e historias de los movimientos feministas, en especial las que se refieren a Cuba, es la presencia de capítulos o epígrafes destinados a las mujeres obreras, muchas de las cuales participaron activamente en los movimientos sindicalistas del país. Llama más la atención esta ausencia puesto que muchas de las autoras de esas reseñas y libros presumen de ser "liberales" o "de izquierda", defensoras de las clases humildes, etc. Aquí pretendo sólo dar una noción de la amplitud de este campo, aún por investigar.

Inmediatamente después de fundada la República, las viudas y huérfanas de la Guerra de Independencia, que ya habían tenido que lanzarse a la calle en busca del sustento propio y el de los suyos, comenzaron a organizarse en uniones y sindicatos. Las mujeres estuvieron presentes en el Primer Congreso Obrero celebrado en Cuba, que tuvo lugar en 1915, simultáneamente con la creación del Partido Sufragista. Fue delegada a este evento María Galbey.

En las dos "Fiestas Intelectuales de la Mujer" que se celebraron en la Habana, bajo la dirección de María Luisa Ríos la primera, y de María Luisa Ríos y Ana María Borrero la segunda, se dio una importancia preponderante a las artesanías y las labores manuales realizadas por mujeres.

Los primeros gremios y asociaciones obreras femeninas en constituirse fueron los de las anilladoras, bonineras (Presidenta: América Sotolongo), cocineras, confiteras, corseteras, costureras de calzado, costureras.

4.10.9. Otros sindicatos

Y usted es viejo, pero viejo de verdad si recuerda a las laboriosas "despalilladoras"... Este trabajo consistía en quitar la vena central a la hoja [...] Mujeres que trabajaban con amor y dedicación, ¡siempre grandiosa la mujer cubana!

Fausto Miranda

Siguieron en la sindicalización: las costureras de sastrería, cigarreras, despalilladoras. El de estas últimas fue uno de los sindicatos más poderosos desde sus comienzos, con unas 2,000 asociadas, afiliado a la CNOC, Confederación Nacional Obrera de Cuba. También uno de los más antiguos, porque ya desde 1866 las mujeres ocupaban un banco de despalilladoras en el taller llamado "La Honradez", segun se dice, en honor a las mujeres que allí laboraban. Una de sus presidentas fue Adela Valdés.

Otra dirigente sindical destacada fue Justa Martínez, lavandera y planchadora de las empresas ferrocarrileras que encabezó la lucha por iguales salarios que los hombres.

4.10.9.1 Amada Landrove

Nació también con el siglo esta cubana, aunque en el seno de una familia muy pobre, razón por la cual tuvo que trabajar tempranamente, en la industria cigarrera, para ayudar a su familia. Tenía tan sólo 16 años cuando comenzó a destacarse entre sus compañeras de oficio, obreras a destajo, por su sentido de solidaridad y su firmeza en el reclamo de los derechos de las mismas. En una época en que las huelgas eran ilegales, Amada no tuvo reparos en exhortar a sus compañeras a sumarse a la que por entonces sostenían los obreros desplazados. Quizás fue así como conoció a Ernesto Cuadra, un "escogedor" tabaquero, con el que se casó y tuvo tres hijos: Elena Marta, Ernestina y Ángel, por lo que durante algún tiempo su vida estuvo centrada en el hogar.

La crisis bancaria de 1929, sin embargo, y la subsiguiente inestabilidad económica de los años 30, la obligaron a regresar a su antiguo empleo. Casi al mismo tiempo, ingresó en las filas del Partido Revolucionario Cubano (Auténtico), que lidereaba Ramón Grau San Martín, y se convirtió ya definitivamente en activista obrera, dentro del sector cigarrero.

En los años 40, durante uno de los períodos de Fulgencio Batista en el poder, el Partido Comunista adquirió el control de los sindicatos y una de las primeras acciones que tomaron fue violar la lista de espera de los aspirantes a ingresar en la industria tabacalera, para beneficiar a los militantes comunistas. Amada Landrove dirigió la protesta obrera, que llegó al Ministerio del Trabajo. No faltaron las amenazas, las extorsiones e intrigas de los comunistas contra el grupo reclamante. Finalmente, el Tribunal Supremo de la nación determinó que la razón estaba de parte de los obreros y que debían respetarse las listas y los escalafones que les franqueaban los puestos a los que tenían derecho a ocuparlos.

Una vez en el poder el Partido Auténtico, los obreros comenzaron la lucha por liberar los sindicatos de la usurpación comunista. Amada Landrove formó parte de la dirigencia del sindicato cigarrero, del que llegaría a ser Tesorera. Su equipo sindical se caracterizó por la honradez, la defensa y mantenimiento de las conquistas obreras, y por la implementación de programas de ayuda a los necesitados.

Tras el golpe de estado de Batista, en el año 52, el sindicato se mantuvo fiel a los postulados del autenticismo. La actuación de sus miembros había sido tan irreprochable que, cuando las hordas castristas asaltaron los sindicatos, en 1959, no encontraron la más ligera base para proceder a sus célebres "purgas", ni sucios manejos que imputarle a los sindicalistas para imponerles sanciones.

Amada continuó trabajando en la fábrica de cigarros "Regalías el Cuño", donde siempre se había desenvuelto, pero como su posición anticomunista de muchos años era conocida, fue detenida cuando la invasión de Bahía de Cochinos, como parte de las medidas "preventivas" que dictó el pánico de la dictadura. Una vez en libertad, gestionó apresuradamente su jubilación, que obtuvo. No así su esposo, que fue expulsado de su centro de trabajo y privado del retiro. El hogar de Amada, como el de tantos cubanos, se desintegró. Ángel, el hijo, fue condenado en 1967 a quince años de prisión. Elena y Ernestina, las hijas, marcharon al exilio. Ahora la luchadora, de setenta años, debía concentrarse en la lucha más dura de su existencia: lograr la libertad de su hijo, que al fin, tras llamar a toda puerta posible, obtuvo a través de Amnistía Internacional, en 1982.

Finalmente, a los 85 años de edad, Amada logró ver reunida nuevamente a su familia, ahora aumentada por nietos, en California. Murió poco después, en la paz del deber cumplido, el día de Año Nuevo de 1991.

4.10.9.2 Más sindicatos

Siguen las agrupaciones obreras femeninas:

Se destacó en la industria fosforera, en la provincia de Camagüey, Carolina González, que aunque no detentaba cargo oficial ninguno, gozaba de gran prestigio entre las trabajadoras de ese sector. Mujer de gran espiritualidad, Carolina se negó a formar parte de los sindicatos que organizaba la CTC comunista.

A continuación forman gremios las lavanderas, petaqueras, planchadoras. Las planchadoras organizaron una de las primeras huelgas obreras femeninas que se recuerdan, la de 1893, que se reflejó en *Aurora del Yumurí,* del 1ero de mayo de ese año. Cierran la relación de mujeres tempranamente sindicalizadas las representantes del oficio ya casi desaparecido de sombrereras.

4.10.10 Empleadas domésticas

Todos los cubanos recordamos a aquellas mujeres ejemplares que eran prácticamente miembros de la familia y que, de hecho, en ausencia de una abuela o de una tía soltera, llevaban de manera efectiva el manejo de los hogares. Sus vidas y sus historias, aunque en muchos casos sus apellidos no hayan sido conservados, están inextricablemente unidos a las tradiciones familiares. Los reúno en honor de su gloriosa patrona: Santa Zita.

- Dora Alonso recuerda en su cuentística a la negra Namuní.
- En sus memorias, Cristina Saralegui se refiere a varias de las sirvientas que había en su casa mientras era niña. Recuerda a su niñera Goya, negra hija de esclavos, casi centenaria, que también había sido niñera de sus padres. A Lili, "jamaiquina"; Martina, tata de su hermano, y tata de ella también; Agustina Cruz (por excepción con apellido).
- Rita Geada recuerda a las colcineras de sus abuelos, las negras Juliana y Amparo. En uno de sus viajes a Cuba. fletó un automóvil hasta las afueras de Pinar del Río, con tal de volver a ver a su querida Amparo.
- Gladys Zaldívar habla de la cocinera Nicolasa, "medio isleña", y Hortensia, negra hija de esclavos, niñera de su hermano Juan.
- Amelia Martínez, excéntrica musical que divertiría al público habanero con el nombre artístico "Juana Bacallao", trabajó en su juventud como sirvienta.
- En el marco de mi infancia, recuerdo a Simona, negra como el ébano, cocinera, que además se impuso la obligación de hacer comer a mi hermano, un niño melindroso al que sólo conseguía asustar ("Tu come, porque si no, te muere"). Recuerdo a la gallega Engracia, mi tata, personaje de tantas anécdotas que he relatado en otro sitio. Todavía en Madrid, en el año 65, me preguntaba un amigo lingüista que cuál de mis progenitores había sido gallego, por mi forma tan cerrada y oscura de

pronunciar la *o*, que casi sonaba *u*. ¡Tan incorporada a mí misma estaba Engracia!

Influencia pareja ejercieron la mulatica Celia y las otras sirvientas mencionadas en la introdución del *Refranero familiar*: Conga, Fique. Fique tenía un novio abecedario, que había perdido las piernas al explotar la bomba que colocaba… y que me regaló mi primer coche de muñecas para que paseara a uno de aquellos bebés de cabeza pelada gigantona (¿cómo no está prohibido manufacturar cosas feas para los niños?) que por esa época me habían traído los Reyes.

La Constitución del 40, y nuevas leyes laborales fueron poco a poco erosionando esa mutua confianza entre clases que antes existía. Naturalmente, con la llegada el castrismo la distanciación inicial pronto se convirtió en odio. Aunque hubo sus excepciones.

4.10.10.1 Coralia

Al comenzar las primeras disposiciones castristas, trabajaba en casa de mis tíos, donde entonces yo vivía, una mulata de extraña tez rojiza, quizás por eso llamada Coralia, de cráneo alargado, por lo que solíamos decirle en broma que descendía de Hatuey. Coralia había estado con nosotros desde que era casi una niña y la queríamos como a alguien de la familia, pero cuando comenzaron a plantear que la servidumbre doméstica era una abominable forma de explotación, creímos nuestro deber decirle que podía irse a una de las tantas escuelas de "rehabilitación" que abriría el gobierno y tan amigas como siempre. La respuesta de Coralia nos dejó boquiabiertos: "¿Ustedes creen que yo soy boba? Lo que quieren es meterme en un lugar de ésos para adoctrinarme".

Coralia siguió con mi familia hasta mucho después de la apoteosis barbuda. Una nueva intentona castrista de someterla consistió en decirle que tendría que escoger entre figurar en la libreta de racionamiento de su madre, una ancianita, o en la del núcleo familiar de su trabajo. Como una libreta no alcanzaba para que comiera una persona, Coralia tuvo que enlistarse con su madre, para que todo se recibiera doble.

Mientras mi familia pudo mantener esa situación, Coralia siguió almorzando en casa y también, mientras fue posible, llevando algo a su madre para aumentar las ridículas raciones gubernamentales. Hasta que el hambre se generalizó y cada quien tuvo que tirar por su lado.

5. PRENSA FEMENINA

[Quiero aclarar que en esta quinta parte, como en todo este libro, me baso en fuentes documentales. Cuando éstas faltan, recurro a la memoria de personas conocidas y a mi propia experiencia. Sorprendará el hecho de que se encuentren en una relación hombro con hombro las "grandes figuras" y las representantes de la llamada "gente sin historia". Pues bien: aquí han tenido su historia. Y que sea el tiempo el encargado de relegarlas. No yo. Seguramente habrá muchas omisiones, porque nunca se han realizado investigaciones ni recuentos sistemáticos de las mujeres en los distintos oficios y profesiones. Agradecemos a las lectoras que nos ayuden a subsanarlas con vistas a una posible segunda edición. Gracias].

5.1 Prensa especializada

Las mujeres hemos invadido todos los campos del saber y la actividad humana, y en todos hemos dejado huella indeleble. Veamos algunos de esos campos favorecidos por las mujeres, en los que nos hemos destacado y participado en sus órganos especializados correspondientes. Las publicaciones relacionadas con Arte, Bibliografía, Educación, Música, y Teatro se reseñan bajo sus epígrafes correspondientes. Aquí reflejo otros temas, como siempre por orden alfabético. Se incluyen las especialistas que permanecen dentro de Cuba de las cuales he tenido noticia.

Antropología, Folklore, Estudios Afrocubanos: Concepción Teresa Alzola, Ana María Arizó, Lydia Cabrera, Isabel Castellanos, Sofía Córdova, Clara Luz Díaz, Natalia Figueroa. Zoila Gálvez, Calixta Guiteras, Mariela Gutiérrez, Diana Iznaga, María Muñoz de Quevedo, Carolina Poncet.

Arqueología: Estrella Rey.

Astronomía: Isolina Velasco Millás.

Ciencias: María Teresa Álvarez Estrada, Ramona Fernández Moreno, Sara Isalgué, Isabel Pérez Farfante, Isolina Velasco.

Ciencias médicas: Olga Ferrer, Marta Frayde, Ana María Lamas.

Crítica e historia literarias: Mirta Aguirre, Concepción Teresa Alzola, Anita Arroyo, Esperanza Figueroa, Aleida Garrido, Josefina Inclán, Ellen Lismore Leeder, Helena López Hernando, Rosa Martínez Cabrera, Silvia Martínez Dacosta, Graciela Palau Nemes, Gemma Roberts, Georgina Sabat Rivers, Estrella Terrén, Gladys Zaldívar. Por adopción, Camila Henríquerz Ureña.

Filosofía: Mercedes y Rosaura García Tudurí, Rosario Rexach, Inés Segura Bustamante. Aunque nunca llegaron a publicar sus indagaciones en este campo, recuerdo a las graduadas de Filosofóia y Letras, Victoria González, Hilda Orosa y Sonia Kozolchyk. Victoria fue becada por el partido comunista cubano, en tiempos de la República, para que estudiara marxismo en la Sorbona, pero estando allí comprendió que su vocación era otra y comenzó a preparar su tesis sobre San Juan de la Cruz. Viajó a Roma y obtuvo permiso para la creación de una orden religiosa en Santiago de Cuba. No he sabido de ella después de la toma del poder por los castristas. Hilda, una de las discípulas favoritas de Mañach, que trabajaba, me parece, en las relaciones entre el tomismo y la filosofía aristotélica. Sonia escribió su tesis sobre Baruch Spinosa y leía las obras del filósofo en latín y hebreo.

Geografía e Historia: Uva de Aragón, Anita Arroyo, Beatriz Bernal, Raquel Catalá, Victoria Caturla Brú, Ena Curnow, Delia Díaz de Villar, Enriqueta Comas, Ena Curnow, Teresa Fernández Soneira, Esperanza Figueroa, Sara Isalgué, María Luisa Lopez Chávez, Hortensia Pichardo, Guillermina Portela, María Teresa de Rojas, Isolina Velasco, Raquel la Villa.

Lingüística, Etnolingüística y Lexicografía: Concepción Teresa Alzola, Lydia Cabrera, Isabel Castellanos, Diana Iznaga, Ana Roca, Beatriz Varela.

Matemáticas: Margarita Pérez Cobo.

Marxismo: Mirta Aguirre, Ofelia Domínguez, Edith García Buchaca, Elena Gil, Sara Pascual.

Publicidad y periodismo: María Eloísa Álvarez del Real, Eloísa Lezama, Ana María Gutiérrez, Marta Souza, Regina de Marcos. En Cuba, Ana Núñez Machín.

Siquiatría y sicología: Alicia Acosta, Sigrid Arnoldson, Mercedes Sarduy.

El catolicismo (Amelia Silverio, Araceli Cantero, recientemente Dora Amador), el protestantismo, el espiritismo, la masonería tuvieron en Cuba diversos órganos de difusión, que sería preciso revisar más adelante, en Cuba libre, con lo que se salve de los archivos y bibliotecas, en busca de colaboraciones femeninas.

En la prensa religiosa colonial nos encontramos con Ana Joaquina Sosa y González, que dirige en Cienfuegos *La Familia*, en 1884. Y Matilde Troncoso, redactora de *La Juventud Católica,* en 1871. En 1891 están colaborando en *La Familia Cristiana* Avelina Correa y María de Santa Cruz.

En la prensa espírita nos encontramos con *La Investigación,* órgano oficial de la institución espírita de ese nombre y en la República con Francisca Hernández Zamora que dirigio *La Buena Nueva,* en los alrededores de 1922.

En la prensa comunista, con Mirta Aguirre, Edith García Buchaca y Ofelia Domínguez, entre otras, colaboradoras del periódico *Hoy* y la revista *Fundamentos.*

Sería interesante también rebuscar en las restantes prensas especializadas de la Republica la presencia de colaboradoras femeninas, como en las prensas de provincia, las prensas estudiantiles y restantes. Y en la tan descuidada prensa hebrea, a la que ha prestado alguna atención Roberto Esquenazi Mayo en su estudio sobre las revistas cubanas, donde menciona *La Aurora,* fundada en 1928, por Eliezer Aronowsky, *Belleza Israelita Cubana* de 1931, con Fiodor Valbe de director, *El Estudiante Hebreo* de ese mismo año, etc. También *La palabra israelita, Vida habanera (*un almanaque en yidish que comenzó a publicarse en 1932, e incluía de 40 a 50 páginas en español), *El Mundo Hebreo, Tiferet Israel,* entre otras.

La prensa libanesa contaba en Cuba con el periodico que editaba en Marianao Jacobo Saif. Deben revisarse además la prensa china, como *Diario republicano chino, Man Sen Yat Po, Wan, Man Sion Poo Wan Mon Yat Po.* Por supuesto, debían analizarse las publicaciones en inglés y la prensa satírica. No abundan en esta última los nombres femeninos, pero, de todas maneras, hemos encontrado el de Margarita del Mármol, que colaboraba en *El Murciélago* alrededor de 1856. Antes de morir, el director de *La Política Cómica* entregó la propiedad de ese nombre a Surama Ferrer.

La prensa negra de Cuba, otra forma de especialización, cuenta con el nombre pionero de Abigaíl Lozano, colaboradora de *El Rocío* (1856), que se considera la primera publicación de cubanos "de color", como se decía entonces. También deben revisarse las páginas de *La Nueva Aurora* (1882), dirigido por Jerónimo A. Guerra).

5.1.1 Esperanza Figueroa

Cuando éramos jóvenes los de mi generación, nos pasábamos la vida añorando conocer a tres escritores cubanos que vivían fuera de Cuba, e maginando cómo serían "en la vida real". Eran Mariano Brull, Eugenio Florit y Esperanza Figueroa. Llegué a conocerlos a los tres, pero dejo a los hombres para otra ocasión y me concentro en la figura femenina. Esperanza Figueroa es un nombre familiar a todo el que ame la poesía de Julián del Casal. Es mucho más que su bibliógrafa: es su intérprete, la persona que, sobre todo con su publicación más reciente, ordenando la poesía casaliana, revive ante nuestros ojos la época del infortunado poeta, su ambiente, la Habana finisecular en que le tocó vivir. Pero esta erudita mujer fue también protagonista de una singular historia de amor: casada de joven y en el ocaso de su vida con el mismo hombre: Antonio Hernández Travieso, el biógrafo del Padre Varela. [Travieso fue mi muy querido profesor de Introducción a la Filosofía en el Instituto de Marianao, pero como dije, los hombres figurarán, quizás algún día, en otro libro].

Es en parte a causa de la separación de Travieso que Esperanza marcha a enseñar español en los Estados Unidos a comienzos de la década de los 40, para regresar a Cuba sólo de visita, antes de la instauración del castrismo, y nunca después. En EE.UU. se casa con el profesor y crítico literario José Amaral con el que tiene dos hijos, hoy, al igual que sus padres, prestigiosos profesores en universidades americanas. La vida "norteña" de Esperanza está llena de triunfos profesionales y satisfacciones intelectuales, posible-mente la mayor de todas haber conocido y tratado personalmente a poetas de la calidad de Octavio Paz y Ezra Pound, y novelistas como Vargas Llosa y Camilo José Cela, entre otros grandes escritores. Esperanza realizó unas magníficas traducciones al español de Ezra Pound No es de extrañar tratándose a su vez de una poetisa, incluida por Juan Ramón en su antología habanera.

Separada de Amaral y de visita en Washington, se entera Esperanza por unos amigos comunes que Travieso, exiliado, se encuentra muy grave en un hospital citadino. Y va a visitarlo, como viejos amigos que fueron, de los años y luchas estudiantiles, antes de que surgiera entre ellos otro tipo de relación. Pero, la historia se repite. Travieso se cura milagrosamente y por fin se marchan, ya retirados y casados de nuevo, hacia la Florida, donde a una edad avanzada fallece Antonio Heránández Travieso. [Me correspondió a mí llevarlo al hospital en lo que sería su último ingreso. Al despedirme, coloqué alrededor de su cuello, para que lo acompañara en ese largo viaje a lo desconocido, un "escapulario verde" con los que siempre me tiene surtida Beatriz Varela].

En cuanto a Esperanza, que residió casi hasta el final de sus días en Miami, imposible describir la agudeza crítica, su lucidez mental aún siendo anciana, y aún a esa edad, mujer de extraordinario atractivo, y la generosidad con que siempre puso a disposición de los más jóvenes su biblioteca, su experiencia, el caudal de su cultura. Ha sido para los más jóevenes un verdadero modelo de integridad intelectual, que sembró en muchos sus mismas inquistudes, como el amor a Casal que inculcara en Gladys Zaldívar. Fue un privilegio disfrutar de su amistad.

[En lo que terminaba de preparar este libro, la salud mental de Esperanza Figueroa, inesperadamente atacada por la cruel enfermedad de Alzheimer, comenzó a deteriorarse. Al cabo, sus hijos, Pedro y Jacinta Amaral la llevaron a vivir cerca de ellos en San Diego, California, donde falleció. Gladys Zaldívar y yo, heredamos parte de sus libros y papeles, con los de "Ñico" y nos encargamos de donarlos a la Colección Cubana de la Biblioteca de la Universidad de Miami, donde crearon el fondo Hernández Travieso-Figueroa. Sería de un gran valor para la cultura cubana publicar el volumen que Travieso dejó prácticamente preparado recogiendo sus artículos periodísticos en *El Mundo*, acerca de la vida cotidiana de una serie de nuestros próceres, que componen una verdadera parahistoria cubana. Y publicar en otro volumen los ensayos de crítica literaria de Esperanza Figueroa, pionera y maestra de los estudios casalianos].

5.2 Concepto de prensa femenina

A este grupo [dentro de las revistas importantes de los últimos 50 años] corresponden también tres revistas creación de tres mujeres meritísimas: Por la muje*r de Concepción Boloña, viuda de Sierra, la injustamente olvidada Coralia;* Cuba Libre, *de Charito Sigarroa; y la* Revista Blanca, *de la desventurada Luz Gay, que arrastró por nuestras calles su doloroso infortunio hasta que la piedad la acogió en un manicomio donde terminó sus días.*

Berta Becerra, 1952

Berta Becerra menciona también entre las mejores, las revistas femeninas *Vanidades, Ellas* y *Romances*. Y da como fechas de publicación respectivas 1931, 1934 y 1936.

La prensa femenina es una prensa especializada, puesto que está dirigida *en especial* a un público determinado y utiliza un característico lenguaje o jerga (sobre todo en las secciones claves de moda y de belleza), en la que redactoras y lectoras se comunican perfectamente. Llegar a dominar este estilo, impersonal, uniforme, no siempre es fácil, aunque a la larga facilita extraordinariamente la labor de las redactoras. Puede darse el caso de un artículo empezado por una y continuado por otra, según el volumen de trabajo al que haya que darle salida, y que no se note siquiera el lugar donde tuvo lugar el empate. Andando el tiempo, la redactora misma no puede identificar los materiales no firmados como suyos, ni sabe quién ha escrito qué. Este carácter impersonal, típico de las informaciones noticiosas, se va acentuando a medida que las revistas femeninas adquieren más y más las características de un producto de consumo.

A pesar de esto, Elaine Showalter, sostiene que "las escritoras [incluidas las que se desenvuelven en el periodismo] sí cuentan con una historia especial, suceptible de análisis". Ella distingue para la literatura en lengua inglesa tres fases: 1) Fase femenina, cuando las mujeres se ocultan tras seudónimos, que comienza en los alrededores de 1840 y termina aproximadamente en 1880, con la muerte de George Elliot. 2) Fase feminista, desde 1880 hasta 1920, cuando toda la atención está enfocada en la lucha por derechos iguales para la mujer, y 3) Fase de la mujer, desde 1920 hasta 1960, fase que termina, según ella, con la irrupción del movimiento de liberación femenina.

En la primera fase, femenina, se imitan las características de la tradición dominante. En la segunda, feminista, se protesta contra los modelos y valores establecidos, y se defienden los derechos minoritarios. En la tercera, de la mujer, la motivación es el autodescubrimiento, la búsqueda de una identidad propia.

Basándome en estas distinciones, he pensado que la producción periodística de las mujeres cubanas podría agruparse en dos tipos principales: la prensa femenina (concebida y escrita para mujeres, en especiaal amas de casa, consideradas colectivamente) y el periodismo de mujeres (donde poder expresarse cada una individual y libremente). La intención feminista está presente en ambos tipos y ambos coexisten en el tiempo. Cabe añadir que con la irrupción del movimiento de liberación femenina, nada ha terminado en los países de cultura hispánica. Al contrario, todo acaba de comenzar. Más aún: en la actual sociedad cubana, dado que la liberación de la mujer se mantiene mancomunada a la del proletariado, se le ha aplicado un freno.

5.3 Igual a sí misma

La prensa femenina suele preceder al periodismo de mujeres, aunque luego se paralelicen. Y una de sus características principales es que suele ser, en aplastante mayoría (basta consultar la relación que se acompaña) obra de hombres que concentran sus esfuerzos en educar y entretener al "bello sexo". Una publicación destinada a "la recreación de la mujer", ha sido siempre concebida en términos de asuntos relacionados con el hogar, los hijos, las labores, la moda, la belleza, quizás alguna pizca de "saber", lo que hace que estas publicaciones se parezcan entre sí como dos gotas de agua. Y que cada edición de cualquiera de ellas, parezca ser una copia al carbón de la anterior. Es como si todas aplicaran la misma fórmula, derivaran de un arquetipo común, mantenido invariable a lo largo de los años. Y en efecto, así es: las normas más o menos definitivas de este tipo de publicaciones quedaron plasmadas tan temprano como en 1821, en la *Moda o Recreo Semanal del Bello Sexo*, editada por Domingo del Monte, y no sólo en lo que respecta a las secciones: "figurines, música, noticias, narraciones, anuncios de tiendas", sino que este tipo de revistas, además, concebida desde el punto de vista de los hombres, "debe tratar acerca de cosas, y escrito en el lenguaje que cualquier niña pueda entender". De donde proviene tanto tema sentimentalón y ese lenguaje a veces simplista que se emplea en muchas revistas femeninas, por quienes no saben distinguir entre lo directo y sencillo y la abierta bobería.

Revistas de este tipo suelen volverse monótonas. ¿Cómo romper esa uniformidad de asuntos y hasta de estilo? Nos cuenta María Julia Casanova:

... si una revista se produce mes tras mes con las mismas cinco o seis firmas, el estilo se vuelve muy monótono. De manera que yo me especialicé en convertirme en cinco o seis escritoras de distinto estilo, para diferentes tipos de artículos originales. De modo que ya no era yo, sino también, entre otras, una doctora, una sicóloga, una divorciada, una recién casadita y hasta una teenager, que se firmaba Zizi, para tratar asuntos propios de esa edad.

Se refuerza así otra característica distintiva, muy visible, de la prensa femenina: el uso de seudónimos, muy en boga mientras "escribir en los periódicos" no fue considerada una labor propia de mujeres. Como expresa Adela Jaume: *"Nuestras antepasadas, salvo casos aislados, no pudieron enfrentarse a la realidad cultural de su tiempo sino amparándose en el anonimato, en evitación del reproche, la crítica mordaz o la cruel ironía"*. La Condesa de Merlín utilizó el seudónimo Amira. Hasta la Avellaneda misma, creadora y directora de una publicación se creyó obligada a veces a firmarse "La Peregrina". Calcagno, al trazar la semblanza de algunas escritoras del XIX, añade los correspondientes seudónimos que utilizaron, algunos de los cuales reseñamos. Tras enumerar los de Aida Peláez y Raquel Catalá, añade Francisco Caraballo: *"y numerosas cubanas más* [escribe en1918], *pertenecientes a toda la prensa de la República, que ocultan sus nombres con seudónimos".*

A pesar de la aceptación tácita en las sociedades civilizadas de que las mujeres tenemos derecho a expresarnos, los seudónimos continúan usándose, por diversas razones. Graciela de Armas, por ejemplo, adoptó ese seudónimo porque su nombre original le pareció horroroso: María Cabezola. Otras veces, el seudónimo permite, como ha explicado María Julia, colocar más de una colaboración en determinada revista. Ese ha sido también mi caso, y he usado, entre otros, los seudónimos Marie Rigaud, Jane Clark, Amalia Rosas y uno que no revelo porque está en uso todavía.

5.3.1.Algunos seudónimos utilizados por periodistas de distintas épocas

- Mirta Aguirre: Rita Agumerri, Rosa Iznaga, Luis Robles.
- Estela Arza Quintero: Madame Papilion, Miss Beauty, Conde de Briñas.
- Concepción Boloña: Coralia.
- Fermina de Cárdenas: Ena de Rohán, Dolores.
- Raquel Catalá: Ariana.
- Señora William L. Cazneau: Cora Montgomery.
- Antonia Cepeda: Onatina.
- Úrsula Céspedes: La Serrana, Carlos Enrique de Alba, La Calandria.
- María Belén Cepero: La hija del Yumurí.
- María Collado: Battina de Armín.
- Sofía Estévez: Hija del Indio Bravo.
- Domitila García Coronado: Ángela, Jatibonico.
- Gertrudis Gómez de Avellaneda: Felipe de Escalada.
- Francisca González Ruz: Delisa.
- Isabel Machado: Flérida.
- Mercedes Matamoros: Ofelia.
- Renée Méndez Capote: Suzanne, Berenguela, Io-San

- María Luisa Milanés: Liana de Luz.
- Aida Peláez: Eugenio.
- Magdalena Peñarredonda: Constancia, Elga Adam, Doley (su segundo apellido).
- Julia Ramírez: Oixacanto.
- Clotilde del Carmen Rodríguez: La hija del Damují.
- Amelia Silverio: Rebeca.
- Alicia Varela: Tula Martí.
- Rosa Hilda Zell: Adriana Loredo, Julián Granizos.

Un caso destacado es el de la novelista Marie Heredia, a quien todo el mundo conoce por Gérard d'Houville.

También algunos hombres utilizaron seudónimos, como Jess Losada que se firmaba Algernon en *Carteles* o Rafael de Zéndegui que se firmaba Henry Woton en el *Diario de la Marina*.

En el transcurso de los años, la prensa femenina de los países occidentales ha ido dando cabida a los nuevos intereses de las mujeres, en especial en lo que respecta a las nuevas profesiones, nuevos campos laborales, empresas y negocios. El eje de la vida de la mujer sigue siendo el hogar, pero éste ya no constituye su único o exclusivo interés.

En los países comunistas, lógicamente, una prensa que exalta los valores de la familia, y trata acerca de "vanidades" tales como la apariencia física o la ropa de las personas, y en general artículos de consumo, no tiene razón de ser y desaparece automáticamente, sin necesidad de que la clausuren, como hacen con la prensa formativa e informativa.

5.4. Principales publicaciones femeninas cubanas por orden cronológico hasta la aparición de *Vanidades* (1937)

1811 *El Correo de las Damas*. Reputado como la primera publicación cubana de su clase "dedicada al bello sexo". Fundadores: Simón Bergaños y J. J. García.

1812 *Cartera de Señoras*. Fundador: Juan Hernández Otero

1821 *Biblioteca de las Damas*. Fundado y redactado por José M. de Heredia.

1829 *La Moda o Recreo Semanal del Bello Sexo*. Fundada por Domingo del Monte y J. Villariño. Entre las colaboradoras se encuentra Mercedes Arús. Fue incluida por Juan J. Remos entre las 50, mejores revistas cubanas del siglo XIX. Presenta ya los componentes básicos de la prensa femenina: figurines, música, noticias, narraciones, anuncios de tiendas. Crea además una de las convenciones que más han entorpecido su desarrollo: o sea, que esta prensa debe tratar acerca de cosas, y estar escrita en el lenguaje que "cualquier niña pueda entender".

1837 *Miscelánea de Util y Agradable Recreo* se encuentra, según Larry Jensen, entre las revistas de mayor circulación en Cuba durante los años 1836-37.

1838 *La Flor de Mayo*. Dedicada "a la virgen de los trópicos". Editado por Ramón Zambrana y Juan M. San Pedro. Colaboradoras: Rosa y Carlota Turla, las Hermanas Massana, y Ana L. Díaz.
Obsequio a las Damas. Editor, Ramón Oliva.

1847 *El Colibrí*. Dedicado a las damas. Directores: Andrés Poey e Ildefonso Estrada Zenea.

1850 *El Iris*. Dedicado al bello sexo. Fundadores-redactores: Rafael Otero e Idelfonso Estrada. Contenía modas con dibujos para bordados y figurines.

1856 *Canastillo de las Damas* (Santiago de Cuba). Imprenta de A. Martínez.
El cesto de flores. Dedicado al bello sexo. Director Antonio López de Arenosa.

1857 *La Civilización*. Dedicado a las señoritas y señoras de la Habana. Redactores, un grupo entre los que se encontraban Emilio Blanchet, y los poetas Fornaris y Vélez Herrera.
Álbum de las Damas, de carácter literario. A cargo de Luisa Pérez Zambrana.

1860 *Álbum Cubano de lo Bueno y lo Bello*. Directora-fundadora Gertrudis G. de Avellaneda.

1864 *El Amigo de las Mujeres*. Festivo.

1866 *El Céfiro*. (Puerto Príncipe). Editor: Emilio Peyrellade. Redactoras: Domitila García y Sofía Estévez. Revista literaria, de modas, costumbres y publicación semioficial de la Sociedad Popular.

1868 *El Eco de las Damas*. Fundado por Carlos Genaro Valdés. Colaboradora: Domitila García.

1876 *La Mujer*. Director: José Tamayo.

1878 *La Familia*. Dedicado a las madres cubanas. Directores: Antonio López Prieto y Tomás Delorme. Entre las colaboradoras: Aurelia

Castillo González, Luisa y Julia Pérez, Úrsula Céspedes, Sofía Estévez, y otras.

1879 *El Álbum de las Damas*. Director-propietario: R. G. del Socoro. De ciencias, literatura y modas.

1880 *Diario de las Señoras*. Director: Idelfonso Estrada.

1881 *El Almendares*. Dedicado principalmente a las señoras. Director: Diego Vicente Tejera (Martí fue colaborador ocasional).

1882 *El Mensajero de las Damas*. Directora: María Manuela López.

1883 *La Habana Elegante*. "Periódico bisemanal de noticias interesantes a las señoras y señoritas". Director: Casimiro del Monte. Director, a partir de 1885, Enrique Hernández Miyares. Es el vehículo de los trabajos en prosa de Julián del Casal. Colaboradoras: Nieves Xenes, Juana Borrero.

1885 *La Familia* (Matanzas). Dedicada al bello sexo. Directores: F. Romero Fajardo y Rafael Otero.

1888 *Minerva*. "Revista quincenal dedicada a la mujer de color". Director: Miguel Gualba.

Álbum de las Bellas (Sagua), Director: Alvaro Ledón Fernández.

1891 *El Eco de las Damas*. Directores: Mariano Benítez y Benjamín Estrada. Artístico, científico, literario y de modas.

1894 *El Álbum de las Damas* (Matanzas). "Al bello sexo matancero". Directores Miguel Garmendía y José L. Prado. Literario, de espectáculos y variedades.

1897 *El Eco de las Damas*. De Enrique Orihuela y Carlos J. Hernández.

1904 *El Heraldo de la Belleza* (Trinidad), dedicada al bello sexo.

1909 *El álbum de las Damas* (Cienfuegos). Directora: América Fleytes.

1919 *Nosotras* (Holguín). Semanario feminista.

1928 *La Aurora*, fundada por Eliezer Aronowsky.

Belleza Israelita Cubana, con Fiodor Valbe de director.

1933 *Ellas*. Director-fundador: José Justo Martínez.

1934 *Chic*. Director: Lorenzo de Castro.

1936 *Romances*. Director: Jorge L. Hortsman. Más tarde, Ernesto Surís.

1937 *Eva*. "Una revista moderna para mujeres de gusto". Directores: Jorge L. Hortsman y Aida Valls.

Vanidades. Director General: Alfredo T. Quílez. Directora literaria: Isabel Margarita Ordext. Directora artística: Josefina Mosquera. Entre las redactoras de los primeros tiempos: Ana María

Borrero, Margarita Montero Inclán, Silvia Beltrons, Mercedes Pinto, Leonor Barraqué, Cachita Castellanos, Berta Portocarrero. Ya bajo la direción de Herminia del Portal, entre las colaboradoras se encontraba Regina de Marcos.

5.5 Páginas en publicaciones periódicas

Según Raimundo Lazo, en su *Teoría Literaria,* las publicaciones periódicas suelen constar de las siguientes páginas: página política, página social, deportes, cine y teatro, agricultura, información comercial, información cablegráfica. información de provincias, etc. Además, ilustraciones o informaciones gráficas, fotografías, tiras cómicas, cartones... e innovaciones como las páginas de rotograbado. Y los artículos con sus clases más conocidas: editoriales, crónicas, informaciones o reportajes, entrevistas o interviews, sueltos o gacetillas, remitidos o comunicados (entre ellos los artículos de colaboración) y folletines.

5.5.1 Páginas literarias

Durante muchos años la poetisa Clara Niggeman dirigió las páginas literarias de *El Camagüeyano.* Si alguna duda puede caberle a alguien de la importancia de estas páginas, y de que se encuentren al cuidado de personas aptas, mencionaremos sólo que del círculo de Clara en Camagüey surgieron figuras literarias tan prestigiosas como Rolando Escardó, Severo Sarduy, Gladys Zaldívar, entre otras. En la Habana, Mercedes Cortázar fue directora de la página literaria de *Diario Libre.*

5.5.2 Páginas femeninas

No existía una noción muy clara de qué asuntos correspondían a las páginas "femeninas" de los grandes rotativos, aunque presentaban una amplia gama de cuestiones de interés para las mujeres como las páginas femeninas de *La Nación.* Guillermina Portela, se ocupó de las páginas femeninas de *La Discusión*, y Renée Méndez Capote de las de *Bohemia*, alrededor de 1937, con el seudónimo "Suzanne".

Estas páginas fueron poco a poco reseñando mujeres que se destacaban en los distintos campos de la actividad humana, hasta crear una sección independiente que ya en *Social* del año 26 se llamaba "Ellas", como luego la publicación de ese nombre o más recientemente "Ellas en primer plano" y "Han triunfado" de *Vanidades Continental.*

Quizás fueron estas páginas de "cuestiones femeninas" de los periódicos las que dieron paso a los célebres "consultorios espirituales" que se mantienen vigentes hasta nuestros días.

5.5.3 Páginas sociales

*Desde poco antes de los comienzos de la República, los cubanos demostraron su apasionamiento por la crónica social, que no existía durante la Colonia como hoy la conocemos. Sin embargo, algunas fiestas importantes, recepciones, banquetes, "besamanos", se reseñaban. Exceptuando las de un auténtico poeta, Julián del Casal que durante un tiempo fue cronista (**V. 1.2.5**), nuestras crónicas sociales, sui genersis, a partir de 1900 hasta 1959, no han tenido paralelo en el mundo.*

Lydia Cabrera

Por regla general, las mujeres suelen ser las protagonistas de las crónicas sociales. Y un paso importante es el momento en que dejan de ser el "objeto" de la crónica para convertirse en cronistas ellas mismas. Ya en 1894, Avelina Correa escribía una crónica social para *El Pinareño*. Otra de las primeras en dar este paso en Cuba fue Graciela de Armas, con sus crónicas sociales para *El Mundo*. Y ese progreso va aparejado de la inclusión de los hombres en las crónicas, especialmente por razón de sus cumpleaños. Se destacaron, en Cuba republicana, Graciela de Armas, María Josefa Radelat Fontanills y Luz María Massaguer.

Las revistas femeninas no suelen enfatizar la crónica social, aunque reflejan este tipo de eventos. Esas páginas, más bien informativas, no suelen ir firmadas. Una excepción es nada menos que la propia Lydia Cabrera, a cargo de la crónica social de la revista *Cuba y América,* que editaba su padre.

EN EL EXILIO

Carmen Emilia ("Chichi") Aloy, que fue cronista del *Diario las Américas* durante 47 años. Ana Remos, que la sustituyó, y más tarde se hizo cargo del anexo "Vida Social", de *El Nuevo Herald*. Últimamente sin embargo, estos espacios han sido utilizados para destacar el ascenso o la promoción profesional de alguno, o de alguna, con abierto propósito publicitario. Otra destacada cronista en la actualidad ha sido Sonia Frías.

Cristina Saralegui y Carmen Teresa Roiz empezaron sus carreras profesionales como cronistas sociales de *El Herald* y *The Herald*. Ambas constituyen un curioso ejemplo "retro", porque mientras casi todas las periodistas de *El Herald* han usado las revistas de la entonces Editorial América como trampolín para saltar a ese rotativo (y algunas al *Diario de las Américas*) estas dos periodistas comenzaron por lo que otras terminan. La sección de Carmen Teresa, tan leída, se llamaba "Teresa Cuenta". Julie Remis Thompson, activista comunitaria y cronista social de *New York al Día,* es también un caso curioso, de periodista cubana que durante mucho tiempo cubrió la crónica social de periódicos en inglés, como el *Herald Tribune*.

5.5.4 Páginas infantiles

La literatura infantil propiamente dicha, y las publicaciones dedicadas a los niños en Cuba colonial y republicana han sido consignadas por Mercedes Muriedas, en una excelente bibliografía. Aquí nos referimos a las mujeres que han dirigido páginas infantiles insertadas en diversos tipos de publicaciones cubanas, tanto periódicos como revistas. Consuelo Montoro Saladrigas, una de las primeras, mantuvo una página infantil en *El Fígaro* por espacio de 10 años. Con el seudónimo "La Madrecita", Dulce María Bryon escribió páginas infantiles en *El Heraldo de Cuba, El Mundo, Carteles* y *Vanidades*. Renée Potts redactó las páginas infantiles de *Avance* y dirigió *Mundo Infantil* (1947).

Con el titulo "El Rincón de los Niños" mantuve una sección primero en el desaparecido diario miamense *El Mundo*, y luego en la revista *Ideas,* donde incluí romances, rondas y cuentos tradicionales.

5.5.5 Páginas en inglés

Un tal Mr. Tanner, que era corresponsal en la Habana de *The New York Sun,* redactaba una página en inglés en el periódico *La Lucha,* "que tantas críticas y tantos comentarios levantaron", según dice, sin aclarar nada más, Enrique H. Moreno.

La contrapartida, en Miami, por encontrarse la comunidad cubana exiliada en un medio de habla inglesa, sería la columna en español que redactaba Hilda Inclán en el *Miami News*, antecedente de *El Herald en español* y su secuela, *El Nuevo Herald.*

Pero vayamos a las secciones que constituyen típicamente la prensa femenina.

5.6 Secciones típicas de una revista femenina

Si mis últimos quince años "en el mercado laboral", como hoy se dice, transcurrieron en la antigua Editorial América, hoy Televisa, entrando y saliendo de *Vanidades Continental* hacia otras revistas, es lógico que esté más familiarizada con los pormenores de esta publicación que con muchas de las restantes. Y esa es la razón de que la mayoría de mis ejemplos provengan de *Vanidades Continental*. Considero que Editorial América, con su política de rotar redactoras entre unas y otras publicaciones, produjo una casta sui géneris de periodistas muy hábiles, capaces de hacerse cargo de cualquier sección que se les encomendase, adaptando su estilo al tipo de lectoras de cada revista.

5.6.1 Moda y Belleza

La elegancia en sí no ha de morir mientras haya una mujer plenamente mujer en el mundo. Y producirán elegancia las mujeres con o sin sedas, mientras no se les prostituya el espíritu. Y mientras exista el instinto religioso, habrá elegancia.

Ana María Borrero

Desde la aparición de *La Moda o Recreo Semanal del Bello Sexo* en 1829, la sección de modas en las publicaciones femeninas quedó consagrada como sección estelar, y a lo largo de los siglos XIX y XX, muchas periodistas y escritoras de renombre se han ocupado de encauzar esta "fiebre de los trapos". Tan temprano como en 1860, Felicia Auber se ocupó de redactar las páginas de moda de *El Álbum Cubano de la Bueno y lo Bello*. En 1882, tenemos a nada menos que a Ana Betancourt de cronista de moda en *El Turista Hispanoamericano*. Sin embargo, la primera cronista de modas, de ese título y ocupación parece haber sido Avelina Correa, redactora fundadora de *El Mundo,* donde creó una columna sobre estas materias, alrededor de 1901. También la polifacética Domitila García Coronado, en su afán de orientar a las mujeres, especialmente jóvenes, abordó estos temas, con un sentido tan equilibrado, por cierto, que hasta el día de hoy podemos leer con aprovechamiento sus apuntes sobre "Elegancia y buen gusto":

Si para algo necesita tacto y buen sentido la mujer es para la aceptación de las modas.

Ellas son el auxiliar de la belleza cuando se ajustan sus inconstantes preceptos, no al lucimiento, sino al bien parecer de la persona.

La que aspire al dictado de elegante debe tener en cuenta tres co-
sas: una, no exagerar las modas; otra, no hacer imprevistas innovaciones
que por su excentricidad le puedan atraer el ridículo, y por último, acep-
tar los cortes y colores que armonicen con el color del cutis y sus formas.

Entre los años 24 y 27, apareció en *Social* una columna titulada "Cosas de París: S.M, La Moda", firmada con el seudónimo "Jacqueline", ¡que resultó ser Alejo Carpentier! Sería el primero, pero no el último en incursionar en secciones consideradas femeninas, como sucedió más tarde con la cocina y la jardinería.

También colaboraba en *Social* la diseñadora cubana, radicada en Nueva York Esperanza Durruthy, muerta prematuramente.

En *Social* colaboró Ana María Borrero, con reseñas y entrevistas, señaladamente la de Jean Patou, con cuya casa francesa siempre mantuvo Ana María estrechas relaciones. Fue esta princesa del buen gusto la que dividió a las mujeres, de acuerdo con su estilo de vestir, en tres categorías: las que necesitan copiar, las que no quieren ser copiadas y las que ni copian ni quieren ser copiadas, esto es, las verdaderamente elegantes. "Son elegantes por derecho propio. No les importa abrir sus armarios a cualquiera".

También han tenido columnas de moda Salomé Núñez Topete, en el *Diario de la Marina* y Renée Potts y Dulce María Bryon en *El Mundo*. Dulce María Bryon, Olimpia Pérez Urria y Ena Fábregas escribieron la sección de Modas de *Vanidades* y la de Corte y Costura Margarita Monserrat y la Dra. Teresa Sosa y Ángela Velarde la sección de Belleza. Por recomendación de Regina de Marcos, Antonio, el modisto, que ya hacía diseños teen-age para El Encanto, empezó a crear diseños exclusivos para *Vanidades*.

Parejamente con la moda, estas publicaciones circulaban lecciones de corte y costura, patrones para que las lectoras realizaran sus propias prendas de vestir, en una época en que no exitía la ropa hecha. Fue nacionalmente famoso el sistema de corte y costura de María Teresa Bello, que utilizaban las muchachas para reproducir modelos que de otra forma no hubieran podido adquirir. Eso me recuerda que entre los escándalos sonados que provoqué en mis años estudiantiles, uno de ellos, y no el menor, fue comenzar a comprarme ropa hecha, cuando semejante "infortunada" innovación comenzó a divulgarse en Cuba. (Los otros escándalos fueron: fumar caminando por la calle, costumbre, por cierto todavía hoy mal vista, y que a mí misma, ¡cómo cambian las apreciaciones personales!, me resulta chocante).

Más adelante, ya, combinadas las secciones de Moda y Belleza, serían sus redactoras en *Vanidades Continental*: Berta Duarte, Sara Solís, Irene Carol, Paquita Madariaga y Graciela González.

Fue en las páginas de Belleza de *Vanidades Continental,* según creemos, que apareció, para un Día de los Padres, escrita por Irene Carol, la primera sección de belleza dedicada a los hombres, en momentos en que prácticamente el único producto que existía distinto para cada sexo eran las colonias.

Ha sido redactora de Moda y Belleza Jacqueline Blanco para *Marie Claire.*

Con la pedantería característica de la juventud, sostuve durante años que las secciones de moda y belleza de las revistas representaban una pérdida de papel impreso que clamaba al cielo. Hasta mi encuentro en Miami con la distinguida antropóloga dominicana Edna Garrido Boggs, quien me habló de las secciones de modas y belleza de *Vanidades* en los términos más elogiosos, y me presentó un punto de vista altamente revelador. *Vanidades* (de Cuba) circulaba mucho entre todas las clases sociales de la República Dominicana, y gracias a los patrones de costura y consejos de belleza de la revista, muchachas del campo o muchachas de las esferas que aquí llaman "desventajadas" adquirirían nociones de cómo debían vestirse, maquillarse, etc., y eso les permitía solicitar empleos mejores, en condiciones de trabajo más refinadas que aquellas en las que se encontraban. Nunca en la vida se me hubiera ocurrido por mí misma que esas páginas que me parecían el epítome de la frivolidad tuvieran una función social y humana tan importante.

Las modas en sí que usaron las esplendorosas cubanas de antaño están minuciosamente reseñadas por períodos históricos en el ensayo profusamente ilustrado "Siglo y Cuarto en la Moda Femenina", por Madame Rie (?)" para el volumen del sexquicentenario del *Diario de la Marina*. Igualmente. Isabel Margarita Ordetx publicó *5 décadas de modas* en el libro conmemorativo de los 50 años de la Asociación de Reportes de la Habana, donde hace el recuento de los distintos estilos que dominaron la primera mitad del siglo XX , los describe y añade una breve indicación de cómo llegaron a Cuba. El período entre 1890 y 1914 ha sido considerado "de gran ostentación y extravagancia", especialmente los enormes sombreros con flores, alas de Mercurio, cintas, plumas y hasta pájaros enteros. Fueron populares las alas de las garzas, las plumas de avestruz y las de aves del paraíso.

En el número conmemorativo del 20 aniversario de la públicación de *Vanidades Continental,* hay una sección dedicada a la evolución de la moda y la belleza durante esas dos décadas.

5.6.2 Cocina

Cuando en una ocasión la escritora y periodista cubana Rosa Hilda Zell **(V. 6.2)** se encontraba enferma y sin trabajo, fue a ver a Miguel Ángel Quevedo por si necesitaba "algo" para la revista *Bohemia.* "Miguelito" le dijo que sólo le quedaba sin cubrir la sección de cocina, pero que quizás a ella no le interesaría... suposición vana. Rosa Hilda aceptó, y el resto es historia: cada semana la gente esperaba ansiosamente *Bohemia* por la sección "En Cuba" y por la sección de cocina, que Rosa Hilda, como al principio no estaba segura de que su "invento" pegaría, firmaba con el seudónimo "Adriana Loredo". En sus manos, la sección de cocina, sí, hablaba de comidas y daba recetas, pero hablaba además de todo lo humano y lo divino, con propiedad y talento, hasta lograr fabricarse un verdadero nicho personal en la prensa cubana. A partir de ella, la sección de cocina adquirió un lustre especial y muchas de sus continuadoras han tratado de mantener la misma línea de "no sólo recetas".

Siempre ha sido proverbialmente buena la sección de cocina de *Vanidades.* En Cuba, a cargo de Carmencita San Miguel, luego estrella del *Diario Las Américas*, y de Silvia Beltrons, que la continuó en el exilio durante algún tiempo. Han escrito también sobre cocina: Graciela de Armas, Nena Cuenco y Araceli López Villaronga.

EN EL EXILIO

Ya bajo el nombre de *Vanidades Continenetal,* a cargo de periodistas destacadas como Yolanda González Alfaro, Vivian Gude, Elsa Negrín, o Carmen Teresa Roiz, todas más o menos en mi época. Una de ellas, que odiaba la cocina, en una ocasión en que la directora la reprendió sin motivo, sencillamente cambió varios ingredientes y proporciones... y allí fue Troya! Llovieron centenares de carta de lectoras que se quejaban de que esas recetas eran impracticables. Por los disparates a simple vista, para la que supiera cocinar. O por los resultados nefastos para las que no sabían tanto y habían seguido las jocosas instrucciones. Igualmente Elsa Negrín fue la encargada de la sección "El Bar" de *Vanidades Continental,* desde su creación hasta que desapareció

Carmencita San Miguel, por su parte, se convirtió en una verdadera institución desde las páginas de *Diario las Américas.* Entre las innovaciones valiosas que introdujo fue la explicación de términos de cocina, en especial extranjeros, para los "no iniciados". Cuando Carmencita se retiró fue reemplazada por Virginia Flores de Apodaca, Virginia Godoy, según el apellido de su esposo, que continuó estas tendencias, ha sabido también imprimir valor cultural a sus páginas incluyendo la historia de algunos platos y alimentos, crónica de restaurantes, etc. Otro tanto realizó Elsa Negrín desde las páginas del semanario *Éxito*. Su "introducción al pan" titulada "El pan nuestro de cada día" fue algo memorable. Han estado también a cargo de secciones de cocina: Aracely López Villaronga, Dulce María Mestre, Caruca San Miguel, Ana Dolores Gómez Kemp, Graciela de Armas, Nitza Villapol, Nena Cuenco. Caruca Gallo Fernández ha estado a cargo de la sección de cocina de *El Camagüeyano*.

Uno de los medios favoritos para impartir lecciones de cocina fue la televisión, por la facilidad con que se obvian algunas explicaciones: simplemente se muestran los procediientos, Por eso, como bien dice el historiador Rosendo Rosell, "no había una planta de televisióm que no tuviera un programa de cocina". Se destacaron en sendos programas televisivos Aracely López Villaronga, Dulce María Mestre, Ana Dolores Gómez Kemp, Graciela de Armas.

Nitza Villapol, que permaneció en Cuba castrista, tiene un programa televisivo donde explica a los hambreados cubanos cómo llenar sus estómagos con "deliciosas" invenciones como arroz con ortigas o picadillo de cáscara de plátano.

María Elena Cárdenas, (*Diario de la Mujer*) y Viviana Carballo (*El Nuevo Herald*), entre otras. Y han colaborado en la sección "Gusto y Cocina" de *El Nuevo Herald,* Elsa Negrín y Gloria María Ramos, que fue directora de la revista *Ideas*.

Una verdadera novedad es la sección de cocina escrita por hombres, como Luis Zalamea o Chamaco García (en el desaparecido semanario *Viva*).

5.6.3 Labores, decoración.

La patriota Concepción Agüero, que tuvo que exilarse en Nueva York durante la guerra de los Diez Años, tuvo que aprender labores en esa ciudad, a fin de poder mantener y educar a sus hijos con la aguja.

Por los años 20, la revista *Social* presentaba una serie de artículos sobre decoración firmados por "Casamejor". Los estudiosos de esta revista no han podido desentrañar la identidad del o la articulista.

Mercedes Saavedra tenía una sección de tejido en *Bohemia*.

Es notable la sección de decoración de *Vanidades Continental*, que desde hace tiempo sale sin firma, porque solía ser rotativa, pero que, en algún momento de la historia de la revista, aparecía firmada por Carola Rosas y Minita Gerona. Sección buena hasta para competir con una revista como *Ideas*, dedicada en su mayor parte al arte de la decoración.

En la *Vanidades* de Cuba, Gladys Lauderman mantuvo una sección de Jardinería.

5.6.4 Entrevistas y celebridades

Es mi impresión, no comprobada, que de todos los "subgéneros" periodísticos uno de los últimos en volverse accesible a las mujeres fue la entrrevista. Fueron precursoras las de Mariblanca Sabas Alomá y Marta Durand, en los años 30, publicadas en la revista femenina *Oriente*. Poco después comenzaba sus entrevistas y artículos sobre actores y actrices de Hollywood Mary M. Spaulding, en *Carteles*. Pero la participación de las mujeres en la entrevista no se consolidó hasta que no aparecieron las grandes revistas femeninas dirigidas y redactadas por mujeres, como *Ellas* o *Vanidades*.

Combinadas con el cine, otras entrevistas llevaron los nombres de Sara Hernández Catá, Nereida Marcelín, Lesbia Soravilla.

Merecen destacarse las entrevistas de Surama Ferrer, a personajes tan diversos como el entonces presidente de la República, Ramón Grau San Martín y Benny Moré. Las de Adela Jaume a importantes personajes de la cultura hispánica, como don Ramón Menéndez y Pidal o el Dr. Gregorio Marañón. Las entrevistas de Blanca Nieves Tamayo en París a Picasso, Sartre, Richard Wright, Orestes Ferrara, Leopoldo Sengor.

EN EL EXILIO

Desde *Vanidades Continental,* Carmen Teresa Roiz ha realizado entrevistas a importantes figuras de la farándula. No nos parece exagerado decir que contribuyó a imponer estrellas como Julio Iglesias. De la misma manera que, con una frecuente cobertura, Cristina Saralegui contribuyó a establecer a Gloria Estefan.

Paquita Madariaga ha realizado entrevistas animadas de un diálogo muy eficaz y preciso, como corresponde a una persona que no ha sido ajena a la creación teatral. Una de las últimas, la realizada a Andrea Bocelli, en su hogar de Italia.

Por contraste, Vivian Gude ha producido unas entrevistas muy certeras, en estilo indirecto, sin diálogo casi, en las cuales el pensamiento del entrevistado va desenvolviéndose en círculos cada vez más amplios hacia la expresión total del asunto planteado.

Todas estas periodistas han realizado entrevistas a diversos tipos de celebridades, no sólo las faranduleras, sino a especialistas en salud, medicina, belleza, etc., según requirieran las distintas secciones de la revista en la que se desenvolvían en ese momento. Regina de Marcos, que sustituyera a Ana María Borerro al frente del Departamento de Modas de "El Encanto", ha entrevistado a grandes diseñadores como Richard Taylor, y como el creador del celebrado estilo de Jackie Kennedy, Oleg Cassini. Fue notable la cadena de entrevistas que realizara Vivian Gude a numerosos ancianos de Suecia, tratando de descrubrir el secreto de su longevidad.

Merecen mención aparte las entrevistas realizadas por Teresita Mayans en el desaparecido semanario *Viva*. Entre ellas, la sorpresiva realizada a Ventura Novo, que conmovió a toda la comunidad. Ventura, acusado de esbirro asesino a las órdenes de Batista, se defiende allí elocuentemente de esas acusasiones.

Nedda de Anhalt, escritora cubana que radica en México ha publicado dos volúmenes de entrevistas a destacadas figuras de la cultura cubana. Entre ellas, de especial significación para este libro, las realizadas a Marta Frayde. Eloísa Lezama y a Herminia del Portal, directora de *Vanidades* y de *Vanidades Continental*.

Otras entrevistas a relevantes escritores realizó Juana Rosa Pita, como las de Germán Arciniegas, Eloísa Lezama y Guillermo Cabrera Infante, entre otrras.

Más recientemente, Olga Connor se ha anotado un vedadero "palo" periodístico al lograr entrevistar a Gloria Pérez, la autora de la telenovela "El Clon" que trajo de cabeza a medio Miami. En otros medios, como la radio o la televisión, sin dudas Cristina Saralegui es una superestrella. También han sido notables las entrevistas realizadas de Maúcha Gutiérrez y Marta Flores.

5.6.5 Viajes y turismo

Dora Alonso escribió en Cuba republicana unas estupendas crónicas sobre rincones especiales del paisaje cubano en la *Revista de la Policía*, una suntuosa publicación de gran formato. También en Cuba republicana, tuvieron programas radiales de turismo, esencialmente nacional, Surama Ferrer y Josefina Inclán.

EN EL EXILIO

La sección de Turismo de *Vanidades Continental* fue creada en 1972 y desde esa fecha, a través de varias directoras, ha sido redactada por Mari Rodríguez Ichaso, lo que constituye uno de los factores que le imprimen continuidad a la revista. Sus artículos, verdaderas guías, son consultadas por muchísimas personas que se disponen a visitar los lugares que ella menciona. Y los que no tienen medios para viajar, lo hacen con el pensamiento, y leyéndola se enteran de las cosas que existen en el planeta en que viven. Como el de Corín Tellado, el estilo de Mari Rodríguez Ichaso, juvenil, conversacional, ha sido muy criticado, pero no cabe duda que esta sección es una de las que más interés ha despertado y mantenido en la revista.

Últimamente, Marta Méndez se ha hecho cargo de la sección de turismo y viajes "Pasaporte" de *El Nuevo Herald*.

5.6.6 Actualidad

Mariblanca Sabas Alomá creó y mantuvo una columna de actividades culturales en el *Diario de Cuba* (Santiago) de 1919 a 1923. Sin duda una de las más brillantes cronistas culturales de Cuba republicana fue Adela Jaume, desde las páginas del *Diario de la Marina*.

EN EL EXILIO

Una contribución útil de la periodista colombiana Elvira Mendoza a la revista *Vanidades Continental*, que dirigió de 1967 a 1978, fue la creación de "El periódico", una especie de sección de varias páginas insertadas que ponían al día a las lectoras acerca de los más importantes acontecimientos mundiales. Fue director de esta sección, hasta que desapareció, uno de los mejores periodistas cubanos, Jorge C. Bourbakis, director de la célebre emisora habanera *"Radio Reloj"*.

5.6.7 Medicina y salud

Redactó esta sección en *Vanidades* la Dra. Carmen Pascual Jacominio. Y la Dra, María Julia de Lara e Inés Segura Bustamante, Marta Méndez, cuyos padres eran farmacéuticos y dueños de la mayor farmacia de Santa Clara, encajó perfectamente en esta sección, combinada o sencilla. Doctora en Filofofía y Letras, con especialidad en Geografía e Historia, Marta terminaria, por lógica gravitación, dirigiendo como dijimos, las páginas de turismo de *El Nuevo Herald*.

Han redactado también la sección médica, en forma combinada o separadas, "Medicina" y "Salud", Paquita Madariaga (hija de un renombrado médico habanero) y Graciela González. Un reciente desprendimiento de esta sección ha sido la de "Dietas", que tiene su antecedente en la de "Dieta y Nutrición", que redactaba María Pererramos a comienzos de *Vanidades Continental* y fue cultivada durante algún tiempo por la Dra. Estrella Mederos Sibila.

5.6.8 Deportes

Una de las ciudadelas fortificadas más difíciles de expugnar han sido sin duda las páginas y secciones de deportes, hasta hace muy poco prerrogativa exclusiva de los periodistas hombres. Han abierto la brecha Bárbara Carrera en *Prensa Gráfica* y Claudia Brooke en *Diario de la Mujer,* ambas columnas en los injustamente postergados "periodiquitos" de la Calle 8.

5.6.9 Cuentos y novelas

Los cuentos ocupaban mucho más espacio en los primeros tiempos de las publicaciones femeninas en español. Tengo a la vista el primer número de la revista *Romances,* de septiembre de 1936, que incluye cuatro cuentos cortos, uno solamente de autora en español: Sara Insúa. Más dos novelas cortas, la sección "el cuento emocionante" y "las novela del mes", en esta caso de Pedro Mata, considerado un autor "audaz" en aquella época. *Vanidades* publicaba novelas "rosa" de autores populares como F. M. Hull, Pérez y Pérez, e inclusive autores de reconocido rango literario como Alarcón.

Los relatos cortos han ido desapareciendo gradualmente, no así las novelas, y entre ellas, campeonas, las novelas "rosa" de la asturiana María del Socorro ("Corín") Tellado. Ese fenómeno *sui generis* en las letras impresas es una fabricación de *Vanidades.* Herminia del Portal así lo atestigua y narra el comienzo de la perdurable asociación, en el volumen conmemorativo del 20 aniversario de *Vanidades Continental*:

Cuando asumí la dirección de la revista [en Cuba*], comencé tratando de publicar en cada número una novela, y de acuerdo a mi gusto, siempre escogía cosas bastante literarias… y me di cuenta (porque uno tiene un sentido especial para darse cuenta de lo que funciona o no), que aquello no era lo que el público quería. Entonces conseguí algunas novelas 'tipo rosa' y les di a leer a varias mujeres algunas, una especie de "survey". Y la mayor parte coincidía en que la de esta escritora llamada Corín Tellado era la que gustaba más. Así fue* Vanidades *la que la lanzó, y creo que a ella se debe gran parte de* *su éxito. Siempre noté que entre los escritores de "novelas rosas", ella tenía un estilo diferente... un algo que gustaba. Cuando pensé en quitar la novela en un par de ocasiones, las llamadas y las protestas eran increíbles! ¡Hasta de gente importante que nadie se imaginaba que leía a Corín!*

Después de la Biblia y el Quijote, las novelas de Corín Tellado son las obras más leídas en el mundo de habla hispana. ¿En qué se inspira? Según Corín declarara a la propia revista *Vanidades Continental* en 1981:

Mis ideas surgen de la calle. De esas vivencias que percibo y que siento la necesidad de llevar a las cuartillas. Mi inspiración proviene de la realidad que tengo en torno mío". [¿A qué atribuye su triunfo?] *He ido evolucionando según las épocas, mis propias experiencias y de acuerdo a los gustos del público. Ningún autor puede quedarse estático y yo jamás me he estacionado. Pero además, hay algo que no muere, pese a todas las miserias morales que nos rodean: cosas como el sentimentalismo, y, sí, la espiritualidad... la verdad de cada uno y de todos...*

5.6.10 Poemas

Casi todas las revistas femeninas del siglo pasado, y las del siglo XX en sus primeros tiempos incluían poemas. En la mayoría de los casos escritos por mujeres, luego poco a poco también poemas de hombres, muchos de dudosa calidad literaria. Aunque nos pese consignarlo ¡qué distinta la situación de las revistas argentinas de la época!, en las que la "selección poética" bien podía ser un fragmento del *Martín Fierro.*

5.6.11 Consultorios

Yo creo que he oído en mi vida más confidencias que un sacerdote, un sicólogo o una cartomántica. [...] Uno de mis mayores orgullos en la vida es haber podido, a través de la radio, la prensa y la televisión servir de ayuda a tantas personas que han encontrado en mis palabras una esperanza en el camino hacia la felicidad...

María Regina Ávila

Aunque parece haber sido Carmela Nieto la que iniciara los consejos a otras mujeres, especialmente acerca de cuestiones sentimentales, sin duda la que elevó este "género" periodístico al estrellato fue Mercedes Pinto, una canaria ("isleña", decimos en Cuba) que adquirió fama y fortuna con sus programas radiales. Fue proverbial su "latiguillo", recordado así por Hilda Perera en *El sitio de nadie,* p, 33.: "Muchos mimos, halagos y ternuras", *como diría Mercedes Pinto"*... rindiendo así singular tributo a este raro talento.

Dice Fauto Miranda:

En la Revista Vanidades *aparecía doña Mercedes dando consejos.[...] Y hay que recordarla, a la señora Pinto siempre, como figura que tanto había dado, tanto a la radio habanera, como a los órganos, revistas y periódicos que tuvieron la dicha de contarla entre sus redactoras. Doña Mercedes fue una gran escritora. ¡Cómo trabajaba y creaba! Y su dedicación era sincera, su labor era realizada con toda su alma elevada*

Tuvieron consultorios en *Vanidades* Lidia Sáenz y Josefina Grieco.

También en sus orígenes, la revista *Romances* publicaba una sección titulada "Artículo Intimo", con consejos para las mujeres, en algunos casos firmados por nombres tan señeros como el de Juana de Ibarbourou.

EN EL EXILIO

María Regina ha mantenido por años, con buen gusto y mucho tacto una exitosa columna en *El Nuevo Herald*. Elsa Negrín insufló nueva vida a ese tipo de sección dando a veces cada respuesta que, por su lógica y claridad, no exenta de cierta ironía, quizás haya dejado perplejas a las consultantes.

Más recientemente, ha surgido "La Dra. Isabel" [Gómez-Bassols], que aconseja en las ondas de Radio Única.

Este terreno considerado "femenino" por antonomasia, ha sido invadido (al igual que el de la cocina) por hombres. Como prueba, la columna "Consejos de Amigo" que escribe para *el Nuevo Herald* el carismático padre Alberto Cutié.

5.6.11.1 Correo: La opinión de las lectoras

Algunas escritoras cubanas han hecho un verdadero arte de los comentarios y las refutaciones a materiales de la prensa que estiman inadecuados por alguna razón. Han sido proverbiales las cartas de Sara Martínez Castro, Ofelia Hudson, Natacha Mella, Gladys Zaldívar y en alguna ocasión Mari Rodríguez Ichaso a *El Nuevo Herald.* Ofelia en defensa del derecho de un poeta a leer en español sus producciones en las bibliotecas públicas de Dade. Gladys, con motivo del violento secuestro de Elián González. Mari, descaretando a la periodista tendeciosa, Anne Louise Bardach.

5.6.12 Horóscopos

Han redactado secciones de horóscopos, muchas de ellas para *Vanidades Continental,* Mary García, que en ocasiones ha extendido sus predicciones a la radio; Elsa Pardo, Aura Sanchinelli, (también reputada vidente), Leonor Andrassy (seudónimo). La adición más reciente parece ser Vivian San Juan.

5.6.13 Crucigramas y Pasatiempos.

Hacía crucigramas para *Vanidades* Margarita Prieto. Durante muchos años, los crucigramas de *Vanidades Continental*, originales, han estado a cargo de Zayda Sade. Allí no ha habido pasatiempos, pero he observado que en las revistas en las que los hay, y también chistes, la mayor parte de las veces los compran o los "toman prestados" de publicaciones en inglés o en español de otros países.

Tuve una jefa de redacción que se afanaba incansablemente en resolver crucigramas porque, según decía, le ampliaban el vocabulario. Muy poco efectivos deben de ser porque la lista de palabras que esta señora desconocía era impresionante. Recuerdo (porque siempre las tachaba en mis trabajos) palabras como mirmidones, vieiras, parloteo, etnias, piscolabis, supra, hibridar… El XVIII polaco jamás fue para ella un siglo "de luces". Tampoco sabía el significado de 666 y cuando le aclaré que era "el número de la Bestia", se quedó en blanco. Argumentaba que si ella no conocía esas palabras, tampoco las lectoras podrían conocerlas. Hasta que un día le dije: "Señora, por casi $3 dólares que vale un ejemplar de *Vanidades*, ¿Qué menos puede aprender cualquier persona que una palabra de vez en cuándo?"

5.7 Fuera de serie

Algunas secciones fueron elaboración personal de distinguidas profesionales cubanas y desparecieron junto con sus creadoras.

5.7.1 Sección legal

Existió en *Vanidades* de Cuba, en los años 40, dirigida por Mercedes Alemán, una sección especializada en derechos de la mujer y el niño, titulada "La mujer ante la ley".

5.7.2 Sección gramatical

Olimpia Rosado impuso en la prensa de Miami la necesidad de una sección destinada a corregir errores gramaticales. Necesaria en todas partes, una sección como ésa era imprescindible en una ciudad donde coexisten al menos tres lenguas, una de ellas dominante.

5.7.2.1. Olimpia Rosado

Tendría yo unos diez años cuando se mudó al lado nuestro, en la calle Martí de Marianao, Graciela Herrera, viuda del médico amigo de mi padre Raúl Cuervo Rubio, con sus dos hijos, León y Raulito. Graciela era inspectora de escuelas y colaboradora ocasional en alguna publicación especializada, y llevó a vivir en su casa a Olimpia Rosado, maestra del cercano plantel para ciegos Varona Suárez.

De joven, Olimpia era mucho más energética, si es posible, y si también es posible, mucho más bien hablada y pronunciada que de mayor. Tan intolerante como fue luego con las estupideces de los adultos, así era entonces de paciente con las estupideces de los niños, las mías en especial.

Recuerdo que al comenzar yo el bachillerato, en el año 42 (y no sé si ya Olimpia se había trasladado al Instituto del Vedado), fue cuando me enseñaron a distinguir las clases de oraciones subordinadas y la diferencia entre el estilo recto o "sintáctico" de los componentes de las oraciones, en contraposición con un orden más libre, literario. Orgullosa de mi nueva sabiduría le propuse a Olimpia que por qué no reescribíamos el *Quijote* en estilo recto. Ella no cayó al suelo desmayada, sino me comentó que tratara, pero que a lo mejor no iba a gustarme cómo sonaría entonces. Esta cabecidura desde niña no cejó, claro, y arranqué con la primera frase, que se convirtió en:

"Un hidalgo de los de lanza en astillero, adarga antigua, rocín flaco y galgo corredor, vivía no ha mucho tiempo en un lugar de la Mancha de cuyo nombre no quiero acordarme" .

¡Virgen Santísima! El párrafo estaba más derrengado que el trasero de una hiena... lo cual me curó de los experimentos con la prosa ajena.

No obstante aquel fracaso seguí "investigando", siempre de la mano de Olimpia. Gracias a ella conocí a Roque Barcia, Avelino Hererro Mayor, Bello, Cuervo, y supe que una de las aventuras más grandes (ella objetaría: "mayores"), que puedan deparársele a un ser humano durante esta vida es... abrir un diccionario.

Sin embargo, mi gran deuda con Olimpia Rosado es que fue ella quien me abrió las puertas a la poesía del siglo XX. Si no fuera por su certero juicio, y de acuerdo con el panorama cubano de aquellos dìas, por mí misma quizás nunca me habría liberado de Campoamor, Bécquer, y quizás hasta me hubiera despeñado por el barranco de Buesa. En cuanto juzgó que yo estaba lista para el salto, un día Olimpia me leyó:

"Cabalga la noche en su yegua sombría
desparramando espigas azules sobre el campo...".

Acababa de hacer mi entrada en el reino de la poesía contemporánea, la 'imagen visionaria". Años después, cuando me iba de Cuba para no regresar (cosa que ni mi propia familia sabía), le regalé a Olimpia un voluminoso libro de recortes donde yo había ido pacientemente reuniendo los artículos de Azorín para el *ABC* madrileño, que luego reproducía en la Habana el *Diario de la Marina*. Nadie hubiera podido apreciarlos mejor.

5.7.3. Sección "disquera"
Cosmopolitan tiene una sección destinada a dar noticia y evaluar los últimos discos de música popular aparecidos en el mercado.

5. 8 Gacetillas, sueltos, "mechados"
Con los sistemas de impresión antiguos había que tener siemprer a mano un arsenal de materiales breves para intercalar en los espacios libres que a veces dejaban los cajistas. Resultaban a veces agradables esas "gotitas de saber". En la actualidad esos espacios se crean a propósito en materiales muy extensos, por ejemplo las novelas "para descansar la vista".

5.9 Coordinación y Diagramación.
No nos ha sido posible llevar el récord de todas las inteligentes mujeres que se han dedicado a la coordinación y diagramación de periódicos y revistas. Con el ejemplo de *Vanidades Continental* siempre tan cerca, recordamos que han sido coordinadoras por años enteros Georgina I. Rojas y María del Carmen Agyagasi, más tarde Asistente Ejecutiva.

Sabemos que en Cuba fue Directora Artística de *Vanidades* Josefina Mosquera. Con respecto a *Vanidades Continental*, Margarita Carrillo, ya desaparecida, que fuera durante mucho tiempo Directora Artística de la revista, fue al mismo tiempo una figura importante en las luchas contra el actual dictador cubano. Su sencillez era proverbial. Aun las personas que trabajamos con ella día a día, sólo supimos la magnitud de sus tareas en favor de los niños cubanos, a través de la Operación Pedro Pan, al leer el artículo que con motivo de su muerte escribiera otra heroína cubana: Polita Grau.

Continuadoras de Margarita Carrillo han sido Olga Gustine y Leonor Álvarez Maza. Bajo la audaz diagramación de Álvarez Maza, *Vanidades Continental* fue un verdadero lujo visual. Otras diseñadoras de arte de la revista: Lillian Cossío, Jennifer Li y Jenny Fernández. Jennifer Li es una delicada diseñadora de páginas para el cuidado del niño. Lillian Cossío es la autora de las trasposiciones de las caricaturas de María Luisa Ríos que aparecen en la parte gráfica de este libro.

Recordamos también de *Vanidades Continental* a Nuri Ducasi, más tarde diagramadora de *El Nuevo Herald.* Delfina Pi, realizadora de filmes animados en Cuba y más tarde Directora Artìstica de la revista *Selecta.* A Victoria Brú, más tarde Directora de Arte de importantes revistas del sur de la Florida, Vivian Lastra, Joanna Grüner, Ailís M. Cabrera, la pintora y escultora Laura Luna y algunas otras.

Sobresale en mi memoria Kathy Figueras, conocida pintora, muchos años Directora de Arte de *Cosmopolitan.*

Sandra Martínez es subditectora de Arte de la revista *Cristina.*

Una de las más recientes adiciones en los Departamentos de Arte y Diagramación parece ser Gigi Díaz, del semanario *En Contacto.*

5.10 La revista *Vanidades* y su heredera *Vanidades Continental*

> *La revista* Vanidades, *una de las empresas más prósperas y de mayor dinamismo del exilio cubano, obtuvo el éxito extraordinario de popularizarse y circular en casi todo el mercado latinoamericano. [...]* Vanidades *alcanzó a ser bajo su dirigencia [de la Cadena Caperiles-De Armas de Venezuela] sin duda alguna la principal revista femenina en español de Iberoamérica, con tiraje de casi medio millón de ejemplares quincenales y ediciones especiales para Puerto Rico, México, Centroamérica, Colombia, Venezuela y una continental para otros países. [...] En países iberoamericanos* Vanidades *desplazó en circulación a revistas nacionales que disfrutaban de amplia popularidad.*
>
> **Vila, José y Guillermo Zalamea** (1967)

Hoy puedo decir que fue en Vanidades, *en 1970, donde me inicié en el periodismo. Aprendí a redactar todo tipo de artículos desde temas de belleza y modas, hasta noticias internacionales. Considero que mi mayor logro durante esa etapa fue la adquisición de un vocabulario panamericano, que fue lo que más me sirvió para conseguir el trabajo que ahora desempeño en la televisión. [...] Así , durante mis años en* Vanidades *aprendí a expresarme en un español que no se encuentra en ningún lado, pero que tiene la enorme ventaja de que todo el mundo lo entiende. Ahora pienso que ese factor también me ayudó a convertirme en una buena comunicadora en televisión.*

Cristina Saralegui

El lugar señero que ha ocupado *Vanidades* a lo largo del tiempo se debe sin duda a su carácter de revista de avanzada, como publicación que facilitara el tránsito de la prensa femenina al periodismo de mujeres. Creada en Cuba por mujeres, como "revista femenina", sostiene desde sus inicios no sólo las secciones características de una revista femenina, sino que, al alentar la expresión propia de articulistas como Leonor Barraqué o Ana María Borrero, da paso al periodismo de mujeres.

Según Herminia del Portal, última directora en Cuba:

Vanidades *se funda en Cuba y su nombre proviene de la revista* Vanity Fair *que a finales de la década de los 20 y en los años 30 era la revista más conocida. [...] Cuando se inició, la revista pertenecía a la familia Quílez, que también era dueña de* Carteles. *Era una revista de tipo local; tenía cuentos, moda, (a base de dibujos), la crónica social de La Habana. Y artículos diversos de indudable interés femenino. Muchas labores, recetas, cosas para la casa [...] A finales de 1953, la compañía dueña de la revista* Bohemia *y nuevos socios compran* Vanidades *y* Carteles *y deciden que quieren hacer cambios [...] Aunque muchas publicaciones digan que comencé a dirigir* Vanidades *en enero de 1954, mi primer número no salió hasta febrero.*

La mayoría de los autores y fuentes consultados, sin embargo, sostienen que *Vanidades* fue el empeño conjunto de Isabel Margarita Ordext y Josefina de la Mosquera, sus fundadoras y primeras directoras literaria y de arte respectivamente. Isabel Margarita colaboró profusamente en la prensa cubana (V.7). Josefina, fallecida en Miami, era una persona más bien retraída, que no socializaba mucho. A pesar de esto, la Sra. Ángela Granda, publicitaria. ayudante de Josefina y depositaria de sus papeles, posee varias fotografías donde se ve a la directora de arte de *Vanidades* en unión de periodistas como Alfredo Quílez, Heliodoro

García, Arturo Ramírez y personalidades como Dalia Iñiguez e Iris Burguet, de quien fue muy amiga.

Josefina Mosquera fue una persona muy caritativa (**V. 1.2.6.1**) Trajabó en *Vanidades* 17 años. (hasta 1954). Acosada por el castrismo, marchó al exilio en 1962 y trabajó en Nueva York en distintas compañías norteamericanas hasta su retiro, cuando vino a vivir a Miami. Residente de un hogar de ancianos en Miami Beach, su antigua ayudante Sra. Ángela Granda y su esposo Ramón la acompañaron en sus días finales. Ellos preparan una biografía de Josefina, con la ayuda de una autobiografía que encontraron entre sus posesiones.

Colaboraron en *Vanidades* de Cuba, entre otras: Esther Costales, Margarita Balboa, Ada Behar, Ada Oramas, Manolita Bravo, María Teresa Sese, María Adela Durango, Amelia Ramos, Gloria Dacal, María Roca, Lidia Sáenz, Josefina Grieco, Teresa Sosa, Carmencita San Miguel, Natalia Aróstegui, Minita Gerona, Olimpia Pérez Urria, Fanny Mestre, Sara Viñas, María C. de Arce, Raquel Morales.

Contiene la *Vanidades* de Cuba una sección de "Actualidad Social", y figurines y patrones con instrucciones para realizar los distintos modelos.

Como miles de cubanos, *Vanidades* se exilia cuando comienzan a soplar en Cuba vientos de totalitarismo. Pero como esos miles de cubanos, *Vanidades* reanuda su vida en territorio norteamericano. Como si la historia quisiera imprimirle un sólido sentido de continuidad, la última directora en Cuba, Herminia del Portal, es la primera directora de la revista en Estados Unidos, crecida en *Vanidades Continental*.

Regina de Marcos y Silvia Beltrons, colaboradora y redactora, hacen también la transición de las páginas cubanas a las internacionales.

Tengo a la vista el primer número de *Vanidades Continental,* de 1ero. de junio de 1961. Al inaugurar esa nueva etapa, dijo Herminia del Portal en un mensaje "A nuestras lectoras":

[…] Circunstancias desdichadas, de todo el mundo conocidas, nos han forzado a abandobar Cuba, nuestra patria, donde laborábamos con el corazón puesto en toda América. No podíamos seguir viviendo en un clima donde el alma no respira libertad. No podíamos cultivar un ideal de comprensión si estábamos rodeados por el odio y la intolerancia. […] Surge así *Vanidades Continental* una revista para todas las mujeres de América: para todas nosotras que confiamos en Dios, que amamos nuestra patria, nuestro hogar, nuestros hijos, que mantenemos un eterno anhelo de justicia, de paz y de amor".

Este primer número contiene las secciones de Moda (Sara Solís), Belleza (Berta Duarte), Decoración (Carola Rosas), Cocina (Silvia Beltrons), Horóscopos, Consultorio (de Belleza), Medicina, Niños, Mujer (por un hombre, el Dr. Alfredo Crucet), Dieta y Nutrición (María Pererramos), Crucigrama, Chistes (como parte de los mechados de la novela) y la Novela, invariablemente de Corín Tellado, ésta titulada *Carla*.

Contiene además este primer número, tres cuentos, entrevistas con figuras de los espectáculos y del cine (norteamericano y europeo). La moda y la novela parecen ser puntos focales: de un total de 130 páginas, la moda ocupa unas 36, y la novela con sus mechados se extiende a unas 24. Como puede apreciarse, el esquema es muy parecido al de la *Vanidades Continental* de nuestros días.

Entre las redactoras y colaboradoras del "número de la resurrección" figuran, además de las mencionadas, Mercedes Alemán, Carmen Bernal, Mirta Casanova, Lía Fernández, Rita Fiol, Eloísa García, Dra. Teresa Gus, Nelly Hernández, Graciela Lecube. Elsa Lora, Rita Miranda, Cósima Pastores, María Pérez Lay, Margarita Rivera, Loló Soldevilla, Olivia Suárez.

Al cesar como directora Heminia del Portal, *Vanidades Continental* sufre un proceso regresivo. Tiene, por primera vez en su historia, una directora que no es cubana, quien al mantener la política de no permitir a nadie expresarse individualmente (con la excepción de la gran periodista italiana, en aquel entonces comunista, Oriana Fallaci), ocasiona que la revista rompa con el periodismo de mujeres, y se abroquele en su carácter de "prensa femenina", mucho más que lo fuera la *Vanidades* cubana. Como resultado se intensifican las secciones "femeninas", y se aferra a una lengua simplista, de acuerdo con la secular fórmula para las revistas femeninas, ahora relanzada en estos términos por la nueva directora: "hable para las brutas, su mercé, que las inteligentes siempre entienden". Con tanta fidelidad se adhiere ahora la revista a los postulados de la "prensa femenina" que durante algún tiempo hasta llega a ser dirigida por un hombre.

A pesar de su tan restringido carácter (¡o quizás por eso!), *Vanidades Continental* continúa a la cabeza de las publicaciones de su tipo en América y en el mundo. Desde 1984 a 2004, Sara Castany le imprimió nueva vitalidad y abrió un cierto espacio para el periodismo de mujeres. Mari Rodríguez Ichaso, Paquita Madariaga y yo misma hemos podido expresar juicios propios, siempre, por supuesto, que tengan un

277

respaldo documental. Esta renovación y apertura han sido reforzadas por la siguiente y actual directora, Jackie Blanco, secundada por periodistas de la talla de Marcia Morgado.

En 1997, ya la revista en poder de Televisa, *Vanidades Continental* atrajo la atención de la prensa norteamericana. A pesar de algunas inexactitudes, nos parece que se hace justicia en lo que respecta a la evaluación de la revista. Traduzco:

"Desde que la primera revista francesa y americana en lengua española [?????] *se introdujo en la sociedad habanera hace 60 años, las mujeres latinas han estado leyendo* Vanidade*s*.

"Ha ayudado a lanzar las carreras de algunas de las más grandes luninarias latinas, [Como Gloria Estefan, Julio Iglesias, Daisy Fuentes*], ha definido la moda regional y seguido el papel cambiante de las mujeres hispánicas a lo largo de cinco décadas.*

"Y hoy, Vanidades *es la más leída y la más rentable de las publicaciones femeninas del mundo, con 622,293 lectores en nueve países de América Latina y los Estados Unidos"*. [En ese año 2004, más de un millón de lectores]. Y continuaba:

"Parte de la popularidad de *Vanidades* a través de los años ha sido su habilidad para evolucionar con su mercado latino. En los años 30, nutría a la sociedad cubana enviando artistas a París dos veces al año para que documentaran lo último en diseño de modas. En los años 60, la revista fue relanzada con [secciones de] cocina, ideas para la decoración del hogar y cuentos románticos de Corín Tellado. Hoy, la revista bimensual [????] ha añadido [????] chismes, celebridades e intereses intelectuales".

6. PERIODISMO DE MUJERES

[Quiero aclarar que en esta sexta parte, como en todo este libro, me baso en fuentes documentales. Cuando éstas faltan he recurrido a la memoria de personas conocidas y a mi propia experiencia. Sorprenderán las largas listas de mujeres en las distintas secciones. Esto se debe a que hemos seguido un criterio incluyente. Sorprenderá también el hecho de que se encuentren en una relación hombro con hombro las "grandes figuras" y las representantes de la llamada "gente sin historia". Pues bien: aquí han tenido su historia. Y que sea el tiempo mismo el encargado de relegarlas, no yo. Seguramente habrá muchas omisiones, porque nunca se han realizado recuentos sistemáticos de las mujeres por ocupaciones o por su lugar en la sociedad. Agradecezco a las lectoras que me ayuden a subsanarlas con vistas a una posible segunda edición. Gracias].

Una simple ojeada a la labor periodística de quienes nos precedieron en esta grata-ingrata tarea de informar y opinar, nos ayuda mucho a entender por qué Cuba fue clasificada siempre entre los países más civilizados y cultos de América. [...] En 1959 [al llegar al poder el castrismo] *se publicaban en Cuba 58 periódicos con una tirada de 796,000 ejemplares diarios. Sin contar las revistas de circulación continental*: Bohemia, Carteles, Vanidades.

Gastón Baquero

La prensa de Cuba mantiene bien su puesto entre las más adelantadas: se escribe en general correctamente y más correctamente que en otras partes de la América y *cuando el movimiento general tiende a borrar de la publicidad la descripción de crímenes y suicidios, comienza ella a fantasear dando a la información importancia morbosa. A la larga, es esto pernicioso, disociador, inmoral desquiciador del organismo.*

Eva Canel

La prensa cubana no sólo estaba dentro de la vanguaria de la América Hispana por su calidad, sino también por el número de grandes periódicos que se publicaban diariamente. [...] En cuanto a las revistas, aparte de Bohemia y Carteles, *innumerables. Y a estos medios hay que añadir los del interior. No había ciudad o pueblo que no tuviera el suyo.*

Octavio R. Costa

Como resultado de acarreos sucesivos, el periodismo de mujeres es hoy una amalgama de los elementos contradictorios que participaron en su desarrollo, listos a aflorar en el momento menos oportuno. Es el balcón desde donde exhibir nuestros encantos, reales o adquiridos; la picota donde estaremos expuestas antes de ser ajusticiadas; la prolongación de la sala de la casa, donde intercambiar confidencias; la cátedra "sin paredes" donde impartir enseñanzas; el palenque donde romper lanzas por las causas justas. Pero, al igual que el de los hombres, el periodismo de las mujeres es también, ¡qué desgracia! una profesión como otra cualquiera.

Concha Alzola

6.1 Lineamientos

Un buen periodismo, hecho por mujeres o por hombres, no es un periodismo "objetivo", como se ha dado en decir, entendiendo por tal poner siempre una de cal y otra de arena, de modo que el lector queda confuso y no puede formarse una opinión acertada respecto a los eventos cotidianos de que le llegan noticias a nivel local e internacional. Un buen periodismo, y su condición inexcusable, es la honestidad. ¿Y cómo se puede ser honesto y al mismo tiempo disimular lo que uno cree para que no le digan que ha perdido "objetividad"? El periodismo tradicional, el bueno de siempre, es el encargado de formar los estados de opinión (abierta, no solapadamente) necesarios para que el ciudadano común, que no tiene tiempo de estudiar a profundidad asunto por asunto, pueda tener una idea válida acerca de las complejidades crecientes del mundo que lo rodea, de modo que pueda orientarse hacia su bienestar y el bienestar colectivo. Pienso que cuando hablan de "objetividad", lo que en realidad quieren decir es veracidad en lo que informan o en lo que sostienen.

6.1.1 Las cualidades inexcusables

Dando por de contado que todo periodista es honesto, ayuda muchísimo que sea inteligente y, sobre todo, culto. Que domine la lengua en que se expresa. Y que conozca la sociedad en que se desenvuelve. Hay una característica, sin embargo, que separa al gran periodista de los del montón. Y esa es, a mi ver, la sagacidad: saber rastrear, "como los sabuesos", según define la Academia, por dónde anda la presa.

Un ejemplo señero lo dio Emma Pérez, cuando denunció en un momento en que todavía Cuba entera estaba enamorada de los barbudos, que se trataba de un *coup* comunista. Fue muy al principio, con motivo de la prohibición de importar alimentos para animales domésticos, como el alpiste. Emma Pérez alertó al púiblico (¿cuántos la habrán escuchado?) de que esa medida era un paso previo que se da en todos los países donde se instaura el comunismo antes de que se desencadene una hambruna general (por otra parte calculada como método represivo).

Yo he podido apreciar esta característica en algunas personas junto a las cuales trabajé varios años, día tras día, en la redacción de *Vanidades Continental* y éstos son ejemplos de ese "séptimo sentido" al que me refiero: Carmen Teresa Roiz ha tenido la sagacidad necesaria para poder determinar quién va a ser noticia todavía durante un buen rato. Nos habló primero que nadie en español de las "ninfetas" de Hollywood, que tanta guerra darían posteriormente, esa especie de cortesanas diplomadas tan de moda a fines de los 70. Nos informó cuando nadie la conocía de que en París vivía una pintora cubana llamada… ¡Gina Pellón! Y fue abanderada de Julio Iglesias desde que apenas era "un españolito que canta". Elsa Negrín habló con gran anticipación de "Las voces de Estocolmo", hoy lugar común de los amantes de los fenómenos extrasensoriales. Y de la práctica de la iridiología, entonces novedad prodigiosa y hoy también lugar común. Más recientemente, una compañera también de *Vanidades Continental*, luego en *El Nuevo Herald,* Olga Connor, captó antes que nadie la importancia de la telenovela *El Clon*, cuya influencia se ha dejado sentir hasta en la moda y la decoración. Hoy día, cuando se acercan mayo y diciembre, considerados "meses de las novias", muchas revistas suelen presentar la programación completa de una boda, desde el anuncio oficial, mediante invitaciones, participaciones a la prensa, los preparativos y detalles de la ceremonia la contratación de los fotógrafos, el jardín que proveerá los adornos florales y el ramo de la novia, los encargados de la subsiguiente recepción, etc., etc. Pues bien, la primera persona que compuso esa especie de "package" nupcial que tanta aceptación ha tenido fue Yolanda González Alfaro. Y podría seguir poniendo ejemplos por el estilo, siempre, claro, dentro de lo que me es conocido.

6.1.2 Una precursora

La mujer periodista es un fenómeno típicamente del siglo XX, porque hasta entonces las mujeres en su totalidad no gozaban de la suficiente libertad económica, familiar ni social, para dedicarse a ésta o a otra profesión liberal de su elección. Hasta el siglo XX, las mujeres se mantenían en los periódicos casi siempre en condición de colaboradoras. Y esas colaboraciones en su abrumadora mayoría eran poemas o de vez en cuando algún relato. Una excepción notable es la precursora Cecilia Santacilia y Palacios, natural de Santiago de Cuba, que alrededor de 1851, también "colaboraba" en *El Orden*… sólo que sus colaboraciones eran siempre "artículos de interés general", que en época de Calcagno "se recopilaban para tomo". (No sabemos si el proyecto se concretó). Los títulos de esos artículos se concentran en problemas sociales de diversos tipos, incluyendo uno sobre la "Influencia de la mujer en la sociedad". Narra el ilustre historiador que uno de esos artículos, titulado "La Pobreza" fue reproducido "por casi todos los periódicos de la Isla". Evidentemente, Cecilia no sólo fue precursora del periodismo de mujeres, sino hubiera sido una gran editorialista, ya que tan certeramente sabía poner el dedo en la llaga.

6.1.3 El periodismo de las mujeres cubanas

Creo que el periodismo debiera ser un catecismo popular dictado por sacerdotes impecables, juramentados, para no torcer la conciencia, para no emitir ideas no sentidas, para no engañar al lector, para no prevaricar, para no falsear lo que una vez falseado desvía la opinión pública, eleva falsos ídolos, derriba las verdades, tiende al engaño, al falso testimonio, al vicio, pues donde hay falsedad hay germen procreador de males propagables.

Eva Canel

Quien observe el periodismo hecho por mujeres cubanas a lo largo de su desarrollo, desde los balbuceos del siglo XIX, podrá observar una serie de rasgos que van a repetirse a través de los años y que van a ayudar a constituir su perfil nacional.

1) El primer rasgo notable sería la ausencia de mujeres editorialistas, como si no fuéramos de fiar. La única excepción que conozco es Ofelia Domínguez, que durante algún tiempo escribía los editoriales nada menos que de un periódico ideológico, *Hoy,* órgano del Partido Comunista de Cuba republicana. Y es una lástima, porque entre las periodistas cubanas que ejercen en los Estados Unidos hay algunas perfectamente equipadas en formación cultural y manejo de la prosa periodística. Para poner un solo ejemplo: la desaparecida Paquita Madariaga.

2) El segundo rasgo sería lo que a falta de un término español equivalente llamaré la *joint venture:* Dos amigas que se ponen de acuerdo para lanzar un periódico o una revista. Los ejemplos serían:

1866 Domitila García Coronado y Sofía Estévez, que se unen para lanzar *El Céfiro*, en Puerto Príncipe.

1892 Laura Romero y Avelina Correa, que lanzan *El Álbum*.

1913 Magdalena Peñarredonda y Digna Collazo, lanzan *El Sufragista*.

1932 María Radelat Fontanils y María D. Machín Upmann lanzan *Grafos*.

1935 Ernestina Trelles y Margot Álvarez lanzan *Horizontes* en Sancti Spitirus.

1937 Isabel Margarita Ordext y Josefina Mosquera lanzan *Vanidades*.

Y en grupo de tres amigas:

1938 Rosa M. Trejo, María Elisa Bastide y Ana Cadalso, lanzan la *Voz de la Juventud* [católica].

Este rasgo persiste **EN EL EXILIO:**

En Nueva York:
Mercedes Cortázar y Dolores Prida fundaron *La Nueva Sangre* en 1968.
Iraida Iturralde y Lourdes Gil, *Románica*, en 1972.

En Miami:
Hilda Inclán y María Elena Cros fundaron *Cruise n' Travel*, en 1985.
Carmen Teresa Roiz y Yolanda González Alfaro, *Audace* en 1981
Graciela Montagú y Consuelo Luque, *El Directorio* en 1987.

Varias mujeres han sido propietarias de sus periódicos. En Cuba: Charito Sigarroa, Margarita de la Cotera, Emma Pérez. **EN EL EXILIO**, además de las mencionadas "fundadoras conjuntas" han sido propietarias de sus periódicos: María Crespí, Marieta Fandiño, María Luisa Krieghoff, Graciela Montagú.

3) Otro rasgo: Madres e hijas periodistas: Herminia del Portal e Himilce Novas; Lourdes Bertrand y Lourdes Meluzá, Paquita Madariaga y Lizette Álvarez, Sara Barceló Castany y Sara María Castany, Carmen Teresa Roiz y Lissette Roiz Díez Oñate.

Constituyen un caso muy especial de abuela, madre e hija periodistas, Antonia Ichaso, Mari Rodríguez Ichaso y Mari Claudia Jiménez.

4) Otro rasgo más: el tono intimista, tomando este calificativo de la lírica. En los comienzos, eran artículos que más parecían poemas en prosa, y pueden considerarse un rezago de la prensa femenina, como sucede con algunas prosas de Leonor Barraqué y de Julia Ramírez quienes luego derivarían hacia el periodismo propiamente dicho, al comentar la actualidad y expresar sus opiniones.

Una modalidad del "intimismo" sería la columna-diario (¿reforzada por la célebre columna "My Day" de Eleanor Roosevelt?) donde la vida cotidiana de la periodista se describe hasta en el más mínimo detalle, como sucedía en la columna de Berta Arocena.

5) El tono elegíaco, también tomando el término de la lírica.

a) Muchas periodistas se han sentido herederas o depositarias de alguna otra figura femenina de la generación anterior (o a veces compenetradas con alguien de la propia generación) y a su muerte han escrito hermosos artículos que oscilan entre el obituario y la elegía. Algunos ejemplos sobresalientes:

▪ Concha Alzola, sobre Ana María Borrero (en Cuba). Y en Miami, sobre Lydia Cabrera, Teté Casuso y Josefina Inclán. (Más las semblanzas contenidas a lo largo de este libro y en especial en la sección **6.2** "Grandes periodistas republicanas ").

▪ Dora Amador sobre Dulce María Loynaz. Sobre su madre, Zoraida Morales Ramos.

▪ Uva de Aragón sobre Pura del Prado.

▪ Silvia Barros sobre Emma Pérez **(V. 6.2).**

▪ Belkis Cuza Malé sobre Renée Méndez Capote y Rosario Rexach.

▪ Graciela Cruz Taura sobre Dysis Guira Valdés-Roig.

▪ Polita Grau sobre Margarita Carrillo.

▪ Elena Iglesias sobre Mercedes García Tudurí.

▪ Josefina Inclán sobre Lydia Cabrera, Eusebia Cosme, Celia Cruz y María Teresa de Rojas.

▪ Silvia Landa sobre Renée Méndez Capote.

▪ Paquita Madariaga sobre Emma Pérez **(V. 6.2)** .

▪ Regina de Marcos sobre Ana María Borrero **(V. 6.2)**

▪ María Márquez sobre Aida Marrero.

▪ Renée Méndez Capote sobre Ángela Landa y la cubanizada Lola Rodríguez Tió.

▪ Gina Montaner ("La vida soñada de los ángeles") acerca de sus abuelas, Manola y Perla.

▪ Araceli Perdomo sobre Graciela de Armas.

▪ Hilda Perera sobre María Luisa Ríos, Pura del Prado.

▪ Rosario Rexach sobre Emelina Díaz Parajón.

▪ Blanca Silva sobre sus abuelas.

- –Gladys Zaldívar sobre María Luisa Ríos, Ana Raggi, Mercedes García Tudurí, Ana Rosa Núñez , Esperanza Figueroa, Martha Padilla, Virginia Álvarez (su madre) y Clara Niggeman.

Con enorme creatividad Gina Montaner imagina la inimaginable muerte de una hija, en una página sólo comparable a las que escribiera sobre la maternidad Virginia Wolf.

Como dato lleno de ternura, vale la pena consignar la "Elegía para mi perra" de Manuela Milán Y la elegía, verdadero túmulo funerario de Teresita Mayans por su casa ultrajada, símbolo de la destrucción que ha acarreado sobre nuestra patria el castrismo.

b) También los hombres han lamentado la pérdida de alguna mujer admirada y querida, como:

- –Luis Cernuda la de Eva Frejaville.
- –Ángel González Fernández la de Lourdes Bertrand.
- –Agustín Tamargo la de Mercedes García Tudurí.

Haciendo un aparte para el emotivo artículo de Juan Abreu a la muerte de su madre, Maximiliana Concepción Felipe Torres.

c) Las mujeres han escrito además elegíacamente sobre un hombre al que por alguna razón especial admiraban, o de quien se habían sentido cerca, como en el caso de:

- –Rosa Abella sobre Fermín Peraza Sarausa.
- –Concha Alzola sobre Fernando Ortiz, Enrique Labrador Ruiz, Calvert Casey, Severo Sarduy (nunca he reunido bastante fuerza para escribir sobre Mañach). .
- –Olga Connor sobre Alfredo Leiseca y José Mario.
- –Belkis Cuza sobre José Mario.
- –Gloria Leal sobre Carlos Castañeda y Fausto Miranda.
- –Renée Méndez Capote sobre Enrique José Varona.
- –Araceli Perdomo sobre su esposo.
- –Hilda Perera sobre Alberto Gutiérrez de la Solana.
- –Gladys Zaldívar sobre Reinaldo Arenas, Enrique Labrador Ruiz, Carlos Montenegro, Severo Sarduy.

Y el antológico artículo de Ana Veciana Suárez en la muerte de su primer esposo, uno de los mejores y más conmovedores artículos que he leído en mi vida.

d) Aunque salen fuera del enfoque de este libro, quiero mencionar, ya como rasgo del periodismo cubano en general, ese mismo tono elegíaco presente cuando un hombre lamenta la pérdida de otro, como los de:

- Armando Álvarez Bravo sobre Andrés Jordana y Alfredo Lozano.
- Gastón Baquero sobre Pancho Vives.
- Rolando Barral sobre Sergio Doré.
- Pedro Leyva sobre Abelardo Iglesias.
- Ramón Mestre sobre Alfredo Leiseca.
- Mario Parajón sobre Luis de Soto y Gaspar de Santelices.
- Luis de la Paz sobre René Ariza.

Escritos en el cumpleaños número 94 de Eugenio Florit, los artículos de Armando Álvarez Bravo y Octavio Costa tienen prácticamente ese mismo valor elegíaco.

Sin duda este rasgo se ha incrementado en el exilio, donde cada pérdida es doblemente sentida. Pero vale la pena que se investigue con más cuidado, no sólo en la prensa del exilio sino en la de Cuba republicana.

6) Es otro importante rasgo del periodismo de las mujeres cubanas la presencia de figuras desafiantes, que casi siempre opinan a contrapelo de la comunidad en que se desenvuelven: En Cuba republicana: Ofelia Rodríguez Acosta, Mariblanca Sabas Alomá, Mirta Aguirre, Emma Pérez. En el exilio: Norma Niurka, Liz Balmaseda, Marcia Morgado, Patricia Duarte, María Elvira Salazar, Ileana Fuentes.

Para que se tenga una idea de lo festinado de muchas de estas posiciones, recordaremos sólo el caso de una de estas periodistas que el 20 de septiembre de 1997 gritaba desde un título: "¡Que vengan los cubanos!" [se refería a los artistas residentes dentro de Cuba, que pretendían participar en el Festival Midem]. Al día siguiente, en su propio periódico, se publicaba una encuesta que indicaba que el 78% de los entrevistados NO querían que vinieran los artistas de Castro.

Las mujeres de ambos grupos, republicano y del exilio, son igual y extraordinariamente talentosas. Sólo que las desafiantes del exilio han ido más o menos reconciliándose con los valores de su comunidad: Norma escribiendo acerca de lo que ha llegado a amar de Miami. Liz sobre el niño balsero Elián González. Patricia, describiendo lo que para ella significó tener un hijo. María Elvira yendo a "confesarse" con Marta Flores.

El "desafío" de Marcia Morgado no tiene lugar en el ámbito político, cuyos juicios comparte plenamente con los de su comunidad, sino en el terreno de las costumbres, las *morae*. Y otro tanto sucede con Ileana Fuentes, que reta el papel dominante del hombre en una sociedad abiertamente machista.

7) Cuba ha producido grandes reporteras. Como señala Berta Arocena, Magdalena Peñarredonda publicó "un reportaje ejemplar sobre varios soldados del ejército insurrecto que iban escondidos en un tren", en el periódico de Rosario Sigarroa *Cuba Libre*. Añade Berta que Magdalena colaboró después en *La Lucha*

Según tradición oral, la primera mujer en desempeñar un cargo de reportera fue la feminista María Collado.

Otras reporteras en fechas más recientes, encionadas por Arocena, son Rosa Oliva, reportera de *El Mundo* y Margot Salas Amaro, reportera de *Diario de la Marina*.

Para saber la calidad de los reportajes republicanos hechos por mujeres baste mencionar el sensacional "Las comparsas en sus cuarteles" de Surama Ferrer. Otra gran figura del reportaje fue Loló Acosta, y por supuesto, las dos figuras estelares de *Bohemia*: Blanca Nieves Tamayo y Marta Rojas,que escribe aún para la prensa castrista.

EN EL EXILIO

Blanca Nieves Tamayo residió muchos años en Washington, D.C. y trabajó para *La Voz de las Américas* y *Radio Martí*. En unión de Agustín Tamargo fundó en Miami la revista *Bravo,* desafortunadamente de poca duración. Loló Acosta fue muchos años reportera en el Senado de Cuba y de cierta manera esta tradición la continuó Lizette Álvarez, del *New York Times*, destacada durante algún tiempo en el buró de prensa en Washington, para reportar las sesiones de ambas cámaras. Otras grandes reporteras del exilio son Juana Isa Santiago y Ena Curnow.

8) Igualmente ha sido Cuba país de excelentes cronistas. Valga mencionar a:

- Graciela de Armas, cronista social de *El Mundo*, que según Berta Arocena "dejó su 'Entre nosotras' para convertirse en cronista social".
- Alfonsina Cao, cronista parlamentaria de *La Voz Femenina*.
- Ángela Domingo, a cargo de la sección católica de *Información*.
- Adela Jaume, cronista culturaL del *Diario de la Marina*.
- María Luz Massaguer Díaz, cronista social del *Evening News*.
- Hilda Mesa Díaz, verdadera pionera, al cubrir los deportes para *Información*.
- Carmela Nieto Herrera, cronista de *El Mundo*
- Clara Niggeman, cronista cultural de *El Camagüeyano*.
- María Radelat Fontanills, cronista social y continuadora del *Directorio Social de la Habana* que fundara su esposo.
- Isabel Sánchez Machado, auxiliar de la página política de *Excelsior*
- Margarita Taboada, en la crónica católica de *El Fénix*.

287

Fueron extraordinarias las crónicas de excursiones a lugares pintorescos de Cuba realizadas por Dora Alonso para la revista *Policía*. Recuerdo en especial su crónica sobre Varadero, donde reseña hasta 14 tonalidades de verde. Es de lamentar que su prestigio como narradora oscureciera este otro aspecto, tan único.

EN EL EXILIO

Crónica social: Chichi Aloy, Ana Remos, Sonia Frías. Crónica cultural: Olga Connor, Adela Jaume, Josefina Rubio, María Elena Saavedra.

9) Por último, otra característica del periodismo de las mujeres cubanas es la abundante presencia de directoras de publicaciones, desde fechas tan remotas como 1824.

Aunque no se ha dado el caso con mucha frecuencia, algunas mujeres han sido cajistas y regentes de imprenta. Eva Canel consigna en 1916 el caso del periódico *La Publicidad* de Guantánamo, donde la regente y todos los cajistas eran mujeres.

6.1.4 Relación de directoras de publicaciones en Cuba republicana

Reseñamos sólo las que han sido registradas por los historiadores. En caso de disparidad en las fuentes, seguimos con preferencia a José M. Labraña, de la enciclopedia *Cuba en la Mano,* editada en 1940, hasta esa fecha. Debemos hacer constar que en la Primera Fiesta Intelectual de la Mujer, organizada por María Luisa Ríos en 1935, hubo una sesión destinada a las mujeres que dirigían revistas, así como una exposición de publicaciones femeninas.

1824 Antonia de la Cámara .... *Diario de la Habana*
1848 Cora Montgomery .... *La Verdad (Nueva York)*
1854 Felicia Aubert .... *El Ramillete Habanero*
1860 Gertrudis G. de Avellaneda .... *Álbum Cubano de lo Bueno y lo Bello*
1866 Domitila García Coronado y Sofía Estévez .... *El Céfiro(Puerto Príncipe)*
1869 Domitila García Coronado .... *El Eco de Cuba*
1870 Domitila García Coronado .... *El Laborante (clandestino)*
1874 Martina Pierra Póo .... *Las Hijas de Eva*
1875 Domitila García Coronado .... *El Correo de las Damas*
1881 Catalina Rodríguez Morales .... *El Álbum (Matanzas)*
1882 María Manuela López .... *Mensajero de las Damas*
Lucrecia González .... *La Armonía (Sancti Spíritus)*

1884 Ana Joaquina Sosa .... *La Familia (Cienfuegos)*
1886 Luisa Pérez Zambrana .... *La Revista del Pueblo*
     Emiliana Bravo .... *El Cosmopolita (Santiago)*
1890 María Belén Cepero .... *La Noche*
1892 Laura Romero y Avelina Correa ..... *El Álbum*
1893 Águeda Cisneros Betancourt .... *La Caridad* (religioso)
(anterior a 1895) Fermina de Cárdenas .....*Páginas de Rosa*
1897 Domitila García Coronado .... *La Crónica Habanera*
1898 María Teresa Torrente .... *Revista de Cuba Libre (*Tampa)
     Eva Canel .... *El Correo*
1899 María Urzaiz .... *La Golondrina* (Guanabacoa)
     Rosario Sigarroa .... *Cuba Libre*
     Dídima Guerra Argela dos ....*Blanco y Rosa*
1900 Estela Arza Quintero .... *Elegancia Habanera*
     Coralia Boloña Sierra .... *Por la Mujer*
1902 [Señora de Gutiérrez] .... *La Voz Femenil (Cárdenas)*
1908 Hermanas Trujillo .... *Letras Güineras*
1909 Juana Cañizares .... *Ibis (*Sancti Spíritus)
1912 Angelina Castellanos .... *Pétalos* (Guantánamo)
1913 Magdalena Peñarronda y
     Digna Collazo .... *El Sufragista*
1915 Dulce María Borrero .... *Anales de la Academia*
                                          Nacional de Artes y Letras
1916 María Cao Más .... *Revista Cubana Ilustrada*
1919 Aida Peláez Villaurrutia .... *Isla*
     Emelitina Antonetti Vivar .... *Juventud* (Santiago)
1920 América Fleites .... *El Álbum de las Damas*
                                          (Cienfuegos)
1921 Isabel E. Betancourt .... *Revista de la Asociación*
                                          Femenina de Camagüey
1922 Mariblanca Sabas Alomá .... *Astral* (Santiago)
     Rebeca Elías Pobeda .... *Preludio* (Guantánamo)
     Francisca Hernández Zamora ....*La Buena Nueva*
1923 Natalia Aróstegui .... *Pro-Arte Musical*
     Dulce María Roberts .... *Smart*
1925 Ofelia Domínguez .... *Villaclara*
1927 Aida Peláez Villaurrutia .... *Ideal*
     Ofelia Rodríguez Acosta............. *Espartana*
1928 María Muñoz Quevedo .... *Musicalia*

1929 Luz Gay .... *La Revista Blanca*
1930 María Collado .... *La Mujer*
     Clara Moreda Luis .... *América*
     Rosa M. Trejo .... *Boletín de la Alianza*
                                          Nacional Feminista
1931 A. Mercedes Villaverde .... *Cuba Ilustrada*
     Josefina Pedrosa .... *Maternidad*
1932 Ángela Grau Imperatori .... *Redención*
     Hortensia Lamar...................... *La mujer moderna*
     Eulalia Miranda de la Maza .... *Fémina*
     María Radelat Fontanils y
     María D. Machín Upmann .... *Grafos*
1934 Fidelina Viciana .... *Perfiles*
     María Dámasa Jover .... U*mbrales* (Santa Clara)
     Clara Moreda (y Aida Peláez) .... *Atlántida*
     María A. Alvira .... *Tierra*
     Yolanda Martín .... *Chic*
     Asela Abascal .... *Crucigramas*
1935 Ofelia Domínguez .... *La Palabra*
     Carolina Poncet .... *Lyceum*
     María Dámasa Jover .... *Ninfas* (Santa Clara)
1936 Margarita López .... *Senderos*
     Margarita de la Cotera .... *Quién es Quién en Cuba*
     Uldarica Mañas .... *Lyceum*
     Sara Viñas (directora literaria) ...... *Romances*
1937 Isabel Margarita Ordext y
     Josefina de la Mosquera .... *Vanidades*
     Aida Valle............................ *Eva*
     Victoria Nason (con Luis Gutiérrez)... *Ideas*
     Margot Álvarez....................... *Horizontes* (Sancti Spíritus)
     Nelita Martínez .... *Radio Cancionero*
     Lucrecia González .... *Lux*
1938 María Elisa Bastida, Ana Cadalso
     y Carmen Batista..................... *La Voz de la Juventud*
                                          (católica)
     Hilda Sánchez Godínez .... *Sirenas* (Marianao)
     Carmen Guerra....................... *Caibarién*
     Ana T. de la Uz .... *El Escolar* (Alquízar)
     Silvia Planas .... *Letras*

Loló Soldevilla .... *La Campana Auténtica*
Blanca Fernández de Castro......... *Cruz Blanca de la Paz*
Ruth Smith........................... *Habana América*
Ofelia Padrón..........................*Iris*
Dulce María Ramos.................. *Orbe News*
Clotilde Pujol .... *The Pupil Voice*
1939 Mercedes Pinto .... *Vamos*
Clara Romero.......................... *Guitarra*
1943 Ofelia Crusellas Seigle................ *Cuba*
Lourdes Bertrand..................... *Ecos de la RHC, Cadena Azul*
1945 Mirta García Veliz .... *Señal*
1946 Herminia Herrero y Conchita Canto... *Ideales*
1949 Piedad Maza .... *Lyceum*
Lilia Castro Morales.................. *Revista de la Biblioteca Nacional*
Emma Pérez .... *Gente*
Rosina Urquiza........................*Boletín de la Asociación Cubana de Bibliotecarios*
Marta Vesa............................. *El Filósofo Travieso*
1950 Renée Potts........................... *Viernes*
1951 Herminia del Portal................... *Vanidades*
1952 Amalia H. Claravesa.................. *La Voz Femenina*
Concha Alzola....................... *Juventud* (Marianao)
(A partir de 1953) Carmen Rovira,
Luisa León, Emilia Blanco y otras.......... *Cuba Bibliotecológica*
1955 Marilyn Ichaso........................ *Boletín Informativo del INC* (Instituto Nacional de Cultura)
1957 Surama Ferrer ....*Momento*

6.2 Grandes periodistas republicanas

Tengo del periodismo tal y como lo siento, tal cual lo he practicado, el concepto más alto. Creo que el periodismo debiera ser un catecismo popular dictado por sacerdotes impecables, juramentados, para no torcer la conciencia, para no emitir ideas no sentidas, para no engañar al lector, para no prevaricar, para no falsear lo que una vez falseado, desvía la opinión pública, eleva falsos ídolos, derriba las verdades, tiende al engaño, al falso testimonio, al vicio, pues donde hay falsedad hay germen procreador de males propagables.

Eva Canel

Disponer de libertad para impulsar nuestras ideas y palabras mucho
más que en el pasado es un don que numerosas mujeres antes que nosotras
no pudieron saborear y que todavía no está al alcance de muchas.
Jewelle Gómez

Las figuras que forman parte de esta galería han sido consideradas las mejores periodistas cubanas por un sinnúmero de colegas de ambos sexos consultados.

MIRTA AGUIRRE

Poetisa. Ensayista. Durante muchos años crítica teatral del periódico *Noticias de Hoy,* órgano del Partido Comunista de Cuba. Redactora de la *Gaceta del Caribe.* Subdirectora y Jefa de Redacción de *Última Hora* (1950). Subjefa de Redacción de *Lyceum,* Miembro del Consejo de Dirección de *Páginas* (1937). Colab. L*a Palabra* (1935) *Resumen* (1935), *Mediodía* (1936). *Cúspide* (1937), *Literatura* (1938), *Liberacción Social* (1943) *Nuevas Letras (1944), Orto* (Manzanillo, ca. 1938), *Viernes, Bohemia, Carteles, Colina, Cuba y la URSS, Fundamentos, Galería* (Santiago de Cuba), *Liberación Social, Nuestro Tiempo, Lyceum, Masas, Nueva Revista Cubana, Cuadernos de Arte y Ciencias, Mensajes, Cuba Socialista, La Gaceta de Cuba, Islas.* Única periodista mujer que recibió el premio "Justo de Lara" (1945). Berta Arocena la calificó de "escritora de quilates subidísimos".

Alguien en mi primer año universitario me prestó un ejemplar de *Presencia interior* uno de los mejores poemarios que he leído en mi vida, que me produjo una impresión indeleble: muchos de sus poemas puedo repetirlos de memoria al cabo de tantos años.

Tu no entiendes, amigo, tu no entiendes;
déjame que te lo explique, no en palabras,
–que con palabras no se entiende nadie–
sino al modo mío oscuro que es el claro

Pero sobre todo aquella línea tan torturada y torturante:

Y que a veces se me ocurre imaginar
lo fácil que sería morirse.

¿Qué podría hacer yo, cómo podría yo restañar esa angustia? Quizás demostrándole que su sufrimiento no era vano. Que expresaba el sentir de otras muchas personas.

Comencé a atormentar a todo el que la conocía: Eduardo Manet, Rafaela Chacón, para que me la presentaran. Y un día estuve, finalmente, frente a Mirta Aguirre. Una mujer increíblemente intensa... e increíblemente contradictoria. Porque la poetisa de esa aguda sensibilidad era al mismo tiempo comunista de Partido, cerrada, militante, dogmática. ¿Cómo podrían convivir en un solo cuerpo esa dos personas? No es que el comunismo de Mirta Aguirre fuera insincero, pero ciertamente no era la "ideología" de su ser más recóndito.

Como su hermana Yolanda estudiaba también Filosofía y Letras, yo visitaba casi a diario aquella casa donde repasábamos juntas las asignaturas aburridas. Y Mirta se nos unía a menudo.

Su delicada sensibilidad se delataba en todo lo que hacía en la intimidad. Tocaba el piano limpiamente: recuerdo haberle oído una tarde, interpretado sin reproche, el *Tango* de Albeniz. Y a continuación, como para disipar la emoción en el ambiente, una versión chistosa de un adagio de Tchaikowsky en ritmo de danzón. Recordé un segmento de su ensayo sobre Cervantes: *"Y cuando lo que se ama se ama de veras mucho, y cuando confesar ese amor implicaría una angustia insoportable, queda el recurso de golpear, escarnecer... ".* La música "corría" en aquella familia: la madre, Aida Carreras, era Profesora de Música de la Normal de Matanzas, adonde iba y venía semanalmente, y la hermana Yolanda era una pianista decorosa, que había sido enviada a estudiar a Juilliard (todavía recuerdo su *Chopin* de Schumann). El resto de la familia eran el hermano, Sergio, historiador, columnista del periódico *Hoy*, y su esposa Nelly. El padre de esta prole, Elpidio Aguirre, era nada menos que ¡tesorero del *Trust Company*!, uno de los bancos más poderosos de Cuba.

En los años 49 ó 50, Mirta viajó a París. Y como en aquella época la embajada de la entonces URRSS no marcaba los pasaportes de sus "afines" para no delatarlos, siguió a Moscú. Regresó de ambas ciudades con un montón de novedades de posguerra: la Piaf, la Patachou, una foto autografiada de Shostakowich para Yolanda, una reproducción de Rodin para mí... decenas de cosas. Pero durante su estancia en París había ido enviando a la Habana, en papel biblia, un bellísimo poemario titulado (no sé si mantendría después el título) *Rosas de Soledad y Olvido*. La "rosa", creo entender, es una forma estrófica de Juan de Mena, y todo el poemario, en realidad, está destinado a resucitar formas de la antigua lírica castellana, a las que más adelante Mirta dedicaría un soberbio tratado. Aún recuerdo:

Nadie me quite la espina
puesto que fue de esa rosa;
que se escape alguna cosa
de lo que acaba y se arruina.

La fragancia se adivina
tras la huella dolorosa.
Puesto que fue de esa rosa
nadie me quite la espina.

porque yo fui la encargada de pasarlo a máquina, con las copias necesarias y enviarlo al concurso nacional de poesía, del que resultó ganador.

A pesar de este trato frecuente, al cabo de cierto tiempo comenzamos a distanciarnos porque había una serie interminable de asuntos acerca de los cuales teníamos opiniones diferentes. Pero siempre ha permanecido en mí la incognita: ¿Cuál Mirta Aguirre era la verdadera? La delicada, sensitiva ("¡decadente¡") poetisa. O la periodista que manejaba como nadie el terrorismo intelectual…

BERTA AROCENA

Cofundadora del Lyceum. Columnista de *El Mundo*. Colab. *Grafos, Ellas, Bohemia, Carteles.*

Si me preguntaran quién ha sido la periodista cubana por antonomasia no vacilaría en contestar: Berta Arocena. La mayoría de las mujeres cubanas que han hecho periodismo suelen ser literatas: poetisas, cuentistas, novelistas, en busca de un canal de expresión. Berta era sólo y por encima de todo, periodista. Y lo era en forma militante, quizás si porque jamás se repuso del asombro y de la alegría de poder comunicarse. Se interesaba como pocos periodistas –de ambos sexos– en los problemas de la profesión. Llevaba cuenta mentalmente de todos y cada uno de los periodistas en ejercicio como si ella fuera la encargada de ese censo. Animaba sin cesar a los más jóvenes: se enorgullecía de haber "descubierto" a Regina de Marcos, impulsaba la carrera de Blanca Nieves Tamayo, recién graduada… Fue ella quien envió a concurso el artículo de Pablo de la Torriente que resultó premiado póstumamente con un "Justo de Lara" .

Hizo muy bien la Asociación de Reporters de la Habana en encargarle el artículo sobre las mujeres en el periodismo que apareció en el *Álbum del Cincuentenario de la Asociación de Reporters de la Habana (1902-1952)* como parte de las celebraciones del Cincuentenario de la República. Nadie podría haberlo hecho con mejor conocimiento, ni mayor amplitud ni con más dedicación que Berta Arocena. Ni qué decir que esa relación cuidadosa ha servido de base a la parte republicana de mi "Pase de Lista" al final de este trabajo.

La columna de Berta en *El Mundo* era una extensión de ella misma. Usando siempre el pronominal *una* –cosa que la mayor parte de las mujeres habían abandonado– nos hablaba de su entorno, sus hijos, sus problemas. ¿Quién no sabía en toda Cuba que la máquina de escribir que usaba era una Remington? ¿Quién no sabía que su hijo era Guillermo Jr. y que a la niña le decían "Madamina"? Era un modelo de periodismo "intimista", coloquial, que hablando de asuntos personales, a veces en forma humorística, lograba casi siempre pulsar en los demás alguna cuerda que les arrancaba una genuina emoción.

Desapareció en plena República. Y a veces pienso que es mejor que así haya sido: Dios le ahorró los sinsabores de ver todo aquello en lo que creía, todo aquello que amaba, encenegado y destruido.

LEONOR BARRAQUÉ

Colab. *Vanidades, Carteles,* donde mantuvo por años la sección "Femineidades", *Grafos, Social.* Según Adela Jaume era "periodista correcta, aristocrática".

No llegué a estos medios a tiempo de conocerla, en parte porque según Adela Jaume, en los últimos tiempos Leonor sólo escribía ocasionalmente. Pero no hay una sola periodista o periodista hombre cubanos a quien se presente la cuestión (desabridamente "periodística") de cuáles son a su juicio las 10 mejores periodistas cubanas, que no incluya en su lista el nombre de Leonor Barraqué. Este es el retrato que traza su hija, la también distinguida activista cubana Marta Frayde en su libro *Escucha, Fidel.*

El choque del regreso [a Cuba] *fue doblemente difícil de soportar para mi madre. Mi padre le hizo comprender que la situación financiera de mi abuelo se había deteriorado enormemente. Por eso ella se vió en la obligación de trabajar. Desde su juventud, dos cosas le habían interesado apasionadamente: la moda y escribir. Ella poseía cuadernos, diarios íntimos, donde anotaba todo lo que veía, todo lo que pensaba. Era coqueta, refinada y atribuía una importancia extrema a la armonía que pudiera* degager *de la vestimenta que usaba. Tenía relaciones en el mundo de la prensa burguesa, donde se la consideraba como una joven muy culta, que sabía perfectamente el francés, que leía a Baudelaire y a Chénier. Así que se convirtió rápidamente en periodista profesional de la gran prensa femenina cubana. Escribió "Feminidades", en* Carteles, *–en aquel momento la revista más popular de Cuba–, así como en otras publicaciones más sociales. Daba, en un estilo vivo e incisivo,* *consejos a las mujeres sobre la actualidad literaria. Amaba comunicar lo que latía en su corazón y a menudo rehusaba expresarlo en forma de reportajes vívidos y llenos de colorido. Había adquirido una cultura prodigiosa y mantenía correspondencia con las principales editoriales de la prensa suramericana. Así fue como hizo que se hablara de la cultura cubana en el continente americano al mismo tiempo que informaba a los burgueses cubanos de los eventos culturales internacionales. Le preocupaba mucho la estabilidad política de Cuba, pero conforme estaba fuertemente comprometida con la cultura, jamás formó parte de ningún partido político.*

En cuanto a su apariencia física, sabemos que era de estatura pequeña. José Aixalá se refirió a ella como una "figurita de biscuit". Mañach, en el largo y profundo artículo a la muerte de Leonor, describió:

Su conversación era un regalo inolvidable. Sabía como pocos escuchar a viejos y a jóvenes, a sesudos y a frívolos; pero todos preferían siempre escucharla a ella, porque tenía la amenidad infalible, la palabra esmerada sin pedantería, ágil sin levedad y generosamente interesada por los gustos y afanes ajenos. A menudo se le alzaba sin esfuerzo a una natural sabiduría, rica de orientación y consejo. La espaciosa frente se le llenaba entonces de una luz interior de una severa serenidad. A veces se tenía la impresión de que aquella sabiduría suya era como un dolor largamente destilado. Con ese temple, asistido de una fe religiosa intensa, que en los últimos tiempos se había sublimado patéticamente, vio venir paso a paso la muerte. Hablaba de su tránsito como algo natural, a pesar de ser tan atrozmente prematuro. En una de mis últimas visitas le oí decir: "Morirse lo hace cualquiera. Lo que hay que hacer es saber morirse".

ANA MARÍA BORRERO

Redactora de la Revista de la Habana (1942). Colab. *Ellas, Social, Carteles, Vanidades, Bohemia, Diario de la Marina.* Cuando se le pregunta a otras peridostas cubanas de su época, afirman: "Ana María era punto y aparte". Adela Jaume la recuerda "fina, dulce".Anita Arroyo, que la entrevistara para su libro sobre *Las Artes Industriales en Cuba,* expone: "¿Qué mujer cubana no la conoce? Su fama ha trascendido fuera de Cuba –recuérdese el éxito rotundo de su exhibición en la Feria Mundial de Nueva York– y su dedicación a mejorar las condiciones de vida de la operaria de la aguja en nuestro país es la página más bella de su cruzada en pro de la mejor retribución y consideración de la obrera cubana".

En mi familia había una presencia fija, inalterable, que regía los estilos y gustos con autoridad de institución: Ana María Borrero, a través de sus artículos, especialmente en *Vanidades*. [Todavía recuerdo impresionada el que escribió a la liberación de Francia por los Aliados, "Bon jour, Paris".]

Fue Ana María culpable de que yo me iniciara en el periodismo. Al conocer su horrible muerte en México, un impulso irresistible me llevó a la máquina de escribir del tío Juan. No sé si lloraba y tecleaba o si tecleaba y lloraba. Y cuando se remansó un poco el juvenil diluvio, tomé aquellas dos o tres cuartillas y las llevé al periódico local. El director las leyó en mi presencia. Y al terminar, me preguntó con naturalidad: "¿Y de qué vas a escribir la semana próxima?" Tenía yo entonces 16 años. Y hasta los 22 mantuve una columna semanal en *El Sol* de Marianao. Luego pasé a otras publicaciones y a otros intereses.

Ana María Borrero
Por Regina de Marcos

Cuando yo era niña, Ana María Borrero era una especie de mito para mí. Sabía que tenía su atelier en unos altos de la calle Prado y mi madre y mis tías siempre hablaban de ella como de una gran modista. Luego supe que pertenecía a una familia poéticamente ilustre y patrióticamente gloriosa, que vivía también en otra casa de Prado.

La II Guerra interrumpió sus idas y venidas entre París y la Habana y Ana María se buscó otros trajines. Empezó a colaborar en la revista Carteles y nunca se ha escrito con mayor ingenio sobre la moda que en sus "Trapitos". Mi madre [Rosita Rivacoba] los comentó en el periódico Avance sustituyendo a mi padre, a quien le habían infligido una sección llamada nada menos que "Tocador de Señoras".

Pero hasta que volvió a haber paz en el mundo no vine a conocer a Ana María Borrero. Fue sin duda una tarde excepcional en la redacción del Diario de la Marina. Ana María acababa de volver de su primer viaje a París después de la guerra, y todavía excitada, contaba un poco atropelladamente todo lo nuevo que había visto. Estaban, desde luego, el "New Look" y el Existencialismo, Dior y Sartre, pero aquella incomparable representante de la alta costura que se había codeado con los mejores diseñadores, regresaba sobre todo maravillada con la novedad del momento. La traía del brazo, se la probaba, se la mostraba a los presentes: la capa de agua de nylon transparente que hoy nadie se digna a ponerse, a no ser que nos sorprenda un aguacero en Disney-world y vayamos al kiosco más cercano a comprarla por unos dólares.

Después o mientras tanto, no estoy segura, la carrera de Ana María Borrero siguió a toda marcha como directora del Salón Francés de El Encanto. Hasta truncarse en un final absurdo y cruel. Porque no murió de "su propia muerte", idealmente, del pinchazo de una aguja. Sino víctima de una violencia sin rostro, pisoteada por el populacho al abrirse de golpe las puertas de la Plaza de Toros de México, donde ella esperaba para ver, no la fiesta de sangre y de luces, sino un espectáculo folklórico con un torbellino de bellos trajes regionales que seguramente la ilusionaban.

Es algo con lo que nunca me he reconciliado. Aún nos duele y horroriza a aquellos que tuvimos el privilegio de conocer a esa mujer tan espiritual, a esa alquimista más enamorada de la belleza que del oro, que transformaba en arte un lazo y un "Trapito" en crónica de su tiempo.

SURAMA FERRER

Cuentista y novelista. Profesora, en la Habana, de la cátedra F (Filosofía, Lógica y Psicología) del Colegio Hebreo de Cuba y del Paul Quinn College de Dallas. Editora de varios volúmenes de la Sección de Cultura del Ministerio de Educación, como el que recoge los artículos de Emilio Bobadilla ("Fray Candil"). Fundadora y directora de la revista *Momento*. Colab, *Colina. Redención , La Última Hora, Crónica, Tiempo en Cuba, Ecos de la Cadena Azul, Avance, La Politica Cómica, Bohemia, Carteles*. En la prensa extranjera: columnista de *El Sol de Tejas, El Hispano, La Prensa*. Además de su célebre columna de actualidad en *Tiempo*, muchas veces en primera plana, mantuvo dos páginas de espectáculos en ese diario.

Surama es hija de Elvira Delofeu, como ella, aunque en menor escala, poetisa y cuentista. Vivían inicialmente en Alquízar, pero cuando Elvira enviudó, en circunstancias trágicas, por los años 40, fue a vivir con sus dos hijas, Surama, la mayor, y Sonia a Marianao, no lejos de donde yo, pequeña aún, vivía con mi familia. Surama asistió a la Escuela Normal para Maestros, que estaba situada en el antiguo palacio y quinta de Durañona donde también se matriculó Sonia, quien según creo no terminó sus estudios porque se casó muy joven. Surama se casó joven también, con José Manuel Fernández, de una vieja familia marianense, a quien decíamos cariñosamente "Chacho" (de "Muchacho"), y mi tío Juan fue uno de los testigos de la boda. Tuvieron un hijo, Pepe, de niño muy delicado de salud, pero Surama continuó estudiando. Cuando terminó la Normal, siguió a la Universidad y se matriculó en Pedagogía y en Filosofía y Letras. Allí ayudó a fundar la revista *Colina,* de la Federacióm Estudiantil Universitaria (FEU). Al graduarse, ya era una cuentista destacada, había ganado un premio por su novela *Romelia Vargas* y se abría paso en el periodismo.

El primer periódico de circulación nacional en que escribió fue *El País.* De ahí comenzó a colaborar en *Bohemia,* no sólo con sus extraordinarios cuentos (que le valieron un premio Hernández Catá), sino con unos reportajes no menos extraordinarios, como "Las comparsas en sus cuarteles", que le valió un premio de reportaje. Como si fuera poco, y como su prestigio intelectual iba en aumento, fue asesora de la Comisión del Centenario, para celebrar el natalicio de Martí. También fue asesora técnica de la Dirección de Cultura del Ministerio de Educación, donde organizó las retrospectivas de Valderrama, Menocal y Ponce, redactó el folleto que se distribuyó en la inauguración del Palacio de Bellas Artes, preparó una feria del libro y editó los artículos de Emillo Bobadilla, "Fray Candil".

Durante algún tiempo Surama dirigió la revista que editaba la Cadena Azul, promocionando a sus artistas. Además de periodismo escrito, hacía periodismo radial a través de Unión Radio y al surgir la televisión, la contrataron en CMQ-TV como comentarista de un programa de sucesos de actualidad, la mayoría de las veces un "crimen pasional". Vivía ahora en el Vedado y los contactos entre su familia y la mía se distendieron un poco. Volverían a reanudarse con fuerza con motivo de la aparición de mi primer libro, una recopilación de los cuentos populares que se narra a los niños, del cual envié una copia a Surama.

En aquel momento, ya en la década de los 50, Surama era columnista de *Tiempo en Cuba,* el periódico de otro destacado marianense, el senador Rolando Masferrer. Creí que me contestaría, pero nunca esperé que una noche, al comprar mi ejemplar de *Tiempo,* leyera con letras enormes: "Ratoncito Pérez se cayó en la olla", celebrando la buena ocurrencia de reunir esos cuentos y dándome el teléfono de su casa.

A partir de entonces, nos veíamos casi a diario. Intercambiábamos opiñiones y anédotas. Compartíamos las mismas adoraciones, en especial la de Thomas Mann. Cuando le pidieron que cubriera las páginas de espectáculos de *Tiempo*, que abandonaba Emma Pérez para ocuparse de su revista *Gente,* inmediatamente comencé a colaborar allí. Poco después llegó a la Habana la revolución técnica que supuso la aparición del *off-set* y Surama fundó la revista *Momento*, a la que también me incorporé. Surama editaba además *La Política Cómica*, cuyo título le había cedido en propiedad su fundador, ya entrado en años.

Todos sabemos cómo a partir de enero de 1959 las huestes castristas fueron adueñándose de la prensa. Surama colaboraba entonces en *Alerta*, de Ramón Vasconcelos, situado en un piso alto, no recuerdo si de la calle Belascoaín. Como en esa calle casi nunca había dónde estacionarse, tras dejar a su esposa al pie de la escalera del periódico, "Chacho" seguía dando vueltas a la manzana, esperándola. Pues bien, sucedió que un día, cuando Surama subió a entregar su artículo, se encontró la redacción llena de milicianos y a Carlos Franqui sentado frente al escritorio de Vasconcelos, con los pies calzados de botas colocados encima. Al ver a Surama, Franqui se incoporó y comenzó a gritar : "¡Ataja! ¡Una batistiana! ¡Ataja!".

Surama se dio vuelta, echó a correr, y casi se cae por las estrechas escaleras. Con tan buena suerte que en ese momento pasaba por la calle "Chacho" en su auto y pudo recogerla y desaparecer de la escena. No es necesario aclarar que en el acto sacó un visado, quemó cualquier papel que pudiera considerarse "comprometedor" a los ojos del nuevo sistema por referirse a cargos de cultura ostentados en época de Batista y marchó al exilio, donde permanece. En 1966 reanudó su labor periodística, compartida con la enseñanza, en *El Sol,* y otros periódicoss de Texas y California, donde iniciaría una campaña en favor del bilingüismo.

Por la multiplicidad de medios donde desarrollara su labor y por la amplia gama de asuntos de su interés, tratados siempre en forma original, Surama Fererr es una de las periodistas más completas de la generación anterior a la mía.

SARA HERNÁNDEZ CATÁ
Columnista del perióico *Información* y colaboradora en otras importantes publicaciones. Como *Bohemia, Vanidades* y *Carteles.*

Debe haber sido acuariana, porque no recuerdo a nadie a quien le importara menos la opinión ajena que a Sara Hernández Catá. En una época en que aquello era un estricto "no-no" para las mujeres, salía a la calle sin medias, inclusive de noche, y entre las tiras doradas de sus sandalias dejaba entrever unos dedos regordetes, con las uñas pintadas de rojo vivo. Así asistía a conciertos y cocteles, conferencias de prensa y recitales y se sentaba, muchas noches en un palco de teatro, junto a su inseparable Gómez Van Güemert. En plena función fumaba continuamente, sosteniendo en una de sus manos una larga boquilla marfileña. Si el espectáculo lo ameritaba, ya lo reflejaría en su columna del periódico *Información,* ilustrada con una plumilla que mostraba su característico perfil.

No tuve nunca ocasión de hablar con ella, pero supongo que su conversación estaría salpicada de esos sabrosos desplantes de los madrileños, a los que llegué a aficionarme tanto cuando viví en Madrid. Su risa era franca, y echaba hacia atrás la cabeza, arrastrada por el fuerte impulso.

Fueron famosas sus tertulias, adonde acudía lo más selecto de la vida intelectual habanera: Miguel de Marcos con su esposa Rosita Rivacova y su hija Regina, Paco Ichaso, Rafael Marquina y, por aquellos años, la flor y nata del exilio venezolano: Rómulo Gallegos, Andrés Eloy Blanco... De ahí debe de haber salido esta glosa de Andrés Eloy Blanco, que debo a la gentileza de Uva de Aragón, sobrina de Sara:

"Palabreo de Sara Catá"
Y eso lo sabe cualquiera:
cuando el pan se pone amargo
o ha llorado el panadero
o el que come está llorando.
Por el ancho de tu mano
que nos va midiendo sola,
con la medida española
de tu corazón cubano
por sol venezolano
que sembraste en tu solera
para que tu vino fuera
de los tristes alegría
cualquiera te cantaría
y eso lo sabe cualquiera.

Cuando nos ponen tan lejos / con traiciones y enredijos / del más acá de los hijos / y el más allá de los viejos / vamos a beber reflejos / en el mar de trago largo / y, al despertar del letargo, / nos da la tierra mambisa / el azúcar de tu risa, cuando el pan se pone amargo.

La verdad es la verdad / los ricos le dan al pobre / por la Caridad del Cobre / su cobre de caridad / pero lo tuyo es bondad / de lo grande y lo sincero / lo tuyo no es el ventero / que no piensa, al dar su vino, / si se ha muerto el campesino / o ha llorado el panadero. *Sara Catá, hermosa y buena, / ojos de amar lo ha mirado / pelo de ciclón pas-*

mado / sobre la frente serena / varadero de la pena / de los que penan
luchando / si a los que luchan penando / tu pan no quita los males / o no
hay trigo en los trigales / o el que come está llorando.

Andrés Eloy Blanco

ADELA JAUME

Cronista cultural del *Diario de la Marina* por espacio de 25 años. Redactora
de Biblos. Colab. *Horizontes* (Sancti Spíritus, 1935), *Gaceta de la Feria del
Libro, Cúspide, Arte y Cultura.* Redactora de la sección "Arte y Confort"
del *Rotograbado* del Diario. Única cronista rotaria de Cuba. Autora de las
biografías de cubanas que aparecen en la *Enciclopedia de la Mujer,* de tanta
utilidad para la presente reseña. En el exilio, Adela fue durante muchos
años redactora de la sección "El Universo de la Cultura", que se publicaba
en el semanario *El Universal* de Miami.

Tanto en Cuba como en el exilio, Adela se caracterizó por la entereza de su carácter, la valentía de sus juicios y su integridad profesional. Con distintas variaciones de su nombre, como "Adelhai", fue pintora de cierto gusto. Amaba los gatos y su casa era un refugio de animali-
tos sin dueño. Fue además persona de gran generosidad, que puso a mi
entera disposición sus archivos y sus recuerdos. En cuanto a su poesía,
recuerdo haber leído en mi adolescencia innumerables veces el poema
que comenzaba:

El mar y tú:
qué dos inmensidades abrazadas a mí.

Ha resumido al respecto Gladys Zaldívar: *"Si Adela Jaume pertenece también* [con Guillermo Villaronda] *a la historia de la literatura
cubana no lo es ni por capricho de unos cuantos ni por tributo mimético
a maestros indiscutibles, sino porque posee ese tono personal, que es la
más difícil raíz que pueda exigírsele a cualquier poeta".*

Adela dejó a Gladys Zaldívar una copia de las cartas que le dirigiera en diversas ocasiones Dulce María Loynaz. Creemos que estas
cartas, con el resto de los papeles de Adela se encuentran en la Colección Cubana de la Universidad de Miami, donde las habría hecho llegar
Raquel de Feria, que la atendió en sus últimos días.

REGINA DE MARCOS

Escritora y publicista. Premio María Teresa García Montes de Giberga.
Cronista de Espectáculos (en especial cine y ballet) del *Diario de la Mari-*

302

na. Directora del Departamento de Publicidad de "El Encanto". Jefa de Redacción de *Libros Especiales* (Ed. América), y luego de *Harper's Bazaar en Español.* Colab. *Bohemia, Ellas, Vanidades, Fascinación, Buen Hogar, Vanidades Continental.*

Un don que me ha otorgado Dios, y por el cual no ceso de darle las gracias, es el de no haber perdido nunca la noción de lo maravilloso en lo cotidiano que me rodea... aún en los momentos difíciles. Gracias a este precioso mecanismo, durante todo el tiempo que trabajé en la desaparecida "Editorial América", siempre me detenía con la misma sensación de pequeño prodigio ante el escritorio de María Julia Casanova (ese pedazo de historia del teatro cubano) en *Cosmopolitan.* Y, a lo largo del día, mientras tecleaba para *Vanidades*, yo no olvidaba por un momento, que en el primer despacho, a la derecha, recibiendo cada mañana mis buenos días, se encontraba Regina de Marcos, mucho tiempo Jefa de Redacción de *Harper's Bazaar,* revista que se encontraba en nuestro mismo departamento.

Regina de Marcos (por causa de este país Regina Bourbakis), ¡significaba tantas cosas! No sólo era la prueba viviente de la existencia del autor de *Fotuto,* sino la cronista teatral auxiliar del *Diario de la Marina,* (que desempeñara con probada honestidad) y algo que para mí tenía y sigue teniendo un valor sentimental muy especial: coincidió y colaboró en "El Encanto" con Isabel Quílez, que sucedió a Ana María Borrero como directora del Salón Francés, al mismo tiempo que actuaba como Jefa de *copywriters* para el Departamento de Publicidad de la inolvidable tienda. Por si no fuera bastante, Regina de Marcos fue la última presidenta histórica del Lyceum.

Con la misma mal disimulada emoción, Regina me ha contado varias veces la caída del coloso. Cómo aparentaron respetarlo durante varios años, porque en realidad no era una institución sectaria, aunque fueron poco a poco aislándolo. Cómo al fin un día, en uno de sus discursos, el tiranosaurio arremetió contra "los restos de capitalismo que todavía permanecían en Cuba, como los puestos de fritas y el Lyceum". A la tarde siguiente, los "vecinos" del CDR, "preocupados" como su jefe por la existencia del aquel rezago de vida tradicional cubana en medio de la barbarie, se presentaron a las puertas del santuario de Calzada para exigir la entrega del local. Sobrevinieron las gestiones, las carreras. Emelina Díaz, según muchas versiones verdadero eje de la existencia de la magnífica institución, apeló a su consuegro de entonces, nada menos que Carlos Rafael Rodríguez.

Las turbas se contuvieron unos 3 ó 4 días, pero volvian siempre a la carga, en medio del estupor de las socias supervivientes... Y finalmente, las lágrimas al ver sepultar un pedazo de Cuba.

Muchas horas de almuerzo, muchos recesos, pasé en la redacción de *Vanidades Continental* disfrutando de la conversación ingeniosa, la delicada ironía y el envidiable sentido del humor que posee Regina de Marcos. En sus gestos, en sus modales, traslucía la esmerada educación recibida, con énfasis en la cultura francesa, impresión que confirmaba su manera de "arrastrar" la letra *r,* un poco a la manera de la mismísima Eva Frejaville. Con su perspicaz sentido lingüístico y su profundo conocimiento de varios idiomas, me ayudó a proponer el posible significado de muchos de los neologismos creados por su padre. Me prestó el único ejemplar que poseía de *Papaíto Mayarí.* Es una de esas personas que ponen todo cuanto poseen intelectualmente al servicio de los demás.

Regina fue una de las muchachas más bonitas, cultas y refinadas de la Habana. Pero, ¿por qué hablo en pasado? Conserva sus ojos verdes, sus cabellos castaño claro, ahora entreverados de plata, y el buen humor que no ha conseguido disminuir la desaparición de su esposo, el teatrista Roberto Bourbakis. Gracias a su beneplácito, la Asociación de Hispanistas de las Américas pudo celebrar un homenaje más que debido al gran novelista y periodista cubano Miguel de Marcos, que ella presidió, en compañía de su hermano Miguel, y su madre, la pianista Rosita Rivacoba, fundadora de las instituciones habaneras "Amigos de la Música" y la "Sociedad de Conciertos".

Cuando le hablé de que yo preparaba este libro, puso a mi disposición algunos álbumes de recortes que consiguió sacar de La Habana y me cedió fotografías de la época del *Diario.* ("Son casi fotos de primera comunión", apostillaba en una nota, con su característica fina burla). En una de las fotos, tomadas en los estudios de la Columbia Pictures en Hollywood, aparece Regina examinando unos diseños de Jean Louis, en aquel entonces Director de Vestuario de la empresa cinematográfica. Curiosamente, entre las revistas que se ven sobre la mesa de trabajo de Jean Louis se encontraba un número de *Harper's Bazaar...* (¿predestinación?).

[Querida Regina: Ya puede protestar (mientras me hace el favor de revisar este libro, ¡gracias!) y alegar lo que se le ocurra, que de esta semblanza no pienso eliminar... ¡ni una coma! a menos que sea para rectificar alguna inexactitud histórica].

RENÉE MENDEZ CAPOTE

Escritora. Cofundadora del Lyceum. Codirectora, con su hermana Sara, de la revista *Artes y Letras* (1918). Directora de la *Revista de la Biblioteca Nacional José Martí*. Colab. *Correo Musical* (1917), *Surco* (1930), *Grafos* (1933), *Social, El País, el Diario de la Marina, Bohemia, Mañana, Diario de la Marina, El País, Social, Bohemia, Mañana, El Mundo, Unión, La Gaceta de Cuba, Mujeres, Revolución y Cultura y la* mayoría de las publicaciones oficiales castristas.

Por los años 40 y 50, parecía que todos los caminos conducían a Renée Méndez Capote. Era un ser rodeado de leyendas. Entre otras cosas, se decía que había ocultado bajo su falda los explosivos que volaron el *Morro Castle*. Pero un sin fin de escritoras más jóvenes hablaban de ella con la devoción y el respeto con que se habla de una maestra… Dora Alonso o Rosa Hilda Zell, para poner un par de ejemplos. Sin embargo, no fue sino hasta comienzos de la década siguiente, en el 61, que vi a Renée Méndez Capote por primera vez. El Instituto de Etnología y Folklore me había encargado unas investigaciones en la Biblioteca Nacional, donde Renée trabajaba, precisamente en la Colección Cubana, y allí tuvo lugar el encuentro.

Por el contrario de otras intelectuales, con pinta muy profesional, Renée tenía la apariencia de las mujeres de mi familia, seres sencillos que nada sabían del mundo ni sus usanzas. Quiero decir que aquella mujer corpulenta vestía como corresponde a una mujer entrada en años, con colores serios, vestido casi al tobillo… como mi abuela, mi madre y mi madrina. Andaba pausadamente, por el lógico esfuerzo de desplazar la mole humana en que habitaba. Más que caminar, como decía Lezama, con gran acierto, *rielaba*. Su tez era de un color cetrino; el pelo, color castaño, ya clareaba; tenía los ojos abultados ("papujos", decían vulgarmente) de los Méndez Capote. ¡Qué decir del encanto de su conversación, plagada de datos y anécdotas! Como se refleja en las *Memorias de una cubanita que nació con el siglo,* ese clásico cubano que instigué.

Pues sucedió que enseguida de conocerla y de apercibirme del caudal de cubanía que encerraban sus vivencias, comencé a barrenillar a todas horas con la necesidad de que pusiera por escrito sus recuerdos. Religiosamente, la abordaba cada vez que podía: "¿Ya comenzó sus memorias?". No, me contestaba Renée, porque según dijo, vivía en un apartamento muy pequeño con su hermana Sara y no tenía privacidad ninguna. Peor aún: Sara era espiritista, y reunía en la sala-comedor de la mínima vivienda a otros espiritistas amigos suyos y formaban entre todos una "bóveda", y entonces nadie podía transitar o hacer el menor ruido en toda la casa porque, ¡zas!, la bóveda se venía abajo.

En el año 61, ya había comenzado la reforma urbana y no era un secreto que una de las personas más influyentes en ese departamento era Pepilla Vidaurreta Marinello. Y da la casualidad que un buen día llega Pepilla a la Biblioteca. Y yo, sin conocerla de antes, me le planto delante y le cuento el problema de Renée… Antes de un mes, mi amiga estaba mudándose a un apartamento para ella sola… ¡Habría libro!

Y comenzaron a pasar las semanas. Pero por mucho que yo volviera a la carga, nada sucedía. Hasta que la abordé seriamente: "Dígame sin pena, Renée, ¿qué le pasa?". Y entonces me contó que su máquina de escribir era tan vieja que continuamente enredaba la cinta. Y ella se pasaba más tiempo desenredándola que tecleando y esa molestia continua la desanimaba.

Volé para *Sears* (quedaban aún vestigios de vida civilizada) y le compré una Underwood último modelo, con un montón de cintas y varias resmas de papel. Por fin el libro comenzó a alzar el vuelo. Vi algunos capítulos y luego cesó de mostrármelos. Cuando el libro salió, de las prensas de la Universidad de las Villas, vi que estaba dedicado "A Concha, a Cintio y a Fina", y que evidentemente se había estado asesorando con ellos.

Pero ¡sorpresa!, ya exiliada conseguí en Madrid un ejemplar de la segunda edición de las *Memorias*, realizada por la UNEAC, y veo que mi nombre había desaparecido de la dedicatoria. "¡Pobre vieja!, deben haberla intimidado", pensé, porque, evidentemente, mi idiotez no tiene cura. El próximo libro de Renée, *Por el ojo de la cerradura*, estaría lleno de alegatos comunistas de principio a fin. Y para justificar los horrores del castrismo, pintaría una República corrupta, enviciada, habitada por chulos y prostitutas. Se ensaña con las primeras damas, y lo que es más extraordinario, con Manolo Solís, su ex-esposo, que la complacía en todo porque, según ella, quería verla gorda y enjoyada como una vaca de feria.

Entre esa inesperada carga de resentimientos y odios, descubrí que Renée era amiga de Pepilla y Marinello desde su juventud (¡cómo deben de haberse reído de la ingenuidad de aquella piojosita entrometida, intercediendo por Renée!). Pero me faltaba leer lo más despampanante, la desesperada exclamación: "¡Que hubiera sido de Cuba si no fuera por Fidel!".

A su muerte, una escritora del exilio se rasgó las vestiduras, se echó cenizas en el cabello, etc. etc. Yo sentí esa muerte sólo como se siente la de cualquier ser humano.

EMMA PÉREZ

Directora de la revista *Gente*. Colab. *Tiempo en Cuba*, *Revista de Educación*, *Bohemia*.

"¿Emma Pérez? Dígale que la llama…"

Por **Silvia Barros**

Recuerdo que obtuve su teléfono privado de una manera fraudulenta: con una mentira. Tal vez la primera mentira importante de mi vida, con la osadía ingenua que sólo puede tener una adolescente que se cree ya, desde siempre, artista. Cuando mis artimañas para obtenerlo me fallaron en la Universidad de la Habana (pues todavía no era yo por esa fecha estudiante de ese plantel donde ella era profesora) llamé a la revista Bohemia, la misma en la que yo había buscado y leído con avidez, desde mi infancia casi, cada uno de sus vitales y hermosos artículos. Les dije que yo necesitaba comunicarme con ella, que era urgente; que yo le debía un trabajo de clase y soné tan convincente que me lo creyeron. No calculé las consecuencias ni que la periodista, a quien yo ni siquiera había visto en mi vida en persona, podía molestarse, podía preguntarme cómo había obtenido el teléfono, y yo encontrarme tal vez en alguna situación embarazosa…No me importó nada. Yo sólo sentía que tenía que conocerla. Dos o tres años antes, le había escrito una carta desde Santa Clara declarándole mi admiración y mi pasión por la literatura y mi vocación de escritora, y allí le incluía algunos de mis versos de niña.

Cuando sonó el teléfono en su casa de Los Pinos, lo contestó una voz de mujer: "¿Emma?", le dije. Y me contestó: "No, es Emmita. ¿Quién habla?". Y yo respondí: "Mi nombre no va a decirle nada a su mamá. Yo soy una desconocida, mejor dicho, una admiradora y nada más". La muchacha insistiuó: "Dígamelo de todas maneras". Yo accedí: "Está bien… pero para lo que va a servir. Dígale que la llama Silvia Barros". A los pocos minutos (y esto era entonces un misterio para mí, no tanto ahora cuando sé de archivos y de métodos intelectuales) Emma estaba al teléfono, hablándome como si me conociera muy bien: "Hola, Silvia", me dijo. "Perdóneme, usted no sabe quién soy pero yo qiero conocerla porque la admiro mucho". Y ella me respondió: "Yo sí sé quién eres, me escribiste una carta hace como dos años. Yo también quiero conocerte a tí, porque creo que tienes talento de escritora y yo voy a presentar estos talentos nuevos, jóvenes, en una sección de mis páginas en la revista".

Sin más preámbulos, me estaba diciendo: "Puedes venir el próximo jueves por la tarde a mi casa, con todos tus escritos. Anota la dirección, que voy a explicarte cómo venir".

Emma era más que una periodista, más que una maestra; era una artista del género. Ella escribía con pasión, hablaba con pasión y comunicaba esa pasión. Ella era una de esas personas que no sólo dejan una huella en uno, sino que uno siempre quisiera volver a encontrar a cada paso de la vida. En la misma medida en la que admiré sus artículos he sentido siempre esa ausencia.. Bajo la apariencia de mujer formal, cuidadosa de los detalles sociales, mujer pulida, culta, formando parte de lo mejor del intelecto del país, acomodada, tal vez hasta conformada; con esposo, con hijos, con tradiciones; latía una apasionada rebelde con las puertas de su corazón y de su casa abiertas lo suficientemente como para recibir a una desconocida y como para jamás averiguar cómo llegué hasta ella.

"Voces como la de Emma Pérez no se apagan"
Por **Paquita Madariaga**

Su nombre ha sido barrido de la seudoliteratura comunista; las nuevas generaciones de la Isla ignoran lo que una iconoclasta como ella significó en el periodismo, pero estoy convencida de que su valentía y su lucidez serán en su día admiradas por las valientes periodistas disidentes que hoy alzan sus voces de protesta en contra del régimen antihumano de Cuba.

Combatida, atacada, difamada, Emma Pérez tuvo el valor de escribir sus opiniones en épocas en que no era fácil hacerlo. Desenmascaró a más de un fantoche y derribó ídolos a diestra y siniestra. Mujer de profunda cultura, que no temía a los poderosos, también desenmascaró al partido comunista, en el que había militado desde los años 30, ganándose así una campaña difamatoria que la acompañó el resto de sus días.

La conocí en la década de los 50, cuando Carmelina Rey, compañera mía de escuela que era como su brazo derecho, le llevó algunos cuentos cortos y ensayos míos para que los leyera. Empezaba yo a escribir en aquella época y como joven principiante que era me interesaba la opinión de una escritora respetada, cuya cultura y conocimientos eran proverbiales. La Doctora, que así la llamábamos, no tuvo a menos perder tiempo leyendo mis escritos y no me cabe duda que su apoyo me animó a publicarlos.

En aquellos momentos Emma Pérez era catedrática de la Escuela de Pedagogía de la Universidad de la Habana y además escribía una sección sui generis en la revista Bohemia. Más tarde, publicaría su propia revista Gente, en la que, aunque mostraba temas como la actualidad de la farándula y el cine, se adentraba en tópicos intelectuales y políticos, a menudo de índole polémica.

Comenzamos desde entonces a comunicarnos esporádicamente, por carta o por teléfono. O a través de Carmelina Rey. Yo la consultaba sobre mis trabajos y ella me animaba a publicarlos. De ahí pasé a escribir teatro y a comenzar una novela. Cosa extraña, durante esos tres o cuatro años nuestro contacto fue, por decirlo así, de larga distancia. Nunca nos conocimos personalmente. Nuestro encuentro tendría lugar años después, en el exilio.

Durante la época de Batista, la Doctora, Carmelina y yo, y la mayoría de los periodistas y escritores que yo conocía, luchábamos porque se estableciera un gobierno democrático en Cuba. No recuerdo que ninguna de estas personas fuera fidelista, pero sí partidarias de que terminara el régimen de Batista. En aquellos trajines, acabé por exiliarme. Fui a parar a Paquistán, donde pasado un año, me sorprendió la caída del régimen.

De regreso a la Habana, adonde llegué dos meses después de tomar el poder Fidel Castro, le pregunté a Carmelina por la Doctora. "¿Qué comenta de este sistema político?", le dije. "Dice que esto es comunismo", me replicó. Quisiera recordar si agregó que la doctora se había ido de Cuba o estaba a punto de hacerlo. No sé. No me acuerdo. El caso es que, aunque quise hacerlo, no pude ver a Emma Pérez.

Un año después, yo estaba de nuevo exiliada.

En la década de los 60, un día me encontré en Miami con Carmelina. "La Doctora está aquí", me dijo. ¿Quieres verla?". Le dije que sí.

Un sábado, que era mi día libre, fui al apartamento de Coral Gables donde Emma Pérez vivía sola, pues Montenegro estaba todavía tratando de entrar a Estados Unidos. Fue la primera vez que la vi en persona. No recuerdo la imagen mental que me había hecho de ella, pero hallé a una señora distinguida, de pelo gris y sonrisa cálida. Fue muy abierta, muy acogedora.

Hablamos mucho. Comprimimos 10 años de diálogos en una mañana. Recordamos amistades. Hablamos de quién se había quedado en Cuba y quién se había ido. La Doctora hablaba de reconstrucción, de volver. Tenía esperanzas. Durante dos o tres horas tocamos todos los temas que nos interesaban: Cuba, el castrismo, la filosofía, la religión...

Yo me quejaba del exilio y ella me decía: "No, no hay que desesperarse. Hay que involucrarse en algún proyecto. Por pequeño que sea, siempre ten un proyecto entre manos. Eso ahuyenta la angustia".

Al fin nos despedimos, con la promesa de volver a encontrarnos. Pero no pudo ser. No la vi más.

Emma Pérez se fue a vivir a Nueva Orleans, donde sin patrocinadores ni dinero comenzó a imprimir un periódico con Carmelina Rey. Eramos pocos los suscriptores. A sangre y fuego continuó publicando el periódico un tiempo. Después, se hizo el silencio. Llamé a Carmelina. Me dijo que la Doctora estaba cansada, que no andaba bien de salud, que si su edad, que si el dinero...

Sé que murió, aunque no supe cómo ni de qué. Pero todavía hoy, cuando miro hacia atrás y recuerdo la semilla que sembró en mí, sé que su voz está viva porque hay seres, como ella, que tocan la vida de otros marcándola indeleblemente. Este fue mi caso.

[Después de entregar esta semblanza y antes de que pudiera verla publicada, falleció Paquita Madariaga. Quienes la conocimos podemos decir también: una voz como la suya no se apaga.]

Algo mas acerca de Emma Pérez:

En la magnífica entrevista con Herminia del Portal que realizara Nedda de Anhalt, surge este otro imprevisto retrato:

Emma era superinteligente. Para mí, fue mejor poeta que prosista. Emma era maestra y vivía en Santa Clara. Ahí conoció a Gerardo Machado Morales que, antes de ser dictador de Cuba, fue gobernador de Santa Clara. Como sabes, ella fue la mujer de Carlos Montenegro. El estuvo preso por haber matado a un hombre. Emma empezó a sostener correspondencia con él y finalizan por casarse en la cárcel. Machado le conmutó la pena a Montenegro y lo dejó libre. En esos momentos ella se acercó a mí, que trabajaba en Grafos. *Fui su alumna. Me invitó a su casa. A Montenegro le gustaba cocinar; hacía un arroz con pollo especial. [...] Era tan loca. Yo le huía un poco. Una vez que la acompañé a comprar una revista, le preguntó a mi hija: "Niña, ¿quién era Calígula?" –a una Himilce de cuatro años–. Y como ella no contestó, me reclamó: "¿No le enseñas a tu hija?". Esto la retrata.*

HERMINIA DEL PORTAL

Ensayista. Dama de la Orden de "Juan Gualberto Gómez". Premio Martínez Márques. Premio Varela Zequeira. Última directora de *Vanidades* en Cuba y primera directora de *Vanidades Continental* en el exilio. Sin duda una de las periodistas más respetadas y admiradas por sus colegas, debido en parte a su enorme ductilidad. Colab. *Z* (Guanabacoa, 1928), *Archipiélago* (Santiago de Cuba, 1928). *Ideas* (1929), *Literatura* (1938), *Grafos, El Mundo, Luz, Ahora, Social, Bohemia.* Según declaró Herminia a Nedda de Anhalt, figuraban como directoras de *Grafos* María Dolores Machín de Upmann y María Radelat Fontanills, pero era ella quien en realidad fundó la revista y la dirigía. (V. 5.9 y 6.1.4)

Tal y como se desprende de la enjundiosa entrevista con Herminia, ya citada, que realizara Nedda de Anhalt, los temores de que *Vanidades* se "intelectualizara" si nombraban a Herminia directora estaban bien fundados. Con el producto de la venta de un folleto sobre Greta Garbo, Herminia se había costeado un viaje a París, donde conoció de trato a todo cuanto en aquella época valía y brillaba en la capital francesa, desde César Vallejo a Paul Valéry. Y por supuesto, a la intelectualidad cubana, incluyendo a Alejo Carpentier, que no parece haber sido santo de su devoción. De vuelta en la Habana, ¿qué decir?, Herminia (que llegó a conocer a Enrque José Varona), llamaba por su nombre de pila a todas las grandes figuras de las letras cubanas, y puede considerarse que ya era una "institución" dentro del periodismo de mujeres cuando conoció a Lino Novas Calvo, con quien contrajo matrimonio y tuvo una hija: Himilce Novas, que inspirara el delicioso cuento infantil de Rosa Hilda Zell "Un cuento para Himilce". Sin embargo, las opiniones sobre Herminia que he podido recoger no son unánimes. Loló Acosta piensa *que* "tenía poca garra". Surama Ferrer afirma: "Me parece verla, muy blanca y fina, de voz muy dulce y moderada. No me interesó porque escribía 'cosas de mujer' pero hizo una gran labor en *Vanidades.* Creo que me hizo una entrevista por mis cuentos". Surama ya pertenecía a otra generación, claro, que siempre mantiene una actitud muy crítica con respecto a la anterior.

JULIA RAMÍREZ
Redactora y colaboradora de *El Sol* de Marianao.

Con motivo del Cincuentenario de la República, cuando revisaba la colección de ediciones de *El Sol* de Marianao en busca de "la participación femenina en la vida cubana" que era el tema que me habían asignado para una edición especial, tropecé con una extraordinaria figura del periodismo cubano, completamente postergada: Julia Ramírez. Había comenzado como "prensa femenina", usando el seudónimo *Oixacanto* en la producción de unas prosas intimistas, cercanas al poema en prosa y poco a poco, pasando por el seudónimo "July", más parecido a su nombre, había hecho la transición a un vigoroso periodismo de mujer. Tan vigoroso y enérgico como para mantener durante varios números una encendida polémica con Enrique José Varona acerca de la existencia de una "zona de tolerancia" en la Habana que, naturalmente, casi todos los hombres apoyaban.

De pronto se hizo el silencio. Ediciones y ediciones sin nada. Y entonces recordé la vaga silueta de mujer que desde niña había visto detrás de las persianas de la casa del director del periódico: aquel ser que apenas podía tenerse en pie, siempre bajo la vigilancia amorosa de Ángela, su hija adoptiva, y que en vez de hablar emitía sonidos casi animales, era Julia Ramírez.

Como el premio local de periodismo llevaba el nombre de César San Pedro, director de *El Sol,* y como por aquella época yo era profesora de la Escuela Profesional de Comercio local, establecí un premio de Redacción (es todo lo que cabía en aquel marco) que llevaba el nombre de "Julia Ramírez". Pero todavía no me sentía satisfecha. Así que comencé a visitar la casa de César San Pedro, con un pretexto y otro. Julia permanecía sentada en la sala, aparentemente ajena a todo lo que la rodeaba, mientras conversábamos Ángela y yo. Hasta que un día llegó la oportunidad dorada, en que Ángela fue hacia adentro de la casa a buscar algo en no sé que número atrasado del periódico y quedé sola con aquello que había sido Julia Ramírez. Rápidamente fui hacia ella, la tomé de las manos y le dije, marcando bien las palabras: "Yo sé bien quién es usted. He creado un premio de Redacción que lleva su nombre: Julia Ramírez".

Una lucecita brilló en el fondo de aquellos ojos, que se llenaron de lágrimas, en lo que las manos de la mujer se echaron a temblar incontrolablemente. Se produjeron algunos sonidos guturales, que yo interpreté como que daba las gracias. E insistí: "Usted se lo merece. Usted es una gran periodista cubana". Y volví rápidamente a mi asiento porque Ángela regresaba.

Del periódico *El Sol* existían dos colecciones empastadas. Una se encontraba en la redacción del propio semanario y la otra en la Biblioteca Municipal. Trabajé con la colección misma del periódico y cuando terminé mi trabajo del Cincuentenario comencé a copiar (¡a mano!, como se hacía entonces) alguna prosa de *Oixacanto,* los artículos de "July" y los de Julia Ramírez, que pensaba reunir en un volumen que permitiera apreciar la evolución de su estilo. Pero se produjo el desbarajuste de 1959. Y un muchacho que fungía de Jefe de Redacción, "intervino" su propio periódico y con ayuda de unos milicianos sacó la colección empastada del total de ejemplares y le dio fuego en medio de la calle. No he sabido qué fue de la colección albergada en la Biblioteca Municipal.

OFELIA RODRÍGUEZ ACOSTA
Novelista. Fudadora-directora de *Espartana*.(1927). Redactora de la *Revista de la Habana* (1930). Colab. *La Mujer Moderna* (1925), Grafos (1932), *El Tiempo* (Artemisa*), El Mundo, El Día, El Heraldo, Carteles, Bohemia* y muchas publicaciones extranjeras.

Cuando visité México en 1956, mi agenda era compleja. Quería entrar en contacto con la Sociedad de Folklore de México, que presidía el gran Vicente T. Mendoza; quería localizar a Manuel Altolaguirre para convencerlo de que reanudara su editorial habanera; quería poder conversar largamente con Teté Casuso, con quien me carteaba desde hacía un par de años y quería visitar, para conocerla en persona, a Ofelia Rodríguez Acosta, cuyas dos primeras novelas *La vida manda* y *El triunfo de la débil presa* habían puesto los pelos de punta a la pacatería nacional. (En aquella época yo no había comprendido la importancia de Ofelia como periodista polémica. Su combatividad había sido, en efecto, tan avasallante, que alguien aseguró que la batalla feminista en Cuba se ganó en la prensa y fue obra de tres mujeres: Ofelia, Mariblanca y María Collado).

Conocí a los Mendoza, Vicente y Virginia, quienes pusieron a mi disposiciín su biblioteca especializada. Pero eso fue lo único que salió bien en aquel viaje. Con respecto a Altolaguirre, me informaron que el director de "La Verónica" estaba de regreso en la Habana. Teté me dijo que no podía atenderme en esos momentos y tuve que conformarme con una rápida visita a su casa. [Como supe más tarde, y narra ella misma en *Cuba y Castro,* no había querido comprometerme, porque en aquellos momentos, disimulado bajo el suelo de su casa, había un verdadero arsenal de varios tipos de armas, destinadas a una expedición contra Batista]. Sorpresivamente, la planeada conversación interminable con Teté tuvo lugar con Ofelia.

Ofelia Rodríguez Acosta era tan increíblemente parecida a ese retrato suyo de las enciclopedias, que asustaba mirarla. Los ojos grandes, el nacimiento del pelo penetrando en la frente en forma de pico, la nariz aguda… todo confluía a darle un aspecto de búho. La única parte de su rostro que se había relajado con los años era la boca, un poco fláccida, que, si mal no recuerdo, mostraba algún empaste de oro. Tenía la voz áspera a causa del tanto fumar, porque era de las que encienden un cigarrillo con el anterior, en cadena. Y quizás a causa del cigarrilllo tendría un poco de enfisema y la circulación de sus manos era muy pobre, estaban amoratadas, prácticamente cianóticas.

Llegué a su casa a la hora convenida, las once de la mañana. No recuerdo en qué "colonia" (barrio) residía, pero su apartamento era modesto, con un no sé qué muy madrileño, piso de madera crujiente alfombrado, techo bajo, casi ninguna ventana al exterior, una sola pieza además del cuarto con baño… más bien una especie de buhardilla.

Ofelia estaba por aquella época muy interesada en la metafísica y la sicología, traía en vueltas a Eric Fromm y escribía un libro de ensayos. Tras los saludos de rigor, preguntarme por Labrador, por Surama, y sus pocos otros conocidos, me explicó que toda su vida había disfrutado de una modesta pensión heredada de su padre, que le permitía sobrevivir al cambio de moneda en México, y que gracias a eso podía dedicarse enteramente a escribir. Al cabo, me propuso leerme algunos fragmentos del libro en el que trabajaba, que ya tenía cerca de 500 páginas.

Y comenzó la lectura. Página tras página, cigarrillo tras cigarrillo ella, cigarrillo tras cigarrillo yo, de vez en cuando una taza del café chirle de los mejicanos… Hasta que dieron las once de la noche. Y, de pronto, se puso muy pálida y fatigosa y exclamó : "Creo que me he excedido".

Tras hacerla beber agua y esperar a que se repusiera un poco, anuncié que me marchaba. Pero ella me explicó que eso era imposible. Que en México (entonces, no sé ahora) no se podía salir a la calle después de las diez de la noche, ni siquiera en taxi (un "libre") porque el taxista mismo podía ser el asaltante. Tendría que quedarme a dormir allí.

Pero resultó que en la sala, además de una pequeña mesa-escritorio (no parecía que en esa casa se comiera nunca) sólo había un sofá de terciopelo rojo… ¡circular! De manera que, a lo largo de toda aquella noche, si quería darme vuelta de un costado para ponerme sobre el otro, tenía que levantarme y poner la cabeza hacia el extremo opuesto, donde antes habían estado los pies.

Al fin amaneció. No lo recuerdo, pero probablemente hubo más méjico-café de desayuno, y regresé a mi hotel. No me había alcanzado la maldición de Montezuma porque tomaba agua embotellada o el agua ya hervida del café. Pero tuve una hemorragia nasal debido a la altura y agarré una horrosa gripe, con fiebre alta, y el resto del tiempo que estuve en México (apenas un paseíto por el Zócalo a comprar chunches de plata para mis amistades) lo pasé recluida en mi habitación.

Estaba yo todavía en la Habana cuando Ofelia regresó de México. Después de la alegría del encuentro, de las risas recordando el sofá, nos enseriamos y me contó que el gobierno castrista había exigido que todos los pensionados de Cuba, ya fueran por el gobierno o por fuente propia, tenían que residir en el territorio nacional o el gobierno se incautaría las pensiones. (¡Ni modo!). Entonces me dijo: "Oye, tu no pareces muy entusiasmada con esto que está sucediendo". Pero ni con ella solté prenda. Estuve callada

La prensa oficial de Cuba ha echado a rodar la versión de que Ofelia Rodríguez Acosta nunca regresó a su patria y murió en México. Ana Núñez Machín es de las pocas escritoras de dentro de Cuba que asegura que Ofelia murió en la Habana, el 28 de junio de 1975, aunque sin explicar las circunstancias. Sin embargo, según testimonio de Enrique Labrador Ruiz, exiliado algunos años más tarde que yo, Ofelia permaneció sus últimos años cubanos… ingresada en un manicomio, como sucedió con muchos de los que se oponían al régimen castrista. Y allí la visitó Labrador antes de marcharse de Cuba. "Y allí la dejé: sola, sin que nadie se atreviese a hacer algo por ella, como una ostra, hasta que pude exiliarme. Al irme de Cuba, Ofelia estaba vivita y coleando".

MARIBLANCA SABAS ALOMÁ

Feminista. Primera mujer Ministra (Sin Cartera). Fundadora y Directora de *Astral* (Santiago de Cuba (1922) Redactora de *El Cubano Libre* (Santiago de Cuba 1918), *Diario de Cuba* (1919), *Luz de Oriente* (Santiago de cuba, 1922), *Bohemia* (1927), *Carteles* (1928), *Avance* (1940), *Pueblo, El Mundo, Romances.* Colab. *La Independencia* (Santiago de Cuba, 1917), *Revista de la Asociación Femenina* de Camagüey (1921), *El Sol* (1923), *Orto* (Manzanillo, 1923), *Juventud* (1923), *Atuei* (1927), *Chic* (1933), *Grafos* (1933), *La Fragua* (1936), *Isla* (1936), *Cúspide* (1937), *Revista de Cuba* (Santiago, 1938), *Literatura* (1938), *América* (1939). Y además en: *Atenea. Castalia, El Heraldo de Cuba, Social, Smart, Información, Todamérica, Diario de la Marina,* y alguna prensa europea.

Contaban en mi casa (y siempre me extrañaba) que Mariblanca Sabas Alomá, había hecho una intensa campaña política en favor del presidente Machado, cuando pensaba reelegirse y decidió recorrer en tren la Isla para animar al electorado. Pues bien, según me decían, un día o dos antes de que Machado hiciera su aparición, Mariblanca, que actuaba como su secretaria, hacía el mismo recorrido, con sacos repletos de billetes de un peso que iba repartiendo entre el público arracimado al paso del tren, haciéndoles prometer que asistirían a la visita del mandatario y que votarían por él. Este misterio se aclaró cuando supe más tarde que Machado había prometido a las feministas que si salía reelecto daría el voto a las mujeres. Y muchas cayeron en la trampa.

No conocí de mucho trato a Mariblanca, pero recuerdo perfectamente sus facciones aquilinas, sus ojos achinados, su pelo ondulado, muy negro hasta edad avanzada, su busto prominente, acentuado más tarde por el talle partido en dos de un traje de miliciana. La última vez que la vi fue en la vieja casona que ocupaba la Unión de Escritores (UNEAC), adonde habían convocado a los escritores para una cuestión urgente. Llevaban la voz cantante ella y Dora Alonso, y la cuestión urgente era ir a cortar caña para mejorar la zafra. Mariblanca sostenía que debíamos ir junto a las brigadas obreras. Y Dora decía que debíamos formar nuestra propia brigada de escritores e ir a cooperar como tales. De pronto, en el silencio de la noche, comenzaron a escucharse unas sirenas, altísimas, cada vez en mayor número. Cuando empezábamos a alarmarnos, alguien llegó y dijo: "No se asusten. Están tocando esas sirenas porque acaba de terminar la zafra".

ROSA HILDA ZELL
Cuentistas. Poetisa. Creadora de la más original sección de cocina que haya existido en Cuba, para *Bohemia*, con el seudónimo de Adriana Loredo. Jefa de Redacción durante muchos años de la revista *Ellas*. Colab. *La Tribuna* (Manzanillo, 1921, *Cuba* (Santiago, 1930), *Índice* (1933), *Grafos* (1933), *Mediodía* (1938). Y también *Gaceta del Caribe, Carteles, Islas, Equis, El Mundo, Lyceum, Hoy, Lunes de Revolución*.

Era una mujer alta, ligeramente cargada de espaldas. Tenía el pelo negrísimo, lacio, lustroso, y se lo peinaba invariablemente en uno de aquellos grandes bucles que abarcaban media cabeza, y el resto se lo recogía en la nuca, formando un moño discreto. La frente era muy amplia, los ojos de ese color indefinido que a veces llaman "pardos" y a veces "café". La nariz minúscula y puntiaguda, a menudo obstruida, lo que llevaba a uno a preguntarse si no sería ella la causa de la respiración entrecortada de su dueña. Falsa apreciación. Rosa Hilda jadeaba porque como recuerdo de sus años de activismo comunista había sufrido un neumotórax natural, y el pulmón que le quedaba, medio carcomido de la tisis, se resentía del doble esfuerzo.

Cuando la conocí, aunque ya había sido Jefa de Redacción de la revista *Ellas,* era muy pobre. Y como podía, entre ahogo y respingo, hacía todas las tareas de su casa (cocinar, limpiar, lavar) y encima cosía su ropa y la de su hija Laurita. Recuerdo aún algunos vestidos estrafalarios, remozados con un cuellito de crochet, probablemente tejido por ella misma, que le daban un aire de otra época. Su único lujo sería gastronómico, imagino, que fue lo que le permitió redondear la economía de su casa, al hacerse cargo de la sección de cocina de *Bohemia* y convertirla en una de las páginas más esperadas y leídas de la célebre publicación. No sólo comentó en esa sección todo lo humano y lo divino, sino que realizó una importante labor socio-económica en favor de las mujeres, enseñándolas a buscar en los productos norteamericanos que llegaban a Cuba los sellos de calidad de la revista *Good Housekeeping y* el de los *Underwriters Laboratories.* También las enseñó a protegerse del sello "below standard", presente sobre todo en ropa interior que indicaba que un producto no había resultado satisfactorio para consumo interno en los Estados unidos, y por eso se había exportado.

A partir de ese éxito, otro lujo que podía darse sería comprar de vez en vez un balón de oxígeno, para cuando se sentaba por las tardes en el balcón-terracita de su casa, a batallar con Horacio y con Fray Luis.

No recuerdo si entramos en contacto epistolarmente o si me aparecí un día en la redacción de *Ellas,* aunque sí recuerdo con claridad la escalera estrecha, incómoda, que conducía al segundo piso del edificio, situado no recuerdo dónde, en que se encontraba la redacción de la revista. Sé que merendamos juntas ésa y otras muchas tardes. Y que cuando Rosa Hilda ya había aceptado la sección de *Bohemia* y se había metamorfoseado en Adriana Loredo, me invitó una tarde a su casa.

Tampoco recuerdo dónde estaba la casa de Rosa Hilda, quizás en la Víbora o Santos Suárez. Por supuesto en unos altos, como si instintivamente la pobre buscara sitios donde el aire fuera más puro. Allí, reclinada en una *chaise longue* viejísima, y entre sorbo y sorbo de oxígeno, repetía de memoria su romance favorito, "El prisionero" y me explicaba los esfuerzos de Fray Luis por convertir el sistema de la métrica latina a un método equivalente en la lírica castellana; la dificultad de medir en español un pie métrico, sólo a base de sílabas acentuadas, y cómo había ella luchado toda su vida por continuar la obra frayluisiana, y *trasladar* (no traducir) a Horacio al sistema castellano.

Conocí a Laurita, y no sé si a su padre, el "compañero" de Rosa Hilda, no sé si su esposo, que era un hombre cordial, francote, pero de la raza negra, por lo cual se creía en la obligación de "darse su lugar" (?) y una vez que saludaba desaparecía como por encanto. La niña parecía mestiza, aunque no podría asegurarlo. Pero era evidente que Rosa Hilda había cumplido con los postulados de su época, y había entregado al comunismo sus pulmones y había tenido una "hija del amor", de una unión interracial (¡en aquella época!), qué capacidad la del comunismo para destruir vidas humanas.

Habiendo sido ferviente militante comunista, Rosa Hida formaba parte del grupo atrapado en el famoso viraje político que convirtió a Rusia de aliada en enemiga del Tercer Reich, dejando a todos los intelectuales de entonces que simpatizaban con el marxismo sin hoja de parra porque ¿cómo justificar que ayer eran pacifistas y ahora clamaban por los horrores de la guerra?

El cuento de Rosa Hilda Zell "Las hormigas", subtitulado "En que un hombre muere en paz", aunque narra la muerte de Rubén Martínez Villena siempre me ha parecido autobiográfico por las tantas similitudes entre ambas vidas. Un homenaje más directo fue su *Elegía* por Rubén que comienza:

Por ti, buen camarada que supiste
ser con los pobres, pobre y con los tristes, triste..

Ese cuento y ese poema están a salvo porque fueron a parar a sendas antologías. Pero el resto de su producción, prosa y verso, ¿adónde habrá ido a parar? Tras casi cuarenta años de no haberla visto ni saber de ella, conocer la fecha de su muerte, por una publicación castrista, me ha llenado de lágrimas los ojos. Ojalá que Rosa Hilda, la dulce víctima de sus generosos sentimientos, haya muerto como el protagonista de su cuento, quedamente y en paz.

6.3 La prensa de Cuba bajo Castro

Ya sabemos lo que le ocurrió al periodismo a partir de 1959.
La destrucción como sistema, como doctrina, tenía que comenzar y
• comenzó por el acoso y derribo de una prensa que ni en los
peores momentos de la colonia dejó de mostrarle al mundo el
verdadereo rostro, el rostro glorioso de la nación cuban".
Gastón Baquero

El periodismo siempre es libre. Y si no es libre no es periodismo.
Agustín Tamargo

Al producirse la hecatombre de enero de 1959, existían en la Habana de ayer unos 16 diarios de importancia, como *Alerta, Ataja, Avance, Diario de la Marina, Diario Nacional, Excelsior, Hoy, Información, El Mundo, El País, Pueblo, La Tarde, Tiempo...* En la Cuba actual, sólo existen 3 periódicos, y los 3 son estatales. Figuran o han figurado algunas mujeres en las redacciones respectivas. Pero hemos preferido reseñar individualmente a las más destacadas, en el "Pase de Lista", al final.

En los últimos tiempos, un grupo de periodistas independientes ha tratado de ejercer su función informativa, con los siguientes resultados, según el reporte anual, para 1998, de la Interamerican Press Association:

1) Cuba ocupa el primer lugar en número de periodistas que han tenido que exiliarse, por temor de sus vidas.

2) Cuba ocupa el primer lugar entre los países que han negado la entrada a periodistas, en misión informativa, con diversos pretextos.

3) Cuba ocupa el segundo lugar en número de periodistas que han sido atacados en alguna forma, verbal o físicamente. (México ocupa el primer lugar). Ha tenido enorme resonancia internacional la redada conocida conocida como de "los 75" periodistas independientes encarcelados, coincidiendo con el fusilamiento de 3 negros apresados cuando intentaban abandonar el país. Para vergüenza universal, a estos ataques y asaltos se adhieren los periodistas "oficialistas" del gobierno cubano (p. 77 del informe).

Si la prensa femenina descansa en la concepción de la mujer como centro del hogar y la familia, es evidente que con la proclamación de un estado sociocomunista, en el cual el papel tradicional de la mujer ha sido abolido, una prensa semejante no tiene razón de ser. Al no existir, por las condiciones totalitarias de ese estado, genuina libertad de expresión, es también evidente que tampoco puede darse en el suelo cubano actual un periodismo de mujeres. (Ni de ninguna otra clase, por cierto).

Suprimida la libertad de expresarse como ser humano, la mujer ha tenido que replegarse hacia temas que no resulten conflictivos y que le permitan seguir utilizando su potencial intelectual, ya que no el creativo. La respuesta ahora, como para los tiempos de la decadencia de Roma es la misma: refugiarse en la erudición. Por eso, como en la Roma de los siglos III y IV, proliferan en Cuba castrista las ediciones críticas, compilaciones, índices, bibliografías, diccionarios... Durante los primeros años del cautiverio de la Isla, pensamos con optimismo que de todas maneras esa labor de compilación tendría que haber sido hecha en algún momento, y que cuando regresáramos a nuestra patria ya libre, estaría adelantado ese trabajo, ¡ilusión vana! como todas las que puedan alimentarse en torno al castrismo. Esas antologías y compendios están amañados. En ellos se suprimen (o presentan errores que los tornan irreconocibles) nombres y datos para "ajustarlos" a las directrices oficiales.... En una palabra, que estas mujeres han perdido su tiempo, porque de todas maneras, al regreso, tendríamos que revisar hoja por hoja esta producción para cerciorarnos de su autenticidad o rechazarlas por adulteradas. Y en ese caso sería más fácil rehacerlas.

De todas formas, para no caer en los mismos extremismos y desmanes de "los de dentro", o para que no se nos acuse a "los de fuera" de "gnorar lo que sucede en Cuba, voy a consignar los nombres de las mujeres que más se han destacado en estos ajetreos intelectuales, mayormente bibliografías.

Aleida Domínguez (*Revistas literarias*), Isabel Fernández Santana (*Anuario de Literatura y Lingüística)*, Araceli García Carranza (*Revista Bimestre Cubana, Revistas de los siglos XIX y XX*) Uva García Oña (en unión de Amelia del Peso *Dialéctica*), Elena Giraldez (*Unión, Lunes de Revolución*), Nancy Julien (*Pensamiento Crítico*), Luz Bertha Marín (*Casa de las Américas*), Aleida Plasencia (*Documentos de Carlos Baliño*), Miguelina Ponte (*Publicaciones cubanas de los siglos XVIII y XIX*), Aida Quevedo (en unión de Gilda Quintana, *Publicaciones de Ciencias y Técnica*), Luisa Reyes Bois (*Índice General de Publicaciones*), Amalia Rodríguez (*La Siempreviva*), Zoe de la Torriente (*Anales de Ciencias Médicas, Físicas y Naturales*), Amelia Valdés (*Revistas Cubanas*), Adelina Vázquez (*Prensa Clandestina y Guerrillera*).

Los índices y bibliografías han sido también la puerta de escape de algunas distinguidas intelectuales, como la antropóloga Calixta Guiteras, que cometió la locura de abandonar su posición en la Universidad de Chicago para regresar a Cuba en 1959, quien ha colaborado en los índices de los *Anales de la Academia de Ciencias*. Algunas publicaciones que ya existían en Cuba republicana continúan editándose, aunque con un enfoque distinto, y en ellas colaboran algunas mujeres. En *Islas*. de la Universidad de Las Villas, colaboran Gloria Esqueu, Aimée González, María E., Miranda, María Antonia Pérez. En la revista *Mujeres* (anteriormente *Mujeres Cubanas*), colabora Georgina Duvalós. En la *Revista de la Biblioteca Nacional,* Feliciana Menocal. En *Alma Mater,*

Barbara Montalvo y Leyda Oquendo. En revistas de creación posterior: En *Verde Olivo*, Diana Abad. En *Despegue,* Martha González y Tania Rivero Bacallao. En la revista *Santiago*, Célida Cejudo Nápoles, América González, y Mariana Serra. La *UPEC*, (Unión de Periodistas y Escritores Cubanos) publica una revista en la que colaboran: Marta Denis Valle. Martha González, Elba González Toledo, Dulce María Hernández, Gloria Marsán, Dolores Nieves, Lázara Peñones Madan, Miriam Rodríguez Betancourt, Mirtha Rodríguez Calderón y Carmen Zaldívar.

Otras escritoras de obra abundante y larga trayectoria, formadas antes y después del castrismo, que colaboran en las viejas y nuevas publicaciones, pueden verse en sus entradas individuales en la sección **Pase de Lista,** al final.

6.4 La prensa de Miami

Aunque todo está siempre cambiando alrededor nuestro, hay
algunas cosas, algunos símbolos, que permanecen iguales. Anhelos
eternos, como la necesidad de libertad, la capacidad de creación
y la voluntad de resistir y llegar a prevalecer,
presentes en todo ser humano.
Emma Pérez

A comienzos del exilio estuvieron presentes una serie de publicaciones ya desaparecidas como *Avance,* que seguía siendo propiedad de Esther Menéndez de Zayas. *Impresiones*, de la que era redactora Lesbia Soravilla, *Farándula*, con Tesy de Castro de editora; *Vida Latinoamericana*, donde colaboraban Elia González Ramos e Hilda García Fox; *Resumen,* que contaba con Elena Ulacia como colaboradora, *Iterama,* que dirigieron María Luisa Morgan y Conchita Viciana y *Cuadernos*, en los que colaboraron Elena Ulacia, María Antonia Rodríguez Ichaso, Rita Geada y Lourdes Gómez Franca.

6.4.1 Editorial América

El conglomerado de publicaciones llamado Bloque de Armas
[originariamente de Venezuela] *publicaba –en aquel entonces–*
Vanidades, Buenhogar *y* Mecánica Popular; *tenía su sede en*
un enorme edificio frente al aeropuerto de Miami [en la actualidad
propiedad de Televisa, como las antiguas publicaciones De Armas],
que con el tiempo llegó a convertirse en mi segunda casa. [...]
Ahora pienso que cursé mis estudios en la "universidad de Armas"

en vez de la universidad de Miami porque en su empresa
aprendí todo lo que sé hoy en día
Cristina Saralegui

La hoy mínima *Editorial América,* empresa gigante de los años 60, sirvió de refugio a profesionales cubanos de diversos campos de la cultura que allí ganamos nuestro sustento, en distintas capacidades, durante los primeros, azarosos años del exilio. Algunos amigos lograron recobrar sus antiguas profesiones y otros encontraron allí su destino final.

Maestras: Isabel Álvarez (+), Josefina Fons, Liliana Gonzalez de Chávez (+), Norma Lavernia.

Teatristas: Ada Behar, María Julia Casanova (+), Rosa Felipe, Antonio Losada (+), Cecilio Noble (+), Griselda Noguera, José San Marty.

Pintores: Marcelo Cañadas, Víctor Piedra(+), José Soriano, Kathy Figueras, Posteriormente, Laura Luna, Miguel Nin.

Poetas: Mercedes Cortázar, Mauricio Fernández, Elena Iglesias, Juana Rosa Pita, Lorenzo García Vega, Manuel Santayana.

Escritores y periodistas: Loló Acosta (+), Concha Alzola, Jorge C. Bourbakis (+), Teté Casuso (+), Betty Hissler, Georgina Fernández Jiménez, Olimpia González, Antonia Ichaso, Abelardo Iglesias,(+) Rafael Iglesias, Hilda Inclán, Pedro Leyva, Paquita Madariaga (+), Elsa Negrín, Himilce Novas, Regina de Marcos, Carmen Teresa Roiz, Magaly Rubiera, Waldetrudis (Lili) Sánchez, Jorge Tallet. Con posterioridad, Lidia Sánchez y Ena Curnow.

Publicitarias: María Eloísa Álvarez del Real.

Con algunos años de diferencia: las **bibliotecarias** María Elena Cros y Sara Armengol, y las **cineastas** Delfina Pí y Maritza Sánchez.

6.4.2 *Diario Las Américas* (algunas columnistas y reporteras en diversas épocas)

Concha Alzola, Uva de Aragón, Anita Arroyo (+), Zenaida Bacardí Argamasilla, Iraida Calzadilla Ávila, Olga Calcerrada, Vivian Crucet, Ena Curnow, Mercy Díaz, Raquel de Feria, Virginia Flores-Apodaca Godoy, Magda González, Yolanda González Alfaro, Asela Gutiérrez Kahn, Mercedes Hernández Amaro, Josefina Inclán (+), Magali Llaguno, Marta Méndez, Nadia Pallais, Hilda Perera, Raquel Regalado, Ana B. Remos, Ileana Ros-Lehtinen, Olimpia Rosado (+), Margarita Ruiz (+), Hortensia Ruiz del Viso (+), María Elena Saavedra, Carmencita San Miguel (+), Rosa L. Whitmarsh, Gladys Zaldívar.

6.4.3 *El Herald* y *El Nuevo Herald* (algunas columnistas, reporteras, colaboradoras, traductoras en diversas épocas)

Concha Alzola, Dora Amador, Yolanda Balido, Liz Balmaseda, Cecile Betancourt, Malvina Bush, Madeline Cámara, Daína Chaviano, Olga Connor, Cynthia Corzo, Georgina Cruz, Belkis Cuza, Marcia Facundo, Georgina Fernández Jiménez, Teresa Fernández Soneira, Sonia Frías, Ivonne Gómez, Madelín Hernández, Elena Iglesias, Elena Kenny, Cristina Llado, Gloria Leal, Paquita Madariaga (+), Gloria Marina, Elaine Martínez, Sara Martíonez Castro, Alicia Matas, Lourdes Meluzá, Marta Méndez, Gina Montaner, Sarah Moreno, Elsa Negrín, Norma Niurka (Acevedo), Grizelle Paz Harrison, Araceli Perdomo, Juana Rosa Pita, Ronnie Ramos, Letty Raventós, Teresa de los Ríos, Jeanette Rivera, Dalia Rodríguez, Carmen Teresa Roig, Ana Santiago, Fabiola Santiago, Cristina Saralegui, Blanca Silva, Rosa Towsend, María Travieso, Zoe Valdés, Ana Veciana Suárez, Miñuca Villaverde, Gladys Zaldívar.

6.4.3.1 Arte y Diagramación

Aurora Arrue, Clara Canovaca, Nuri Ducassi, Lydia Hidalgo, Grizelle Paz, Iris Quirós.

6.4.3.2 Administración, circulación, ventas:

Miriam Armenguer, Jossie Bacallao, María Beruti, Olga Estrada, Bárbara Gutiérrez, Lili Hernández, Alicia Jacobo, Dulce López, Beba Luzárraga, Pilar Mateo, María Meilán, Magaly Rivero, Elizabeth Rojas, Patricia San Pedro, Marilyn Tanious, Ana Tey.

6.4.4 La prensa de la Calle 8

Los periódicos que se editan en el exilio se han convertido en la voz valiente y patriótica de la lucha anticastrista. La rebeldía ante el déspota, la causa por la libertad de Cuba, la constate denuncia cívica de la comunidad cubana y su contribución a mantener latente el espíritu inquebrantable y sin cansancio del exilio es el balance positivo de la prensa cubana del exilio
Josefa Quintana.

La "Prensa Chica", los llamados, a veces cariñosa, a veces despectivamente, "periodiquitos de la Calle 8", han mantenido a lo largo del destierro una ejemplar actitud de rechazo a todo intento de mediatización de la causa cubana. Dados los límites de esta monografía, dedicada al papel de las mujeres en el periodismo, algunas de estas publicaciones que no cuentan con alguna presencia femenina en su *staff* o entre sus colaboradores, quedan sin mencionar. Pero incluyo en esta relación algunos de los pequeños periódicos que, aunque se editan en otras ciudades, se han distribuido gratuitamente en la Calle 8. También algunos de los llamados periódicos comunitarios, en inglés, donde figuran mujeres cubanas, ya sea en la redacción o en la parte administrativa. Esta relación está centrada en la década de los 90, con los datos correspondientes a ese período, más algunas adiciones posteriores. No hemos podido abarcar las publicaciones desaparecidas antes de esas fechas, a menos que hayan sido reseñadas en libros. Una muy completa colección de los "periodiquitos" publicados desde el comienzo de la prensa del exilio hasta el momento presente, perfectamente clasificados y en microfichas puede verse en la estupenda colección Herencia Cubana de la Universidad de Miami. Entiendo que fue Ana Rosa Núñez, secundada por Rosa Abella la que comenzó a recoger estos materiales. Esperanza y Lesbia Varona, dignas sucesoras de ambas, la han continuado. Esperanza ha publicado la bibliografía de esta prensa. Entre las publicaciones aquí mencionadas, debo consignar y lamentar la desaparición, entre otras, de dos grandes semanarios: *Viva* y *Éxito*. Los nombres consignados aparecen en el mismo orden en que suelen o solían aparecer en los machones respectivos.

ABROAD. *Directora*: Diana Bethel. *Colaboradoras:* Olga Connor, Georgina Fernández Jiménez. *Tipógrafa*: Ofelia Raspall.

ACCIÓN. *Directora-editora:* María Triana. También Ejecutiva de Cuentas y Encargada de Relaciones Públicas. *Redacción:* Rossana Azuero, Aida Alonso, Mercy Moro. *Colaboradoras*: Yrma Signo, Hilda Tabernilla, Bertha Díaz, Betty K. Rosado, Carolina González, María Vizcaíno. Maricel Hernández, Aracelis Campos.

ACTUALIDAD NEWSPAPER. *Directora:* Beatriz Betancourt. *Colaboradora:* Mercedes Padilla.

AGENDA MÉDICA. *Editora:* Ana Victoria Sorondo. *Colaboradora*: Ana Arias. *Circulación:* Rosa Jústiz. Más adelante, fueron editoras Norma Kasmai e Ileana Arias.

ART DECO TROPICAL. En la *Junta de Directores:* Mirta Pestana de Argote. *Colaboradoras*: Dra. Margarita di Mario, Cusa Valdés,

Daisy Casañas García, Dra. Lilia Bustamante, Xiomara Pagés, Salomé Antezana. *Ventas*: Josefa Martínez.

Merece especial mención Lucila Rojas, redactora de la sección "El Cubanómetro", que tanto empeño ha puesto en salvaguardar dichos y expresiones cubanas.

AUDACE. *Directoras-editoras y redactoras:* Carmen Teresa Roiz y Yolanda González Alfaro: Colaboradoras: Gladys Zaldívar y Concha Alzola.

AVANCE. *Directoras-editoras:* Deborah Brod y Digna Gómez. *Arte:* Lisbeth González. Publicidad: Andrina Blanco. *Distribució*n: Julia del Pino.

AVISADOR, EL. *Directora:* Manuela Milán.

BUSINESS STAFF. *Directora ejecutiva:* Beatrice E. García. *Reporteras:* Luz García, Alina Matas, Mimi Whitefield.

CALLE, LA VOZ DE LA. *Colaboradoras*: Rosa María Llerena, Rosa María Martínez, Zenaida Moreno, Pilar Rodríguez, Ana L. Rodríguez, Arelis V. Rodríguez, Nelly Hurtado, Solange Verde. Durante muchos años, la sección de espectáculos estuvo a cargo de Josefina Rubio, fundadora de la Asociación de Críticos y Comentaristas de Arte (ACCA).

CONTACTO. *Directora:* Aleida Durán. *Directora de Publicidad:* Xiomara Hernández. *Colaboradoras:* Ileana González. *Circulación:* Mercedes Romero.

CONTEMPORARY WOMAN. *Directora:* Olga Girón. *Colaboradoras:* Arlene de la Torre, Elba Chávez. Diana Granda, Astrid Rodríguez.

CONTINENTAL, EL. *Redactora de Noticias*: María Ofelia Dones. *Colaboradoras:* Magda Prieto, A. Cemaco, Lilia Rodíguez Nava, Magda García. *Anuncios:* Verónica Romero.

CORAL GABLES GAZETTE. *Asistenta del director*: Lía Posada.

CORAL GABLES NEWS. *Redactoras*: Fabiola Zanzo, Eloise E. Rodríguez. *Administración:* Julie Arcia, Marcy Chaca, María Luisa McGuire, Denise Cebrero. *Arte:* Isabel Ortega. *Impresión:* Carla Rodríguez.

DE TODO. *Colaboradoras*: Garciela Lecube, Anneli Medina.

DIARIO DE LA MUJER. *Directora-editora*: Karmen González. *Colaboradoras:* Katherine Fernández Rundle, Inés Durán Duarte, Carmen Portela, Berta Mojica, Carmen Inoa Vázquez, María Elena Cárdenas, Terri Gerstein, Dorca Ramírez, Flora González Malandri, Carmen I. Vázquez, Virginia Bergés, Lilia Cadenas, Ana María Fernández Haar, Vivian Gude, Mirta Guerra Aguirre, Mercy Ventura, Margarita Rohaldy, Eloísa Álvarez, Katherine Rico, Marta Pérez, Mary T. Codina, Claudia Brooke, y las alcaldesas Rebeca Sosa y Gilda Cabrera Corzo. *Eventos especiales:* Cary de León. *Relaciones Públicas:* Marina Polvay, Xiomara Pagés, Onix Morera, Esther Don, Miriam Clapsadi. *Arte y fotografía:* Myriam Granado. Suplemento cultural: Dorca Ramírez, Elena García, Flora González Malandri, Hilda Ruiz Castañeda, Josely Barrial, Charla Jones.

DISCOUNT MAGAZINE. *Directora-editora*: Amalia Martínez. *Administradora*: Susan Paz. *Ventas*: María Martínez. *Colab.* Elsa Pardo.

ENFOQUE METROPOLITANO. *Colaboradora*: Jannisset Rivero.

ENTRE NOSOTROS. *Ejecutiva de Cuentas*: Estrella Behar, Reyba Gurman.

ESCÁNDALO. *Farándula*: Maura Castellón. *Sociales*: Lucy Argibay. *Salud:* Estela Caldrón. *Tipografía:* Alice Zamur.

ESPECIAL, EL. *Redactoras:* Lucy Echevarría, Bertha Sánchez. *Colaboradoras:* Luisa Lorent Zant, Mariah Helen, Carmen Pérez, Narisa Casado, Luisa Echevarría, Migene González, Elsa Cañón. *Administración:* Mercy Oliva.

EVENTUM. *Redactoras*: Edda Raven, María Pérez González, Susana Fuentes del Castillo. *Directora de Relaciones Públicas:* Adriana Mercedes Mantilla. *Ventas:* Jessica Adams.

ÉXITO. *Subdirectora:* Magaly Rubiera. *Redactoras*: Tania de la Nuez, Hilda A. Álvarez, Viviana V. Carballo, Sandra Marina, Raquel Pouget, Elsa Negrín, Beatriz Parga, Gladys Zaldívar. *Colaboradoras*: Georgina Cruz, Georgina Fernández Jiménez, Marcia Morgado, Mireya I. Novo, Nahyr Acosta, Deborah Ramírez, Diana Montané. *Administración:* Cristina Mustelier, Gina González, Alina Vélez, Betty Villamar, Jacqueline Vitrera-Contreras, Lisette Braña, Rody Orta. *Arte:* Camille M. Franco.

FARO, EL. *Sociales*: María Guerra. *Colab*: Lidia Medina.

FASHION TIMES: Feminist Alternative Press, THE. *Colaboradora*: Silvia M. Unzueta. *Arte:* Denise Nicole Serrano.

FLORIDA CATHOLIC, THE. *Directora de Comunicaciones:* Mary Ross Agosta. *Colaboradoras:* Patricia Zapor, Ana Rodríguez-Soto, Gladys Zaldívar, Araceli Cantero.

GÉNESIS.- *Editora:* Caridad González. *Colaboradoras:* Dra. Carolina Sierra, Prof. Marucha. *Diseño*: Marián M. León.

HERALDO, EL.-*Directora:* Elaine Miceli Vázquez.

HISPANO TIMES. *Directora de Ventas y Mercadeo*: Adriana M. González . *Directora de Cuentas Nacionales*: Sonia Collazo, *Asistente de Cuentas Nacionales*: Gloria Rodríguez. *Directorio de Exportadores*: Frances Benites. *Empleos y Automotores*: Carmen Ortiz. *Colaboradoras*: María González, Karina Urdaneta, Margot Rodríguez, Susana F. del Castillo, Martha Patricia Castillo.

HOLA, AMIGOS. *Fundadoras:* Begoña F. Calcerrada y Ada Llerandi. *Presidenta- Editora:* Begoña F. Calcerrada. *Editora de Viajes:* Felicia Alevy. *Directora de Ventas*: Liliana Obregón. *Colaboradoras*: Matti Bower, LaVerne O. Pinkney, Zoila Candela, Martha de Vega Torre.

HORIZONTE. *Redactora:* Rose Mary. *Administradora*: Rosa Zamora. *Publicidad:* Gladys Miró.

IMAGEN LATINOAMERICANA.*Colaboradora:* Dra. Celia C. Tirres Mestre. *Diseño gráfico*: Ana María Álvarez Tovar.

IUCASS OPPORTUNITIES. *Subdirectora*: Martha Aguirre. *Redacción:* Gloria I. Sosa, Vanessa Roy. *Publicidad:* Beatriz F. Cifuentes.

KENDALL DRIVE. *Presidenta*: Cándida R. Barros. *Relaciones Públicas*: Ramonita Mejía. *Ejecutiva de Ventas*: Yolanda D. Cino. *Colaboradoras*: Francia J. Basabe, Yolanda D. Cino.

LATINO, EL. (Palm Beach). *Editora:* Mayda Ochoa. *Redactora-Administradora*: María Cristina Martínez. *Colaboradoras*: Olga T. Vázquez, Xiomara Hung. *Administración:* Madelaine Hernández.

LATINO, EL. (Naples). *Admnistración*: Rita Reyes. *Asistente:* Jennifer Socorro. *Arte:* Arlette Díaz. *Distribuición*: Karen Reyes.

LATINO STUFF. (Antes LOS PINOS NUEVOS). *Editora y directora*: Nilda Cepero. *Colaboradoras:* Leonora Acuña Marmolejo, Evangelina Blanco, Margarita Engle, Georgina Fernández-Jiménez, Mireya Urquidi-Koopman.

LA VOZ DEL PUEBLO CUBANO. *Presidenta*: Teresa García González. *Colaboradoras*: Leida Álvarez, Marina Motta, Cary Roque, María Antonia Bode.

LIBERTAD NEWS. *Directora-editora*: María C. Pérez. *Presidenta de honor:* Josefina P. Castaño. *Colaboradoras:* Gloria Lassals, Mary C. Pérez. *Relaciones Públicas*: Gloria Lassals.

LIBRE. *Colaboradoras:* Aleida León Durán, Zenaida Moreno, María Argelia Vizcaíno.

LOVE YOUR NEIGHBOR. *Diseño gráfico*: Arlette Díaz.

MIAMI'S COMMUNITY NEWSPAPERS. *Redactora:* Deborah Alberto. *Directora de Espectáculos*: Eloise E. Rodríguez. *Arte:* Isabel Ortega. *Anuncios*: Julie Arcia, Mercy Chaco. *Créditos:* María Luisa McGuire. *Producción:* Denise Cebrero. *Impresión*: Carla Rodríguez.

MIAMI EXCLUSIVE. *Administradora:* Patricia C. Sánchez. *Arte*: Maribel Spiropoulos. *Colaboradora*: Dra. Herminia D. Ibaceta

MIAMI... ¿QUÉ?. *Administradora*: Dra. Margarita Vázquez. *Arte y diseño:* Conchita Peri. *Suscripciones y circulación*: Zenaida Fernández. *Corresponsales*: Doris Velis, Evelyn Arenas, Dinora Fernández.

MIAMI TODAY. *Vicepresidenta:* Carmen Betancourt.

MOVEMENT. *Directora:* Karina Pavone. *Colaboradoras:* Norma Ardilla, Graciela García, Lysette Almansa.

MUNDO ARTÍSTICO. *Subdirectora:* Martha Rosell. *Redactoras:* Judith Navas, Vanessa Roy. *Relaciones Públicas:* Rosi Rosell. *Ventas:* Paulina Peña.

NEWS GAZETTE. *Redactora*s: Marina Pérez, Libia F. del Valle. *Colaboradoras*: Rosa Crystal, Luz M. Pérez. *Asesora legal*: Laura C. Morilla.

NEW TIMES. *Redactoras*: Georgina Cárdenas, Liz Martínez, Christine Tague. *Administración:* Janet Cruz. *Anuncios*: Marta Echazarreta, Tavia Manzano. *Contabilidad:* Nancy Morales.

NUEVA ERA. *Editora:* Vivianne Alegret. *Colaboradora:* Fara Rey Miranda. *Arte*: Lyaris Domínguez.

OPINIÓN, LA. *Directora Ejecutiva y Jefa de Redaccion* Analia Lucero. *Colaboradoras* Isabel Sallustio, Jelenka Strazicic, Ofelia E. Assuero, Damaris Martinez, Rosana Ruiz. *Reportera gráfica* Alba Sainz. *Ventas* Mary Gutman, Annie Santacruz.

PANORAMA. *Asistente de dirección:* Elizabeth Santoli.

PATRIA. *Directora*: Rosa Armesto González. *Editoras asociadas*: Lupe Zequeira, Carmen Plana Milanés. *Jefa de Redacción*: Madeline Sandoval. *Turismo,* Mercy Goizueta. *Publicidad*: Miriam González Armesto.

PERFIL 2000. *Directora-editora:* María Cristina Alarcón. *Administradora*: Teresita Vázquez,. *Colaboradoras*: Sara Corrado, Gladys González, Gabriela Vélez.

PINECREST TRIBUNE. *Asistenta del director:* Eloise Rodríguez. *Arte:* Isabel Ortsaga. *Producción:* Denisse Cebrero.

POLÍTICA CÓMICA, LA. *Asistenta ejecutiva:* Claudette Pereira. *Redacción:* Elvira de las Casas. *Arte:* Adriana Vernaza., Leyicet Peralta. *Administración:* Vivian García Montes. *Ventas*: Laura Vianello, Aida Lina Vasallo. *Publicidad*: Doris DeBarry. *Relaciones Públicas*: Sasha Tirador Abay. *Suscripciones:* Milagros Galego.

PRENSA DE MIAMI, LA. *Editora*: Bárbara Cabrera. *Colaboradoras:* Mercedes Gómez, Kati Correa. Victoria Damon, Anna Vega.

PRENSA GRÁFICA. *Asistenta del director*: Carmen Díez. *Relaciones Públicas:* Mercy Dah.

¡QUÉ PASA, MIAMI! *Arte y diseño:* Conchita Peri. *Colaboradora:* Margarita Vázquez. *Distribución:* Margarita Vázquez.

REBELIÓN. *Colaboradoras*: María de los Ángeles González, Roxana Valdivia.

REVISTA, LA. *Directora*: Carmen María Aguirre Dagen. *Anuncios:* Bertha Enríquez. Es un suplemento del *Diario las Américas,* con su mismo personal.

SALUD MAGAZINE. *Editora:* Zoila Lanuza. *Colaboradoras:* Dras. Margarita Acevedo, María Rodríguez Febles, Zow Fiallo, Estela Mederos Sibila,. Josefa Quintana, Cecilia Urbina Haffele, *Administración:* Azucena Llanuza, Karina Fernández.

SENSACIONAL. *Directora General:* Marta Ramos. *Redactoras*: Zoe Fiallo, Linda Novit, Nahyr Acosta, Marta Dunn, Fefita Quintana. *Colaboradoras:* Josefa Quintana, Linda Novit., Fara Rey Mirana, Rosaura Martí, Cecilia Urbina. *Eventos Especiales:* Lorena García. *Relaciones Públicas:* Ofelia del Toro.

SOL DE HIALEAH, EL. *Editora*: Ángela Martínez. *Colaboradoras:* Lucy García, Haydée Pérez Tirse, Rina Lastres Berián, Elsa I. Pardo. *Ventas:* Milagros García.

SPOT LIGHT. *Subdirectora:* Neyda Escobar. *Farándula*: Nayde María. *Turismo:* Neyda Escobar.

SUR. *Administradora:* Pilar Ferreiro.

TIEMPOS, LOS. *Editora:* Mercedes M. Rivera.

TRIBUNA, LA. *Diseño y diagramación*: Arlette Díaz.

TRIUNFO. *Redactoras y colaboradoras*: María Rojas, Graciela Mrad, Marcia Morgado, Lidia Sánchez Amores, Martha Díaz. Belkis de

León, Alma Sylveira, Marie Antuan. *Ventas:* Piri Camino, Evelyn Martell, Ximena Martínez, Vivian Ruiz. Fotografía: Asela Torres.

T.V. RUEDA. *Directora-editora:* Elena Angulo. *Ventas:* Ana María Benincasa.

UNIVERSAL, EL. *Redactora:* Myrna W. Curras. Durante muchos años, Adela Jaume escribió para este periódico, en aquel entonces propiedad de Alberto Salas Amaro, su excelente sección "El Universo de la Cultura".

VERDAD, LA. *Directora:* Marieta Fandiño. *Colaboradoras:* Georgina Castillo, Hilda Inclán. Es enorme la amplitud y profundidad de la esfera de opinión sobre la que ejerce influencia este periódico.

VISIÓN. *Directora:* María Argelia Vizcaíno. *Colaboradoras:* Clara León, María Álvarez, Mirta Borrell. *Arte:* Dayanelys M. Lavín.

VISTA. *Directora Regional:* Carmen Teresa Roiz. *Administradora de proyectos especiales:* Ofelia Rasco. *Asistentas administrativas:* Cristina Mosienko, Marilyn C. Fonts. Aunque es gratuita, se distribuye a través de *El Nuevo Herald.,* los primeros sábados de cada mes.

VIVA SEMANAL. *Redactoras:* Georgina García, Vivian San Juan, Janet Oliva. *Colaboradoras:* Elvira de las Casas, Raquel Regalado, Teresita Mayans, Concha Alzola. *Administración:* Janet Suárez, Magay Luckert, Adriana Vernaza, Laura García, Maritza Marrero, Diana Díaz, Yasivit Arenas, Arilia Borrego, Esther Bautista. **Viva** fue dirigida en sus comienzos por la destacada periodista colombiana Beatriz Parga, muy identificada con la causa de la libertad de Cuba. Estos datos se refieren a la época en que el semanario se distribuiyó gratuitamente.

VOZ CATÓLICA, LA. *Editora Ejecutiva:* Araceli M. Cantero. *Colaboradoras:* Edth A. García, Emma Espinoza, Teresa Jantus, Conny Palacios, Christy Romero, María Vega. Gladys Zaldívar. *Diagramación:* Araceli Cantero, María L. Negrín. *Circulación:* Maritza Álvarez. *Anuncios:* Gloria M. Sorí. En el año 2003 asumió la dirección de Dora Amador.

WOMEN'S JOURNAL. *Editora:* Ángel Cicerone. *Colaboradoras:* Suzanne Sánchez Coleman, Elaine Miceli Vázquez, Sandra Hernández Adams, María Cruz, Julia Frey.

X'S MIAMI. *Presidenta:* Marilyn Martín. *Directora editorial:* Elvira de las Casas. *Directora de arte:* Sandra Rincón. *Ejecutiva de ventas:* Isabel Martín. *Suscripciones:* Melba Rincón.

6.5 Otros medios
6.5.1 Radio

Según Gastón Baquero, en Cuba funcionaban durante 1958 unas 160 estaciones de radio y había un millón de aparatos receptores. Pero los orígenes fueron modestos.

Al comienzo de la radio cubana, en las trasmisiones que organizaba Luis Casas Romero por el año 1922, una monja llamada Sor Zoila Felicidad Casas actuaba como locutora y era la encargada de dar la hora y el estado del tiempo. La primitiva emisora se identificaba como la 2LC y estaba situada en la calle de Ánimas. Según Rosendo Rossell, además de la voz de Zoila, las otras primeras voces femeninas que surcaron las ondas fueron las de María Luisa Casas Rodríguez y Esther Sabater. Y la primera voz femenina en identificar una emisora fue la de Bellita Borges, en la estación 1010, comunista, de los años 40. También menciona a Angélica de Céspedes, Emma López Señas y a Carmen y Yolanda Pujol. Y añade: "el 1ero. de noviembre de 1933, a las 9 de la noche, se lanzó a través de las emisoras CMCD, de onda larga, y COCD de onda corta, desde la ciudad de La Habana, Cuba, el primer periódico aéreo del mundo, fue "La Voz del Aire". Una descripción detallada de la programación de este "noticiero", puede verse en el trabajo de J. Benítez y Rodríguez para el *Álbum del Cincuentenario de la Asociación de Reporters de la Habana.*

- Sabemos por otras fuentes que Berta Arocena dirigió "La Voz del Aire". Más adelante. Ella y Herminia del Portal tuvieron un programa radial, "Nosotras", donde también participaba Regina de Marcos.

- De acuerdo con Rosendo Rosell, en la "Radio Hora" trabajaban sólo mujeres, entre ellas: Maruja García, Marta Velasco, Georgina Almanza, Hilda Saavedra, Rosa Mería Hurtado, Dulce María Corbelle y Pilar Clemente.

- Recuerdo en mi niñez un programa radial conducido por una pionera española, Joaquina Nuño, en el cual, si mis recuerdos no me engañan, solía cantar Estrellita Díaz. Era un programa que presentaba "talentos infantiles". Los niños salían de estos programas cargados de globos y matracas.

- A la caída del presidente Machado, en nombre de la Alianza Nacional Feminista, María Gómez Carbonell y Fina Forcade de Jackson ofrecieron sendas conferencias trasmitidas por la emisora el A.B.C., el 14 de agosto de 1933. Otra feminista que colaboraba en las emisoras radiales era Cuca Quintana.

- Ofelia Domínguez trasmitió por CMQ, Radio Salas, CMZ y 1010.
- María Collado trasmitió por CMBY, RHC y 1010
- Gloria Cuadras tuvo un programa en la CMKR
- Clara Julia Rojo trasmitió por la CMK
- En 1939, Antonia Ichaso trasmitía "La hora de la Mujer, el Niño y el Hogar", por Radio García Serra. En ese mismo año sostuvo, en unión de su hermana Alicia una especie de "Revista del Aire".
- Graciela de Armas dirigió el programa radial "Fémina". Y otro programa trasmitido por CMQ donde daba consejos de belleza.
- Mercedes Pinto trasmitía regularmenet por radio su consultorio espiritual.
- En los años 40, desde el Vedado, trasmitía en inglés, con música norteamericana, la emisora CMOX y la locutora, animadora y prácticamente única encargada era Ofelia Rodríguez. Recuerdo que una vez visité la emisora para preguntarle si su segundo apellido sería Acosta. (Por esa época la novelista vivía en México).
- También por los años 40, Josefina Inclán dirigió un programa turístico, "Viajando por toda Cuba", muchas de cuyas crónicas recogió en forma de libro, en el exilio, con el título *Viajando por la Cuba que fue*.
- Ernestina Otero tuvo un programa por la CMBX del Ministerio de Gobernación alrededor del año 42. Y posteriormente otro en Radio Continental.
- Entre 1943 y 1946 Renée Méndez Capote dirigió un programa en la CMZ, emisora del Ministerio de Educación.
- Renée Potts tuvo una sección en "Radio.Reloj".
- Mariana Albadalejo mantuvo un progranma por la C.M.Z. del Ministerio de Educación.
- Surama Ferrer cultivó asiduamente la radio. Tuvo programas propios en Unión Radio, Cadena Azul, y compartió un programa en CMQ . En la Cadena Azul dirigió un programa de Turismo.
- En los años 48 ó 49, en unión de Mario Parajón, dirigí un programa titulado pomposamenete "Orientación Cultural Juvenil". Recuerdo que, entre otras novedades, leí unas composiciones de una "joven poetisa matancera" que andando el tiempo resultó ser Carilda Oliver Labra.
- Alrededor de 1950 tuvo un programa por la CMW, Cadena Roja, Ernestina Otero.

- En los años 55 y 56, Blanca Nieves Tamayo dirigía un programa para Unión Radio.
- Josefina de Cepeda dirigió la hora radial del PEN Club de Cuba.
- Y ¿cómo olvidar que la gran actriz Violeta Casal, se convirtió de pronto en la voz de "Radio Rebelde"?

EN EL EXILIO:

- Los primeros programas radiales dirigidos por mujeres que existieron en el exilio fueron "Sólo para mujeres" de Eva Vázquez, "La mujer comenta", de Marieta Fandiño y "La voz de la mujer", de Marta Flores. Eva murió, quizás antes de tiempo. Marieta fundó el periódico *La Verdad*. Marta Flores continuó en la radio. Su programa "de servicio a la comunidad", como ella misma lo califica, es uno de los más escuchados (internacionalmente, gracias a la Internet) lo que le ha valido el sobrenombre de "Reina de la noche".
- Alrededor de 1968, se creó el programa radial "La Escuelita Cubana", que redactaba y trasmitía María Gómez Carbonell. Un programa muy recordado fue "Homenaje a los próceres del 68".
- Margarita Ruiz, bibliotecaria, publicista, activista, fue coordinadora de los programas LEAD del Sistema de Bibliotecas Públicas del Condado de Dade. Directora del programa radial "Frente a Frente con Margarita Ruiz", de la WQBA, y del programa "Buenos Días, Miami", de la WRHC. Fue designada por el gobernador Bob Martínez Directora Ejecutiva de la Comisión para una Cuba Libre.
- Raquel Regalado ha desarrollado una extensa carrera periodística básicamente a través de la radio. Sus programas "Panorama" y "Lo que otros no dicen", de carácter polémico, han abierto época en los medios de difusión miamenses.
- Ninoska Pérez Castellón, en su célebre programa de la 1 de la tarde ha burlado la censura castrista y en diversas y divertidas ocasiones.
- Lourdes Montaner ha hecho una especialidad del periodismo radial de espectáculos.
- Blanca Nieves Tamayo ha sido redactora de Radio Martí y es la autora del manual de estilo por el que se guían los otros redactores de la emisora.
- También en Radio Martí han colaborado Juana Isa, Olga Connor, María Márquez, Nancy Pérez Crespo.
- Sara Martínez Castro dirigió "La Mujer Cubana Tiene la Palabra", en la hora radial de la organización Alpha 66.

- Elsa Negrín dirigió por la Cubanísima el programa "Elsa sin censura", donde se ofrecieron las primicias de este libro.
- En diversos momentos han mantenido programas radiales Anita Bravo, Marcia Morgado Nancy Pérez Crespo, Cary Roque.
- Celia del Carmen Mestre dirige un programa por la WRHC, Cadena Azul. En la misma emisora conduce un programa Mirta Pérez.
- Nancy Elías, dirige "El show de Nancy Elías", en *Radio Romance*" y "Música y Astrología" por el Canal 41 de T.V.

6.5.2 Televisión

La primera planta de televisión funcionó en Cuba en 1950. A finales de la República, en 1958, había 23 estaciones de televisión (solamente en La Habana había 7 canales) y había en el país más de 400,000 televisores instalados.

Maúcha Gutiérrez, con su bella voz y clara dicción, con su cultura y su actitud tan agradable hacia el público, fue siempre , en la Repúbica y en el exilio, una destacada figura del ambiente artístico cubano, como locutora, animadora, presentadora…

A finales de la República, Blanca Nieves Tamayo, una de las grandes reporteras de Cuba, tuvo un interesante programa "Mujeres que trabajan", por el Canal 12 de Televisión. También realizaba segmentos para los programas "Así viven las estrellas" y "Nuestros profesionales".

Alicia Varela Balmory (a veces con el seudónimo "Tula Martí"), dirigió el programa "La mujer dice".

EN EL EXILIO

Es importante [en la T.V. norteamericana] *tener un reportero que no sólo hable español, sino que tenga un conocimiento de la comunidad.*

Ileana Varela

María Elena Prío figura entre los fundadores del Noticiero del Canal 23.

La primera cubana en presentar en Miami un noticiero televisivo en inglés fue Ana Azcuy.

En la actualidad, son inumerables las figuras femeninas que se han destacado en este medio. Una lista brevísima (y seguramente incompleta) de presentadoras de noticias y animadoras de programas, presumiblemente cubanas, abarcaría nombres tan conocidos del público de habla hispánica, en especial de Miami, como los de: Noemí Alarcón., Marta Barber, Bárbara Bermúdez, Lisset Campos, Beatriz Corral, Lili

Estefan, Cecilia Figueroa, Diana González, María Laria ("Cara a cara"), Aleida Leal, Mirka del Llano, Alina Mayo-Aze, Loly Montenegro, María Montoya, Jackie Nespral, Denise Oller, Bernadette Pardo, Leticia Peña, María Regina, Teresa Rodríguez, Cary Roque, (conductora del programa "Aquí y ahora"), María Elvira Salazar, María Elena Salinas, Helga Silva, Myrna Sonora, Ileana Varela, Lorna Virgili. Dirigió sus propios programas en los canales 40 y 51 Juana Isa Santiago.

Blanca Nieves Tamayo ha sido redactora de T.V. Martí.

También en el campo de la televisión se ha destacado Elsa Negrín como investigadora de noticias, para los programas internacionalmente famosos de Cristina Saralegui y Pedro Sevcec. En este último cargo, Negrín recibió en 1994 un premio Emmy por la producción del programa "Jupiter's Crash". Antes había sido nominada por "Crímenes de Matamoros al día" para el programa de Cristina.

Lissete Campos también recibió un Emmy por su serie "Undercover inside Cuba".

Conozco de trato a Lourdes Meluzá, de *Univisión*, con quien coincidí en Nanidades Continental. Lourdes es hija de padre y madre periodistas (su segundo apellido es Bertrand), ambos de rango excelente. Muchacha muy dulce, inteligente, capacitada y versátil. Alguna vez ha querido escribir para niños y no dudo de que lo haría en la misma forma amena y responsable en que cubre sus noticias.

También conozco, no ya de trato sino por accidente, a esa institución que se llama Leticia Callava. Estaba delante de mí en la línea de un supermercado, y cuando fui a pagar a la cajera, se me cayó la billetera-monedero, y aquello fue un diluvio de "quarters, nickels y dimes"… que Leticia fue recogiendo, mientras me daba palabras de consuelo y aliento, quitándole importancia a lo sucedido y sin permitir que me inclinara una sola vez. Esa anécdota la retrata como persona.

La "cubanizada" de este grupo de presentadoras es María Antonieta Collins, de Univisión. Gracias, amiga.

6.5.2.1 Cristina Saralegui

Para mí ser periodista es ser una buena comunicadora. […]
Yo simplemente sirvo de espejo de la sociedad, y pienso que no se
resuelve nada con cerrar los ojos a lo que sucede a nuestro alrededor.
Con no hacer caso del mundo que nos rodea no solucionamos nada. […]
Empecé a darme cuenta de que la gente no te perdona que triunfes
totalmente. Quieren que triunfes un poco, pero cuando se te va la

mano hasta llegar al éxito total, entonces empiezan a tratar de
tumbarte [...] Cuando me atacan, sé que estoy ganando.
Cristina Saralegui

A estas alturas no estoy revelando ningún secreto cuando digo que en un círculo más estrecho de amistades, llamamos "Mati" a Cristina Saralegui, porque ella misma así lo declara en sus memorias. Quizás no se sepa que estuve a sus órdenes y que fue de una manera sorpresiva que comencé a trabajar con ella. Sería a mediados de la década de los 80, y yo era jefa de redacción de *Buenavida,* cuando decidieron trasladar la revista a México (la primera vez). Me quedaba sin empleo, pero Loló Acosta, que hacía *free lances* para varias de las revistas de la desaparecida "Editorial América", se plantó en el despacho de Mati, en aquel entonces directora de *Cosmopolitan* e *Intimidades* y le dijo: "Oyeme, Concha Alzola está en *special*". Y Mati contestó: "Dile que venga".

Fue así como comenzó una de las más disparatadas eras de mi existencia, porque tuve que ponerme al tanto de cuanto chiquillo daba un jipío en la escena musical de aquel momento. Ya con seudónimo yo había estado colaborando en el Correo de *Intimidades,* cuando la directora era Hilda Inclán. Pero *Cosmo* era otra cosa. Una revista muy *risquée* y con cierto "amarillismo" solapado que indiscutiblemente le daba agilidad. La asociación duró sólo unos meses, porque el traslado a México fracasó y pronto *Buenavida* estuvo de regreso. Aunque para esa época yo creo que ya me había pasado a *Activa,* que a su vez se llevarían, para México (no recuerdo bien el orden de las vorágines), etc., etc. En esos pocos meses en *Cosmo*, sin embargo, adquirí un estilo más lacónico, creo, y aprendí a ver el ángulo sensacionalista de las cosas. Pero no es eso lo que más le agradezco a Mati.

Siempre recuerdo con un afecto especial a todas las personas que me han enseñado algo de utilidad práctica, quizás si porque tengo este sentido muy poco desarrollado. Entre varias otras personas recuerdo a María Sánchez, una médica cubana exiliada que trabajó como laboratorista en el Hospital Jackson. María, en paz descanse, me enseñó a quitarle el negror a los jarros de aluminio hirviendo en ellos agua con un chorrito de limón. Recuerdo que Marta Méndez me explicó como hacer arroz con leche. Y recordaré siempre a Mati Saralegui, que me enseñó a librarme de algunas inhibiciones, verbales y escritas. "¡Soez, más soez!" me gritaba exasperada. Si no lo soy enteramente, al menos no creo padecer de ñoñerías.

336

6.5.3 Cine

En Cuba, realizó documentales, como Directora Asistente para el ICAIC, Maritza Sánchez. Delfina Pi realizó dibujos animados.

EN EL EXILIO

▪ Además de destacarse en el periodismo, Miñuca Villaverde se destacó como cineasta.

▪ María Luisa Lobo realizó algunos documentales.

▪ Mari Rodríguez Ichaso, muchos años Corrresponsal Internacional de *Vanidades Continental,* es la autora de *Marcadas por el Paraíso*, un documental acerca de las mujeres cubanas en cuyas vidas los sucesos de Cuba dejaron huella indeleble. Fue presentado en Miami por el Florida Film Institute y la Film Society of Miami en el Miami Dade Community College.

A ese documental siguió otro: *Hijos del Paraíso*, estrenado en la televisión de Miami el miércoles 21 de mayo de 2003, a las 10 p. m., por el Canal 17. Este docuemntal de 54 minutos de duración había sido exhibido ante la Comisión de Derechos Humanos de las Naciones Unidas en Ginebra, el año anterior.

Las cineastas que comenzaron en Cuba su carrera han derivado hacia la composición gráfica. Maritza Sánchez ingresó con éxito en las filas del periodismo.

6.5.4 Publicaciones cibernéticas

Han tenido sus propias revistas literarias en ese medio Marisel Mayor (revista *Baquiana*), Mercedes Cortázar *(Expoescritores),* Belkis Cuza y Reina María Rodríguez.

Ha dirigido portales para la internet Maritza Sanchez.

7. PASE DE LISTA

Razón han tenido los académicos para darle al periódico catregoría literaria.
Dentro de la prensa cubana no sólo escribieron los que fundamentalmente se
tenían por periodistas sino también los intrínsecamente considerados literatos.
Octavio R. Costa

Desde muy pequeña, en Cuba. recuerdo el olor de la tinta. Mi papá me
llevaba de la mano a los talleres de Artes Gráficas para ver las imponentes
máquinas rotativas de la imprenta , antes de que se diseñaran las nuevas, que
son electrtónicas. [...] Yo me crié entre periodistas [...] Ya en Miami, una vez
que empecé a estudiar en la universidad y mi papá me preguntó qué carrera
iba a escoger, no vacilé en reponderle que quería ser escritora.
Entonces me explicó –muy pacientemente– que 'los escritores se mueren de
hambre', que 'solamente el 1% de los escritores que se dedican a escribir libros
viven de su trabajo' [...] Me aconsejó que fuera periodista, que era como ser
escritora pero con muchas más oportunidades de ganarme la vida.
Cristina Saralegui

He tratado de reunir en esta sección el mayor número posible de
nombres de las mujeres que en alguna forma han colaborado en la prensa cubana (de la colonia, la república y el exilio), ya sea formando parte
de la redacción de las distintas publicaciones, o aportando artículos y
creaciones literarias. Las publicaciones cubanas de las cuales no se especifica lugar de origen son habaneras. y aquéllas de las cuales no se
especifica fecha de inserción estaban vigentes en las dos últimas décadas
republicanas (años 40 y 50). Hay sin embargo casos en los que poseo el
nombre de la escritora y la del periódico o revista en que colaboraba,
pero no he sabido en qué fecha. Poner la fecha de origen de la publicación estaría quizás falseando la época real en que esa escritora se inserta,
porque algunos periódicos han durado tranquilamente más de siglo y
medio o han reaparecido con ese nombre varias veces (pensamos en *El
Fígaro, La Discusión*).

Las informaciones que proceden de Caraballo alcanzan sólo hasta
la fecha de edición de su libro, 1918, y hemos debido suplementarlas.
Las periodistas o colaboradoras de la prensa acerca de las cuales sólo
poseemos una mención realizada por Berta Arocena se señalan con su
nombre. Es natural, por otra parte, que al salir al exilio las periodistas y

escritoras cubanas hayan colocado su producción en revistas y periódicos de los lugares donde les tocó exiliarse, y en general las publicaciones del orbe hispánico y aún en otras lenguas. Reseño algunas. Por último, en los primeros tiempos, la recolección de nombres en la prensa contemporánea, de Miami principalmente, resultaba muy fácil: toda mujer de apellido hispánico debía de ser cubana. Con la llegada de otras nacionalidades al sur de la Florida, la tarea se dificultó un poco. Si en esta lista se han deslizado algunas periodistas de otros países no lo tomen a mal, sepan que siempre son bienvenidas. Es posible también, que siendo yo neófita en el arte de escribir en computadoras haya borrado inadvertidamente a alguien o a algún segmento de sus publicaciones. Pido disculpas.

La presente relación debe complementarse con las periodistas reseñadas en la secciones 6.4.4 y 6.5.1. Espero haber realizado esta tarea con el mismo celo y la misma devoción con los que Berta Arocena realizó la suya.

A

Abascal, Asela. Directora *Crucigramas* (1932).

Abril, Leonie: Colab. "en la prensa habanera" (Caraballo).

Abril de Toro, Ana. Colab. *Revista de Cuba* (1920).

Acevedo, Norma Niurka. Redactora de *El Nuevo Herald*. **V. 3.4.8.**

Acosta, Alicia. Siquiatra. Colab *El País, Vanidades Continental*.

Acosta Villalta, Loló. Abogada. Internacionalista. Directora de *Romances*. Redactora de *Ellas*. Colab. en *El País, Información, Carteles, Bohemia, Vanidades, Vanidades Continental*. Berta Arocena la calificó de "vibrante y apasionada". Y Adela Jaume de "valerosa, inteligente, una magnífica periodista, reportera de Palacio". Como persona, Surama Ferrer la recuerda "muy pequeñita", y la primera periodista en tener auto propio para transportarse.

Adam Aróstegui, María. Pianista. Colab. en *Cuba Musical*.

Adán, Eva. Publicó unas *Memorias* que fueron calificadas por Berta Arocena de "verdadero periodismo virtual".

Agramonte, Angelina. Colab. *Crónicas del Liceo de Puerto Príncipe* (ca. 1867).

Agramonte Zayas, Manuela. Profesora de idiomas, traductora literaria. Colab. *Crónica del Liceo de Puerto Príncipe* (1821*), El Criollo*.

Agüero, Concepción de. Colab. *El Fanal* (Puerto Príncipe, 1843). *Crónicas del Liceo de Puerto Príncipe, El Progreso* (1882).

Agüero Costales, Corina. Colab. *La Crónica Habanera, La Golondrina, Diario de la Familia, La Discusión*.

Águila, Ofelia. Colab. *Ninfas* (Santa Clara, 1929).

Aguirre, Estrella. Colab. *Rumbos* (1936).

Aguirre, Mirta. Poetisa. Ensayista. Durante muchos años crítica teatral del periódico *Noticias de Hoy,* órgano del Partido Comunista de Cuba. Redactora de la *Gaceta del Caribe.* Subdirectora y Jefa de Redacción de *Última Hora* (1950). Subjefa de Redacción de *Ly ceum,* Miembro del Consejo de Dirección de *Páginas* (1937). Colab. *La Palabra* (1935), *Resumen* (1935), *Mediodía* (1936), *Cúspide* (1937), *Literatura* (1938), *Liberación Social* (1943) *Nuevas Letras (1944), Orto* (Manzanillo, ca. 1938), *Viernes, Bohemia, Carteles, Colina, Cuba y la URSS, Fundamentos, Galería* (Santiago de Cuba), *Liberación Social, Nuestro Tiempo, Lyceum, Masas, Nueva Revista Cubana,Cuadernos de Arte y Ciencias, Mensajes, Cuba Socialista, La Gaceta de Cuba, Islas. Única mujer periodista que recibió el Premio Justo de Lara* (1945). Berta Arocena la calificó de "escritora de quilates subidísimos". **V. 3.4.8**

Aguirre, Yolanda. Colab. *Revista de la Universidad de la Habana. Revista de Arqutectura, Cuba. Revista de la Comisión Nacional de la UNESCO.*

Alabau, Magaly. Poetisa. Colab, *Extremos, Mairena, Linden Lane, Azor, Lopfornis, Palabras y papel.*

Alea, Julia. Colab. *Ninfas* (Santa Clara, 1929).

Alea Paz. Carmen. Poetisa. Dirigió la sección "Disquisiciones femeninas" de *El País Gráfico.* Colaboradora en Cuba de: *El Mundo, Diario de la Marina, El. País, Vanidades, Romances, Bazar, y Colorama.* En el exilio: *Diario Las Américas* (Miami). En Los Ángeles*: Voz Libre, La Opinión, Revista Contacto.* Y también: *Círculo de Cultura, Círculo Poético, Gaceta Lírica, Pensamient.o*

Alfonso, Celina, Redactora de la *Revista de Educación* (1911).

Alemán, Mercedes. Colab. *Vanidades Continental.*

Alfonso Lemus, Áurea. Colab. *Mañana, Noticiero 1010.*

Alfonso, Celina. Colab. *Revista de Educación.*

Alfonso, Gilda. Colab. *Trazos de Cuba* (París).

Alonso, Dora. Cuentista y novelista. Colab. *Prensa Libre* (Cárdenas), *Bohemia, Cúspide, Lux, Ellas, Vanidades, Mar y Pesca, Policía, Claxon, Carteles, Mujeres, Pionero, Casa de las Américas, Unión, El espectador habanero, Gaceta del Caribe, Nuestro Tiempo,* entre otras muchas. **V.3.2.2.3.2.**

Álvarez, Acacia. Colab. B*oletín de la Asociación Cubana de Bibliotecarios.*

Álvarez, Lizette. Corresponsal del *New York Times* en el Congreso de EE. UU., Buró de Prensa en Washington. Corresponsal del mismo diario en Londres. Ha dicho Patricia Duarte*: Álvarez frequently makes the front page of The New York Times with her hard hitting, succint, analytical writimg about Washington politics. Her coverage of Clinton's impeachment was memorable. In*

1996 she won a Polk Award for her coverage of the Eliza Izquierdo child abuse case in New Yok City. And while at The Miami Herald, *she won a Public Service Pulitzer for team coverage of Hurricane Andrew.* Es la hija menor de Paquita Madariaga.

Álvarez, Margot. Cofundadora-directora de *Horizontes* (Sancti Spítirus, 1935).

Álvarez del Real, María Eloísa. Publicitaria. Profesora. Directora de *Almanaque Mundial y* otros volúmenes especiales de *Editorial América.*

Álvarez Estrada, María Teresa. Científica cubana. Colaboradora de la *Botánica* de Felipe García Cañizares. Revisó la edición definitiva de la *Botánica* de Felipe Poey. "Colaboraba en la prensa capitalina". (Caraballo).

Álvarez Frank, Matilde. Profesora universitaria, ensayista. Muy activa en diversas sociedades culturales. Segun Adela Jaume "colaboradora de revistas en Cuba y en el extranjero".

Álvarez Meneses, Margot. Codirectora *Horizontes*, (Sancti Spíritus, 1935).

Álvarez Ríos, María. Autora teatral, compositora y cuentista. Colab. *Bohemia, Ellas, Vanidades, Gaceta de Cuba.* Es autora de la notación musical del *Folklore del Niño Cubano* tomo I, Universidad de las Villas, 1961.

Álvarez Rodón, Consuelo. "Escritora y oradora llegada al palenque de la prensa" (Caraballo).

Alvira, María A. Directora de *Tierra* (1934).

Alzola, Concepción Teresa (Concha Alzola). Folklorista, narradora, lexicógrafa y autora de piezas para teatro de títeres. En Cuba, fue fundadora y directora de *Juventud* (Marianao). Columnista del semanario *El Sol* de Marianao (1947-52) y del *Diario Nacional* (1957). Colaboró en el periódico *El Mundo* (1947-49), y en distintas fechas, en las revistas *Carteles, Momento, Viernes, Colorama, Teleprogramas, Islas,* entre otras. También en periódicos estudiantiles como *El Filósofo Travieso.* En el exilio, ha colaborado en *Cuadernos* (París), *Revista de dialectología* (Madrid), *Exilio* (Nueva York). Trabajó para Editorial América, S.A., de 1979 a 1994. Fue Jefa de Redacción de *Vanidades Continental, Buen Hogar, Activa y Buena Vida.* Redactora de *Vanidades Continental, Cosmopolitan* e *Intimidades.* Colab. *Geomundo, Almanaque Mundial, Ideas, Marie Claire.* Principal redactora del *Diccionario Inglés-Español, EASA.* de la Universidad de Miami, editado por Almanaque Mundial (versiones completa y abreviada). Le cabe el honor de haber sido mencionada en la tan citada relación de Berta Arocena.

Amador, Dora. Autora de una serie de guiones para los canales de televisión 51 y 23, acerca del exilio cubano. ("Del trauma al triunfo"). Redactora de Libros Especiales, en Editorial América. Columnista de *El Nuevo Herald.* Ha recogido sus artículos en un volumen, *Itinerario del desarraigo*, Directora de *La Voz Católica*, periódico de la Archidiósesis de Miami.

Amey, Olga. Colab. *Ninfas* (Santa Clara, 1929).

André Otilia. . Rerdactora de *El Mundo*.

Angulo, Cruz. Colab. *Renacimiento* (Camagüey, 1933).

Anhalt, Nedda de. Cuentista y ensayista. Se ha destacado como crítica de cine y posee dos libros de magníficas entrevistas a grandes figuras culturales. Ha vivido durante todo su exilio en México. Y es allí donde ha colaborado en los principales periódicos y revistas, así como en la prensa hispanoamericana. Colab. *Vuelta, Revista Mexicana de Cultura, Punto de Partida, La Palabra y el Hombtre, El Parnaso, Tribuna Israelita, Foro, Diálogos, Siempre, Casa del Tiempo, Tierra Adentro, Macrópolis, Mar de Tinta, Papeles de San Mateo, Aquilón, Nitrato de Plata, Cinemanía.*También la prensa hispánica de EE.UU.*: Círculo, La Nuez, Linden Lane.* **V. 1.2.8.1**

Antonetti Vivar, Emelitina. Directora de *Juventud* (Santiago, 1919).

Antuña, Rosario. Poetisa. Colab. *Nuestro Tiempo, Galería* (Santiago de Cuba), *Unión, Artes Plásticas.*

Antuña, Vicentina. Educadora y latinista. Jefa de Redacción de la Revista *Lyceum*. Colab. *Cuadernos de la Universidad el Aire. Universidad de la Habana, Prometeo, Boletín Cultural del Ministerio de Estado.*

Aragón, Uva (antes Clavijo). Poetisa y ensayista. Colab. *Diario de la Marina, Información, Revista Américas Diario las Américas, La Opinión, La Prensa, Círculo Poético, Cubanacán, El Tiempo, Letras Femeninas, Resumen literario, El Puente.*

Arce, Margot. Colab. *Vanidades.*

Arencibia, Elvia. Colab. *Renacimiento* (Camagüey, 1933).

Argilagos Loret de Mola, Gloria. "Llegada al palenque de la prensa" (Caraballo)

Ariosa, Olinta. Colab. Cuba Bibliotecológica.

Armas, Graciela de. Durante un cuarto de siglo cronista social de *El Mundo*. Editora de la página dominical "Con la Mujer" y de la sección diaria "Entre nosotras". En periodismo radial, mantuvo durante 10 años una hora diaria titulada "Fémina". ". Y un programa de consejos de belleza por la CMQ. A ella se debe la celebraciuón en Cuba de "El Día de los Enamorados".

Armenteros Herrera, Rosario. Colab. *La Guirnalda, La Discusión, El Fígaro.*

Armengol, Sara. Bibliotecaria. Colab. *Arte 7, Mundo 21, Ideas, Libro especiales.*

Armengol, Zoraida. Miembro del Colegio Nacional de Periodistas en el Exilio.

Armenteros, Rosario. Colab. *Revista del Hogar* (1897).

Armesto González, Rosa. Directora *Patria*.

Arocena. Berta. Fundadora del Lyceum Columnista muchos años de *El Mundo*. Colab. *Juve nia, Grafos, Ellas, Bohemia, Carteles.* Directora del programa radial *La voz del aire.* Autora del ensayo sobre periodismno femenino al que nos hemos referido tantas veces. Adela Jaume la recuerda como "sensata; escribía con mucha sensatez. Era seria, decente. Una gran persona, pero no se entregaba mucho". Comenta Regina de Marcos: "Berta decía que me había 'descubierto' porque escribió un artículo sobre mí (en total escribió tres) cuando yo empezaba a publicar y, realmente, siempre ayudó con gusto a las muchachas que empezaban. Tanto en su sección en *El Mundo* como en la vida mantenía una actitud de reportera y feminista. Ella y Herminia del Portal eran muy amigas, y juntas tenían una hora radial en la que también tomé parte".. (**V. 6.2**)

Arocha, Yoli. Directora de *Telenovelas.* Colab. *¡Éxito¡.*

Aróstegui, Natalia. Directora de la revista de *Pro Arte Musical* (1923). Según Regina de Marcos, Natalia "declamaba y cantaba con una bellísima voz".

Arroyo, Anita. Ensayista. Profesora. Autora de *Las Artes industriales en Cuba* y relatos para niños. Colab. *Orbe* (1931), R*evista de la Universidad de la Habana* (ca. 1934), *Diario de la Marina, Presencia, Diario Las Américas.*

Arús, Mercedes. Colab. *La moda o recreo semanal del bello sexo (1829).* .

Arza Quintero, Estela. Fundó y dirigió la revista femenina *Elegancia habanera* (1900). Colab. *Bohemia, Mundial, Ilustración, El Día, El País, Diario del Cine, Diario Sintético del Aire.*

Astoviza, Julia. Actriz. Colab *Gaceta de Cuba.*

Auber, Virginia Felicia. Novelista. Fundadora de *Ramillete Habanero (1854).* Colab. *Álbum cubano de la bueno y lo bello, No me olvides, Entretenimiento Literario, Álbum Habanero, Cuba literaria, El Liceo de la Habana, Día de Modas, Diario de la Marina* (a cargo de los folletines), *Gaceta de la Habana.*

Ayala, Cristina. Colab. *Renacimiento* (Camagüey, 1933), *Minerva.*

Azcuy, Fanny. Profesora de la Escuela Normal para Maestros. Ednsayista. Colab. *Boletín de la Asociación Cubana de la Unesco.*

B

Babia Berdaves, América. Poetisa. Colab *La defensa, El villareño.*

Bacardí Argamasilla, Zenaida. Colab. *Diario Las Américas.*

Badía, Nora. Teatrista. Libretista radial. Nombrada interventora del teatro infantil por el actual régimen cubano. Colab. *Prometeo, Lyceum, Nuestro tiempo, Mujeres, Revista Nacio nal de Teatro, Cuadernillos del teatro infantil y de la juventud.*

Bahamonde, Blanca. Bibliotecaria. Colab. *Cuba bibliotecológica.*

Balboa, Margarita. Actriz. Colab. *Vanidades.*

Balido, Giselle. *Ensayista.* Jefa de Redacción de la revista *Cristina.* Redactora de *Cosmopolitan.*

Balido, Yolanda. Colab. *El Nuevo Herald.*

Balmaseda, Liz. Redactora y columnista de *The Herald y El Nuevo Herald.* Única periodista cubano-americana en obtener el premio Putlizer (1993).

Ballarín, María Julia: Durante un tiempo directora de *Buen Hogar.*

Ballate, Ramona. Redactora de *El Mundo.*

Barillas, Mercedes. Colab. *El Mundo.*

Barillas Linares, María. Aparecía inscrita en el Colegio Nacional de Periodistas entre 1939 y 1940.

Barinaga y Ponce de León, Graziella. Ensayista. Autora de un estudio crítico-biográfico sobre Fray Candil. Colab. *Alma Cubana* (1923-29). *El espectador habanero (*1933).

Barraqué, Leonor. Colab. *Vanidades, Carteles,* donde mantuvo por años la sección "Femineidades", Grafos, Social. Según Adela Jaume era "periodista correcta, aristocrática". Ver semblanza en **6.2 Grandes periodistas.**

Barros, Silvia. Poetisa y ensayista. Autora de un estudio sobre "La Edad de Oro" de Martí. Directora del "Grupo de Guanabacoa" del Guiñol Nacional de Cuba. Colab. *Cuadernillos del teatro infantil y de la juventud.*

Bas Tamayo, Xenia. Colab. *Sensacional.* Miembro del Colegio Nacional de Periodistas en el exilio.

Basulto, Flora. Colab. *El Día, Diario de la Marina, , El País, El Camagüeyano, La voz.*

Batisdama, Eloísa. Codirectora de *La voz de la juventud [católica]* (1938).

Batista, Carmen. Codirectora de *La Voz de la Juventud [católica]* (1938).

Batista, Exilda. Colab. *El heraldo, El eco* (Holguín).

Becerra, Berta. Bibliotecaria y bibliógrafa. Autora de numerosas monografías, como "La imprenta en Cuba en el s. XVIII", "Las revistas más importantes de los últimos cincuenta años", etc. Colab. en la prensa especializada y en la Revista de la Facultad de Letras y Ciencias.

Becquer, Carolina. Colab. *La Idea* (Sagua la Grande, 1880).

Behar, Ada. Actriz. Colab. *Vanidades.*

Beltrán, María Josefa. Colab. *Boletín de la Asociación Cubana de Bibliotecarios.*

Beltrons, Silvia. Colab *Vanidades.*

Bencomo Lobaco, Julia. "Latinas of the Century", Miami, *Vista,* January-February 1999, portada, p. 6. [Incluidas: Ileana Ros Lehtinen, Gloria Estefan, Celia Cruz, Cristina Saralegui].

Benítez Guzman, Dolores. Colab. *La Discusión.*

Benítez, Nena. Cronista musical de *El Diario de la Marina.*

Bernal, Carmen. Colab. *Vanidades Continental.*

Bernal, Emilia. Colab. *Bohemia* (1910)*, Cuba y América* (1913), *Revista de la Asociación Femenina de Camagüey.* (1921*). Arte (1924),* Ideas (1929*), La Nación, El Fígaro, Social.*

Bernal, Ramona "Colaboradora de la prensa" (Caraballo).

Bertran Guzman, Carmen. Regente del periódico *La Publicidad* (Guantánamo, 1916)

Bertrand Agramonte, Lourdes. Directora de *Ecos de la RHC, Cadena Azul.* Destacada cronista de espectáculos. Madre amantísima de Lourdes Meluzá. A raíz de su trágico deceso en la ciudad de Miami, escribió sobre ella Ángel González Fernández, editor de *Novedades del Gran Miami:* "Para ella el periodismo era sueño, cumbre y meta de su existencia. [...]. A pesar de su talento y experiencia periodística, Lourdes era una dama sumamente humilde para proclamar e imponer sus méritos. Cuando daba un consejo en la materia, lo dulcificaba con extraordinario cariño, y de ello fui testigo en varias oportunidades".

Betancourt, América. Colab *Orto* (Manzanillo).

Betancourt, Cecile. Colab *El Nuevo Herald.*

Betancourt, Emma, Colab. *Revista de la Asociación Femenina de Camagüey* (1921).

Betancourt, Isabel Esperanza. Directora de la *Revista de la Asociación Femenina de Camagüey* (1921). Colab. *La Mujer.*

Betancourt, Mamie. Colab. *La Discusión.*

Betancourt Mora, Ana. Redactora de *El Mambí.* Colab *Crónicas del Liceo de Puerto Príncipe* (ca. 1867).

Bisbé, Carmen. Bibliotecaria. Colab. *Boletín de la Asociación Cubana de Bibliotecarios.*

Blanco, Emilia. Directora de *Cuba Bibliotecológica.*

Blanco, Jacqueline. Primera Directora de *Glamour* y *Vogue* en Español. Directora de *Cosmopolitan* en español desde el año 2000. Redactora de *Coqueta, Tú, Marie Claire.* Actual Directora de *Vanidades Continental.*

Blanco, María Elena. Poetisa. Colab. *La revista del Vigía, Crítica, Encuentro, Kolik, América.*

Blanco, María Luisa. Reportera. Cronista de cine. Redactora de *El Mundo, Carteles.*

Blanco, Mirta. Redactora y más tarde directora de *Vanidades Continental.*

Boloña, Coralia Concepción. Fundadora y directora de *Por la mujer* (1900). Colab. *Revista del Hogar* (1897). Nacida en Barcelona, "se dedicó a la defensa de la mujer cubana". Es autora de un folleto sobre "La mujer periodista en Cuba".

Bonet, María Dolores. Colab. *El Fígaro.*

Bonet Rosell, Cary. Colab. *Galería* (Santiago de Cuba).

Bordás, Elisa. Colab. *Cuba y América, La Escuela Moderna, Cuba Libre, Azul y Rojo, La Lucha.*

Borges, Amada. Colab. *La mujer.*

Borges, Carmen. Poetisa, Colab. *Horizontes de América, Diario Las Américas.*

Borrero, Ana María. Redactora de la *Revista de la Habana* (1942*).* Colab. *Ellas, Social, Carteles, Vanidades, Bohemia, Diario de la Marina.* Premio Varona. Cuando se le pregunta a otras peridostas cubanas de su época, afirman: "Ana María era punto y aparte". Adela Jaume la recuerda "fina, dulce". Y Berta Arocena reseña: "En casi todos los periódicos y revistas de la capital dejó su impronta una de las Borrero, Ana María […] Ana María, dotada por las hadas de la elegancia para hacer un poema de cada vestido de mujer, descuidó la alta costura, que tan pingües ganancias proporcionaba a su firma, porque el duende del periodismo reclamaba esa firma para sí". Regina de Marcos ha trazado una semblanza de Ana María en **6.2.**

Borrero, Dolores. *Cuba pedagógica* (1903), *Revista de Instrucción Pública, Revista de Educación.*

Borrero Luján, Dulce María. Directora de los *Anales de la Academia Nacional de Artes y Letras* (1931), Poetisa. Redactora de la R*evista Bibliográfica Cubana* (1936) y la *Revista de la Habana* (1942). Colab. *Revista de Cayo Hueso* (1897), *Cuba Libre* (1899), *Cuba literaria* (Santiago de Cuba, (1904), *Letras* (1905), *Cuba Contemporánea* (1906), *El fanal* (Matanzas, 1906), *El Fígaro* (segunda época)*, Oriente literario* (Santiago de Cuba, 1910), *Primavera* (1912), *Orto* (Manzanillo, 1912), *La novela cubana* (1913), *Gráfico* (1913), *Revista de Bellas Artes* (1918), Revista de Educación, *Pulgarcito* (1919), *Ideal* (1919), *Revista de Instrucción Pública* (1925), *La mujer moderna* (1925), *Revista Bimestre Cubana, Grafos* (1933). Como vemos, donde existiera una revista, allá iban los poemas de Dulce María Borrero. Contaba María Luisa Ríos que en una ocasión un grupo de damas, entre las cuales se encontraba, fue a invitar a la poetisa a que leyera algunos de sus poemas en un acto patriótico. Dulce María se disculpó, alegando que estaba ya muy vieja y cansada. "¡Qué lástima!", dijeron las señoras. "Pensábamos darle un diploma por todos sus méritos literarios y cívicos..." Dulce no las dejó terminar, y poniendo los ojos en blanco suspiró: "Bueno, por Cuba, yo me sacrifico y voy".

Borrero, Elena. Colab.) *La Habana Literaria* (1891), *La Juventud Liberal* (Cienfuegos, (1894), y además en *El recreo de las damas, El País, La verdad* (Cienfuegos)

Borrero, Juana. Según Gladys Zaldívar la figura femenina paradigmática del modernismo. Colab. *La Habana elegante* (1883, 1893), *El fígaro* (1885), *La*

Habana Literaria (1891), *Páginas de rosa* (1894), *Fausto* (Cienfuegos, 1894), *Gris y* otros. Las hijas de Esteban Borrero, tan maravillosamente dotadas para las artes, especialmente Juana, constituían aún en vida figuras leyendarias. Esta es la impresión que produjeron en el destacado eriodista catalán Josep Connangla i Fontanilles, que peleó en la Guerra de Cuba y llegó a identificarse tanto con "el enemigo" que terminada la guerra regresó a la Habana a ejercer el periodismo durante muchos años. Relata en sus memorias, acerca de las Borrero: *"Por asociación de impresiones recogidas y jamás olvidadas, recuerdo que en una de las caminatas hacia la fábrica papelera [de Puentes Grandes] [...] a orillas del puente de piedra bajo el cual discurren las aguas del río Almendares, atrajeron nuestra atención unos estudios musicales pianísticos que partían de amplia casona situada en el recodo del río. Alguien nos informó que allí vivían 'unas hermanas poetisas y pintoras, hijas de un señor muy letrado''. ¡Cuán lejos estaba yo entonces de presumir que después de la guerra, al regresar a Cuba en 1905 para radicarme aquí e identificarme definitivamente con el pueblo cubano, hubiera de serme en varias ocasiones muy agradable conversar con 'aquel señor muy letrado', padre de seis hermanas Borrero, merecedoras igualmente de admirativa recordación, en especial Juana y Dulce María, poetisas excelentes y la hermana mayor, Dolores. heredera de las grandes dotes pedagógicas de su insigne progenitor"*. (pp. 158-59). **V. 2.2.1.4**

Borrero Matamoros, Dolores. "Colaboradora en la prensa habanera", dice Caraballo.

Borrero Urbach, Elena. (Ibid. Caraballo).

Boudet, Rosa Ileana, Directora de *Tablas*.

Bracal, Feliza. Colab. *El Correo de las Damas* (1811).

Bravo, Emiliana. Fundadora y directora de *El Cosmopolita* (Santiago, 1886).

Bravo, Manolita. Colab, *Vanidades*.

Bravo Adams, Caridad. Colab. *Cúspide*. Durante muchos años, adaptadora y autora en el programa "La novela del Aire", el más exitoso de su clase en Cuba republicana. Nacida en México, de ascendencia criolla, siempre se consideró cubana.

Bryon, Dulce María. Colab. *El Heraldo de Cuba, El Mundo, Carteles, Vanidades.,* con el seudónimo "La madrecita" mantuvo durante años una hermosa página para niños en *El Mundo*.

Bryon, Lina. Redactor*a Vanidades Continental*. Se dedicó luego al periodismo radial, en diversas emisoras.

Bulnes, Nora. Directora- editora de *Selecta*.

Bush, Malvina E. Colab. *El Nuevo Herald. Panorama*.

C

Cabrera, Lydia. Etnóloga y folklorista. Colab. *Grafos* (1933), *Estudios afro-cubanos* (1937), *Revista Cubana* (1935), *Crónica (1949), Revista del Instituto Nacional de Cultura, Bohemia, Tiempo Nuevo, Lyceum, Orígenes, Diario de la Marina, Lunes de Revolución.* Lydia Cabrera fue modelo e inspiración de los intelectuales cubanos en el exilio. Se sabía que el régimen comunista de la Habana le enviaba continuos "recaditos" tratando de captarla. Del último dicen que fue portador Manolo Moreno Fraginals (antes de quedarse en el exilio, en uno de sus viajes al exterior). A nombre del gobierno de Cuba, Manolo o el emisario que haya sido, le ofreció a Lydia una edición de sus obras completas en papel de biblia, encuadernada en piel… sin resultado. Le ofreció que el Instituto de Etnología y Folklore llevaría su nombre… sin resultado. Exasperado, le preguntó: "Bueno, señora, ¿qué es lo que usted desea?" . La respuesta de Lydia, criollísima, le dio la vuelta al mundo: "¿Yo? Que a Fidel Castro lo parta un rayo". De la obra de Lydia Cabrera ha expresado Gladys Zaldívar: *"Sus investigaciones, realizadas en el terreno de la etnografía y vestidas con la excelencia de una prosa sin par, han ejercido una influencia extraordinaria, no sólo en la literatura de creación, sino también en la literatura ensayística.*
Y éste es el artículo que publiqué a su muerte:

Sin tierra prometida
Por Concha Alzola

A la mañana siguiente de la muerte de Lydia Cabrera todo sigue igual. En Miami hace sol. Más tarde diluvia. Y uno se pregunta qué vale la vida de un intelectual. En los sistemas totalitarios, si el intelectual se pliega a los designios de la camarilla gobernante, lo consideran una efectiva arma de adoctrinamiento. Si no se pliuega, un elemento perturbador. En los sistemas democráticos, un intelectual es un ser que, si fuera un poco más dócil, estaría ganando mucho dinero. Pero como no lo gana, nadie lo escucha; nadie lo estima. Y lo que es peor y colmo de la perfidia: en ambos sistemas escogen un zarrapastro cualquiera, lo proclaman intelectual y comienzan a derrochar sobre su testa cornuda los honores o las ganancias que corresponden a un intelectual genuino. No es de extrañar que los intelectuales verdaderos desaparezcan de la escena. Y que los falsos y usurpadores lleven la voz cantante y malsonante.

Miami no ha sido la excepción que confirma la regla. Y por eso Lydia Cabrera, como intelectual auténtica, vivía y murió en un sabio aislamiento. De su obra se ha hablado mucho, y poco de su vida. Y ésta siempre me pareció igualmente significativa. Por su obra, en profundidad y cuantía, Lydia Cabrera era uno de los ejes indiscutibles de la cultura cubana. Por su vida, era un ejemplo que nos indicaba a todos los cubanos, como una aguja fiel, hacia dónde queda el norte de la dignidad humana.

Salió al destierro entre las primeras, y aunque su patria y vocación era una rabiosa herida a su costado, jamás contempló la posibilidad de visitarla mientras el suelo nativo permaneceiera mancillado: jamás atemperó siquiera su cólera contra el tirano.

¿Por qué tienen nuestros viejos que morir lejos de su patria? ¿Por qué tienen nuestros jóvenes y niños que morir ahogados en el Estrecho de la Florida? ¿Cómo es posible que nadie aseste el golpe definitivo a la bestia impura que ha anegado en sufrimiento ya dos o tres generaciones de cubanos? La caída inminente del régimen lunático de la Habana hace aún más dolorosa su muerte. Lydia Cabrea vivió sólo para explicar la sustancia misma de que está hecha la entraña de lo cubano. Y ahora muere sin haber podido volver a Cuba... a la vista de la tierra prometida.

En el velorio de esta gran cubana estuvimos solamente Isabel Castellanos, que cuidó de Lydia en sus últimos años, la desaparecida Josefina Inclán, Gladys Zaldívar y yo. Como es nuestra costumbre, extendimos sobre el féretro una gran bandera cubana. Cerca de la media noche, en vista de que no había un solo negro por los alrededores, comencé a cantar:

Yemayá asesu
Asesú Yemaya,
Yemayá Oloro,
Oloro Yemayá
Sin saber lo que decía, claro. Las otras me secundaron.

Cabrera, Sarah. Jefa de Redacción de *Social, en* 1937.

Cabrera y Heredia, Dolores. Colab. *Brisas de Cuba* (1855), *Álbum cubano de lo bueno y lo bello.*

Cabrera Saqui, Margot. Colab. *Boletín del Negociado de Relaciones Culturales* (1947*), Boletín Cubano de la Unesco.*

Cadalso, Ana. Codirectora de *La Voz de la juventud [católica]* (1938).

Caignet, Adela. "llegada al palenque de la prensa" (Caraballo).

Calcerrada, Olga. Durante mucho tiempo correctora de pruebas y más tarde de estilo en *Editorial América.* Colab. *Diario Las Américas.*

Calvo, Vivian. Directora de *Marie Claire* y *Elle.*

Calzadilla Ávila, Iraida. Colab. *Diario las Américas.*

Callava, Leticia. Editora de los noticieros del Canal 23 y el Canal 51. Ha recibido dos premios Emmy por sus reportajes.

Cámara, Antonia de la. Primera mujer editora de una publicación periódica cubana, *El Diario de la Habana,* y su directora entre 1824 y 1831.

Cámara, Madeline. Ensayista. Colab. *El Nuevo Herald.*

Camín, Rosalía: Colab. *Revista de Estudios Literarios* (1921).

Campos, Lissette. Periodismo radial en la emisora WFTS de Tampa.

Cancino, Manuela C. Poetisa. Colab. *Eco de Cuba* (1869). *El Cubano Libre, El liceo (Manzanillo).* Según Calcagno, Fornaris se refirió a su poesía en términos muy elogiosos.

Canel, Eva. Periodista española que realizó en Cuba la mayor parte de su carrera. Su verdadero nombre era Eva Agar Infanzón. Directora del periódico integrista *La Cotorra* (1891*).* Directora de *El Correo* (1898). Colab. *Revista del Hogar* (1897). y del *Diario de la Ma rina.* Feroz defensora del integrismo (y amiga personal de José Martí), tras la derrota de España sale de Cuba, pero como no se halla bien en ninguna parte, regresa a los pocos años y es recibida como merecía serlo una figura tan destacada, aunque hubiera militado bajo un signo contrario. Su libro *Lo que vi en Cuba*, describe minuciosamente la sociedad que encuentra a su regreso (1916) y en él se refiere al aprecio en que la tenía la gran elegíaca de Cuba: *"Luisa Pérez de Zambrana me escribió desde su pobre retiro de Regla, desde su lecho de impedida, y no publico su misiva que, para mi satisfacción, resulta monumento, porque me dan vergüenza sus exageraciones cariñosas".*

Cantero, Araceli. Durante muchos años, directora de *La Voz*, órgano de la archidiósesis de Miami.

Cañizares, Dulcila. Poetisa. Colab. *Mujeres, Romances, Signos, Lunes de Revolución, Islas, La Gaceta de Cuba, Unión.*

Cañizares, Juana. Directora de *Ibis* (Sancti Spíritus, 1909).

Cao, Alfonsina. Redactotra de *La Voz Femenina.*

Cao, Paquita. Reportera de *Bohemia.*

Cao Más, María. Directora de la revista *Oriente* (Santiago, 1916), más tarde titulada *Revista cubana ilustrada,* de la cual fue directora.

Capestany, Olga. Colab. *Boletín de la Comisión Nacional de la Unesco* (1966).

Caraballo, Isa. Poetisa. Senadora de la República. Colab. *Diario de la Marina, Diario Mañana.* .

Cárdenas, Fermina. Directora y fundadora de *Páginas de Rosa* ("antes de la guera del 95"). Colab. *Diario de la Familia, El Fígaro, La Unión Constitucional.* Aunque hemos evitado trazar filiaciones masculinas en este libro, nos parece indispensable destacar que esta ilustre cubana era hija de D. Nicolás de Cárdenas y fue madre de José de Armas, el conocido Justo de Lara. Antonio Valverde Maruri ha trazado este retrato: *"Me parece estarla viendo: de cuerpo* *fino, aire aristocrático, sin que lo fuera por sus ideas; de rostro dulce y apacible, de mirada viva e inteligente, con una expresión que denunciaba la bondad sin límites de un alma netamente cubana, con una cabeza que coronaban unos cabellos tan blancos como el armiño; todos esos detalles le daban un aspecto extremadamente sim pático, que se aumentaba más cuando, movida por recuerdos de antaño, relataba, con esa conversación encantadora que tenía, algún episodio, cualquiera que hubiese sido la época en que aconteciera. ¡Cuántas veces departí con ella sobre hombres de nuestra historia, acerca de los cuales me facilitó datos interesantes!*

Cardona, Cristina. Redactora de *Vanidades Continental.*

Caro, María: "del Ateneo de Santiago, llegada al palenque de la prensa" (Caraballo).

Carrasco, Isabel. Colab. La Revista de Todos (Camagüey, 1933).

Carrera, Julieta. Educada en EE. UU.. vivió la mayor parte del tiempo en México, desde donde colaboraba en la prensa habanera.

Carrillo, Azalea. Colab. *Art Deco Tropical.*

Casal, Lourdes. Fundadora y directora de *Areíto.* Miembro del Consejo de Dirección de *Nueva Generación.* Colab. *Cuba Nueva, Mundo Nuevo, Joven Cuba, Envíos. Cuadernos* (París).

Casanova, María Julia. Teatrista. Durante muchos años Vicedirectora y Jefa de Redacción de *Cosmopolitan* en español. Redactora de noticias y dramatizaciones para la agencia gubernamental estadodunidense USIA. Directora de Programas de Boeri, America's Productions. **V. 3.4.2**

Casanova, Mirta. Colab. *Vanidades Continental.*

Casas, Elvira de las. Directora editorial *X'S Miami.* Jefa de Redacción de *La Política Cómica.*

Castanedo, Conchita. Mencionada por B A.

Castany, Sara. Directora de *Vanidades Continental.* Anteriormente directora de *Buen Hogar, Harper's Bazaar* y todas las publicaciones especiales de la entonces Editorial América. **V. 5. 10.**

Castany, Sara María. Profesora de Periodismo de la Universidad de Miami. Directora de *Cosmopolitan en español.* Editora de *Ocean Drive en español.*

Castellanos, Conchita. Colab. *Vanidades.*

Castellanos, Isabel. Antropóloga. Colab. *La voz.*

Castellanos Díaz, Angelina. Directora-Administradora de *Pétalos* (Guantánamo, 1912).

Castellanos Martí, Ángela. Colab. *Jigüe, Catálogo.*

Castillo, Amelia del. Poetisa, narradora y compositora.. Colab. *El Adelanto, El Universal, El Diario* de Mérida, *South Eastern Latin Americanist, Revista His-*

pano Cubana Monoographic Review, Turia, Revista Iberoamericana, Ocruxa- ves, Círculo, Letras Femeninas, Alaluz, Linden Lane Magazine y otras.

Castillo, Cecilia del. Colab. *El Periquito* (para niños, Matanzas, 1868). *El Co- rreo Español, Diario de la Marina.*

Castillo, Lucía. Colab. *El Educador* (1938) .

Castillo González, Aurelia. Poetisa. Colab. *Revista Cubana* (1885), *Revista de Cuba* (1877), *El Mundo Literario* (1877), *El Triunfo* (1878). *La Familia* (1878), *La Niñez* (1879), *El Almendares* (1881), *El Mensajero de las Damas* (1882), *El Faro* (Caibarién, 1883), *La Bibliografía* (1885), *La Fraternidad* (Sancti Spíritus, 1886), *La Iustración Cubana* (1886), *La Habana Literaria* (1891), *Páginas de Rosa* (1894), *La Juventud Liberal* (Cienfuegos, 1894) *El Álbum de las Damas* (Matanzas, 1894), *Cuba Libre* (1899), *Cuba Pedagógica* (1903), *El Mundo* (1904), *Letras* (1905), *Fémina* (1909), *Bohemia* (1910), *Pay Pay* (1913), *Gráfico* (1913), *Evolución* (1914), *Renacimiento* (1915), *Don Pepe* (para niños, 1917), *Ideas e Ideales* (1919), *Las Antillas* (1920), *Revista de la Asociación Femenina de Camagüey* (1921), *Lis* (Camagüey, 1923).

Castro, Martha de. Profesora y Crítica de Arte . Colab. *Revista de la Univer- sidad de la Habana* (1934).

Castro Morales, Lilia. Bibliotecaria. Durante muchos años Directora de la Bi- blioteca Nacional. Directora de la *Revista de la Biblioteca Nacional.* Colaborado- ra en revistas especializadas, como la propia *Revista de la Biblioteca Nacional.*

Casuso, Teresa. Feminista, novelista, poetisa. periodista, diplomática. Colab. *Polémica* (1934), *Buen Hogar.* **V. 2.2.4**

Catalá, Raquel. Historiadora. Feminista. Traductora de Maeterlink. Colab. en *El Fígaro, Libros cubanos, Pulgarcito,. El Heraldo de Cuba.*

Catasús, María: "llegada al palenque de la prensa " (Caraballo).

Caula, Marilú. Jefa de Redacción de *Vanidades Continental.*

Cazneau, Mrs. William L. Directora de *La Verdad* (Nueva York, 1848-53, Nueva Orleans, 1854-60). Seudónimo: Cora Montgomery.

Cepeda, Antonia. Colab. *Revista Popular (*Cayo Hueso, 1889).

Cepeda, Josefina. Poetisa. Colab. *La Mujer, Horizontes (*Sancti Spitritus, 1935), *Revista Bimestre Cubana, Diario de la Marina, Revista de la Univer- sidad de la Habana, Avance Social, El País, Alerta, Ellas, Carteles, Vanidades, América, Artes.*

Cepero, María Belén. Según Calcagno, fundadora y directora y del periódico *La Noche* (1890). Colab. *Eco de literatura cubana* (1858), *El Liceo de la Habana* (1857 y 1867). Seudónimo: La hija del Yumurí.

Cepero Llevada, Nilda. Ensayista, poetisa y cuentista. Directora *Pinos Nue- vos, Latino Stuff* y *Ambos Mundos.*

Cepero Rodríguez, Dalia. Secretaria de Redacción de *Harper's Bazaar*. Codirectora de *El Camino*. Redactora de *Buen Hogar*. Colab, *Diairo las Américas, Cruise and Travel*. Traductora de *El Nuevo Herald*.

Cervera, Leonor: Colab. *Smart*.

Céspedes, Africa C. Colab. *Minerva*.

Céspedes Escanaverino, Úrsula. Poetisa. Colab. *El Redactor* (Santiago de Cuba, 1833), *El Progreso* (Cienfuegos, 1854), *Semanario Cubano* (Santiago, 1855), *La abeja* (Trinidad, 1856) *Kaleidoscopio* (1859), *Cuba literaria* (1861), *La Regeneración* (Bayamo, 1864), *El Amigo de las Mujeres* (1864), *La Antorcha* (Manzanilo, 1864), *La Idea* (1866), *El País* (1868), *La abeja de Villaclara* (1878) *El Ramillete* (Matanzas (1879), *La Lotería* 1884), *La Bibliografía* (1885), *La Fraternidad* (Sancti Spíritus, 1886), *La Juventud Liberal* (Cienfueros, 1894), y otros como *El Eco, La Alborada, El fomento, El Triunfo, La familia, El correo de Trinidad, El Mensajero de las Damas,* etc. El primer libro de poemas de Úrsula, *Ecos de la selva,* estaba prologado por Carlos Manuel de Céspedes, quien, por cierto, aclara que Úrsula no era de su familia.

Chacón Nardi, Rafaela. Poetisa y educadora. Colab. de *Acento* (Bayamo), *Orientación Social* (Santiago de Cuba), *Presencia, Germinal, Lyceum, Gaceta del Caribe, Gaceta de Cuba, Liberación Social, Informaciones Culturales, Boletín de la Comisión Cubana de la Unesco,* entre otras.

Chaviano, Daína. Novelista. Editora asociada de *Newsweek* en español. Colab. *El Nuevo Herald*.

Chirino, Mercedes. Colab. *La Voz*.

Cisneros, Isabel V. Colab. *Juventud* (1919).

Cisneros Betancourt, Águeda. Directora *La Caridad* (religioso, 1893).

Claravesa, Amalia H. Directora de *La Voz Femenina*.

Coimbra Valverde, Úrsula. Colab. *Minerva* (1888).

Colás, María Gloria. "llegada al palenque de la prensa" (Caraballo).

Collado Romero, María. Directora de *La Mujer* (1929), más tarde órgano oficial de la Asociación Nacional Femenina de la Prensa. Redactora de la página femenina de *La Discusión*. Reportera de la *Revista Prtotectora de la Mujer* y el periódico *Finanzas*. Colab. De *La Noche, Heraldo Liberal, La Tarde, Diario de la Marina, Revista de la Asociación Femenina de Camagüey*. Dice en una de sus pequeñas biografías Adela Jaume que María Collado fue la primera mujer en ocupar cargos de reportera y cronista parlamentaria para *La Discusión* y *La Noche* y según Berta Arocena, tambien para la emisora radial *RHC, Cadena Azul*. Y sigue Adela: "Primera colegiada del Colegio de Periodistas de la Habana. Destacada en el Club Femenino de Cuba y una de las fundadoras del Partido Demócrata sufragista. Representó a la Asociación de Reporteros en el Primer Congreso Nacional Femenino (1922)".

Collazo, Digna. Cofundadora y codirectora de *El Sufragista* (1913). Colab. *El amigo de las mujeres* (1900).

Connor, Olga. Ha sido directora de la Sección "Galería" de *El Nuevo Herald* y del suplemento "Viernes". Jefa de Redacción de *Buena Vida*. Redactora de *Activa, Vanidades Continental*. Columnista de *El Nuevo Herald*. Colab. *Abroad* y de *Radio Martí*. En su columna de ENH refleja las actividades y figuras femeninas destacadas. (**V. Bibliogrfía**). Durante el período en que fue directora de la sección "Galería" de *El Nuevo Herald,* se publicaron allí las primicias de este libro (17 de marzo de 1991).

Córdova, Sofía. Folkorista. Prosista. Colab. *Archivos del Folkore Cubano.*

Coronado, Carolina. Poetisa. Colab. *Diario de Avisos* (1844*)*. *El Iris* (1850).

Corral, Elvira. Redactora de *El País*. Co-editora, con Benito Alonso del periódico clandestino *El Periodista Libre* (1959).

Corral, Mercedes del. Colab. *La Prensa* (1841).

Correa, Avelina. Considerada la primera mujer que desempeñó una plaza de redactora a sueldo en la prensa cubana. Colab. *La Lotería* (1884), *La Familia Cristiana* (1891), *El Eco de las Damas (*1891), *El Álbum* (1892), *La Juventud Liberal* (Cienfuegos, 1894), *El Mundo* (1906), *Alma Latina, Bohemia, Diario de la Marina, La Lucha, Cuba,* a los que Berta Arocena añade *Diario de la Familia* y la *Revista Habanera*. Según la misma autora, Avelina realizó sus comienzos en *La Habana Elegante* y fue fundadora de *El Mundo*. Casada, marchó a España y a Filipinas, donde colaboró en la prensa de ambos países. Ya viuda, regresó a Cuba. Dejó en *El Mundo*, "para la historia del periodismo de las mujeres, una página de modas y artículos, como columnista del periódico de Govín". (Berta Arocena).

Cortázar, Mercedes.. Directora en Cuba de la página literaria de *Diario Libre*. En el exilio: Directora de *La Nueva Sangre y Fascinación,* ambas en Nueva York. Adquirida por Editorial América, *Fascinación* siguio editándose en Miami, también con Mercedes Cortázar como directora. Ya en esta ciudad y más tarde en Atlanta, ha sido directora de *Mar Abierto, National Marine Business Journal, Apparel Industry International, Confección Panamericana,* entre otras. Colab. *K-59, Lunes de Revolución, Protesta, El Corno Emplumado, El Imparcial, El Rehilete, Exilio, Review, Escandalar, Enlace, Mariel, Cupey, Linden Lane Magazine, Turia, El Centavo, Puente Libre,* entre otras. Dirige la revista electrónica *Expoescritores.*

Cortés, Ondina, R.M.I. Colab *La Voz.*

Corzo, Cynthia. Redactora de *El Nuevo Herald.*

Costales, Esther. Poetisa. Colab. *Romances, Cinema, Zig-Zag, Carteles, Bohemia, País Gráfico, Vanidades, El País, El Mundo, El Diario de la Marina*, y en la prensa extranjera.

Cotera O'Bourke, Margarita de la. Directora- fundadora de *¿Quién es Quién en Cuba?*, *Diario en Miniatura* (1936-58). *Otros autores*: 1928-58.

Crespí, María. Fundadora y directora de *El Camagüeyano* en el exilio.

Crespo, Fanny: "colaboradira en la prensa habanera" (Caraballo).

Crespo, Rosa. Cuentista. "Colaboradora en la prensa habanera"(Caraballo).

Cros, María Elena. Profesora y bibliotecaria. Jefa de Redacción de *Cosmopolitan* en español, Cofundadora de *Cruise and Travel*. Redactora de *Vanidades Continental.*

Crucet, Vivian. Redactora del *Diario las Américas*.

Crusellas Seigle, Ofelia. Directora de la revista *Cuba*, del Ministerio de Defensa Civil. (1939).

Cruz, Georgina. Redactora de *El Nuevo Herald.*

Cruz, Mary. Poetisa y cuentista. Colab. *El País Gráfico, Colorama. Ellas, Vanidades, El Mundo, Gramma, Ideas, la Gaceta de Cuba.*

Cruz Fariñas, Manuela. "llegada al palenque de la prensa" (Caraballo).

Cruz Muñoz, Ma. Teresa de la. Del Consejo de Dirección de *Ariel* (1936).

Cruz Varela, María Elena.. Poetisa. Colab. *El Nuevo Herald, La Razón.*

Cuadras, Gloria. Colab. *Diario de Cuba* (Santiago), *Baraguá.*

Cuervo Martínez, Ana. Presentadora de noticias.

Cuétara, Elisa. "llegada al palenque de la prensa" (Caraballo).

Curnow, Ena. Historiadora. Autora de la biografía de *Manana.* Jefa de Redacción de *Buen Hogar*. Reportera *Diario Las Américas*. Colab: *Juventud Rebelde, Bohemia.* Prepara una biografía de Emilia Casanova con el título *Vivir y morir en Nueva York.*

Cuza Malé, Belkis. Poetisa. Ensayista. Fundadora y editora de *Linden Lane Magazine*. Colab. *El Caimán Barbudo, Cuba'64, Hoy, Gramma. Surco, Sierra Maestra, Oriente, Pueblo y Cultura, El Mundo, Bohemia, Pájaro Cascabel, El Escarabajo de Oro, Ruedo Ibérico, Lettres Nouvelle, Unión, Casa de las Américas, Gaceta de Cuba, El Nuevo Herald.*

D

Dacal, Gloria. Colab. *Vanidades.*

De Jongh, Elena. Colab. *Hispania.*

Delgado, Enriqueta. Colab. *Juventud* (1919).

Deulofeu, Elvira. Colab. *Nueva Escuela* (1936). Cultivó el cuento y la poesía. Un caso de coraje humano notable fue el de Elvira Deulofeu, que, al enviudar, supo subsanar las primeras urgentes necesidades suyas y de sus dos pequeñas hijas: Sonia y Surama. Surama Ferrer, comenta de su madre: "Además de artículos en *El País*, Elvira publicó un libro de cuentos titulado *Cuentos morados*, de los cuales hizo 1,000 copias y las vendió todas, menos una que donó a la biblioteca Nacional donde entonces era bibliotecaria María Villar Buceta. […]. Reverentemente guardé muchos poemas de mi madre, pero las tormentas de Cuba se reflejaron mucho en nuestra vida familiar y se han perdido. Antes de morir, tenía ella muchos portafolios de ensayos sobre la poesía de Sor Juana, de Luaces, de Acosta, de Labrador (*El gallo en el espejo* también le interesó) y muchos más, escritos en su magnífica letra…"

Díaz, Ana Lorenza. Colab. *Miscelánea de Útil y Agradable Recreo* (1837). *El Jardín Romántico* (Matanzas, 1938). Y, según Calcagno, en *Flores de Mayo*, una revista de Zambrana. Martínez Fortún la reclama remediana. Dice que escribió versos desde 1845 y murió en 1878, pobre, olvidada y oscurecida, después de haber pasado muchas amarguras".

Díaz, Cecilia. Directora *En contacto*.

Díaz, Emelina. Destacada liceísta. Colab. *Revista de Estudios Literarios* (1921).

Díaz Miranda, Mercy. Redactora de *El Herald*. Colab. *Diario Las Américas*. Es una gran animadora de la cultura y activista comunitaria. Fue durante su presidencia y por su iniciativa que en el Cuban Women's Club se instituyeron los premios Floridana.

Díaz Castro, Tania. Poetisa. Colab. *Prensa Libre, Juventud Rebelde, Cuba, La Tarde, Romances, Gaceta de Cuba, Con la Guardia en Alto*.

Díaz Llanillo, Esther. Poetisa Colab. *Lunes de Revolución, Mujeres, Casa de las Américas*.

Díaz Parrado, Flora. Abogado. Fundadora del Comité de Acción Cívica que luchó por el voto femenino hasta obtenerlo. Colab. *Antenas* (1928), *Cuadernos de la Universidad del Aire* (1933).

Díaz de Villar, Delia. Historiadora. Autora de un libro de *Geografía de Cuba*. Colab: *Diario Las Américas*.

Dolz, María Luisa. Educadora. Colab. *Revista de Educación*.

Domingo, Ángela. mencionada por Anita Arroyo.

Domínguez Borrel, Antonia: Colab. *Choses Vries* (París, 1892)

Domínguez Navarro, Ofelia. Abogada. Dirigió *La Palabra* (1935). En nota allí aparecida afirmaba Juan Marinello que Ofelia era "la primera mujer que dirigía un periódico en nuestro país" (!!!!!!!). Fundadora y directora de la revista *Villaclara* (1925). Colab. *Ahora* (1931), *El País, El Mundo, Carteles, Bohemia, Mediodía, Noticias de Hoy, El Cubano Libre,* y numerosas publicaciones extranjeras. Según revela en sus memorias, fue durante muchos años (caso sí verdaderamente único) la editorialista del periódico *Noticias de Hoy*, órgano del Partido Comunista de Cuba.

Dopico, Blanca. Profesora universitaria. Colab. *Alma Cubana* (1923) *Revista de la Universidad de la Habana.*

Duarte, Carmen. Colab. *Diana* (Sancti Spíritus, 1923).

Duarte, Patricia. Directora de la revista *La Familia* (Nueva York). Jefa de Redacción de *Activa.* Redactora *Cosmopolitan, El Miami Herald.* Una pequeña autobiografía aparece en *Vida Social* de 19 de septiembre de 1989, portada, a la pág. 2.

Du Bouchet, América. Colab. *El Fígaro.*

Duque, Luisa. Poetisa. Colab. *El Sol* de Marianao. Berta Arocena agradece un artículo de Luisa, donde aparece su magnífica semblanza. El artículo le fue enviado por Marta de Vignier, quien a su vez escribiera sobre Berta en la *Revista Azul* de Santiago. Y añade Berta: "¡Qué oportunidad para agradecerles el sendo estímulo, la de colocar emocionada sus nombres como final a mi larga e incompleta relación!".

Duquesne, Georgina. Colab *Ninfas* (Santa Clara, 1929).

Durango, María Adela. Colab. *Vanidades.*

E

Ebrahimi, Graciela Lucía. "In the House of Scholars", ensayo ganador de una beca universitaria, reproducido por *The Herald.* La información en español, por Ana Veciana Suáez, Miami, *El Miami Herald*, 19 de abril de 1984, primera plana.

Echegaray, Lina Rosa. Colab. N*infas* (Santa Clara, 1929).

Elías, Rebeca. Directora de *Preludio* Guantánamo, 1922).

Escalona, Dulce María. Educadora. Colab. *Juventud* (Santiago de Cuba, 1919). *Mediodía* (1936*), Revista de Educación.* (1937), *Lyceum* 1949).

Escanaverino, Luisa. Poetisa. "llegada al palenque de la prensa" (Caraballo).

Escanaverino, María C. Colab. *Cuba* (Santiago, 1930).

Escobar Pérez, Neyda. Colab. *Spotlight Internacional.*

Espín, Flora del Rosario. Según Berta Arocena, ganadora de un Premio Varona de Periodismo.

Estévez, Sofía. Poetisa y novelista. Coeditora de *El Céfiro* (Puerto Príncipe 1866). Colab. *El Fanal* (Puerto Príncipe, 1843), *La Familia* (1878), *La Tertulia* (1887), y otras muchas como *La Guirnalda, La Ilustración, La Moda Elegante de Cádiz.* Criada en el campo, por reveses de la fortuna familiar, desde niña dio precoces muestras de su talento. Recordó más tarde esos tiempos: "Allí en una pequeña y humilde casita de guano de palmas, la más triste y solitaria que se puede imaginar, abandonada en un campo desierto, sin vecinos ni persona alguna con quien asociarse, allí habitaba yo, sin una hermana ni una amiga que me acompañase en mis juegos infantiles: llegué a acostumbrarme a vivir sola y a abismarme en la contemplación de aquella naturaleza salvaje y hermosa. Una flor, un pájaro, un árbol, tenían para mí un encanto inexplicable. Yo ignoraba lo que era el mundo, no conocía otro mundo que aquel campo lleno de luz y armonía, de belleza y tranquilidad adorables".

F

Facundo, Marcia. Redactora de *El Nuevo Herald*.

Fandiño, Marieta. Directora de *La Verdad*. Comentarista radial.

Fanloli, Ángela. Colab. *El Heraldo de Cuba* (1913*), La Nación* (1906*).

Fau Gil, Isabel. Colab. *La Prensa* (1841).

Fenollosa, Amalia. Colab. *El Iris* (1850).

Feria, Lina de. Poetisa. Colab. *Revolución, El Caimán Barbudo, Alma Mater*.

Feria, Raquel. Colab. *Diario las Américas*.

Fernández, Aldubina. "Llegada al palenque de la prensa" (Caraballo)

Fernéndez, Alina. Periodismo radial en *La Cubanísima*. Colab. *El Nuevo Herald*.

Fernández, Anita. Colab. *El Álbum de las Damas* (Cienfuegos, 1909).

Fernández, Lía. Colab. *Vanidades Continental*.

Fernández, Nereida. Colab. *Galería* (Santiago de Cuba).

Fernández Amado Blanco, Isabel. Directora teatral. Directora de la Revista *Lyceum* durante 1949.

Fernández de Castro, Blanca. Directora *Cruz Blanca de la Paz* (1938).

Fernández Getino, Teresa. Colab. *Juventud* (1923).

Fernández Jiménez, Georgina. Poetisa. Redactora de *Cosmopolitan*. Colab. *El Pinareño, Abroad, Mastercard, Éxito, Latino Stuff, El Nuevo Herald*.

Fernández Laude, Pamela. Autora de folletines y comedias. Colab. *Crónicas del Liceo de Puerto Príncipe. Cuba Industrial, El Eco del Comercio, Kaleidoscopio, La Noche, La Discusión*.

Fernández del Real, Luisa. Colab. *Revista de Educación*.

Fernández Revuelta, Alina. Historiadora, ensayista. Periodismo radial en *La Cubanísima*. Colab. *El Nuevo Herald*.

Fernández de Velasco, Ana Josefa. Colab. *El Liceo* (Santa Clara, 1867), *El Villarejo* (1900).

Fernández Soneira, Teresa. Historiadora. Colab. *El Nuevo Herald, La Voz Católica*.

Ferreiro, Marta. Figura en una relación de miembros del Colegio Nacional de Periodistas de Cuba en el exilio.

Ferrer, Surama. Cuentista y novelista. Profesora, en la Habana de la cátedra F (Filosofía, Lógica y Psicología) del Colegio Hebreo de Cuba y del Paul Quinn College de Dallas. Editora de varios volúmenes de la Sección de Cultura del Ministerio de Educación, como el que recoge los artículos de Emilio Bobadilla ("Fray Candil"). Fundadora y directora de la revista *Momento*. Colab. *Colina, Redención , La Última Hora, Crónica, Tiempo en Cuba, Ecos de la Cadena Azul, Avance, La Política Cómica, Bohemia, Carteles*. En la prensa de Estados Unidos: columnista de *El Sol de Tejas, El Hispano, La Prensa*. Además de su célebre columna de actualidad en *Tiempo,* muchas veces en primera plana, mantuvo dos páginas de espectáculos en ese diario. Me escribe desde Texas: "No sé realmente el enfoque de tu proyecto sobre mujeres periodistas, aunque presiento que si se publica ese libro, en forma de ensayo, o en varios artículos, o como sea, será importante que te refieras a las mujeres que siendo periodistas en Cuba, con carreras terminadas en 1959 por la convulsión política, trataron y algunas lo logramos, de mantener la continuidad de la profesión en los "nuevos territorios" donde el destino nos depositó. Para mí, de la interrupción en el 59 de mi columna Cuadrados y Ángulos en *Tiempo* y mi paralela labor en el periódico de Vasconcelos [*Alerta*] y en *Momento* y *La Política*, hasta mi resurrecta continuidad en *El Sol* de Texas, en 1966 hasta 1987, en *El Sol* y en otros periódicos que comenzaron a publicarse en español en este estado y en California. […] Mi columna en *El Sol* por muchos años fue 'Mundo Hispanoamericano'. En los 80 ya había varios periódicos en español en Dallas y escribí para *La Prensa* (1990) […] Volteando el prisma te puedo decir que mi carrera periodística que comenzó en 1951se extiende hasta 1959 en la Habana y de ahí comienza de nuevo en Dallas, de 1966 (ganando velocidad) hasta 1990. Ocho años en Cuba y 24 años en Dallas son 32 años de letras impresa". Dato curioso: Surama Ferrer inició la campaña en pro de la enseñanza bilingüe en *El Sol*, de Texas, en 1972. **(V. 6.2).**

Figueroa, Esperanza. Historiadora y crítica literaria. Profesora. Colab. *Revista de los Estudiantes de Filosofía y Letras* (1939). *Libros Cubanos*. En el exilio: *Revista Iberoameri cana*, que ayudaba a subvencionar. **(V. 5.1.1).**

Fiol, Rita. Colab. *Vanidades Continental.*

Fiol Mendoza, Magdalena. El anuario de Colegio Nacional de Periodistas de 1940 reporta su fallecimiento.

Fissolo, América. "Periodista residente en París desde hace muchos años".

Fiuza, Aimée. Colab. *La Voz.*

Fleites, América. Directora de *El Álbum de las Damas* (Cienfuegos, 1909).

Fleites, Laudelina. Colab. *El Álbum de las Damas* (Cienfuegos, 1909).

Flores-Apodaca [Godoy] Virginia. Redactora *Diario Las Américas.*

Fontanilles, Pilar. Colab. *Ideal* (1919).

Forcade Barba, Frances. Colab. *Revista de Oriente.*

Fores, Mirta. Directora de *Activa.* Colab. *Mundo 21, Hombre de mundo.*

Formaris, Elvira: Colab. *El Federado Escolar* (1943).

Fraginals, María. Colab. *Juventud* (Cienfuegos, 1931).

Franchi Alfaro, Luisa. Colab. *La Prensa* (1841), *Álbum Cubano de lo Bueno y lo Bello* (1860).

Frayde, Marta. Médico. Activista política. Colab. en publicaciones médicas de Endocrinología, Ginecología y Obstetricia.

Frejaville, Eva. Colab. *Prometeo* (1948-49). **(V. 1.2.4.4)**.

Freyre de Andrade, Conchita. Fundadora con su hermana María Teresa de la revista para niños *Mañana.*

Freyre de Andrade, María Teresa: Bibliotecaria. Profesora de Bibliotecología. Directora a partir de 1959 de la Biblioteca Nacional y su Revista. Colab. de la anterior *Revista de la Biblioteca Nacional y de Trimestre.* Con su hermana Conchita, fundadora de la revista *Mañana,* para niños.

Frías, Sonia. Redactora de *El Nuevo Herald.* Durante mucho tiempo directora del suplemento "Vida Social", donde presentó una valiosa colección de figuras femeninas destacadas en la sección "Quién es quién". Directora de *Socialite.*

Fuentes, Estela. Colab. *Orto* (Manzanillo, 1920).

Fuentes, Ileana. Ensayista. "Las cubanas en cifras: datos para la 'historia' ". Miami. *El Nuevo Herald* (8 de marzo de 2004): 28-A. [Una excelente exposición acerca de la situación actual de las mujeres cubanas].

G

Gallardo, Conchita. Cronista musical (mencionada por Berta Arocena).

Garay, Natividad. Colab *El Liceo* (Matanzas, 1882).

Garbalosa, Graziella. Poetisa. Novelista. Colab. *Ideal* (1919). *Azul* (Matanzas, 1921), *Fraternidad y Amor* (Guanabacoa, 1923) Según testimonio de Surama Ferrer, "Graciela era menuda, más pequeña que mi madre [Elvira Deulofeu] y como mamá, tenía el pelo castaño rojizo y una cara muy dulce y joven; su abundante cabellera la tejía en trenzas casi doradas alrededor de su pequeña cabecita. Era como una muñeca y yo la conocí con mamá, en casa de unos amigos comunes, pero al poco tiempo ella se fue a Méjico con su hija Gracielita Garbalosa, que no tenía el apellido de Mariano [Albaladejo] porque él se negó a reconocerla. Antes de irse a Méjico, Graciela escribió poesía y ofreció un recital. Este "género de los recitales" estaba de moda. Creo que ella escribió algo en *Carteles*, no estoy segura de que hiciera algo para *Vanidades"*.

Gálvez, Serafina. Colab. *Letras*.

Galvez, Zoila. Soprano. Colab. *Estudios Afrocubanos* (1937).

García, Eloísa. Colab. *Vanidades Continental*.

García, Lisette. "Marine" retirada. Colab. *Prensa Asociada* y *The Miami Herald*.

García Bas, Josefina. Colab. *Diario de la Marina, El Debate*.

García Buchaca, Edith. Dirigente comunista. Colab. *Resumen* (1935), *Mediodía, Fundamentos, Cuba Socialista*. **V. 2.2.7.2.1**.

García Copley, Balbina. Colab. *Brisas De Cuba* (1855), *Semanario Cubano* (1855), *Cuba Poética*.

García Coronado, Domitila. Fundadora con Sofía Estévez de *El Céfiro* (Puerto Príncipe, 1866). Directora de *El Eco de Cuba* (1869). Directora del periódico clandestino *El Laborante* (1870). Fundadora y directora de *El Correo de las Damas* (1875). Directora de *La Crónica Habanera* (1895). *Álbum Poético y Fotográfico* (1868). Colab. *La Patria,* (1868), *El Trabajo* (1873), *La Familia* (1878), *El Hogar* (1880), *El Almendares* (1881), *El Mensajero de las Damas* (1882), *La Lotería* (1884), *La Ilustración Cubana* (1892) y el *El Fígaro*. En 1899 creó la Academia de Tipógrafos y Encuadernadores. Autora de unas *Breves nociones para aprender el arte tipográfico* (1911). Eva Canel reconoció en ella a "la luchadora eterna, infatigable" [...] la he recordado recorriendo la Isla y hallando huellas de sus iniciativas, con tesón digno de un gigante llevadas a la práctica".

García Marruz, Bella. Colab, *Clavileño*.

García Marruz, Fina. Poetisa y ensayista. Coeditora de *Clavileño*. Colab. *Cúspide* (1937), *Signo* (Cienfuegos), *Nueva Revista Cubana, Acento* (Bayamo), *Revista del Archivo Nacional, Orígenes, Lyceum, Anuario Martiano, La Gaceta de C uba, Islas*.

García Menocal, Ondina. *Colab. La Voz*.

García Montes, María Teresa. Fundadora *Pro-Arte Musical* (la revista).

García Negrín, Lucila. Educadora. Fue Vice-Tesorera Del Colegio Nacional de Periodistas de Cuba (Exilio). Colab.*La Voz* de New Jersey.

García Tudurí, Mercedes. Poetisa. Educadora. Miembro del Consejo de Redacción de la revista *Lyceum*. Colab. *Noverim, Revista Cubana de Filosofía*.

García Tudurí, Rosaura: Colab. *Noverim, Revista Cubana de Filosofía*.

García Véliz, Mirta. Poetisa. Codirectora del inserto *Señal*. Colab. *Cooperación*.

Garina. Mercedes. *Colab. El Heraldo* (Holguín*) y El Eco* (Holguín)*.*

Gay, Luz. Fundadora y directora de *La Revista Blanca*. Perdió el uso de la razón al final de sus días.

Geada, Rita. Poetisa. Colab.*Excelsior, Abside, Azor, Caracola, Círculo Poético, Connecticut Review, Cuadernos Desterrados, Cuadernos Hispanoamericanos, Hispania, Poesía Hispánica, Papeles de Sons Armadans, Profilés Poétiques, Alaluz, Norte, El Rehilete, Poema Convidado, Latin American Literary Review, Revista Hispánica Moderna, Linden Lane Magazine, Puente Libre, Revista Iberoamericana, The American PEN, Street Magazine, El Taller Literario, Turia, Citybender, Arbol de Fuego, Espiral, Caribe, Exilio, Punto Cardinal, La Torre, Los Universitarios, Baquiana, Giornale dei Poeti, Le Lingua dei Mundo, Il Pungolo Verde, Letras, El Puente, El Taller Literario, Vitral, Feuilletes, De Liras* y otras.

Gerona, Minita. Colab. *Vanidades.*

Gil, Helena. Colab. *Liberación Social, España Republicana.*

Gómez de Avellaneda, Gertrudis. Poetisa, dramaturga, novelista, reconocida por muchos críticos como la figura más importante del romanticismo en lengua española. Fundadora *y* Directora del *Álbum Cubano de lo Bueno y lo Bello* (1860), primera publicación cubana en que se pagaron las colaboraciones. Colab. *El Cisne* (1838), *La Alhambra* (1839), *La Prensa* (1841), *El Faro Industrial* (1841), *La Semana Literaria* (1845), *Diario de la Habana* (1848), *El Iris* (1850). *Revista de la Habana* (1853), *La Idea* (1853), *El Liceo de la Habana* (1857), *Ecos de la Literatura Cubana* (1858), *Cuba Literaria* (1861), *Camafeos* (1865), *La Idea* (1866), *Crónicas del Liceo de Puerto Príncipe* (1867), entre otras. **(V. 2.2.1.2).**

Gómez de Zamora, María. Redactora de *Diana* (Sancti Spíritus, 1923).

Gómez Héctor, Dora. Jefa de Redacción de *Liertad News.*

Gómez Kemp, Dolores. Colab. *Bohemia.*

González, Adele. Colab. *La Voz.*

González, Graciela. Abogada. Redactora *Vanidades Continental.* Colab. *Cosmo, Intimidades, Coqueta.*

González, Karmen. Directora de *Diario de la Mujer.*

González, Lucrecia. Directora de *Lux* (1937).

González, Magda. Colab. *Diario Las Américas.*

González, Maydée. Colab. *Trazos de Cuba* (París).

González, Olimpia. Redactora de *Cosmopolitan.*

González Alfaro, Yolanda. Fundadora, en unión de Carmen Teresa Roiz, de *Audace.* Coordinadora de *Hombre de Mundo, Geomundo, Buen Hogar, Buena Vida, Activa, Cosmopolitan, VanidadesCcontinental .* Durante algún tiempo, Directora de las páginas locales de *Diario Las Américas.*

González Consuegra, Lucrecia. Directora y redactora de *La Armonía* (Cárdenas, 1882). Colab. *Minerva* (1888).

González Freire, Natividad. Teatrista. Crítica e historiadora teatral. Colab. *Bohemia, El Mundo, Hoy, Revolución, Verde Olivo, Gramma, Unión, Gaceta de Cuba, Nueva Revista Cubana.*

González Mármol, María. "llegada al palenque de la prensa" (Caraballo).

González Ruz, Francisca. Colab. *La Prensa* (1841), *El Artista* (1849), *El Almendares* (1852), *Revista de la Habana* (1853), *Brisas de Cuba* (1855), *Álbum Habanero* (1856).

Granados, María Josefa. Colab. *Fémina* (1908), *La Opinión* (1911), *La noche* (1912), *El Sufragista* (1913), *El universal* (1923).

Grandy, Julie de. Actriz. Colab. *Universal News.*

Grau Imperatori, Ángela. Directora de *Redención* (1932).

Grieco, Josefina. Colab. *Vanidades.*

Guardado, Juana María. Redactora de la *Revista de Educación* (1911).

Guardia, Ileana de la. Colab. *Sin Visa* (París).

Gude, Vivian. Publicista. Colab. *Hombre de Mundo, Geomundo, Intimidades, Vanidades Continental, Cosmopolitan, Men´s Health en español, Marie Claire, TV Novelas, El Nuevo Herald.*

Guerra, Carmen. Directora de *Caibarién* (1938).

Guerra, Felicia. Redactora *Revista de Educación* (1911).

Guerra Debén, Ana. Directora del Boletín de la Asociación Cubana de Bibliotecarios.

Guillén, Conchita. Colab. *La Revista de Todos* (Camagüey, 1933).

Guiral Sterling, Dolores. Colab. *La Voz Femenina (1925), Yara* (1925).

Gus, Teresa. Colab. *Vanidades Continental.*

Gutiérrez, Bárbara Diversas posiciones administrativas de importancia en *El Nuevo Herald.*

Gutiérrez (Señora de). Directora de *La Voz Femenil* (Cárdenas, 1902),

Gutiérrez Kahn, Asela. Ensayista. Colab. *Diario Las Américas.*

H

Hechevarría, Ana M. Colab. *Aguinaldo Camagüeyano* (1864). Según el Diccionario de Literatura Cubana, comenzando en 1848.

Heisler-Samuels, Betty. Redactora de *Vanidades. Cosmopolitan, Harper's Bazaar* y *El Miami Herald.* Directora-editora de *Donde Magazine* y *Entre Nosotros.*

Henríquez, Antonieta. Musicóloga. Colab. *La Gaceta de Cuba. Revista de Música.*

Henríquez Ureña, Camila. Educadora. Historiadora y crítica literaria. Cubana de adopción. Colab. *Revista de Instrucción Pública* (1928), *Archipiélago* (Santiago, 1928), *Revista de la Facultad de Letras y Ciencias de la Universidad de*

la Habana (1929), *Revista Bimestre Cubana* (1935), *Grafos* (1935-39), *Isla* (1936), *Lyceum, Ultra* (1938), *Revista de Educación* (1932), y en publicaciones dominicanas y algunas norteamericanas como *The Modern Language Journal, The Hispanic American Historical Review.*

Hernández, Madelín. Redactora *El Nuevo Herald.*

Hernández, Melba. Colab. *Escambray, Letras, Vitrales. Premio Nacional de Literatura para niños.* Periodismo radial durante catorce años en Radio Sancti Spíritus. Programas radiales dramatizados para radio WADO (N.Y), como "El mundo de los niños".

Hernández, Nelly. Colab. *Vanidades Continental.*

Hernández Amaro, Mercedes. Colab. *Diario Las Américas.*

Hernández Catá, Sara. Columnista del perióico *Información* y colaboradora en otras importantes publicaciones como *Bohemia, Vanidades* y *Carteles.* Ver semblanza en **6.2.**

Hernández Clavaresa, Amalia. Fundadora y directora de *La Voz Femenina* (1952*).*

Hernández Díaz, Amelia. Directora de *Crucero,* órgano del Colegio Nacional de Doctores en Ciencias y Filosofía y Letras.

Hernández García, Calixta. Colab. *El País, Diario de la Marina, Amanecer, Nuevos Rum bos, La Voz Femenina.*

Hernández Montes, Francisca. Novelista. Figura como delegada asociada por Sancti Spíritus al Congreso de la Asociación de la Prensa de Cuba, en 1935.

Hernández Ramos, Francisca. "Colaboradora en la prensa habanera" (Caraballo, 1918).

Hernández Zamora, Francisca. Directora *La Buena Nueva* (1922).

Herrera, Georgina. Poetisa. Colab. *El País, Diario de la Tarde, Diario Libre, Romances, Iris, Unión, la Gaceta de Cuba.*

Herrera, Graciela. Educadora. Colab. *Revista de Instrucción Primaria, Revista de Educación.*

Herrera, María Cristina, Profesora, Colab*. La Voz Católica.*

Hiriart, Rosario. Poetisa. Narradora. Ensayista. Benefactora de las letras cubanas. Ha desarrollado toda su carrera fuera de Cuba. Ha colaborado en importantes revistas europeas e hispanoamericanas, como: *Alor Novísimo, Américas, América Latina, Anthropos, Barcarola, Círculo, Con Dados de Niebla, Cuadernos Americanos, Cuadernos Hispanoamericanos, Cuadernos de Ruedo Ibérico, Estudios Extremeños, Insula, La Torre, Mariel, Monte Mayor, Nivel, Novedades, Nueva Estafeta, Quaderni Iberoamericani, Razón y Fábula, Renacimiento, La Torre, Turia, Vida Universitaria, Zaragoza, Zona Franca,* y numerosos diarios de América y España. **(V. 1.2.8.1)**.

I

Ibaceta, Herminia. Poetisa. Miembro del Colegio Nacional de Periodistas del Exilio.

Ichaso, Alicia. Codirectora en unión de su hermana Antonia de los programas radiales *La Hora de la Mujer* y *Revista del Aire.*

Ichaso, Antonia. Pionera de la radio cubana. En unión de su hermana Alicia dirigió el programa *La Hora de la Mujer, el Niño y el Hogar* (Radio García Serra, 1939). Colab. *Vanidades* y *Vanidades Contnental.*

Ichaso, Marilyn. Directora del *Boletín Informativo del Instituto Nacional de Cultura (INC).* Desarrolló la mayor parte de su carrera en México, como traductora de obras de Broadway y crítica teatral.

Iglesias, Elena. Poetisa y narradora. Redactora de *Ideas, El Nuevo Herald.*

Inclán, Hilda. Primera periodista cubana en publicar una columna en español en la prensa de habla inglesa, en el desaparecido *Miami* News. Cofundadora y codirectora de *Cruise and Travel.* Directora de *Intimidades.* Redactora de *La Verdad.*

Inclán Josefina. Ensayista. Colab. *Diario Las Américas.* Sus atículos, muchos de ellos aclarando aspectos de la cultura cubana o trazando semblanzas de primera mano de personajes de nuestra historia y del exilio, debían ser recogidos en un volumen. Dejó inéditos tres libros : *Carlos Loveira en sus cartas, Biografía e iconografía de Carlos Loveira* y *Bibliografía dcCiro Alegría* Fue deseo de Josefina, que no pudo cumplirse, que Esperanza Figueroa y Gladys Zaldívar se ocuparan de estas ediciones, pero su heredero aceptó una oferta de la Colección Cubana para adquirir los materiales, que allí se encuentran.

Insúa, Sara. Colab. *El Repórter* (1928).

Irigoyen, Ana Luisa. Colab. La Voz Femenina. Berta Arocena reseña que ganó los premios de periodismo Enrique José Varona y Rodrigo de Xerez.

Isa Santiago, Juana. Colab. *El Herald Réplica* (periódico y revista*), Ahora.* Redactora de *Spanish Broadcasting System* y *Radio Martí.* Ha dirigido programas en los canales 40 y 51.

Isalgué, Sara. Redactora de *Pétalos* (Guantánamo, 1912).

Isla, Toni. Primera reportera de noticias militares. Colab. *La Independencia, El Cubano Libre, El Pueblo* (Santiago de Cuba), *Diario de Cuba, El País, Alerta, Chic, Fémina, Ellas, Grafos.*

Iturralde, Iraida. Poetisa. Conferencista. Durante algún tiempo subdirectora de *Romántica.*

J

Jaume, Adela. Cronista cultural de *El Diario de la Marina* por espacio de 25 años. Redactora de *Biblos.* Colab. *Horizontes* (Sancti Spíritus, 1935), *Gaceta de la Feria del Libro, Cúspide, Arte y Cultura.* Redactora de la sección "Arte y

Confort" del *Rotograbado* del *Diario de la Marina*. Única cronista rotaria de Cuba. Autora de las biografías de cubanas que aparecen en la *Enciclopedia de la Mujer,* de tanta utilidad para la presente reseña. En el exilio, Adela fue durante muchos años redactora de la sección "El Universo de la Cultura", que se publicaba en el semanario *El Universal* de Miami. **(V. 6.2).**

Jiménez, Mari Claudia. Colab. *Vanidades Continental.*

Jiménez, María Luya. Colab. *La Rosa Blanca.*

Jiménez Rojo, Adelaida. Colab. *Ninfas* (Santa Clara, 1929).

Jover, María Dámasa. Directora *Ninfas* (Santa Clara, 1929) y *Umbrales* (Santa Clara, 1934). Colab. *Renacimiento* (Camagüey, (1933).

Juan, Adelaida de. Crítica e historiadora de arte. Colab. *Cuba, Casa de las Américas, Revolución y cultura.*

K

Kendall, Lourdes D'. Se dedica al periodismo radial.

Kenny, Elena. Redactora *El Nuevo Herald.*

Krieghoff, María Luisa. Editora-fundadora de *El Mundo de Hoy / Today's World, p*eriódico con numerosas secciones que ella misma redactaba. En el número de 7 de febrero de 1997, apareció la crónica más divertida y disparatada que hemos leído, con el título "Escándalo en 'El Gallegazo'", que no nos alcanza el espacio para reproducir.

Krüger, Rosa. Poetisa y narradora. Colab. *Revista de Cuba (1877) La niñez (1879), El Siglo, El Occidente, La Guirnalda.*

L

Ladó, Cristina. Redactora de *El Nuevo Herald.*

Lamar, Hortensia. Directora de *La Mujer Moderna* (1932). Colab *Surco* (1930), *Revista Bimestre Cubana.*

Landa, Ángela. Colab. "en las revistas habaneras" (Caraballo).

Landa, Ángeles. Colab. *Revista de la Facultad de Letras y Ciencias* (1905).

Landa, Silvia. Declamadora. Colab. *El Mundo.*

Lara, María Julia de. Médica. Profesora de Higiene de la Facultad de Medicina de la Universidad de la Habana. Fundadora de la revista médica Salud y Belleza. Colab. *Carteles, Vanidades, Bohemia, Diario de la Marina, Excelsior.*

Lapique, Zoila. Bibliotecaria y bibliógrafa, musicóloga. Colab. *Revista de la Biblioteca Nacional. Revista de Música.*

Lauderman, Gladys. Crítica de arte. Miembro de la American Associations of Museums. Colab. *Viernes, Boletín de la Escuela de Artes Plásticas de Matanzas, Bohemia y otras.*

Leal, Gloria. Poetisa. Ha desarrollado buena parte de su carrera en Puerto Rico. Es Vicedirectora de *El Nuevo Herald,* donde a pesar de oportunas colaboraciones ha seguido una carrera más bien administrativa. Colab. *La Prensa* (Panamá)*, The San Juan Star, Perla del Sur.*

Lecube, Graciela. Colab *Vanidades Continental.*

León, Luisa. Directora de *Cuba Bibliotecológica.*

León, Mimí. Colab. *La Voz.*

Lépori, Edelmira.. Colab. *Revista de Educación.*

Lerties, Clara. Colab. *El magisterio espirituano.*

Leyva, Josefina. Ensayista, novelista. Colab. *Marie Claire.*

Leyva Martínez, Ivette. Colab. *El Nuevo Herald.*

Lezama Lima, Eloísa. Profesora, ensayista, publicitaria. Colab. *Nadie Parecía. Diario Las Américas*. **(V. 4.8.1.1)**.

Linares, María Teresa. Musicóloga, folklorista. Colab. *Nuestro Tiempo, Actas de Folklore, Revista de Música.*

Llaguno, Magaly. Colab. *Diario de las Américas.*

Llanos, Myrka de. Prensa televisiva.

Lleonart, Yolanda. Poetisa. Colab. *Titeretada, Oceano, Poesía.*

Lluy Houston, Pilar. Colab. *Diario de la Familia, Cuba y América, El País, Hojas Selecta, Boston Post.*

López, Carlota. Colab. *El Jardín Romántio, Flores de Mayo, La Miscelánea,* entre otras.

Lopez, Elaine, Colab. *La Voz*

López, Ana Luisa. Redactora de la *Revista de Educación* (1911)

López, Margarita, Directora de *Senderos* (1936).

López, María Manuela. Fundadora-directora de *El Mensajero de las Damas* (1882).

López, Zoraida. Miembro del Colegio Nacional de Periodistas en el exilio.

López Dorticós, Margot. "Directora del conservatorio de su nombre, donde se publicaba la revista *Do Re Mí*". (Berta Arocena).

Lopez Oña, Silvia. Colab. *The Villanovian.*

López Recio, Ángela. Directora y fundadora de *La crónica religiosa.*

López Seña, Emma. Colab. *Cultura.*

López Turla, Carlota. Colab. *Miscelánea de Util y Agradable Recreo* (1837), *El Jardín Romántico* (Matanzas, 1838) y *Flores de Mayo.*

López Turla, Rosa. Colab. *Miscelánea de Util y Agradable Recreo* (1837).

Lora, Elsa. Colab. *Vanidades Continental.*

Lorié Conesa, Gertrudis. Colab.*Álbum Cubano de lo Bueno y lo Bello.*(1860). *El Céfiro* (1866).

Loynaz, Dulce María. Poetisa. Prosista. Premio Cervantes 1992. Colab, *Nosotros* (1919), *La Nación* (1920), *Revista de la Asociación Femenina de Camagüey* (1921), *Revista de Oriente* (1928), *Horizontes* (1935) *Poesía* (1942), y en el *Boletín de la Academia Cubana de la Lengua, Social, El País, Excelsior, Grafos, El Sol* (Marianao), *Diario de la Marina, El Mundo, Revista Cubana, Orígenes*. Según Adela Jaume, podía decir "grandes verdades sonriendo suavemente".

Lozano, Abigail. Colab. *El Rocío* (1856).

Luque, Consuelo. Co-editora-directora de *El Directorio*.

Luzán, Elena. Fundadora-directora de *Correo de la Niñez* (1896).

M

Machado Arredondo, Isabel. . Colab. *El Liceo* (Santa Clara, 1867). *El Resumen* (Santa Clara, 1886), *El Villareño* (1900), *Patria, Cuba y América*.

Machín Upmann, María Dolores. Coeditora-codirectora de *Grafos* (1932).

Madariaga, Paquita. Escritora y teatrista. Premio Luis de Soto 1954 por su obra *Maquiavelo*. Colab. *Avance, Alerta, Romances, a. El Nuevo Herald, La Familia* (New York), *Va nidades Continental, Buen Hogar, Harper's Bazaar, Cosmopolitan, Activa, World Almanac, National Geographic, Trade Wind, Abroad, Alas, Vogue, Glamour*. [Al morir, Paquita trabajaba en unas *Memorias*, algunos de cuyos capítulos, llenos de su inigualable frescura y agudeza, obran en mi poder y algunos otros segmentos en las profundidades de su computadora. Si no tengo oportunidad de publicarlos, los donaré a la Colección Cubana de la Biblioteca de la Universidad de Miami].

Maggi, Beatriz. Colab. *Boletín del Departamento de Lengua y Literatura Hispánicas, de la Universidad de la Habana*.

Maidique Patricio, Olga. Redactora de la *Revista de la Universidad de Oriente*. Colab. *Galería* (Santiago).

Maig, Berta. Colab. *Prometeo*.

Mañas, Uldarica. Diplomática. Directora de la revista *Lyceum* en 1936.

Marcos Bourbakis, Regina de. Escritora y publicista. Premio María Teresa García Montes Giberga. Cronista de Espectáculos (en especial cine y ballet) del *Diario de la Marina*. Directora del Departamento de Publicidad de "El Encanto". Jefa de Redacción de *Libros Especiales* (Ed. América), y luego de *Harper's Bazaar en Español*. . Colab. *Bohemia, Ellas, Vanidades, Fascinación, Buen Hogar, Vanidades Continental*. Berta Arocena la consideraba "su" descubrimiento. Y decía: *"Regina de Marcos, tan muchacha todavía y con un padre famoso en el periodismo, quien a pesar de las dos premisas, brilla entre sus colegas con resplandor personal. Es auxiliar de Francisco Ichaso en la crónica* *teatral y cinematográfica de* Diario de la Marina *y casi todas las revistas de la Habana han vehiculizado su expresión [...] Regina cubre además la jefatura de propaganda de 'El Encanto'. Me impresiona su actividad, memorizando que para* Grafos *de María Radelats y María Dolorees Machín le hice yo la primera entrevista, una muchachita 'Regina' que 'prometía' desde las composiciones de su libreta escolar".* De Regina ha escrito Mario Parajón: *"Regina ocupaba por su juventud un lugar aparte en semejante nómina* [de críticos teatrales]. *Era espigada, rubia, muy bonita, muy fina y muy intelec tal* [no se sabe por qué utiliza el tiempo pasado]. *Educada por el ilustre don Miguel y por la inolvidable Rosita Rivacoba, hizo la carrera de Filosofía y Letras, graduándose con una tesis sobre el gran italiano Pirandello, al cual ella supo ver a través de su espejo. La tesis se imprimió y fue un trabajo delicioso de investigación y de observaciones acertadas con sello muy personal. [...] Regina iba a los estrenos y procuraba que su crónica fuera un modelo de imparcialidad siempre serena. No se propasaba ni en los elogios ni en los reparos. Se le escapaba por momentos algún grano de ironía, al que salpicaba suavemente de otros matices para que no resultara hiriente. 'Era muy delicada, pero no tiene nada de frágil', me dijo un amigo al concluir la lectura de una de sus críticas".* **(V.6.2).**

Marina, Gloria. Historiadora. Redactora de *El Herald.*

Marill, Alicia. Colab. *La Voz Católica.*

Marín. Thelvia. Colab. *Horizontes* (Santiago de Cuba, 1935). Colab. *Vanidades, El Mundo, Revolución y Cultura, Juventud Rebelde, etc.*

Mármol Adelaida del. Poetisa. Colab. *La Abeja Científica y Literaria* (1848), *El Orden* (Santiago, 1850), *Revista de la Habana* (1853), *Semanario Cubano* (1855), *La Abeja* (Trinidad (1856), *La Alborada* (Villaclara, 1856).

Mármol, Margarita del. *Colab. en* El Murciélago, (satírico) y *El Orden* (Santiago de Cuba, 1850).

Márquez, Claudia. Editora *De Cuba.*

Márquez, María. Ex presa política y activista en pro de los Derechos Humanos. Es locutora, publicista, líder cívica y feminista. Colab. *El Mundo, Bohemia, Vanidades, The Miami Herald, RHC, Cadena Azul, Radio Martí.* Con su nombre de soltera, María López Salas, colaboró en *Vida Universitaria.*

Marsán, Gloria. Colab. *Bohemia.*

Martí, Tula. (seudónimo de Alicia Varela). Colab. diversos periódicos del exilio y la radio de Miami.

Martí Cid, Dolores. Historiadora y crítica teatral Profesora. Autora de varios libros de texto. Publicó una serie de más de dos docenas de artículos aparecidos en *Carteles* (1949-1953), sobre la cultura de diversos países hispanoamericanos. Colab. *Revista de la Universiad Pontificia Bolivariana, Anales de la Aca-*

demia Nacional de Artes y Letras de Cuba, Nosotros, Fisrt Stage, Yelmo, Revue Internationale de Théatre, NALLD Journal, Círculo, Hispania, Revista de la *Universidad de la Habana. Revista de la Universidad de Buenos Aires, Revista Interamericana de Bibliografía.* Es autora de numerosos artículos para la *British Encyclopaedia* y para la *Enciclopedia dello Spectacolo.* Y de diversas ponencias para congresos internacionales.

Martín, Rita. Colab. *Clarinada.*

Martín, Yolanda. Directora de *Chic* (desde su fundación, 1934 hasta 1959). Colab. *Reporter.*

Martín Rodríguez, Matilde. Colab. *La Antorcha, El Cardenese, La Unión* (Cárdenas).

Martínez, Ángela. Dir. *El Sol* de Hialeah.

Martínez Elaine. Colab *El Nuevo Herald.*

Martínez Julia, Colab. *Diario de la Familia, El Fígaro, La Escuela Moderna, Cuba Libre, Cuba y América.*

Martínez, Nelita, Directora de *Radio Cancionero* (1937)

Martínez Cabrera, Rosa. Cofundadora del Lyceum de Camagüey y animadora de la cultura. Colab. *El Camagüeyano, Grafos, NEA* (National Education Associatrion), *Américas* (OEA*), Poughkeepsie Journal, East-West Magazine, Las Américas, Hispania, El Camagüeyano Libre.* Corresponsal de asuntos culturales para *El Día* (San Juan) y *Quaderni Iberoamericani* de Turín.

Martínez Casado, Luisa. Actrtiz. Colab. *El Hogar* (1883).

Martínez Castro, Sara. Poetisa. Líder anticastrista del exilio. ßColab *Diario Las Américas, Círculo Poético, Resumen Literario El Puente.*

Martínez y Martínez, Julia. Ensayista, profesora, traductora. Colab. *Diario de la Familia, Cuba Libre, La Escuela Moderna, El Fígaro, Cuba y America.* Expresó sus feministas en: *La actitud de las cubanas en estos momentos* (1927).

Marrero y Caro, Rosa. Colab. *Ensayos Literarios* (1862).

Massaguer, Luz María. Redactora *Evening News.* Colab. *Carteles.*

Massanes, María Josefa. Colab. *La Prensa* (1841).

Mata, Alicia, Colab. *El Nuevo Herald.*

Matamoros, Mercedes. Poetisa. Colab. *El Tiple* (1855), *La Estrella Solitaria* (Camagüey, 1869), *R*evista de Cuba (1877), *El Pensamiento* (Matanzas, 1879), *El Ramillete* (Matanzas, 1879), *El Hogar* (1880), *El Almendares* (1881), *El Ensayo* (1881), *El Mensajero de las Damas* (1882), *Revista Habanera* (1883), *La Habana Elegante (1883 a 1893) La Lotería (1884), El Porvenir* (Nueva York, 1890), *La Habana Literaria* (1891), *La Ilustración Cubana* (1892), *La Igualdad* (Sancti Spíritus, 1893), *La Joven Cuba* (1894), *La Juventud Liberal* (Cienfuegos, 1894), *Revista de Cuba Libre* (Tampa, 1897), *Cuba Libre* (1899),

Ideas (1929. También en *El Siglo, El Occidente, La Opinón, La Golondrina, El País, Diario de la Marina,* y otros. Realizó brillantes traducciones de poetas ingleses, franceses y alemanes. Sus poesías fueron publicadas por gestión de Eva Canel.

Mayans, Teresita. Actriz. Compositora. Ex presa política y activista comunitaria. Colab. *Viva, Diario Las Américas, Radio Martí.*

Maza, Piedad. Educadora. Directora de la revista *Lyceum* (1949). Colab. *La Mujer Moderna* (1925), *Revista de la Universidad de la Habana* (1934), *Alma cubana* (1923 y 29), *Grafos, Revista de Instrucción Pública, etc.*

Meluzá, Lourdes. Redactora de *Vanidades Continental, El Herald.* Reportera del canal 23 de Univisión en Washington. Hija de los autores y periodistas Lourdes Bertrand y Francisco Meluzá Otero. De ella escribió el inolvidable autor de la serie radiofónica *Manuel García, Rey de los Campos de Cuba: "Mi hija única, Lourdes, durante los años que vivimos en Mexico estudió en el colegio de las Hermanas Mercedarias de Coyoacán la primaria; la secundaria en el inglés Westminster School y el Anglomexicano. Más tarde pasó a la Escuela de Publicidad Nacional, graduándose de publicista y empezando a trabajar en la agencia Publicidad Ferrer. Cuando vinimos a Miami obtuvo el grado en Arte de las Comunicaciones. Después de trabajar periodismo en Editorial America por varios años, actualmente [1985] es redactora del diario norteamericano The Miami Herald".* Y de ahí, como dijimos, pasó a Univisión.

Mella, Natasha. Abogada. Orientadora de la opinión pública. Colab. *El Nuevo Herald.*

Méndez, Marta. Redactora de *Vanidades Continental, Buen Hogar, Geomundo.* Pasó a la redaccion del *Diario Las Americas,* y de allí a *El Nuevo Herald* donde tiene a su cargo la Seccion de Viajes (*Pasaporte*) y coordina varias secciones.

Méndez Capote, Renée. Codirectora, con su hermana Sara, de la revista *Artes y Letras* (1918). Directora de la *Revista de la Biblioteca Nacional José Martí.* Colab. *Correo Musical* (1917), *Surco* (1930), *Grafos* (1933), *Social, El País, Diario de la Marina, El País, Social, Bohemia, Mañana, El Mundo, Unión, La Gaceta de Cuba, Mujeres, Revolución y Cultura y la* mayoría de las publicaciones oficiales castristas. (**V. 6.2**).

Mendoza, María A. Colab. Magazine *Social.*

Menéndez Ros, María. "llegada al palenque de la prensa" (Caraballo).

Meneses Rodríguez, Mercedes. Colab. *Boletín de la Asociación Cubana de Bibliotecarios.*

Mesa Díaz, Hilda. Una de las primeras mujeres en cubrir la crónica depoortiva.

Mestre, Fanny. Colab *Vanidades.*

Mestre, Laura. Helenista. Tradujo los textos completos de la Ilíada y la Odisea. Colab. *La Habana Elegante, Revista de la Facultad de Ciencias y Letras.*

María Milán. Directora *El avisador.*

Milanés, Bárbara. Colab. *Boletín del Poeta.*

Milanés, María Luisa. Colab. *Orto* (Manzanillo).Una copia de su extensísima obra poética inédita obra en poder de Gladys Zaldívar.

Milanés Tamayo, María. Colab. "de la prensa de Bayamo".

Mirabal, Lutgarda. Colab. *La Habana* (1858), *El Álbum* de Güines (1862).

Miranda, Ana María. Colab. *Buen Hogar, Ideas.*

Miranda, Anisia. Colab. *Bohemia, El Mundo, Gaceta de Cuba.*

Miranda, Eulalia. *Fémina* (1932).

Miranda. Irene. Colab. *La Voz Católica.*

Miranda, Rita. Colab. *Vanidades Continental.*

Molina, Leonor. Mencionada por B. A.

Molina, Luisa. Colab. *Archivos de la Habana* (1856), *El Ramillete* (Matanzas, 1879), *El Almendares* (1881). Y *El Artista, El Triunfo, La Piragua, Brisas de Cuba, El Yumurí, Revista de la Habana.*

Molina, Renée. Mencionada por B. A.

Molina, Sara P. "llegada al palenque de la prensa" (Caraballo).

Montagú, Graciela. Fundadora y Directora de *La Gaceta Hispana.* Fundadora y Codirectora de *El Directorio.* Este "periodiquito" de breve duración (Miami, 1987-88) resultaba muy completo y ofrecía la novedad de que carecía de cargos o posiciones asignadas. Decía el editorial del primer número: *Todas las personas que colaboramos en El Directorio trabajamos en otros centros a tiempo completo. Nadie es el director, nadie el editor. Nos turnamos en organizar la producción de acuerdo a quien esté más libre. Por eso no tenemos una relación de cargos,* aunque a la larga, tuvieron que designar al menos una directora.

Montalván, Clarisa. Colab.*El Álbum de las Damas* (Cienfuegos, 1909).

Montalván, Dolores. poetisa. Colab. En la prensa remediana. Según Martínez Fortún, escribió poco y murió joven.

Montaner, Gina. Colab. *El Nuevo Herald.*

Montaner, Lourdes. Comentarista radial. **(V. 6.5.1).**

Monte, Isabel María de. "aficionada a hacer periodismo" (B. A.).

Monte, María del. Colab. *Semanario cubano* (1855).

Montenegro, Emma. Colab . *Bohemia.*

Montero, Margarita. Arpista. Colab. *Vanidades*

Montgomery, Cora. Directora de *La Verdad.* Nueva York (1848).

Montoro Saladrigas, Consuelo. Escritora para niños. Socia fundadora de El Lyceum. Colab. *El Mundo, El País,* y la revista *Lyceum (*1936). Redactora de la página infantil de *El Fígaro.*

Montoya, María. Presentadora de noticias por televisión.

Mora, Laura. Colab. *Cultura.*

Morales, Catalina R. de. Directora de *El álbum* (Matanzas, 1881).

Morales, Raquel. Colab. *Vanidades.*

Morales Lemus, Manuela. Colab. *El Mundo Ilustrado.*

Morandeyra, Mary. Directora de *Continente.* Colab. *América* (1929*), Loco* (1934*), Orbe* (1931).

Moreda Luis, Clara. Fundadora y directora de *América* (1929), creada an honor de América Arias, viuda del presidente Gómez. Directora de *Atlántida* (1934).

Morejón Nancy. Poetisa. Colab. *Gaceta de Cuba. Jigüe, Mensajes, Unión, Cultura., El caimán barbudo, Casa de las Américas,* etc.

Sarah Moreno. Colab. *El Nuevo Herald.*

Morgado, Marcia. Narradora. Autora de la novela "risquée" *69.* Colab. *Éxito, El Nuevo Herald.* Redactora de *Vanidades Continental.* Ha practicado el periodismo radial a través de *Radio Mambí.*

Moro, Lillian. Poetisa. Colab. *El Mundo, la Gaceta de Cuba, Resumen Literario, El Puente, La Nueva Sangre, Linden Lane, Mariel, El Gato Tuerto.*

Morillo, Consuelo. Feminista. Benefactora. Defensora de diversas causas humanitarias, como la lucha contra la tuberculosis a través de su columna "Desde mi rincón", en el *Diario de la Marina.* Directora de la institución católica Damas Isabelinas. Condecorada con la cruz Pro Ecclesia por Pío XII en 1956.

Mosquera, Josefina. Cofundadora y directora de arte de *Vanidades.* Supe que residía en Miami demasiado tarde, por su esquela funeraria en el *Diario Las Américas.* Su apoderada me facilitó la foto incluida en la parte gráfica.

Muguercia, Magaly. Redactora del *Boletín de la Casa del Teatro.* Colab. *Revolución y Cultura.*

Mulet, Zoila. Colab. *Polémica* (1934).

Muriedas, Mercedes. Bibliotecaria y bibliógrafa. Colab. *Vanidades. .*

Muñoz, Viviana. Colab. *El Nuevo Herald.*

Muñoz del Valle, Luisa. Poetisa. Mencionada por B.A.

Muñoz Quevedo, María. Musicóloga. Directora de la Coral de la Habana. Directora de *Musicalia* (1928). Colab. *Estudios afrocubanos* (1937).

Murillo, María Josefa. Colab. *Recreo de las Damas* (1836).

N

Nápoles Manzanedo, Bertha. Colab. *El Federado Escolar.*

Nasón, Victoria. Codirectora de *Ideas* (1937).

Navarro Nápoles, Aurelia. Jefa de Redacción de *El Cubano Libre (*1869).

Negrín, Elsa. Redactora durante una década de *Vanidades Continental*. Colab. *Cosmopolitan, Buen Hogar, Harper's Bazaar, Intimidades, Cruise and Travel, El Nuevo Herald.* Columnista del semanario *Éxito* "En Confidencia") y en *El Nuevo Mundo* (San José California), una columna titulada "Destapando la olla", con reseñas de restaurantes. En la radio, ha dirigido programas a través de la WQBA de Miami y ha sido directora de materiales promocionales en la propia emisora. En televisión, ha sido productora de los programas de Cristina, María Laria y Pedro Sevcec. Como PR de los Estudios Disney, ha tenido a su cargo la redacción de la revista "Reportero Disney" para niños.

Nieto Herrera, Carmela. Escritora para niños *(Aventuras de Buchón)*. Colab. *El Universal* (1918*), El Fígaro, El Mundo.* En *El Mundo* dirigió la página "Lecturas del Hogar", donde presentaba a las mejores escritoras de Cuba. Cuenta Berta Arocena: "Recuerdo que yo, de niña, enviaba mis preguntas a Carmela, soñando con sus respuestas y con imitarla".

Niggeman, Clara. Poetisa. Animadora del Grupo Novación Literaria, de donde proceden, entre otras, figuras como Rolando Escardó, Severo Sarduy y Gladys Zaldívar. Redactora de la página literaria *de El Camagüeyano*. Colab. *El Mundo, el Diario de la Marina, El País Gráfico.* Ha expresado Gladys Zaldívar en *El Camagüeyano Libre*: "La poesía era para Clara una verdadera religión, que requería entrega total, oficio y jamás la traición que implica escribir por conveniencia o mercenariamente. Es uno de los escasos ejemplos de ética artística que he conocido".

Noda, Petrona. Colab. "en la prensa habanera". (Caraballo).

Noriega, Rosalía. Colab. *Nuevos Tiempos* (1926).

Noroña, Ma. Teresa. Mencionada en el *Anuario.*

Novo, Mireya. Colab. *Éxito.*

Novoa, Rosario. Educadora. Colab. *Nueva Revista Cubana, Viernes, Lyceum.*

Nuiry, Nuria. Colab. *Boletín del Departamento de Lengua y Literatura Hispánica,* Universidad de La Habana.

Núñez, Ana Rosa. Poetisa. Bibliotecaria. Autora de la primera coleccion de poetas en el estierro. Una de las creadoras de La Colección Cubana de la Biblioteca de la Universidad de Miami. Colab. *Renuevo, Cuba Bibliotecológica, El Mundo, Diario de la Marina, El Alacrán Azul, Cuadernos 66, El Habanero, Exilio, Envíos, Diario Las Américas, El Molino de Papel, Zona Franca, Arbol de Fuego, PEN de Honduras, Cormorán y Delfín, Cuadernos del Hombre Li-*

bre, *La Nueva Sangre, Punto Cardinal, Verde Yerba, Antorcha, Revista Cubana, Caballo de Fuego, Resumen, El Día* (P.R), *El Día* (Honduras), *Guardarraya, El Tiempo, Norte, The Voice, Azor, Nueva Generación, Ideal, La Playa, Círculo, Diáspora...* Ella misma me envió una relación de las publicaciones donde había colaborado. Modesta hasta lo indecible, incluía esta nota: *Concha: quizás existan otras más ¡Pero ya esto es demasiado! ARN.* [Ya ves, Ana, que he tratado de completar la relación como he podido. Si me dejan entrar, nos vemos en el Cielo. *CTA.*].

Núñez, Sagrario. Colab *La Voz.*

Núñez, Serafina. Poetisa. (Su poemario *Mar Cautiva* de 1937, está prologado por J. R. Jiménez). Educadora. Feminista. Una de las fundadoras de la Unión Nacional de Mujeres. Colab. (1938), *Diario de la Marina, El Mundo, El País, Prensa Libre, Información, Avance, Alerta, Carteles, Vanidades, Revista Bimestre Cubana, Selecta, Orto, Ellas, Ultra, Revolución, Islas* y numerosas publicaciones extranjeras.

Núñez Machín, Ana. Historiadora. Colab. *Hoy, Chic, Bohemia, Islas, Gramma, Vanguardia Obrera, Humanismo, UPEC.*

Núñez Topete, Salomé. Redactora de una sección de modas en el *Diario de la Marina.*

O

Obeja, Achy. Novelista, redactora del *Chicago Tribune.* Colab. *Reader.*

Oliva, Rosa. Reportera de *El Mundo*

Oliver, Carilda. Poetisa. Colab. *Acento* (Bayamo), *Isla, Presencia.*

Olivera, Daisy. Colab. *Selecta.*

Oramas, Ada. Colab. *Vanidades.*

Ordext, Isabel Margarita. Fundadora con Josefina Mosquera de *Vanidades* y su primera directora en Cuba. Cronista social de *El Heraldo de Cuba.* Adiministradora de *Ideal* (1919). Colab. de *Arte* (1914), *Horizontes* (1917), *Las Antillas* (1920), *Smart* (1921*), La Mujer* (1929), *América* (1929). De ella expresó Rafael G. Argilagos de *La Nación,* en 1918: "joven escritora, de culta, sugestiva, elegante y amena prosa". Herminia del Portal la consideraba una persona muy introvertida. Adela Jaume expresó: "Un dechado de finura, distinción. Muy culta. Inspiraba respeto".

Orizondo, María Julieta. Premio Berta Arocena para periodistas jóvenes en 1958. Colab. de *El Siglo, Ellas, Diario de la Marina, El Mundo* y varias revistas mexicanas.

Ángela Oromas. Colab. *Bohemia.*

Ortal, Yolanda. Poetisa. Colab. *Azor. Profils Poetiques des Pays Latins, Norte, Torre Tavira.*

Ortega, Anna. Colab. *Art Deco Tropical.*

Ortega, Nila. Destacada figura comunista, concejal del Municipio de la Habana. Colab. *Re vista de la C.T.C.* y *Mujeres Cubanas.*

Ostos Kiel, Clemencia. Colab. *Cultura.*

Otero, Ernestina. Feminista. Única reportera en la Sierra Maestra, durante el alzamiento de Fidel Castro, con el seudónimo "Ana Hernández". Redactora de *Debacle,* Camagüey (1930-33). Jefa de Redacción de *El Legendario*, Camagüey (1930-36). Colab. Otros periódicos camagüeyanos como *Vanguardia, Horizonte, Tribuna Libre*, en esa década. Además en *Norte, Cúspide, Ellas, Calles, Alerta, Mañana, Diario Nacional, Bohemia,* y otros. Y en diversos programas radiales como *Arte Radial, El Quijote* y el noticiero de la *CMW, Cadena Roja.* Para reportar en la Sierra, llamaba a su trabajo en un ministerio y decía que estaba indispuesta y no podía ir a trabajar. Me tocó presenciar un curioso episodio protagonizado por Ernestina. Salíamos del Rex Cinema Surama Ferrrer, su pequeño hijo Pepe y yo, a raíz de la aparición de *Momento*, la revista de Surama, cuando nos interceptó el paso una mujer que gritaba: "¡Ladrona! ¡Ladrona!", y sin tener en cuenta la presencia del niño, comenzó a golpear a Surama, quien, naturalmente repelió el ataque, organizándose así una reyerta en el vestíbulo del cine, hasta que yo por un lado, y algunos espectadores por otro logramos apartarlas. Era Ernestina Otero, que gritaba que Surama le había robado el título de una revista [*Momento*] que ella pensaba hacer. Fue la primera y única vez que la vi.

P

Padilla, Marta. Poetisa. Columnista durante una década de *Diario Las Américas.* Colab. *El Sol de Texas, El Nuevo Herald.* Sus artículos, de interés para la cultura cubana y la cultura general, debían ser recogidos en volumen.

Padrón. Ofelia. Directora de *Iris* (1938).

Pagés, Xiomara. Colab. *Sensacional, Art Deco, Diario de la Mujer.*

Pallais, Naida. Colab Diario Las Américas.

Pallares, Nancy. Colab. *Heraldo de Cuba.*

Pancorbo, Laudelina. Colab. *La Aurora del Yumurí* (Matanzas).

Parera, Isabel.. Poetisa. Colab. *Vanguardia, Vida Universitaria, Azor, la Rosa Blanca.*

Parera Villalón, Célida. Colab. *Diario Nacional, Gente, ProArte Musical, Dinner's Club Magazine, Diario Las Américas. El Herald, Réplica,* y otros.

Parrado, Gloria. Colab. *Lunes de Revolución.*

Park, Clara. Directora del *Havana Post*.

Pascual, Sara. Dirigente comunista internacional. En México, formaba parte, con las Proenza, del círculo de Diego Rivera y Frida Kahlo. Y en La Habana, del círculo de Mirta Aguirre. Colab. *Juventud* (Santiago de Cuba, 1919), Juventud (1923), *Alma Cubana* (1923), *América Libre*, "la revista de Rubén Martínez Villena"(1927), *Hoy*.

Pastores, Cósima. Colab. *Vanidades Continental.*

Paz, Ofelia. Colab. *Juventud* (1923).

Paz Harrisoin, Grizelle. Colab. *El Nuevo Herald.*

Pedrosa, Josefina. Directora de *Maternidad* (1931).

Peláez Villaurrutia, Aida. Directora de *La Isla* (1919), *Ideal* (1927). Colab. *Arte* (1914), *La Discusión* (1919), *Luz, Las Antillas* (1920), *El Mundo, La Mujer* (1929), *El Espectador Habanero* (1933), *Diario de la Marina. El Eco de las Damas.*

Pena Vadin, Caridad. Colab. *Fémina* (Santiago de Cuba, 1932).

Pena Vadin, Magdelana. Colab. *Fémina* (Santiago de Cuba, 1932).

Peñarredonda, Magdalena. Comandante del Ejército Libertador. Feminista. Cofundadora y codirectora de *El Sufragista* (1913). Colab. *Revista de Cuba Libre, El Criollo, La Lucha, La Nación, La Discusión, Pluma Libre. La Noche, El Tiunfo, La Habana Literaria.*

Pera Peralta, Estela. Colab. *La Revista de Todos* (Camagüey, 1933).

Perdomo, Benicia. Colab. Fundadora *Verdad y Fé.*

Perdomo, Araceli. Coordinadora editorial de *El Nuevo Herald,* donde escribe ocasionalmente.

Perera, Ana María. Ejerció el periodismo muchos años en Washington, D. C. Directora de la revista *Temas*, de Nueva York.

Perera Hilda. Novelista. Directora fugazmente de *Buen Hogar*. Colab. *Diario Las Américas.* Escribió Berta Arocena: *"Citaremos a María Álvarez Ríos y a Hilda Perera, quienes carecen de carnet, porque aquélla se destaca en el buen teatro cubano, como actriz, y ésta se dedica a la enseñanza y a escribir cuentos, habiendo sido varias veces mencionada en los concursos Hernández Catá. Ambas muy jóvenes, manejan el 'reportaje' con tanta gracia y malicia, que pueden suscitar la envidia de cualqueir viejo periodista profesional".* Según ha expresado Rosario Hiriart, Hilda Perrera *"nos ha entregado obras que han crecido en el transcurso de los años. Sus trabajos de imaginación están hechos con un uso del lenguaje que es capaz de sostenerse por su valor".* Eso confrmo, en un ensayo inédito titulado: "La lengua de todos: el *Sitio de Nadie* de Hilda Perera".

Pérez, Gloria. Colab. *Buen Hogar, Fascinación, El Herald, Éxito,* en Miami, hasta su traslado a Los Ángeles.

Pérez Borroto, Concepción. Colab. *El País, El Fígaro. La Ilustración Cubana.*

Pérez Castellón, Ninoska. Destacada líder comunitaria. Se dedica al periodismo radial, donde obtiene enormes audiencias. Célebre por sus bromas al castrismo.

Pérez Crespo, Nancy. Ha cultivado principalmente la prensa radial. Una de las primeras en ofrecer una tribuna a la disidencia interna cubana. Directora de las ediciones SIBI y copropietaria de la librería de ese nombre que, entre otros valiosos aportes, realizó la edición facsimilar del libro conmemorativo del primer *Siglo y Cuarto* de la fundación del *Diario de la Marina*.

Pérez Esquijarosa, Milagros. Colab. "en la prensa habanera" (Caraballo).

Pérez García, Sara. Colab. *Espartaco*, la revista de Carlos Baliño (1932).

Pérez Lay, María. Colab. *Vanidades Continental.*

Pérez Montes de Oca, Julia. Poetisa. Colab. *El Redactor* (Santiago de Cuba, 1833), *El Kaleidoscopio* (1859), *Álbum Cubano de lo Bueno y lo Bello* (1960), *Cuba Literaria* (1861), *Revista del Pueblo* (1865), *La Pluma* (1877), *La Familia* (1878), y en otros periódicos y revistas de la época como *El Siglo, La Moda Ilustrad*a (Cádiz).

Pérez San Gil, Nena. Colab. *Ninfas* (Santa Clara, 1929).

Pérez Stable, Marifeli. Colab. *El País, The Miami Herald, El Nuevo Herald, Excelsior, Clarín, Encuentro en la red, La Voz.* .

Pérez Téllez, Emma. Directora de *Gente*. Colab. *Revista de Educación, Bohemia*. (**V. 6.2**).

Pérez Urria, Olimpia. Colab. *Vanidades.*

Pérez Valdivia. Herminia. Colab. "en la prensa habanera (Caraballo).

Pérez Zambrana, Luisa. Poetisa. Considerada la gran voz elegíaca de Cuba. Codirectora de *La Revista del Pueblo* (1885). Colab. *El Redactor* (Santiago de Cuba, 1833), *El Orden* (Santiago de Cuba, 1850), *Brisas de Cuba* (1855), *Semanario Cubano* (1855), *La Abeja* (Trinidad, 1856), *El Liceo de la Habana* (1857), *El Kaleidoscopio* (1859), *Álbum Cubano de lo Bueno y lo Bello* (1860), *Cuba Literaria* (1861), *El Amigo de las Mujeres* (1864), *El Siglo* (1864), *Noches Literarias* (1867). *Ofrenda al* Bazar (1867), *La Colmena* (1868), *El Tribuno* (1869), *El Mercurio* (1876), *La Voz de la Patria* (Nueva York, 1876), *Revista de Cuba* (1877), *La Familia* (1878), *El Triunfo* (1878), *La Niñez (*1879), *El Hogar* (1880), *Mensajero de las Damas* (1882), *La Lotería* (1884), *Cuba Intelectual* (1885), *El Resumen* (Santa Clara, 1886), *La Ilustración Cubana* (1886), *El Fuego* (1893), *Páginas de Rosa* (1894), *Álbum de las Damas* (1894), *La Crónica Habanera* (1895), *Revista de la Asociación Femenina de Camagüey* 1921). Martí nos dejó esta semblanza de la poetisa: *"Es Luisa Pérez criatura a toda pena sensible y habituada a toda delicadeza y generosi dad. Cubre el pelo* *negro en ondas sus abiertas sienes; hay en sus ojos grandes una inagotable fuerza de pasión delicada y de ternura; pudor perpetuo vela sus facciones puras y gallardas y para sí hubiera querido Rafael el óvalo que encierra aquella cara noble, serena y distinguida. Cautiva al hablar y con mirar inclina al cariño y al respeto".* Dice de ella Eva Canel: *"La dulce poetisa, la sin igual en sus padecimientos, la mujer mártir, que ha visto derrumbarse el edificio del amor a golpes del destino; Luisa Pérez de Zambrana, aquella a quien no dije adiós, ni con dos líneas en 1898, por no aumentar con las intensas reflexiones de una partida llena de pesadumbres el caudal abundante de sus dolores maternales, ante la muerte que robaba a su hijo".* [Horacio, el último …] Me contaba mi madrina, reglana, que cuando niña ella veía todas las tardes a doña Luisita, la ancianita de la casa de enfrente, puesta de limpio y entalcada sentarse junto a la ventana para ver pasar a la gente. Hasta mucho después no supo de quién se trataba.

Perozo Beltrán, Carmen. Colab. *Murmurios del Cauto* (Santiago de Cuba, 1882).

Peyrellade, Emelina. Colab. *El Céfiro.*

Pi, Edelmira. Colab. *La Opinión Ilustrada* (1912).

Pichardo, Hortensia. Historiadora. Colab. *Revista de Educación, Revista Bimestre Cubana, Revista de la Universidad de la Habana, Alma cubana (1923), Lyceum, Santiago.*

Pinto, Mercedes. Directora de *Vamos* (1938). Colab. *Carteles, Vanidades.* Oriunda de las Islas Canarias, adoptó a Cuba como su segunda patria y allí nacieron sus hijos, entre ellos, la estrella del cine mexicano Pituka de Foronda.´y transformó los luego célebres "consultorios espirituales" en algo lleno de sentido, género del cual se ha considera máximo exponente. Ha merecido el raro honor de figurar en obras de ficción, como en *El Sitio de Nadie* de Hilda Perera, (1972) donde se lee: *"Muchos 'mimos, halagos y ternuras' como diría Mercedes Pinto"* (p. 33).

Pierra Póo, Martina. Directora *Las Hijas de Eva* (1874). Colab. *El Fanal* (Puerto Príncipe, 1843), *Brisas de Cuba* (1855), *Álbum Cubano de la Bueno y lo Bello* (1860), *La Tertulia* (1872), El Trabajo (1873), *La Familia* (1878), *La Niñez* (1879), *El Hogar* (1880), *El Mensajero de las Damas* (1882), *La Ilustración Cubana* (1886), *Fausto* (Cienfuegos, 1894), *Cuba y América, Ideas* (1929), *El Fíga*ro.

Pita, Juana Rosa. Poetisa, Directora de Ediciones Solar. Colab, *Papeles de Sons Armadans, La Prensa, Cultura, El Pez, La Serpiente, Vuelta, Spiritualitá e Letteratura, Hombre de Mundo, Aboard, Excelsior, El Listín Diario, Alhucema, El Universal, La Prensa, Correo de los Andes, Cielo Abierto, Correo de la*

Poesía, Zum-Zum, Cielo Abierto, Bahía, Zurgai, Artes y Letras, Cuadernos el Matemático, Das Artes Das Letras, El Nuevo Herald.

Pizarro, Ramona. Colab. *El Murciélago* (1856), *El Liceo de la Habana* (1857*), Eco de Literatura Cubana* (1858), *La Aurora* (1865).

Plana, Vilma. Miembro del CNP en el exilio.

Planas, Herminia. Redactora de *El Mundo*.

Planas, Silvia. Directora de *Letras* (1938).

Pogolotti, Graziella. Crítica de arte. Colab. *El Mundo, Nueva Revista Cubana, Viernes, Galería (*Santiago de Cuba), *Artes Plásticas, Comisión Cubana de la UNESCO, Casa de las Américas, La Gaceta de Cuba, INRA*, entre otras publicaciones.

Pola, Raquel.. Colab. *Revista de Educación.*

Pombal, Raquel. Colab. *El Imparcial* (Caibarién) *La Opinión* (Caibarién), *La Campaña Cubana, Superación, Tiempo en Cuba, Germinal.*

Poncet, Carolina. Folklorista. Porofesora. Directora de la revista *Lyceum (*1934). Colab. *Re vista de Instrucción Pública* (1925), *Revista Cubana* (1935), *La Escuela Activa, Archivos del Folklore Cubano* (1924), *Social, Isla, Revista Habanera. Revista de la Universidad de la Habana, Revista de la Facultad de Ciencias y Letras, Cuba Contemporánea, Ultra, Revista de la Biblioteca Nacional, Revista Bimestre Cubana.*

Portal, Herminia del. Ensayista. Dama de la Orden de "Juan Gualberto Gómez". Premio Martínez Márquez, Premio Varela Zequeira. Última directora de *Vanidades* en Cuba y primera directora de *Vanidades Continental* en el exilio. Colab. *Z* (Guanabacoa, 1928), *Archipiélago* (Santiago de Cuba, 1928). *Ideas* (1929), *Literatura* (1938), *Grafos, El Mundo, Luz, Ahora, Social, Bohemia.* Según declaró Herminia a Nedda de Anhalt, figuraban como directoras de *Grafos* María Dolores Machín de Upmann y María Radelat Fontanills, pero era ella quien en realidad fundó la revista y la dirigía. Dice Berta Arocena: *"Yo 'descubrí' a Herminia del Portal, siendo miembro del Jurado de un concurso de cuentos del Lyceum, que fallo a su favor. Escritora de prosa tersa, que abriga la profundidad de su pensamiento con un estilo transido de sencillez, nos sorpende, siempre, en poeta, dentro de la más parca información".* (**V. 5.10** y **6.2**).

Portela, Guillermina. Colab. *La Discusión.*

Portocarrero, Berta. Colab. *Vanidades.*

Posada, Elisa. Colab. *Revista del Hogar* (1897).

Posada, Sylvia. Miembro del colegio Nacional de Periodistas en el exilio.

Potts, Renée. Poetisa, teatrista. Directora de *Viernes y Mundo Infantil.* Colab. *Vanidades Rumbos* (1931), *El Espectador Habanero* (1933), *Índice* (1933),

Revista de Educación (1937), *Literatura* (1938), *Revista del Lyceum, Arte, El Mundo, Avance, Grafos, El País, Ellas, Social.*

Prida, Dolores. Teatrista. Cofundadora con Mercedes Cortázar de *La Nueva Sangre.* Colab. *Latina.*

Puig Zaldívar, Raquel. Cuentista. Novelista. Redactora *de El Nuevo Herald* y el *Diario Las Américas.* Coordinadora de la revista *Beginnings.* Colab. *Nuestro, Amigos* (WPBT), *Mensajero de San Antonio, Caritas. Hispania, The Bilingual Review, Opiniones, New World Outlook, Revista Iberoamericana,* entre otras publicaciones.

Pujals, Josefina. Poetisa. Colab. *Azul, Lux. Avant, State College, La Urraca Raritana.*

Pujol, Clotilde. Directora de *The Pupil Voice* (1938).

Q

Quintana, Ana. Colab. *Carteles.*

Quintana, Josefa. Colab. *Sensacional.* Miembro del Colegio Nacional de Periodistas del exilio.

R

Radelat Fontanills, María. Cofundadora y codirectora de *Grafos* (1932). Colab. *Diario de la Marina.*

Raggi, Ana [Ana Hilda González] Poetisa. Fundadora en Cuba de las revistas *Arte y Literatura, Índice* y *Convicciones.* En EE UU fundadora y directora hasta su muerte de la revista *Círculo Poético,* publicada por el Círculo de Cultura Panamericano. Colab. *Bohemia Libre, The Quill. Boletín de la Asociación Fraternal Latinoamericana. Acción Masónica.* En su muerte declaró Gladys Zaldívar*: "Con la muerte de Ana H. González de Raggi (Cuba, 1912 - EE.UU, 1996) ocurrida en marzo de este año, desparece de la historiografía literaria cubana una tradición de constancia, devoción y desinterés en el mantenimiento de una atmósfera para la poesía en tono menor, es decir, aquella que sirve de abono para los grandes menesteres que no podrían subsistir sin esa fuente nutricia, sin esa fiesta silenciosa de la íntima expresión".* (Miami, *El Nuevo Herald,* 15 de julio de 1996). Y Concepción Teresa Alzola*: "Cuando vi a Ana Raggi por primera vez, hacía ya más de veinte años que nos conocíamos. A lo largo de ese tiempo, pude ir aquilatando sus valores, pero no su valor esencial. Ana era muy versada en muchos aspectos de nuestra historia literaria, que conocía de primera mano, y gran conversadora, hábil en el manejo de una ironía de la mejor clase. Sin embargo, fue en su lecho de hospital donde la vi por vez primera en su esencial humanidad: una brava criatura luchando por* *elevar su fragilidad a la altura de sus sufrimientos. Digna de ellos, puesto que era capaz de afrontarlos con una sonrisa dulcísima. Aquella tarde no me despedí. Porque esa imagen estará para siempre conmigo"* "Homenaje a Ana Raggi", *Círculo Poético.* Cuaderrno XXI, Segunda Época, año 1996, p. 43).

Ramírez, Julia. Redactora y colaboradora de *El Sol* [de Marianao]. (**V. 6.2**).

Ramos, Amelia. Colab. *Vanidades.*

Ramos, Dulce María. Directora de *Orbe News* (1938).

Ramos, Gloría María. Directora de *Ideas.*

Ramos, Marta. Directora *Sensacional.*

Raventós, Lietty. Colab. *El Nuevo Herald.*

Regalado, Raquel. Aunque realiza incursiones a la prensa escrita, como en el caso de *Viva,* la mayor parte de la labor de Raquel ha sido para la radio y la televisión. Ha pertenecido al staff de *La Fabulosa* (1972), *Cadena Azul* (1977), *Tele-Miami* (1987), *Heat T.V. R.*

Remos, Ana B. Redactora *Harpers Bazaar.* Colab. *Diario las Américas.* Cronista *Radio Mambí.* Colab. *Diario de las Américas, Ideal, Social* de *El Nuevo Herald.*

Rexach, Rosario. Ensayista. Profesora universitaria. Colab. *Cuadernos de la Universidad del Aire, Revista Cubana, Revista de la Sociedad Cubana de Filosofía, Bohemia, Revista de la Universidad de la Habana, Exilio, Cuadernos Americanos, Cuadernos Hispanoamericanos, Yelmo, Revista Hispánica Moderna, Insula, Anales de Literatura Hispanoamericana, Círculo, Noticias de Arte. Linden Lane Magazine,* e innumerables artículos en *Diario Las Américas* de Miami.

Rey, Graciela. Colab. *Ninfas* (Santa Clara, 1935).

Río y Rodríguez, Catalina del. Colab. en la prensa remediana. Martínez Fortún se hace eco de que Catalina "trató de costumbres cubanas y falleció en 1914".

Ríos, Teresa de los. Colab. *El Nuevo Herald.*

Riquelme, Gloria. Colab. *Geomundo, Hombre de Mundo, Mundo 21, Prevention, Cosmopolitan* y varias revistas internacionales.

Riquelme Vives, Nora. Colab. *Galería* (Santiago de Cuba).

Rivacova, Rosita. Pianista. Animadora de la cultura musical. Colab. *Avance.*

Rivera, Elena. Colab. *Las Villas* (Santa Clara, 1916), *Laureles* (Caibarién, 1924).

Rivera, Jeanette. Colab. *El Nuevo Herald.*

Rivera, María Luisa. Colab. *Vanidades Continental.*

Robert, María Luisa. Colab *Cuba y América.* Adm. *Ideas e Ideales* (B.A).

Roberts, Dulce María. Mecionada por B.A.

Roberts, Gemma. Ensayista. Profesora. Colaboradora frecuente de *Revista Hispánica Moderna, Archivum, Journal of Hispanic Studies, Hispanic Review, Revista de Archivos, Bibliotecas y Museos, Cuadernos Hispanoamericanos, Anales de la Novela de Posguerra, Hispania, Ínsula, Revista Canadiense de Estudios Hispánicos* y otras publicaciones especializadas.

Robés, Rebeca. Dibujante y escultora. Directora de la revista infantil *Ronda*.

Robés Masses, Raquel. Bibliotecaria. Colab. *Boletín de la Asociación Cubana de Bibliotecarios* y *Cuba Bibliotecológica*.

Roca, María. Colab. *Vanidades*

Rodríguez, Amalia. Colab. *Revista de la Biblioteca Nacional.*

Rodríguez, Ana María. **Colab. *Calle Ocho*.**

Rodríguez, Clotilde del Carmen. Colab *Diario de Cienfuegos.*

Rodríguez, Olga. Colab. *Ninfas* (Santa Clara, 1935).

Rodríguez, Vicentina E. Colab. *Orientación Social* (Santiago de Cuba).

Rodríguez Acosta, Ofelia. Novelista. Fudadora-directora de *Espartana*. (1927). Redactora de la *Revista de la Habana* (1930). Colab. *La Mujer Moderna* (1925), Grafos (1932), *El Tiempo* (Artemisa), *El Mundo, El Día, El Heraldo, Carteles, Bohemia* y muchas publicaciones extranjeras. **(V. 6.2)**.

Rodríguez Ichaso, Mari. También cineasta. A cargo durante muchos años de la sección de Turismo de *Vanidades Continental*. Ha colaborado en varias revistas madrileñas, entre ellas, *Dunia*. Ha realizado segmentos televisivos para Univisión durante ocho años. Ha sido productrora de varios filmes de su esposo, Orlando Jiménez Leal y de su hermano, León Ichaso. Es directora de dos documentale propios*, Marcadas por el Paraíso e Hijos del Paraíso.*

Rodríguez Morales, Catalina. Directora de *El Álbum* (Matanzas, 1881). Colab. *El Pensamiento,* Matanzas 1879), *El Faro* (Caibarién, 1883), *Cuba y América, Moda Ilustrada* (Cádiz), *Ilustración Americana.*

Rodríguez Zerquera, Estrella. Educadora. Autora de *Memorias de un Pizarrón.* Colab. *Revista municipalistas Fomento* y *Raíces Cubanas.*

Rodríguez-Soto, Ana Colab *La Voz Católica, The Florida Catolic.*

Rodríguez Tomeu, Julia. Poetisa. Diplomática. Única colaboradora femenina de *Verbum.*

Rodríguez Tió, Dolores. Cubana por adopción. Colab. *El Fígaro, Letras , El hogar*. Nacida en Puerto Rico, se sumó a la causa cubana y murió en Cuba, donde reposan sus restos. Así la recuerda Renée Méndez Capote: *"Lola Tió era una mujer muy avanzada para su época. Llevaba el pelo cortado como un hombre, desde que era jovencita y en un acto de rebelión inaudita se lo había cortado, pero le gustaba.los aretes, y las flores artificiales y los vestidos de colores claros. Fue la primera literata con que me topé. Gran amiga de Cuba y* *de su independencia, mantuvo estrecha amistad con mis padres. Escribió mucho. Yo hoy no diría que mucho y bueno, pero de ella son los versos que dicen: 'Cuba y Puerto Rico son / de un pájaro las dos alas; / reciben flores y balas / en el mismo corazón'"*.

Roiz, Carmen Teresa (née Leyva). Jefa de redacción de *Vista*, que se distribuye a través de *El Nuevo Herald*. Redactora de *El Herald* y *The Herald*, donde ha participado en todas las secciones, en especial moda y cocina. Su columna "Teresa Cuenta" fue un éxito extraordinario. También "Gente conocida". Fue redactora de Buen Hogar y de *Vanidades Continental*. Colab. de *Cosmopolitan*. Ha hecho televisión en Univison y Telemundo y su programa "Public Affairs" fue ganador de 2 Emmys y 3 Nominaciones a dicho premio.

Roiz y Díez Oñate, Lisette. Colab *Vista*.

Rojas, Marta. Una de las reporteras estrellas de la sección "En Cuba" de la revista *Bohemia*. Ha expresado Roberto Esquenazi-Mayo: *"The section "En Cuba" begun in 1943 and became a diary of Cuban life in all its aspects"*. Ha permanecido en Cuba.

Rojas, Pilar María de. Colab. *Las Villas*, (Santa Clara, 1916).

Rojo, Ciria Julia. Colab. *Heraldo de Las villas, El Popular Cubano, Unificación Obrera, La Tribuna, Albores* (Camagüey*), El Sufragio* (Placetas*), El Veguero Libre, Luz de Oriente*.

Roldán Fonseca, Onelia. Profesora. Autora de un libro sobre la enseñanza de las materias lingüísticas en las escuelas. Cofundadora del Lyceum de Camagüey, y de la Sociedad de Conciertos de esa ciudad. Colab. *El Camagüeyano*. Redactora de *El Camagüeyano Libre*.

Romero, Clara. Directora de *Guitarra* (1938).

Romero, Laura. Redactora de *El Álbum* (1892).

Romeu, Raquel. Directora del *Boletín de la Asociación Cubana de Bibliotecarios*.

Rosado, Dolores. *Colab. La Prensa* (1841).

Rosado, Olimpia, Reconocida autoridad gramatical. Columnista del *Diario Las Américas* (**V. 5.7. 2.1**).

Rosette, Hada. Miembro del Colegio Nacional de Periodistas en el exilio.

Ros-Lehtinen, Ileana. Educadora. Representante Federal. Columnista del *Diario Las Américas*.

Ross Agosta, Mary. Colab. *La Voz*.

Rovira, Carmen. Colab. *Cuba Bibliotecológica. Prometeo*.

Rovirosa, Dolores. Colab. *Cuba Bibliotecológica*.

Rubens, Alma. "Escribe en francés. Recién llegada al palenque de la prensa" (Caraballo*)*.

Rubido. Esperanza. Poetisa. Colab. *La Gota de Agua, Azor, Arbol de Fuego.*
Rubiera, Magaly. Directora de *Buen Hogar.* Subdirectora de *Éxito.*
Rubio, Josefina. Abogada y publicista. En Cuba Editora y Jefa de Redacción de *¡Presente!* En el exilio: Fundadora de la ACCA. Jefa de Redacción del periódico *El Mundo. A* cargo de la sección de espectáculos de *Universal News.*
Ruiz, Margarita. Comentarista radial. Colab. *Diario Las Américas.*
Ruiz del Viso, Hortensia. Ensayista. Profesora. Colab. *Diario las Américas.* Sus sagaces artículos, reunidos en un primer volumen titulado *Páginas Cubanas* nunca pierden actualidad. Es autora también entre otras obras de una *Antología del costumbrismo en Cuba.*
Ruz Montoro, Francisca. Colab. *Correo de Ultramar.*

S

Saavedra, Elena. Redacrora del *Diario Las Américas.*
Savedra, Mercedes. Redactora de *Bohemia,* donde tuvo a su cargo una sección de Tejido.
Sabas Alomá, Mariblanca. Feminista. Primera mujer ministra. (Sin Cartera). Fundadora y Directora de *Astral* (Santiago de Cuba, 1922). Redactora de *El Cubano Libre* (Santiago de Cuba 1918), *Diario de Cuba* (1919), *Luz de Oriente* (Santiago de Cuba, 1922), *Bohemia* (1927), *Carteles* (1928), *Avance* (1940), *Pueblo, El Mundo, Romances.* Colab. *La Independencia* (Santiago de Cuba, 1917), *Revista de la Asociación Femenina* de Camagüey (1921), *El Sol* (1923), *Orto* (Manzanillo, 1923), *Juventud* (1923), *Atuei* (1927), *Chic* (1933), *Grafos* (1933), *La Fragua* (1936), *Isla* (1936), *Cúspide* (1937), *Revista de Cuba* (Santiago, 1938), *Literatura* (1938), *América* (1939). Y además en: *Atenea. Castalia, El Heraldo de Cuba, Social, Smart, Información, Todamérica, Diario de la Marina,* y alguna prensa europea. (**V. 6.2**).
Sabat Rivers, Georgina. Profesora. Ensayista. Reconocida autoridad sobre Sor Juana Inés de la Cruz. Colab. *Revista Chilena de Literatura, Foro Hispánico, Revista del Centro de Estudios Históricos de México, University of Dayton Review, Revista de Estudios Hispánicos de la Universidad de Puerto Rico, Instituto Internacional de Literatura Hispanoamericana* de la Universidad de Pittsburgh, y numerosas *Actas* de Congresos internacionales.
Sáenz, Lidia. Colab. *Vanidades.*
Sáenz, Marisabel. Actriz, Colab. *Social.*
Saínz de la Peña, Adelaida. Colab *Moda Illustrada* (Cádiz).
Salado, Minerva. Poetisa. Colab. *Cuba Internacional, Revolución y Cultura, El Nacional, Gaceta, Convite.*
Salas Amaro, Margot. Reportera de *Diario de la Marina.*

Sánchez, Hilda. Directora de *Sirenas* (Marianao, 1938).

Sánchez, María Teresa. Colab. *Boletín de la Asociación Cubana de Bibliotecarios.*

Sánchez, Maritza T. Editora Asociada de *Glamour* y *Vogue* en español. Redactora de *Vanidades Continental.* Traductora para *El Nuevo Herald*, para el *Grupo Versal* y *J. C. Productions,* como editora de contenido de un portal en la Internet. Colab. *Harper's Bazaar* y *Cosmopolitan* en español.

Sanchez, Waldetrudis (Lili). Colab. *Harper's Bazaar.*

Sánchez Amores, Lydia. Decoradora, Profesora de Historia de la Moda, Escritora para niños. Editora Ejecutiva y redactora de *Casa y Estilo Internacional* Colab. *Ideas, Buen Hogar, Triunfo.*

Sánchez Grey Alba, Esther. Historiadora y crítica teatral. Editora Asociada de la revista *Círculo,* del Círculo de Cutura Panamericano. Editora Asociada de Estudios Literaios sobre Hispanoamérica, Colab. En varios volúmenes de teatro. Y en las revistas *Círculo, El Hispano, Noticias de arte, Dramaturgos, Ibeamérica, Ollantay Theatre Magazine.*

Sánchez de Fuentes, María. Colab. *La Nación, El Mundo, La Prensa, La Discusión.*

Sánchez Ferrrara, María Luisa. Colab. *La Reforma Social.*

San Miguel, Carmencita. Redactora del *Diario Las Américas*. Colab. *Vanidades*.

San Miguel Brito, Susana. Colab. *Diario Las Américas.*

Santacilia, Cecilia. Colab. *El Orden* (Santiago de Cuba, 1850) y de *El Redactor.*

Santa Cruz, Elena. Colab. *Ecos de Cuba* (1869).

Santa Cruz, María. Colab. *Revista del Pueblo* (1865), *La Familia Cristiana* (1891).

Santa Cruz, Mercedes, Condesa de Merlín. Colab. *El Álbum* (1838), *Las Flores de Las Antillas* (1851), *La Esperanza* (1864). Y además, *El Colibrí, El Siglo XIX, Faro Industrial.*

Santa Cruz, Sabina. Poetisa. "Llegada al palenque de la Prensa" (Caraballo).

Santamaría, Haydée. Activista política. Directora de la Casa de las Américas de La Habana. Miembro del Consejo de Dirección de la *Revista* de ese nombre. Colab. *Bohemia* republicana.

Santiago, Ana. Redacrora de *El Nuevo Herald.*

Santiago, Fabiola. Redactora de *El Nuevo Herald.*

Santos Moray, Mercedes. Colab. *Boletín del Poeta, Caimán Barbudo, Juventud Rebelde, Casa de las Américas*, entre otras.

Sarabia, Nydia. Fundadora de *Síntesis* (Santiago de Cuba 1951). Colab. *Crónica, El Sol de Oriente, Bohemia, Revista de la UPEC.*

Saralegui, Cristina. Directora del programa televisivo "Cristina", de la revista del mismo nombre y del programa radial "Cristina opina". Directora de *Cosmopolitan* en español (1979-89). Redactora de *Vanidades Continental,*. y de *El Herald en Español.* (V. 6.5.2.1).

Sardiña y Zamora, Josefina. Poetisa. Colab. *El Fígaro.*

Sastre, Tonia. Reportera de *El Crisol.*

Scaret, Cecilia. Colab. *El Tiempo* (Artemisa).

Scott, Marcedes. Directora *Glamour*. Subdirectora *Marie Claire.*

Sedeño, Livia. Autora radial. Colab. *El Camagüeyano, El Día* (P. R.).

Segura Bustamante, Inés. Sicóloga. Profesora Universitaria. Colab. *El Mundo, Vanidades, Romance, Revista Cubana de Filosofía, Diario de la Marina, Diario Las Américas, Buen Hogar.*

Sese, María Teresa. Colab. *Vanidades.*

Shelton, Sylvia. Jefa de Redacción de *Lyceum* (1936).

Sigarroa, Rosario. Fundadora y directora de *Cuba Libre* (1897). Colab. *Revista de Cuba Libre (*Tampa, 1897).

Silva, Blanca. Jefa de Redacción de *Buen Hogar*. Redactora *El Nuevo Herald.*

Silva, Helga. Diversas posiciones adminstrativas en *El Herald*, y en el *Canal 23*, de Univisión.

Silveira, Inocencia Beatriz. Colab *La Protesta, La Discusión, Alerta, Cultura, Actualidades, Obrero Llibre, Verdad y justicia, Osiris, El vigilante, Letras, La chispa.*

Silverio, Amelia, R.A.. Colab. *El Sol* (Marianao). **(V. 3.1.1.1).**

Simo, Ana María. Cuentista. Colab. *El Puente.*

Sinués, Pilar. Colab. *Ecos de la Literatura Cubana* (1858), *La Familia* (1878*), La Lotería* (1884), *Fraternidad* (Sancti Spíritus, 1886).

Smith, Ruth. Directora de *Habana América.* (1938).

Soler, María L. Redactora de la Sección Femenina de *Claxon* (1934).

Soler, Mercedes. Columnista de *El Nuevo Herald*. Anteriormente residió en Chicago.

Soldevilla, Loló. Pintora, ensayista, crítica de arte. Directora de *La Campana Auténtica* (1938). Colab. *El Porvenir* (1936), *Actualidad Española* (1937), *Futuro Social* (1937), *Carteles, Revolución.*

Solís, Cleva. Poetisa. Colab. *Cooperación. Ortígenes, Signos, Islas, Lunes de Revolución.*

Soravilla, Lesbia. Directora de *Archivos José Martí.*. Colab. *Diario de la Marina, Vanidades. El Imparcial, El Mundo.*

Sosa, Teresa. Colab. *Vanidades.*

Sosa González, Ana Joaquina Directora de *La Familia* (Cienfuegos, 1884).

Soto, Ángela, Colab. *Bohemia.*

Spaulding, Mary. Colab. *Carteles, Vanidades.* Una de las primeras mujeres en realizar entrevistas a celebridades, señaladamente artristas de cine.

Spencer, Juana. Colab. *La Familia, La Ilustración Cubana.*

Stockton, Patricia. Colab. *La Voz.*

Springer, Mary. Colab. *Las Tres Américas.* Y publicaciones norteamericanas como *Harpers Bazaar, Once a Week, The North American Review.*

Suárez, Adolfina. Administradora y colaboradora de la *Revista Bimestre Cubana.*

Suárez, Olivia. Colab. *Vanidades Continental.*

Suárez Coronado, María. Colab. *Correo de la Juventud* (1899).

T

Taboada, Margarita. Redactora *El Fénix,* (Crónica Católica desde1913).

Tamayo, Blanca Nieves. Una de las grandes reporteras de Cuba. Redactora de *Bohemia.* Corresponsal en París de *Alerta* y *Bohemia.* Profesora de la Escuela de Periodismo de las Villas. Investigadora e instructora del Centro de Entrenamiento en Salud Mental y Servicios Humanos de la Universidad de Miami sobre las culturas cubana y haitiana. Cofundadora y columnista de *Bravo.* Miembro fundadora del equipo de *Diario Nacional,* columnista y reportera. Fundadora, redactora y editora de *Radio Martí y* responsable del *Manual de estilo* utilizado en ese departamento. Redactora de *Televisión Martí.* Ha recibido numerosos honores en el desempeño de sus variadas funciones.

Taquechel, Isabel. Colab. *Santiago.*

Tejera, Nivaria. Poetisa y novelista. Colab. *Ciclón, Orígenes, Lunes de Revolución.*

Terrade, Mgdalena de la. Poetisa. "Llegada al palenque de la prensa". (Caraballo).

Terry, Elizabeth. Dirigió una sección en *Carteles* destinada a enseñar inglés.

Thompson, Julie Remis. Colab *New York al Día* y *Herald Tribune.*

Tió, Patria. Colab, "en la prensa habanera" (Caraballo).

Tirado Torres, Brenda. Colab. *La Voz Católica.*

Torre, Amalia de la. Abogada, ensayista. Colab. *Diario Las Américas.*

Torre, Isela de la. Administradora y colaboradora de *Blanco y Rosa* (1899*).*

Torrens Garmendía, Mercedes. Poetisa. Colab. *El Correo de Matanzas, El Imparcial* y diversas revistas suramericanas.

Torres, Adelaida. Colab. *El Álbum de las Damas* (Cienfuegos, 1909).

Torres Barthelemy, Isolina de. Directora de la *Revista de la Asociación Femenina de Camagüey* (1921). Colab. *Camagüey Ilustrado* (1910), *Nuevos Tiempos* (1926).

Torres y Zayas, Mercedes. de. Colab. *Aguinaldo Camagüeyano* (1848).

Torrente, María Teresa. Directora *Revista de Cuba Libre* (Tampa, 1897).

Torriente, Loló de la. Crítica de Arte. Redactora de *Novedades.* Colab. *Orto,* (Manzanillo, 1912), *Luz del Siglo* (1917), *Studio* (Pinar del Río, 1922). *Juventud* (Cienfuegos, 1931*), Resumen* (1935), *El Nacional* (México, 1937), *El Popular* (México, 1937). Y en la *Revista del Instituto de Cultura, El Federado Escolar, Gaceta del Caribe, Nueva Revista Cubana, Mediodía, Signo, Bohemia, Carteles, Cuadernos Americanos, Prensa Libre, Alerta, El Mundo, El País, Lunes de Revolución.*

Towsend, Rosa. Colab. *El Nuevo Herald.*

Travieso, María. Colab. *El Nuevo Herald.*

Trejo, Rosa M. Directora *Boletín de la Alianza Nacional Feminista* (1930).

Trelles. Ernestina. Codirectora de *Horizontes* (Sancti Spíritus, 1935).

Troncoso Ortiz, Matilde. Redactora de *La Juventud Católica* (1871), Colab. *Tertulia* (1887), *Guirnalda Cubana, Voz de Cuba, El Moro Muza, La Prensa.*

Trujillo (Hermanas). Fundadoras y directoras de *Letras Güineras* (1908).

U

Urquiza, Rosina Directora del *Boletín de la Asociación Cubana de Bibliotecarios.*

Urzáis y Zequeira, María S. Directora de *La Golondrina* (Guanabacoa 1899**)**. Colab. *El Eco de las Damas* (1891), *El Bouquet* (1894).

Utrera, Conchita. Poetisa. Colab. *Círculo Poético, La Prensa, La Tribuna, La Voz Bautista.*

Uz, Ana T. de la. Directora de *El Escolar* (Alquízar, 1938).

V

Valbuena, Dolores. Colab. *La Bandera Española.*

Valdés, Zoe. Novelista. Colab. E*l Nuevo Herald.*

Valdés Mendoza, Mercedes. Colab. En la primera prensa de personas 'de color' *El Rocío* (1856), *El Liceo de la Habana* (1857), *Álbum Cubano de lo Bueno y lo Bello* (1860), *El Progreso* (Guanabacoa, 1862), *El Amigo de las Mujeres* (1864), La Esperanza (1864), *La Aurora* (1865), *La Familia* (1878). Y también en: *El Aguinaldo, Cuba Literaria, Revista Habanera, Revista de la Habana, Guirnalda Cubana, Faro Industrial de la Habana, Floresta Cubana* y periódicos y revistas españoles.

Valdés Perdomo, Antonia. Colab. *Revista de la Asociación Femenina de Camagüey* (1921).

Valdés Roig, Ciana. Poetisa. Colab. *Letras* (1905), *Orto* (Manzanillo (1912), *Arte* (1914), *Nosotros* (1919), *Castalia* (1920), *Astral* (Santiago de Cuba. 1922), *Fraternidad y Amor* (Guanabacoa, 1923), *Revista de Oriente* (1928), *Archipiélago* (Santiago de Cuba 1928), *Cuba* (1930), *Chic* (1933), *América* (1939), *Boletín de la Asociación de Antiguas Alumnas del Seminario Martiano* (1945). Y en *Fulgores, Pinar del Río, Social, El Fígaro*. Sus poemas inéditos se hallan en poder de Gladys Zaldívar.

Valdés Villaverde, Eloísa. "Llegada al palenque de la prensa" (Caraballo).

Valladares, Carmen. Poetisa. Colab. *Mairena.*

Valle, Clara Luz. Colab. *La Niñez.*

Valls, Aida. Directora de *Eva* (1937)

Vargas, Rafaela. Colab. *El Aviso.*

Varela, Alicia. (V. Tula Martí)

Varela, Beatriz. Lingüista, ensayista. Colab. *Bilingual Review, Romance Notes, Diálogos, Yelmo, La Chispa, Hispania, Español Actual, Cruise n' Travel.*

Varela, Hotensia de. Colab *El País.*

Vasseur Arriola, Inés. Pianista. Educadora. Colab. *La Esperanza* (Veracruz, ca. 1870).

Veciana Suárez, Ana. Colab. *El Nuevo Herald*. Últimamente [gran desacierto] su columna aparece solamente en inglés, en *The Herald.*

Velázquez, Ariane. Redactora ejecutiva de la revista *Cristina.*

Vélez Betancourt, María Luisa. Colab. *Renacimiento* (Camagüey , 1933).

Vélez Peraza, Elena. Colab. *Cuba Bibliotecológica.*

Venegas, Caridad G. Poetisa. Colaboradora "en la prensa habanera" (Caraballo). Verdejo, María. Colab. *Álbum Cubano de los Bueno y lo Bello"* (1860).

Veracolacho Lara, Carmen. Directora de la *Revista Protectora de la Mujer".*

Verdugo, Pilar. Colab. *El Hogar* (1883).

Verez Peraza, Elena Luisa. Colab. *Cuba Bibliotecológica, Ultra.*

Vesa, Marta. Publicitaria. Directora de *El Filósofo Travieso*, periódico de los estudiantes de Filosofía y Letras de la Universidad de la Habana.

Viciana, Fidelina. Directora de *Perfiles* (1934)

Vignier, Marta. Poetisa. Colab. *La Rosa Blanca, Archipiélago, La Publicidad, Cúspide, Semanario Católico, El País, Información, Revista Azul, Perfiles, Carteles, Vanidades, Ellas, El Mundo, Sierrra Maestra, Gramma, Juventud Rebelde, Verde Olivo, Mujeres* y alguna prensa hispanoamericana.

Villar, Carmen. Reportera de *Bohemia.*

Villar Buceta, Aurora. Cuentista. Coeditora de *Mediodía* (1936), Colab. *Revista de Oriente* (1928), *América* (1929), *Polémica* (1934), *La Palabra* (1935),

El Porvenir (1936). Y además, en *Social, Antenas, Revista de la Habana, Carteles, Bohemia, El País*.

Villar Buceta, María. Poetisa. Bibliotecaria y bibliógrafa. Colab. *Diario de la Marina* (1915), *Smart* (1921*), La Mujer Moderna* (1925**), *Láminas* (1927), *La Mujer* (1929), *Hélice* (1932), *Adelante* (1935). Y además, *Libros Cubanos, Islas, Revista Bimestre Cubana, El Heraldo de Cuba, El Fígaro, La Noche, Social, Orígenes, Castalia, Futuro, Ahora, Mediodía, Adelante, Germinal, Masas*. **(V. 3.3.1).**

Villaverde, Mercedes A. Propietaria de *Cuba Ilustrada* (ca. 1931).

Villaverde, Miñuca. Cineasta. Colab. *El Nuevo Herald*. A ella se debe una valiosa galería de "personas comunes y corrientes" y de tipos populares en la sección "Nuestro Pueblo" que es una de las más interesantes que se han publicado en ese diario. Recuerdo que en una ocasión, cuando la redacción de *El Nuevo Herald* estuvo en Coral Way y la avenida 32, le envié un afilador de tijeras que pasaba por frente a mi casa, cercana, con su flautilla tradicional. No sé si el hombre iría a su encuentro.

Villiers, Balbina de. Colab. *Z* (1928).

Viñas. Sara. Directora literaria de *Romances* (1936). Colab. *Vanidades*.

Vizcaíno, María Argelia. Colab. *Acción, (*West Palm Beach), *Libre, La voz libre* (L.A.), *Acción* (West Palm Beach). Aporta valiosas columnas de historia y costumbrismo.

W

Whitmarsh, Rosa Leonor. Musicóloga. Colab. *Diario de la Marina, El habanero, Diario Las Américas*.

X

Xenes, Nieves. Poetisa. Colab. *El País* (1868), *El Triunfo* (1878), *El Porvenir* (Nueva York, 1890), *La Habana Elegante* (1883), *El Hogar* (1883), *La Lotería* (1884), *La Fraternidad* (Sancti Spíritus, 1886), *La Juventud Liberal* (Cienfuegos (1894), *Revista del Hogar* (1897), *Santiago* (1898), *Juventud* (1919*)*. Y además, *Revista Cubana, Letras, El Fígaro, Cuba y América*.

Ximeno y Cruz, María. Colab. *El Fígaro, Archivos del Folklore Cubano, Revista Bimestre Cubana*. Publicó sus memorias con el título de "Memorias de Lola María" , entre 1928-29).

Y

Yanes, María. Redactora durante 15 años de *Ideas*. Redactora de *Cosmopolitan*
Yañiz, Clara. Colab *Prensa Libre*.

Z

Zacharias Baralt, Blanche. Autora de las célebres memorias *El Martí que yo conocí*. Colab. *Azul y Rojo* (1902*)*, *Arte* (1914). Según Anita Arroyo, primera mujer graduada en Filosofía y Letras.

Zaldívar, Gladys. Poetisa, ensayista. Directora de *Círculo Poético*, editada por el Círculo de Cultura Panamericano (1996). Colab. *El Camagüeyano, Prensa Libre, Lunes de Revolución, El Nuevo Herald, The Miami Herald, Diario Las Américas, El Mundo, Éxito, El Directorio, Miami News, El Universal, El Día, Audace, Panorama, Gráfico Financiero, Poesía Hispánica, Cruise and Travel, Círculo, La Voz Católica, El Camino, Entérese, El Camagüeyano Libre, Enlace, Mariel, Linden Lane, Cormnorán y Delfín, Encuentro, Páginas, Latin American Literary Review, La Voz, Modern Language Notes. La Habana 2000, Vertical, El Matancero Libre.*

Zayas Bazán, Laura. Colab. "En la prensa habanera" (Caraballo). En *El Fígaro, Bohemia, Cuba y América, Letras.*

Zell, Rosa Hilda. Cuentistas. Poetisa. Creadora de la más original sección de cocina que haya existido en Cuba, para *Bohemia*, con el seudónimo de Adriana Loredo. Jefa de Redacción durante muchos años de la revista *Ellas*. Colab. *La Tribuna* (Manzanillo, 1921, *Cuba* (Santiago, 1930), *Índice* (1933), *Grafos* (1933), *Mediodía* (1938). Y también *Gaceta del Caribe, Carteles, Islas, Equis, El Mundo, Lyceum, Hoy, Lunes de Revolución*. Escribía de ella Berta Arocena*: "Recalemos en Bohemia, yendo hasta la cocina, para saludar a Adriana Loredo e indentificar en la cocinera a Rosa Hilda Zell. ¡Qué ágil estilo de periodista avezada y cuánta metáfora delatora, utiliza Rosa Hilda para aderezar los platos más suculentos".* (**V. 6.2**).

Otras periodistas cubanas:

Felicia Abreu, Olga Abreu, Sol Aguilera, Aurea Alfonso, Carmen Alicia Cadilla, Ofelia Ferrer, Josefina González, María Luisa Güemes, Lydia Grimany, Sara Márquez, Anisia Meruelo, Diana Montané, María Luisa Morales, Ana Morata, Emelina Núñez, Juana Pastor, Herminia Planas, Sara del Prado, María Regla Rodríguez, Fara Rey Miranda, Aurora Roselló, Isabel Sánchez Machado, María Luisa Toledo, Julia Vallejo.

EN EL EXILIO

Figuran como miembros del Colegio Nacional de Periodistas: Irma Álvarez, Margarita Amador, Zoraida Armengol, Margarita Borges, María Feria, Lucila García, Hilda Hernández, Georgina Herrera, Herminia Ibaceta, Zoraida López, Silvia Planas, Hada Rosete, entre otras.

Algunas periodistas hispanoamericanas

Algunas periodistas hispanoamericanas se han mezclado y confundido con las cubanas en distintas publicaciones, hasta el punto que resulta difícil diferenciarlas. Continuando la tradición que brillantemente encarnara la puertorriqueña Lola Rodríguez Tió, algunas de estas periodistas se han identificado en mayor o menor grado con el sufrimiento del pueblo cubano exiliado. Entre otras: Nahyr Acosta, Helen Aguirre, Pilar Arenas (la excelentísima actriz), Nelly Barcom, Miriam Iris [Cabral], Alicia Cadilla, María Antonieta Collins, Yvonne Gómez, Cristina Juri Arencibia, Pilar Larraín del Solar, Silvia Licha, Victoria Puig de Lange, Laura Ramírez, Celeste Rodas, María Elena Sacasa, Constanza de la Serna.

Muy especialmente Beatriz Parga, que llegó a dirigir uno de los órganos de la llamada "línea dura" del exilio, el semanario *Viva*. Y Mariví Montalvo.

Entré en contacto con Mariví cuando se celebraban en miami las primeras ferias del libro, en dos de las cuales, al menos, tuvo a su cargo la propaganda. Era la época dorada en que soñábamos aún con ferias del libro a la usanza latina, en las que era posible encontrar, digamos, en el Parque Central de la Habana un retrato autografiado de Charles Chaplin, por un par de reales. O comprar, recordamos, en el Parque Vidal de Santa Clara una primera edición del *Periquillo Sarniento* por un peso, o en los libreros "de viejo" madrileños, una primera edición de Heredia a cambio de un duro.

Dirigía aquellas primeras ferias del libro la profesora Yillian Coppolecchia. Y entre las muchas actividades que allí se originaban, había mesas redondas donde se planteaban con seriedad problemas vitales de la cultura hispánica general y su destino en USA. Recuerdo, por ejemplo, la ocasión en que Labrador Ruiz, flanqueado por Hilda Perera y esta servidora, lanzaba la tremenda cuestión, aún candente y sin resolver: "¿Cómo convences tú a un americano de que un libro del cual sólo se venden mil ejemplares puede ser mejor que uno del cual se venden 150,000?".

Mariví conversaba con nosotros brevemente para reunir datos personales y se encargaba luego de preparar actividades "de lanzamiento y promoción", como entrevistas, comparecencias en radio y televisión, participación en paneles que tenían lugar en las distintas bibliotecas. Nos hacía sentir personas valoradas, estimadas.

Mi trato personal con Mariví Montalvo no fue muy largo, pero sí lo suficientemente intenso como para crear una amistad basada en el respeto mutuo. Cuando yo quería saber algo acerca de Puerto Rico o de la comunidad riqueña en Miami, llamaba a Mariví, porque sabía que la respuesta que me diera sería la justa, sensata y verdadera. A su vez ella me consultaba cuestiones que deseaba dilucidar, con respecto al carácter y la cultura del cubano.

Últimamente, guiada por su afán de servicio, Mariví se había encerrado en los límites particulares, menos amplios, de una columna dirigida a determinado sector de la población, sus coterráneos... Pues ni aún así me había perdido como lectora, aunque a veces tuviera que atravesar párrafos enteros que se referían a gentes o asuntos que desconozco.

(Dulce, gentil Mariví Montalvo. Tendrás en la historia del periodismo de tu país el lugar que te corresponde. Pero quiero que sepas que también lo tendrás en la historia del periodismo del exilio cubano, por tu integridad y por la clara intuición con que comprendiste que el mal de Cuba es un cáncer que, mientras no se extirpe, mantendrá enfermo y en trance de muerte al resto del organismo americano).

8. BIBLIOGRAFÍA CONSULTADA

Como en la investigación y redacción de este libro han transcurrido algunos años, y como la forma norteamericana de presentar las bibliografías cambia periódicamente, es posible que muchas de estas instancias no se hayan incluido con los requerimientos actuales, sino de acuerdo con las normas vigentes cuando el libro en cuestión fue consultado. Vale.

8.1 Libros, folletos y números especiales de revistas

Agonito, Rosemary. *History of Ideas on Woman*, a Source Book. New Perigee Books. The Berkley Publishing Group, 1977.

Aguirre, Mirta. *Influencia de la Mujer en Iberoamérica*. La Habana: Servicio Femenino para la Defensa Civil, 1948.

Aixalá Casellas, José. *Siluetas femeninas*. La Habana: 1942.

Álbum del Cincuentenario de la Asociación de Reporters de la Habana (1902-1952). La Habana: Talleres tipográficos de la Editorial Lex, 1952. [Se detallan en **8.2** los artículos utilizados].

Aldaya, Alicia G. *Cuatro Momentos Estelares de la Poesía Femenina Cubana*. Nueva York: Edición especial de la Asociación de Literatura Hispánica Femenina, 1988. [Contiene ensayos sobre Gestrudis Gómez de Avellaneda, Luisa Pérez de Zambrana, Dulce María Loynaz e Edith Llerena].

Amador, Dora, *La sonrisa disidente: Itinerario de una conversión*. Miami: La Torre de Papel- Universal, 1998. [Reúne los que ella considera sus mejores artículos publicados en *El Nuevo Herald*].

Anderson, Bonnie S. y Judith P. Zinsser, *A History of Their Own: Women in Europe from Prehistory to the Present,* 2 vols. New York: Harper and Row, 1988.

Anhalt, Nedda G. de. *Dile que pienso en ella*. México: Ediciones La Otra Cuba, 1999. [Entrevistadas, según orden en el libro: Herminia del Portal, Martha Frayde, Belkis Cuza Malé, María Elena Cruz Varela].

_____ *Rojo y naranja sobre rojo*. México: Editorial Vuelta, 1991. [Entrevistadas: Lydia Cabrera y Eloísa Lezama Lima].

Antón, Alex y Roger E. Hernández, *Cubans in America, a Vibrant History of a People in Exile*. New York: Kensington Books, 2002.

Año Internacional de la Mujer [número especial]. La Habana: Casa de las Américas Año 15, Num 88, enero-febrero de 1975.

Aragón, Uva de, *El caimán ante el espejo, un ensayo de interpretación de lo cubano*. Segunda edición revisada, Miami: Ediciones Universal, 2000.

Arroyo, Anita, *Las Artes Industriales en Cuba*. La Habana, Cultural, S.A., 1943.

Artalejo, Lucrecia, *La máscara y el marañón (la identidad nacional cubana),* Miami: Ediciones universal, 1991.

Ávila, María Regina: *¿Me puede dar un consejo?* New York: Simon & Schuster 1996.

Bacardí Moreau, Emilio, *La condesa de Merlin.* Santiago de Cuba: Biblioteca Oriente, 1924.

Baquero, Gastón, *La Fuente Inagotable.* Valencia: 1995. [Lydia Cabrera, p. 189].

Barnet, Miguel, *Canción de Rachel.* La Habana: Instituto del Libro, 1969.

Bassermann, Lujo, *The Oldest Profession, a History of Prostitution.* New York: Dorset Press, 1993.

Beruvides. Esteban M. *Cuba y sus mártires.* Coral Gables: 12th Ave. Graphics. 1993.

Borbón, Da. Eulalia de, *Memorias de Doña Eulalia de Borbón. Infanta de España.* Con una introducción de Alberto Lamar Schweyer. Barcelona: Editorial Juventud, 1958, 5ta edición.

Borrero, Ana María, *La crisis del lujo* (Charla en el "Lyeum y Lawn Tennis Club", el 7 de mayo de 1942). La Habana: La Verónica, 1942.

Bravo Villasante, Carmen, *Historia y Antología de la Literatura Infantil Iberoamericana.* 2 Vols, Madrid: Doncel, 1966.

Brownstein, Rachel M., *Tragic Muse, Rachel of de Comédie Française.* New York: Alfred Knopf, 1993.

Bustamante, Luis J. *Enciclopedia popular cubana.* 3 Vols.. La Habana: Editorial Lex, 1948.

Cabrera, Raimundo, *Cuba y sus jueces.* La Habana: Imprenta El Retiro, 1887. [Contiene un capítulo sobre "La prensa periódica en la Isla de Cuba].

Calcagno, Francisco, *Diccionario Biográfico cubano.* Edición Facsimilar, Miami: Editorial Cubana, 1996. [Ed. original en Nueva York: Imprenta y Librería N. Ponce de León, 1878].

Calero Martin, José y Leopoldo Valdés Quintana, *Cuba musical.* La Habana: Imprenta de Molina y Cía, 1929.

Camacho, Pánfilo D., *Marta Abreu. Una mujer comprendida.* Miami: Ediciones Universal, 1995.

Cámara, Madeline, *La letra rebelde, estudio de escritoras cubanas.* Miami: Universal, 2002.

_____ *La memoria hechizada: Escritoras cubanas,* Madrid: Icaria, 2004.

Caraballo y Sotolongo, Francisco, *Mujeres a las urnas y al hogar.* La Habana: Librería Cervantes, 1918. [Magnífico recuento de las actividades de las mujeres de comienzos de la República. Contiene un capítulo sobre "la prensa femenina"].

Carbonell, José Manuel, *La prosa en Cuba.* La Habana: Montalvo y Cárdenas, 1928.

Carr, Peter E. Censos, padrones y matrículas de la población de Cuba, siglos 16,17 y 18. San Luis Obispo: The Cuban Index, 1993.

Casal, Julián del, *Prosas*. Tomos I, II y III. Edición del Centenario. La Habana: Consejo Nacional de Cultura, 1963.[El grueso de sus crónicas sociales se encuentra en el T. I, y lo constituyen sus colaboraciones en *La Habana elegante*. El T II reúne sus colaboraciones en *La Discusión*. Y el T. III recoge sus colaboraciones en *El País*].

Casasús, Juan J. E. *La emigración cubana y la independencia de la patria*. La Habana: Editorial Lex, 1953.

Castellanos, Isabel y Josefina Inclán, editoras. *En torno a Lydia Cabrera (Cincuentenario de "Cuentos Nergos de cuba, 1936-1986)*. Miami, Ediciones Universal, 1987. Colaboran, según orden del libro: Ana Rosa Núñez, Florinda Álzaga, Carmen Conde, Rosario Hiriart, Mercedes Muriedas, Hilda Perera, Rosario Rexach, Mariela Gutiérrez, Josefina Inclán, Estelle Irizarry, Hortensia Ruiz del Viso, Rosa Valdés Cruz, Gladys Zaldívar, Concepción T. Alzola, Isabel Castellanos, Esperanza Figueroa, Rosa Abella. Castellanos, José F. *Trinidad, biografía de un pueblo*, Miami: Laurenty Publishong Inc, n.d.

Castro, Marta de. *El arte en Cuba*. Miami: Ediciones Universal, 1970.

Caturla, Brú, Victoria de, *La Mujer en la Independencia de América*. La Habana: Jesús Montero, editor, 1945.

Centenario de la República (1902-2002). William Navarrete y Javier de Castro, editores, Miami: Universal, 2002.

Céspedes, Carlos Manuel de. *El diario perdido*. ed. Eusebio Leal Splenger. La Habana, Editorial de Ciencias Sociales 1994.

Cid, José. "El teatro en Cuba republicana", introducción al volumen *Teatro contemporáneo, Teatro Cubano,* 2da. Edición Madrid, Aguilar, 1962.

Círculo Poético XXVII (1997). Número especial dedicado a los poetas de Miami. Editora: Gladys Zaldívar. [Poetisas incluidas: Uva de Aragón, Silvia Barros, Amelia del Castillo, Mirta García Vélez, Rita Geada, Elena Iglesias, Adela Jaume, Sara Martínez Castro, Ana Rosa Núñez, Silvia Eugenia Odio, Marta Padilla, Juana Rosa Pita, Teresa María Rojas y Gladys Zaldívar].

Conangla i Fontanilles, Josep, *Memorias de mi juventud en Cuba: Un soldado del ejército español en la guerra separatista* (18956-1898). Edición e introducción por Joaquín Roy. Barcelona: Ediciones Península, 1998.

Conde, Yvonne, *Operación Pedro Pan*. New York: Random House,1999.

Connor, Olga, Palabras de mujer / *Parables of women*: Madrid, Betania, 2006.

Córdova, Efrén, *El trabajo forzoso en Cuba: un recorrido amargo de la historia*. Miami: Ediciones Universal, 2001.

Cortázar, Mercedes. "Entrevista a Gladys Zaldívar: Otro lenguaje, otra estructura", en Zaldívar, Gladys y Luis A. Jiménez: *De la trova provenzal al ba-*

rroco hispánico: la poesía de Gladys Zaldívar. Miami: Ediciones Universal, 2005.

Cuba en la mano, Enciclopedia Popular Ilustrada. La Habana: Ucar y García, 1940, [reprinted by Mnemosyne Publishing Co., Inc. Miami, 1969].

Cuban Women: Their Struggles and Achievements. [Catálogo de la exposición de ese título organizada por el Museo Cubano de Artes y Cultura y el Recinto Wolfson del Miami-Dade Community College, Miami, s/f].

Curnow, Ena, Bernarda Toro, "Manana, detrás del Generalísimo". Miami: Ediciones Universal, 1995.

Cuza Malé, Belkis. El clavel y la rosa, biografía de Juana Borrero. Madrid: Ediciones Cultura Hispánicas, 1984.

Dalmau, Ángeles, Habanera, VIII Premio Internacional de Novela Luis Berenguer. Sevilla: Algaida editores, 1999.

Davies, Catherine, A Place in the Sun?, London: Zed Books, 1997.

Delicado, Francisco, Retrato de la loçana andaluza. Edición Crítica de Bruno M. Damaiani y Giovanni Allegra. Madrid: Ed. José Porrúa, s.f.

Directorio Telefónico. La Habana: Cuban Telephone Co., 1958. [Hay una reimpresión reciente, sin fecha, hecha en Costa Rica].

Domínguez, Ofelia, 50 años de una vida. La Habana: Instituto del Libro Cubano, 1971.

Duarte Oropesa. Historiografía Cubana. 4 Tomos. Miami: Ediciones Universal, 1974.

El Foklore latinoamericano y del Caribe. Ponencias del Primer Seminario Latinoamericano y del Caribe de Foklore, (18-26 de julio de 1987), Santo Domingo: Departamento de Publicaciones de la Universidad Nordestana, 1987. [Contiene una ponencia ("Fiestas de Candelaria: Presencia del negro en la región"), referente a la célebre "Ma Teodora"].

El movimiento obrero cubano –documentos y artículos– 2 Tomos. La Habana: Editorial de Ciencias Sociales, 1981.

El periodismo en Cuba, libro conmemorativo del día del periodista. La Habana: 24 de octubre de 1935. [Contiene una relación de todos los periódicos que circulaban en Cuba en aquella época].

El periodismo en Cuba, libro conmemorativo del día del periodista. La Habana: 1940.

El periodismo en Cuba, libro conmemorativo del día del periodista. La Habana: 24 de octubre de 1949. [Contiene : "La mujer periodista" por Avelina Correa].

Enciclopedia de la mujer. 2 volúmenes Barcelona: Garriga Impresores, S.A., 1967. [Las biografías de mujeres cubanas estuvieron a cargo de Adela Jaume].

Enciclopedia de Cuba. 14 vols. Editor Vivente Báez. San Juan y Madrid: Enciclopedia y clásicos cubanos Inc., 1973.

Espín, Vilma, *Three decades after the Revolution, Cuban Women Confront the Future.* Melbourne, Ocean Press, 1991.

Esquenazi-Mayo, Roberto. *A Survey of Cuban* Revistas, 1902-1958). Washington, D.C.: Publications of The Library of Congress, 1993.

Estrade, Paul: *La colonia cubana de París (1895-1898).* La Habana: Editorial de Ciencias Sociales, 1984.

Fernández, Alina, *Alina.* Barcelona: Plaza y Janés, 1997.

Fernández, Magali, *El discurso narrativo en la obra de María Luisa Bombal,* Madrid: Editorial Pliegos, 1988.

Fernández Santalices, *Cronología histórica de Cuba* (1492-2000). Miami: Ediciones Universal, 2001.

Fernández Soneira, Teresa. *Apuntes desde el destierro.* Miami: Ediciones Universal, 1989.

Figueras, Francisco, *Cuba y su evolución colonial.* La Habana: Isla, S. A., 1959. [Edición por Elías Entralgo de la original de 1907. El Capítulo XIV está dedicado a la mujer cubana].

Firestone, Shulamith. *The Dialectics of Sex, The Case for Feminist Revolution.* New York: Bantam Books inc., 1972. 8th Printing. [El reclamo dice: "El eslabón perdido entre Marx y Freud". Este libro se ha convertido en la biblia de las feministas radicales].

Fuentes, Ileana, *Cuba sin caudillos.* Princeton: Linden Lane Press, 1994.

Fundación liberal José Martí. *El sol tapado con un dedo: cronología de Fidel Castro y la revolución cubana.* Madrid: Servicio de documentación de la Fundación Liberal José Martí, 1992.

García Baylleres. *La mujer cubana en las luchas por la Independencia.* La Habana: Imprenta La Milagrosa, 1951.

García Calderón, Carola, *Revistas femeninas: La mujer como objeto de consumo.* México: D.F., Ediciones El Caballito, 1980. [Es un análisis marxista de las revistas que circulaban en México en esos años, muchas elaboradas por Editorial América, S.A., con sede en Miami].

García Tudurí. Mercedes. "La educación en Cuba". San Juan: *Enciclopedia de Cuba.* 1974. T. 8.

Geada, Juan, *Isabel Rubio.* Conferencia pronunciada en la Casa Cultural de Católicas Damas Isabelinas de Pinar del Río el 15 de febrero de 1944. Pinar del Río: Talleres de *El Heraldo Pinareño*, 1945.

Gimbutas, Marija. *The Language of the Goddess.* New York - San Francisco: Harper Collins Publishers, 1989. [Contiene glosario de símbolos y su significado].

Gómez Carbonell, María. *Mis generales y doctores,* Miami: Laurenty Publishing Inc., 1988. [Contiene semblanzas de Leticia de Arriba de Amblada, Aurelia del Castillo, Dulce María Borrero].

Gómez Sicre, José. *Art of Cuba in Exile.* Miami: Editorial Munder, 1987. [Pintoras incluidas en el orden en que aparecen: Hortensia Gronlier, Laura Luna, Lilia Lazo, Gina Pellón, Raquel Lázaro, Lía Galleti, Susana Sorí, María Elena Badías, Gladys Triana, María Brito-Avellana].

Góngora Echenique, Manuel. *Lo que he visto en Cuba,* Madrid: Tipografía Góngora, 1929.

González, Jorge Antonio. *La composición operística en Cuba.* La Habana: Editorial Letras Cubanas, 1986.

González, Jorge Antonio y Edwin T. Tolón. *Historia del teatro en La Habana.* Santa Clara: Publicaciones de la Universidad Central de las Villas, 1961.

González Freire. Natividad. *Teatro Cubano* (1927-1961). La Habana: Ediciones Minrex, 1961.

_____ Prólogo al *Teatro cubano del Siglo XIX.* Antología, Tomos I y II. La Habana: Editorial de Arte y Literatura, 1975.

Guerrero, María Luisa. *Elena Mederos, una mujer con perfil para la historia.* Washington y Miami: Human Rights and Ediciones Universal, 1991. [El capítulo IV reseña el movimiento feminista cubano].

Guía de la Necrópolis "Cristóbal Colón" de la Habana. La Habana: Editorial Escudo de Oro, S.A., 1998.

Gutiérrez, Mariela. *Los cuentos negros de Lydia Cabrera (un estudio morfológico).* Miami: Ediciones Universal, 1986.

_____ *Lydia Cabrera: aproximaciones mítico-simbólicas a su cuentística.* Madrid: Editorial Verbum, 1997.

Gutiérrez de la Solana, Alberto, *Investigación y crítica literaria y lingüística cubana.* Nueva York: Senda Nueva Ediciones, 1978.

Heisler-Samuels, Betty . *The Last Minyan in Cuba.* [Una reseña muy completa en *The Jewish Star Times,* June 6, 2001, p. 14].

Henríquez Ureña, Camila. *Estudios y conferencias.* La Habana: Editorial Letras cubanas, 1982. [Contiene un ensayo sobre el feminismo].

Hiriart, Rosario. *La literatura infantil y juvenil.* Cursos de verano en El Escorial, Madrid: 1999.

_____ *Pasión de la escritura: Hilda Perera.* Miami: Ediciones Universal, 1998. [Contiene bibliografía, entrevista y extensos fragmentos de las novelas].

_____ *Secretos de un patio cubano.* Barcelona: Icaria, 2004. Ensayos sobre su novela *El patio de mi casa* por una serie de autores. Mujeres que colaboran: Concepción Teresa Alzola, Mercedes Monmany, Eloísa Lezama Lima, Carmen Dolores Hernández. También reseñas y acuses de recibo de Nedda G. de Anhalt, Monserrat del Amo, Amerlia del Castillo, Ena Curnow, Olga Connor, Oneida M. Sánchez. Holgado Fernández, Isabel. *¡No es fácil!, Mujeres cubanas y la crisis revolucionaria.* Barcelona: Icaria Editorial, 2000.

"Homenaje a Ana Raggi", *Círculo Poético*. Cuaderrno XXI, Segunda Época, año 1996.

In Remembrance of Elena Mederos González (1900-1981), Dahlgren Chapel, Washington, D.C.: Georgetown University, Washington, D.C., 1982.

Inclán, Josefina. *Cuba en el destierro de J.J. Remos*. Miami: Ediciones Universal, 1971.

____ *Viajando por la Cuba que fue*. Miami: Ediciones Universal. 1977.

Insua, Alberto. *Últimos días de España en Cuba*. Madrid: Romero impresor, 1901.

Jensen, Larry R. *Children of Colonial Despotism: Press, Politics and Culture in Cuba, 17890-1840*. Tampa: University of South Florida Press, 1988.

Jiménez, Luis A. *El arte autobiográfico en Cuba en el siglo XIX,* New Brunswick: The Ometeca Institute, 1995. [Se destacan la Condesa de Merlín, la Avellaneda y Juana Borrero].

Jiménez, Juan Ramón, prólogo y apéndice. *La poesía cubana en 1936 (colección)*. La Habana: Institución Hispanocubana de Cultura, 1937.

Jiménez, Luis, compilador: La voz de la mujer en la literatura hispanoamericana fin-de-siglo. San José, C. R. Editorial de la Universidad de Costa Rica. 1999. [Contiene entre otros un ensayo de Ellen Lismore Leeder sobre María Luisa Dollz].

Jones, Katharine M.. *Heroines of Dixie*, New York: Konecky and Konecky, 1955. [Contiene una biografía y fragmentos autobiográficos de Loreta Janeta Verlazquez].

Juan, Adelaida de. *Las Artes plásticas*. La Habana: Instituto del libro, cuadernos populares, 1968. [Menciona estrictamente a las pintoras y escultoras que permanecieron en Cuba].

Jung, Carl Gustav. *Aspects of the Feminine*. Translated by R.F.C. Hull. New Jersey: Princeton University Press, Bollingne Series XX, 1982.

Labrada Rodríguez, Eduardo. *La prensa camagüeyana del siglo XIX*. Santiago de Cuba: Editorial Oriente, 1987.

Laje, Zilia L. *La cortina de bagazo* Miami [sin fecha ni casa impresora el ejemplar consultado. En la portada se reproduce el permiso de salida de Cuba de la autora, el 3 de agosto de 1961. Además de su valor político y humano, el libro es una excelente referencia para las calles y lugares la Habana de los años 50].

Lasaga, José Ignacio. *Vidas Cubanas, Páginas de la historia de Cuba / Cuban Lives, Pages from Cuban History*. Vols I & 2. Miami: Ediciones de la Revista Ideal, 1984.

Lazo, Raimundo. *La literatura cubana*. México: Universidad Nacional Autónoma de México, 1965.

_____ *La teoría de las generaciones y su aplicación al estudio histórico de la literatura cubana.* México: Universidad Nacional Autónoima de México, 1973.

Libro de Oro Hispanoamericano, Cuba, Vol II. París, Madrid, Buenos Aires, New York: 1919.

López García, Ángel y Ricardo Morant. *Gramática femenina.* Madrid: Ediciones Cátedra, 1995. [Un caudal de observaciones valiosísimas acerca de los diferentes tratamientos verbales a hombres y mujeres].

Loynaz, Dulce María, *Cartas que no se extraviaron.* Compilación de Aldo Rodríguez Malo, Madrid: Fundación Jorge Guillén, Fundación Hermanos Loynaz, 1997. [Contiene cartas dirigidas a Eva Adán Rodrìguez, María Teresa Aranda Echevarría, Berta Arocena, Caridad Bravo Adams, Angélica Busquet, Josefina de Cepeda, Carmen Conde, Uldarica Mañas, Gabriela Mistral, Margarita Montero, Renée Potts, Ofelia Rodríguez Acosta, Julia Rodríguez Tomeu. Como dije oportunamente, las copias de varias cartas y notas dirigidas a Adela Jaume se encuentran en poder de Gladys Zaldívar].

Marrero, Leví. *Cuba: Economía y Sociedad.* Tomos I-V, Madrid: Playor, 1971-1978.

Marsá Vancells. *La mujer en la literatura.* Madrid: Torremozas, 1987, No. 10. "Cuba", p. 106.

Martínez Malo, Aldo. *Rita, la única.* La Habana: editorial abril, 1988.

Martínez Nieto, Mari Paz. *Son de Cuba, conversaciones con el exilio.* Madrid: Ed. Libros Libres, Colección Voces de Cuba, 2000.

Medrano. Mignon, *Todo lo dieron por Cuba.* Miami: Fundación Nacional Cubano-Americana, 1995.

Meluzá Otero, Francisco: *50 Años de periodista.* México: Guías, S. A., 1985.

Mena, César A. y Armando F. Cobello. *Historia de la Medicina en Cuba I: hospitales y centros benéficos en Cuba colonial.* Miami: Ediciones Universal, 1992.

Mena, César A. *Historia de la Medicina en Cuba II: Ejercicio y Enseñanza de las Ciencias Médicas. Epoca colonial.* Miami: Ediciones Universal, 1993.

Mena, César A. *Historia de la Odontología en Cuba.* 4 Tomos. Miami: Ediciones Universal, 1981-1983.

Méndez Capote, Renée. *Memorias de una cubanita que nació con el siglo.* La Habana, Bolsilibros Unión, 1964. [1era. ed. Santa Clara: Universidad de las Villas, Dirección de Publicaciones, 1963].

_____ *Por el ojo de la cerradura.* La Habana: Editorial Letras Cubanas, 1981. [© de 1977. Exordio fechado en 1974.]

Méndez Rodena, Adriana. *Gender & Naturalism in Colonial Cuba.* Vanderbilt University Press, 1998.

Miles, Rosalind. *The Women's History of the World*. New York: Harper and Row, 1989.

Minorías determinantes, Las. Madrid: Editorial Calíope, 2003. [Contiene un ensayo de Esther Sánchez Grey Alba sobre "La participación de la mujer en la Guerra de los Diez Años y en la formación de la conciencia nacional cubana" (pp 131-143)].

Moi, Toril. *Teoría literaria feminista*. Madrid: Cátedra, 1988.

Molina, Antonio J. *Curiosidades Históricas*. Hato del Rey, P.R: Ramallo Bros. Printing, 1995.

____ *Mujeres en la Historia de Cuba*. Miami: Ediciones Universal, 2004.

Montalvo, Berta G. *Índice bibliográfico de la Revista de la Habana*. Gustavo Gutiérrez, Director. Publicada por la Editorial R. H., La Habana, 1930. Miami: Ediciones Universal, 2001.

Montero, Susana A. *La narrativa femenina cubana*, 1923-1958. La Habana: Editorial Academia, Instituto de Literatura y Lingüística, 1989. [Muchas interesantes observaciones que a veces se diluyen en el barrage de comentarios "marxistas"].

Mora Morales, Esther Pilar. *Participación de la mujer cubana en las guerras independentistas, biografías históricas verídicas*. Miami, 1990.

____ y otras. *La verdad sobre el presidio político de mujeres en la Cuba castrista*. Miami: Ediciones de la Revista Ideal, 1986. [Incluye relatos de María Magdalena Álvarez, María Milagros Bermúdez, Gloria Sofía Argudín Moreno, Teresa Sagaró Percadé, Riselda Martínez, Ester Ferro, y las historias de Edmunda Serrat, Gladys Hernández y muchas otras].

Mota, Francisco M. *Para la historia del periodismo en Cuba: un aporte bibliográfico*. Santiago de Cuba: Ed. Oriente, 1985.

____ *Por primera vez en Cuba*. La Habana: Editorial Gente Nueva, 1982.

Mott, Frank Luther. *American Journalism, a history: 1690-1960, 3rd ed. Revised*. New York: The MacMillan Company, 1962. [1st ed. 19941].

Muguercia, Magaly. *El teatro cubano en vísperas de la Revolución*. La Habana: Editorial Letras Cubanas, 1988.

Mujer Cubana, La: historia e infrahistoria. Ciclo de conferencias ofrecido por el Instituto Jacques Maritain, Miami: Ediciones Universal, 2000. [Conferencistas Ena Curnow, Lynn Stoner, Raquel La Villa, Madeline Cámara y Uva de Aragón].

Muriedas, Mercedes. *Bibliografía de la Literatura Infantil Cubana Siglo XIX*, Tomo I, la Habana: Departamento Juvenil, Biblioteca Nacional José Martí, 1969.

Navidades para un niño cubano. La Habana: Dirección General de Cultura, Ministerio de Educación, 1959. [Contiene relatos para niños de María Álvarez Ríos, Concepción T. Alzola, Rosario Antuña, Anita Arroyo, Dora Carvajal, María Julia Casanova, Isabel Fernández Amado Blanco, Marinés Mederos, Hilda Perera, Renée Potts, Ruth Robés, Aurora Villar Buceta, Rosa Hilda Zell. Una Estampa "Navidades en Placetas, 1934", de Blanca Emilia Rodríguez Capestany, y una obra de teatro: "La Marímbula Mágica" de María Álvarez Ríos].

Negrín García, Lucila. *Teresina del Rey: Pimera aviatriz cubana*. Miami, Posadas, 2003.

Nomenclator geográfico y toponímico de Cuba (1860-1872). Editor: Ernesto de los Ríos, La Habana, Instituto del libro, 1970.

Norton Grove Dictionary of Women Composers, The. Edited by Julie Anne Sadie & Rhian Ssamuel. New York-London: W.W, Norton & Co, 1944. New York: The McMillan Press Ltd., 1995.

Nuñez, Ricardo. *Cuba: la otra imagen*. Miami: Publicaciones Cultural, 1944. [Contiene: "La Mujer cubana", "Emilia Casanova", "La capitana Ana Azcuy"].

Núñez Machín, Ana. *Mujeres en el periodismo cubano*. Santiago de Cuba: Editorial Oriente, 1989. [Mujeres tratadas individual y cronológicamente: Úrsula Céspedes Escanaverino, Magdalena Peñarredonda Doley, Domitila García Duménico [Coronado], Avelina Correa, Camila Henríquez Ureña, Ofelia Domínguez Navarro, María Villar Buceta, Renée Méndez Capote, Mariblanca Sabas Alomá, Dolores de la Torriente y Urdanivia, Renée Potts Rodríguez, Rosa Hilda Zell, Mirta Aguirre Carreras, Ernestina Otero Hernández y Haydée Tamara Bunker Bider, esta última una guerrillera argentina que murió en Bolivia junto al Ché Guevara. Cada una con la relación de sus publicaciones y un artículo de muestra].

Orovio, Elio. *Diccionario de la Música Cubana –biográfico y técnico*. La Habana: Editorial Letras Cubanas, 1992.

Ortiz, Fernando. *Historia de una pelea cubana contra los demonios*. Madrid: Editorial ERRE S.L., 1972. [1era ed. Departamento de Publicaciones de la Universidad de Las Villas, 1959.

Parera Alonso Villalón, Célida. *Pro Arte musical y su divulgación de cultura en Cuba (1918-1967)*. Nueva York: Senda Nueva Ediciones, 1990. [Un impresionante recuento de la vida musical habanera].

Pellecer, Carlos Manuel. *Útiles después de muertos*. México: B. Costa Amic, 1967.

Pérez Castellón, Ninoska y Mirta Iglesias. *Cuba mía, hablan tus hijos. Testimonios*. Miami: Editorial Zun-Zun, Inc, 2003.

Pérez Erderly, Mireya. *La pícara y la dama*. Miami: Ediciones Universal, 1979.

Ponte Domínguez, Francisco J. *La mujer en la revolución de Cuba* (Conferencia dictada por el doctor en los salones de la Sociedad "Liceum" de la Habana, el 8 de febrero de 1932). Reproducida en la *Revista Bimestre Cubana* 31 2 (marzo-abril de 1933): 276-300.

Portell-Vilá, Herminio. *Los "otros extranjeros" en la revolución norteamericana*. Miami: Ediciones Universal, 1978.

Remos, Juan J. *Historia de la Literatura Cubana. 3 tomos*. La Habana: Cárdenas y Cía., 1945.

____ *Micrófono*. La Habana: Molina y Cía., 1937. [Contiene: "Las revistas cubanas más representativas del siglo XIX", pp. 221-27.

____ *Proceso histórico de las letras cubanas*. Madrid: Ediciones Guadarrama, S.L., 1958.

Rexach, Rosario. *Dos figuras cubanas y una sola actitud: Felix Varela (1788-1853)*.

*Jorge Mañach (1898-1961)*Miami: Ediciones Universal, 1991. Contiene una reseña de la creación y actividades del Lyceum (pp 116-131).

Reyes Gavilán, María Antonieta. *Delicias de la mesa, manual de cocina y repostería (con medidas del país)*, 13 a. edición muy aumentada como menú para 30 días. La Habana: Publicaciones Cultural, S.A. s.f. [Como dato curioso y aunque los hombres están proscritos de este libro, revelaré que el ejemplar que consulté me lo facilitó en Madrid Gastón Baquero. Este era uno de sus libros de cabecera porque Gastón fue muy aficionado no sólo al buen comer, sino a la práctica culinaria].

Ricardo, José G. *La imprenta en Cuba,* La Habana: editorial Letras Cubanas, 1989.

Ricardo, Yolanda. *Nueva visión de Dulce María Borrero,*. La Habana: Editorial Letras Cubanas, 1983.

Riera Hernández, Mario. *Cuba republicana: 1899-1958)*. Miami: Editorial AIP, 1974.

Rivero, José Ignacio. *Prado y Teniente Rey*. Miami: ed. Páginas Cubanas, 1987.

Robreño, Gustavo. *La Acera del Louvre, novela histórica*. La Habana: Imp. y papelería Rambla, Bouza y Cía., 19525. [La acción comienza en 1888] .

Rodríguez, Ana [Lázara] and Glenn Garvin. *Diary of a Survivor*. New York: St. Marti's Press, 1995.

Rodríguez de la Cuesta, Vicentina. *Patriotas cubanas*. Pinar del Río: Talleres del *Heraldo Pinareño*, 1952.

Rodríguez Ichaso, Mari. *Recuerdos compartidos*. Madrid: Playor, 1980.

Roig, Monserrat. *El feminismo*. Madrid: Salvat Editores, S.A., colección Temas Clave, 1981.

Romeu, Raquel. *Voces de mujeres en la literatura cubana*. Madrid, Verbum, 2000. [Mujeres incluidas: G. G. de Avellaneda, Juana Borrero, Mercedes Matamoros, Lydia Cabrera, Dulce María Loynaz, Renée Méndez Capote, Hilda Perera, Amelia del Castillo. Y además, "Un siglo habanero: de la Condesa de Merlìn a Zoe Valdés, Daína Chaviano"].

Rosell, Rosendo. *Vida y Milagros de la Farándula de Cuba*. Miami: Ediciones Universal, Vol. I, 1990; Vol. 2, 1992; Vol 3, 1994; Vol 4, 1996; Vol 5, 2001.

Rovirosa, Dolores, Separata de *Los Carbonell: cubanos ilustres, bibliografía*, edición especial dedicada a María Gómez Carbonell, Miami, 1895.

Ruiz del Viso, Hortensia. *Páginas cubanas* I. Miami: Ediciones Universal, 1998.

Sabas Alomá, Mariblanca. *Feminismo*. La Habana: Editorial Hermes, 1930.

Saco, José Antonio. *La vagancia en Cuba*. La Habana: Publicaciones el Ministerio de Educación, Dirección de Cultura, 1946. [Escrita en 1830. Ganadora del certamen de la Sociedad Patriótica de la Habana en 1831].

Sánchez-Grey Alba Esther. *La mujer en el teatro hispanoamericano y otros ensayos*. Montevideo: Universidad Católica del Uruguay "Dámaso Antonio Larrañaga", 1992.

San Emilio, Oscar de. *Memorias de Cuba*. Miami: Ediciones Univ ersal, 1978.

Santoja, Gonzalo. *Un poeta español en Cuba: Manuel Altolaguirre, sueños y realidades del primer impresor del exilio,* Valencia: Círculo de Lectores Galaxia Guttenberg, 1996. [Las menciones de María Luisa Gómez Mena, patrocinadora de todas la aventuras intelectuales de Altolaguirre en América, son fugaces y demuestran poca simpatía. Como muestra: *La Galería del Prado (promovida por quien al cabo de poco años se convertiría en la segunda esposa de Altolaguirre, la* explosiva *María Luisa Gómez Mena, tan dinámica como arrolladora, mujer entonces del pintor Carreño...*(p. 113). "E*n compañía de su segunda esposa, María Luisa Gómez Mena, un auténtico ciclón, a veces protector y otras desenfrenado"* p. 244).

Santovenia, E.S y R.M. Shelton. *Fundadores de la nación cubana*. Miami, Junta Patriótica cubana, 1967. [Únicas mujeres incluidas:Isabel Rubio, Marta Abreu, y Mariana Grajales, en un total de 50 próceres].

Sarabia, Nydia. *Ana Betancourt Agramonte*. La Habana: Instituto del libro, ed. de Ciencias Sociales, 1970.

Saralegui, Cristina. *¡Cristina!, Confidencias de una rubia*. New York: Warner Books, 1998.

Sau, Victoria. *Un diccionario ideológico feminista* Barcelona: ed. Icaria, 1981. [Una relación de palabras claves en el tema, interpretadas desde el punto de vista marxista].

Segura Bustamante, Inés. *Cuba siglo XX y la generación de 1930*. Miami: Universal, 1986.

Seuc, Napoleón. *La colonia china de Cuba (1930-1960)*. Miami: Ahora Printing, 1998.

Showalter, Elaine. *A Liiterature of Their Own*. New Jersey: Princeton University Press, 1977.

Siglo y cuarto, Diario de la Marina, Decano de la prensa de Cuba, número extra-ordinario. La Habana: 15 de septiembre de 1957. [Reimpresión, Miami: Ediciones Páginas Cubanas. Editorial SIBI, 1987. Editores de la reimpre-sión: Nancy Pérez Crespo y José Ignacio Rivero].

Stoner, Kathryn Lynn. *From the House to the Streets: The Cuban Woman's Movement for Legal Reform 1898-1940.* Bloomington: Indiana, 1983. Second printing: Duke University Press, 1991.

Tejera, Eduardo, J. *La ayuda cubana a la lucha por la Independencia Norteame-ricana.* Miami: Ediciones Universal, 1972.

Torre, José María de la. *Lo que fuimos y lo que somos o la Habana antigua y moderna.* La Habana: Imprenta de Spencer y Cía, 1857.

Torre, Miguel de la. *Prosas varias.* La Habana: Ed. Universidad de la Habana, 1966.

Torres. María de los Ángeles. *By heart / De memoria. Cuban Women's Journeys In and Out of Exile.* Philadelphia: Temple Unversity Press. 2003.

Valverde Maruri, Antonio L. *Elogio del Lic. José de Armas y Cárdenas (Justo de Lara), Individuo de número,* leído por el Dr…, Académico de número, en la sesión solemne celebrada en la noche del 28 de diciembre de 1923. La Habana: Publicaciones de la Academia de la Historia, Imprenta el siglo XX, 1923.

Valladares, Ricardo. *Cofre emocional de recue*rdos. Miami: San Lázaro Graphics, 1996.

Vanidades Continental. Edición del 20 aniversario (1961-1981). Miami: Editorial América, 1981.

Varios, *La Mujer hoy y siempre.* Madrid: Santillana S. A de ediciones, 1971. [Una muy completa mini enciclopedia de la mujer].

_____ *Las minorías determinante.* Madrid: Asociación Literaria Calíope, Colec-ción Calíope de Ensayo y Periodismo, 2003. [Contiene: Esther Sánchez Grey Alba,"La participación de la mujer en la Guerra de los Diez Años y en la formación de la con ciencia nacional cubana", pp. 132-143.

Vila, José Jorge y Guillermo Zalamea Arenas. *Exilio.* Miami: ediciones AIP, 1967. [*Vanidades Continental* en las páginas 158-159].

Vitier, Medardo. *Las ideas y la filosofia en Cuba.* La Habana: Instituto del libro. Editorial de Ciencias Sociales, 1970.

Women in Battle, The: a Narrative of the Exploits, Adventures and Travels of Madame.

Loreta Janeta Velazquez, Otherewise Known as Lieutenant Harry T. Buford, Confederate States Army. ed. C. J. Worthington. Hartford. Conn: T. Belknap, 1876. [Otra edición con el título acortado, de Arno Press, New York, 1972].

Zaldívar, Gladys y Luis A. Jiménez: *De la trova provenzal al barroco hispánico: la poesía de Gladys Zaldívar.* Miami: Ediciones Universal, 2005. [Colaboran: Concepción Teresa Alzola, Alberto Baeza Flores, Rosa M. Cabrera, Mercedes Cortazar, Félix Cruz-Álvarez, Mauricio Fernández, Raimundo Fernández Bonilla, Leonardo Fernández Marcané, Esperanza Figueroa, Alberto Gutiérrez de la Solana, Julio Hernández Miyares, Enrique Hurtado de Mendoza, Fernando Hurtado de Mendoza, Josefina Inclán, Luis A. Jiménez, Ellen Lismore Leeder, Luis Martínez, Silvia Martínez Dacosta].

Zaldívar, Gladys y Rosa M. Cabrera, eds. *Homenaje a Gertrudis Gómez de Avellaneda. Memorias del simposio en el centenario de su muerte.* Miami: Ediciones Universal, 1981. [Contiene ensayos de Florinda Álzaga, Concepción Teresa Alzola, Raquel Chang Rodríguez, Josefina Inclán, Dolores Martí Cid, Ondina Montoya Zayas, Ana Rosa Núñez, Rosario Rexach, Aurora Roselló, Georgina Sabat Rivers, Rosa Valdés Cruz y la propia Gladys Zaldívar].

8.2 Artículos, reportajes, conferencias, resenciones...

Abreu, Juan. "Bajo un cielo de aguas recién cortadas". *Diario Las Américas* (2 de abril de 1995): 5-A.

_____ "En el tiempo de los adioses", *El Nuevo Herald*, 13 de junio del 2004): 4-E. Sección Estantería. [Acerca del ibro del mismo título de Martisel Mayor Marsán.

_____ "La mujer, la prensa y el futuro de Cuba". *Diario Las Américas* (3 de noviembre de 1991): 5-A.

Acero, Germán. "Las Mujeres Municipalistas alientan a las de Cuba a afianzar la libertad". *Libre* (3 de agisto de 2005): 54-55.

_____ "Se nos fue una luchadora por la libertad de prensa cubana" [sobre Adela Jaume]. *Libre* (8 de febrero de 2002): 34.

Aguilar León, Luis. "Celia Cruz eterna". *El Nuevo Herald*, (18 de julio del 2004): 21-A.

_____ "Isabel Pérez Farfante de Canet". *Diario las Américas (*4 de marzo de 1993): 4-A.

Aguirre Ferré, Helen. "Celebrando 45 años de articulistas y colaboradores de *Diario las Américas*". (*Diario las Américas):* 41-5-A. [Es un trabajo gàfico, con fotos de las personas mencionadas. Las mujeres son: Florinda Álzaga, Uva de Aragón, Anita Arroyo, Zenaida Bacardì Argamasilla, Conchita Castanedo, María Elena Cruz Varela, Mercy Díaz, Ileana Fuentes, Mercedes García Tudurí, María Gómez Carbonell, Asela Gutiérrez Kahn, Josefina Inclán, Adela Jaume, Beatriz Parga [cubana honoraria], Hilda Perera, Nancy Perez Crespo, Pura del Prado, Olimpia Rosado, Ileana Ros-Lehtinen, María Elena Saavedra, Rosa Leonor Whitmarsh. Las extranjeras: Madeleine Albright, Georgine Anne Geyer, Jeanne Kirkpatrick].

Almanzar, Fernando. "Amelia Reguera: *Marine* de cinco idiomas". *El Nuevo Herald (* 23 de diciembre de 1997).

_____ "Lourdes Águila comenzó a los 15 años su lucha por ayudar a los cancerosos". *El Nuevo Herald (* 5 de junio de 1999) 2-A.

Alomá, Orlando. "Interludio habanero de Anaïs Nin". *El Nuevo Herald* (24 de noviembre de 1990): 1-D.

Alonso y Artigas, Benito. "Repasando la historia: el périodismo en la Cuba de ayer". *Prensa Libre* (29 de octubre de 1993): 4. [Reseña el claustro de profesores de la Escuela de Periodismo y los periodistas que se opusieron a la toma del poder por Fidel Castro, entre ellos menciona sólo a dos mujeres: Doña Carmela Nieto de Herrera y Lourdes *Beltrán* (sic*)* Agramonte, Vda. de Meluzá. Se refiere a Lourdes *Bertrand,* que por aquella época aún no había enviudado].

Álvarez, Ignacio. "Homenaje a la Casa de Beneficiencia y Maternidad de la Habana (CBM) y Sor Mercedes". *La Campana* (15 de agosto de 2002): p. 4. [Contiene la historia de la institución, su sistema de funcionamiento y un retrato literario de Sor Mercedes].

Álvarez, Lizette. "Missing the Great Adventure". *Tropic Magazine, The Herald (*March 7, 1993).

Álvarez Bravo, Armando. "Fallece la destacada periodista Herminia del Portal". *El Nue vo Herald* (28 de febrero de 2003): 17-A.

_____ "Gina Pellón, el inocente encanto expresionista". *El Nuevo Herald (* 4 de octubre de 1998): 9 [en portada].

_____ "Gina Pellón, el más de la belleza, la inocencia y la luminosidad". *El Nuevo Herald (*18 de noviembre del 2001): 1-E.

_____ "Hilda Perera: La pasión de la escritura". *El Nuevo Herald* (20 de septiembre de 1998): 3 -F.

_____ "Ileana Ferrer Govantes: 'Los barcos de los sueños' y más". *El Nuevo Herald* (28 de octubre del 2001): 1-E.

_____ "La espectacular soledad de Concha Alzola". *El Nuevo Herald* 11 de agosto de 1997): 1-E.

_____ "Los Lam de Lydia Cabrera". *El Nuevo Herald* (15 de julio de 1995): 1-E.

_____ "Rosario Rexach mira más allá de su siglo". *El Nuevo Herald* (5 de diciembre de 1999): 3E.

Álzaga, Florinda. "La Colección de la Herencia Cubana, the Cuban Hertitage Collection de la Universidad de Miami". *Círculo, Revista de Cultura (* Vol XXXI, 2002): 100.

Alzola, Concepción Teresa (Concha Alzola). Un resumen (quizás desaparecido) de la participación de la mujer en la vida nacional, publicado en *El Sol* de Marianao en 1952, con motivo del Cincuentenario de la República.

_____ "Carmen Díez Oñate". *Vanidades Continental* 39. 21 (1999).

_____ "De bibliotecas y bibliotecarias". *Viva Semanal* (29 de mazo al 4 de abril de 1995): 11. [Menciona varias bibliotecas, con hincapié en la del Lyceum (Cuba) y la Rama Hispánica (Miami) con sus respectivas bibliotecarias].

_____ "De dónde son los cantantes", *5 aproximaciones a la narrativa hispanoamericana contemporánea*, ed. Gladys Zaldívar. Madrid: Playor, S.A., 1977.

_____ "Hilda Perera: la lengua de todos". Conferencia pronunciada en el XVIII Congreso Cultural de Verano del CCP (25 de julio de 1998).

_____ "La mujer en el periodisnmo cubano, apuntes para su historia". Conferencia pronunciada en el Congreso Cultural de Verano del CCP (25 de julio de 1997).

_____ "La mujer en la prensa cubana". *El Nuevo Herald* (17 de marzo de 1991): 1-D.

_____ "Lia Galetti. *Vanidades Continental* 41. 10 (mayo del 2000).

_____ "Lillian Cuenca". *Vanidades Continental* 40 25 (diciembre del 2000).

_____ "Presencia de la mujer en el desarrollo social y cultural de Cuba republicana", conferencia para el Cuban Women's Club de Miami, el 26 de mayo de 1992.

_____ "Raquel Lázaro". Miami, *Vanidades Continental* 20. 11 (27 de mayo de 1980): 50-53.

_____ "Gina Pellón". *Vanidades Continental* 38.24 (23 de noviembre de 1998).

_____ "Gina Pellón". *Vanidades Continental* 41. 24 (27 de noviembre de 2001).

_____ "María Elena Torres. *Vanidades Continental* 39. 19 (7de septiembre de 1999.

_____ "Muertas que no hacen ruido". *Viva Semanal* (15 al 21 de febrero de 1995). [En las muertes de Teté Casuso y Josefina Inclán].

_____ "Sin tierra prometida". *Diario Las Américas*, 25 de septiembre de 1991, pág. 5-A. [en la muerte de Lydia Cabrera].

Amador, Dora. **"Aproximaciones a lo erótico".** *El Nuevo Herald* (29 de octubre de 1992): 14-A.

_____ "En busca de Dulce María Loynaz". *El Nuevo Herald* (12 de noviembre de 1992).

_____ "Gracias". *El Nuevo Herald* 28 de octubre de 2006): 22-A [Por el regreso de los periodistas despedidos de *ENH*].

_____ "Hermana muerte". *El Nuevo Herald* (31 de mayo de 2006): 20-A.

_____ "La larga noche, mujeres en el presidio político cubano". *El Nuevo Herald* (10 de marzo de 1991): 1-D.

_____ "Maestra Rural". *El Nuevo Herald,* (13 de mayo de 1993): 12-A.

_____ "Obrera de la mies. De por qué renuncio al periodismo y entro en la vida religiosa". *El Nuevo Herald* (10 de septiembre de 1998): 15-A.

_____ "Un encuentro feminista cubano". *El Nuevo Herlad* (6 de junio de 1995): 10-A.

[Estos y otros artículos fueron reunidos en el volumen *La sonrisa disidente,* Miami, Ediciones Universal,-La Torre de Papel, 1998].

Antuña, María Luisa y Josefina García Carranza. "Bibliografía del Teatro Cubano". *Revista de la Biblioteca Nacional José Martí.* 3 (Sept-Dic. 1971).

Añorga, Rev. Martín N. "Truman Capote" (*Diario Las Américas,* 19 de agosto de 2007): 7A. [aclara que *Capote* es el apellido del cubano que prohijó al pequeño Truman, al casarse con la madre del niño].

Aragón, Uva de [antes Clavijo]. "Elegía en verano". *Diario las Américas*, 12 de agosto de 2004): 5-A.

_____ "Hasta siempre, Pura del Prado". *Diario Las Américas* (24 de octubre de 1996): 5-A.

_____ "La mujer en las corrientes intelectuales cubanas, II". *Diario Las Américas* (17 de marzo de 1994): 5-A.

_____ "República XXII: Comienzos del movimiento feminista", *Diario Las Américas* (27 de junio de 2002): 5-A.

Ardila, Norma. "Centenares rinden honor a madres de congresistas cubanoamericanos". *El Nuevo Herald* (13 de noviembre de 1995): 3-A.

Ardizones, Bianca. "La voz más bella de Cuba… Hortensiua Coalla". *Viva Semanal* (7 al 13 de junio de 1995): 27.

Arechaederra, Emillio. "Desarrollo del basketball en Cuba". *Siglo y Cuarto,* Número Extraordinario del *Diario de la Marina,* (15 de septiembre de 1957). 236-238.* Reimpresión Editorial SIBI, 1987.

Arenal, José. "La Baronesa Thyssen y la Calle 8". *¡Ya!,* (2da. Quincena de septiembre de 2003): 2.A.

Arocena. Berta. "Mujeres en el periodismo cubano". *Álbum del Cincuentenario de la Asociación de Reporters de la Habana (1902-1952):* 114.

Arocha, Yoli. "La Historia de las Telenovelas". *¡Éxito!,* (19 de febrero de 1995): 54.

_____ "La Historia de las Telenovelas". Segunda y última de dos partes. *¡Éxito!,* (19 de febrero de 1995): 56.

Arroyo, Anita. "Presencia de la mujer en la vida cubana". *Siglo y Cuarto, Número Extraordinario del Diario de la Marina* (15 de septiembre de 1957). Reimpresión: editorial SIBI, 1987.

Balmaseda, Liz. "Disonancia sin bemoles". *El Nuevo Herald* (29 de marzo de 1997): 14-A.

_____ "The Pain of Elian". *The Herald,* Metro Miami Section (April 17 de 2000): 1-B.

_____ "U.S. compounded mother's grief". *The Miami Herald,* Metro Miami Section (October 9, 2000): 1-B.

Baquero, Gastón. "Una ojeada a los viejos periódicos". *El Nuevo Herald (*23 de octubre de 1993): 15 A.

Barnet, Miguel. "Claves por Rita Montaner" . *Unión* XVI. 2 (junio de 1977): 132-154.

Baum, Clara. "Gladys Zaldívar", sección Han Triunfado. *Vanidades Continental*. 33. 2 (20 de enero de 1993): 101.

Beato, Maritza. "La mujer en la Cuba de hoy", Miami *La Voz de la Calle* (26 de marzo de 2004): 12.

Becerra, Berta. "Las revistas cubanas más importantes en los últimos 50 años". *Álbum del Cincuentenario de la Asociación de Reporters de la Habana (1902-1952)*. [Cita entre ellas las revistas de tres mujeres: *Por la mujer* de Concepción Boloña, *Cuba Libre* de Rosario Sigarroa y la *Revista Blanca* de Luz Gay].

Beguristaín Rosa. "Electa Fe de la Peña protectora de los animales". *Libre* (28 de mayo de 1999): 15.

Benítez, Víctos R. "Vejaciones y humillaciones a las mujeres cubanas en las cárceles de Castro", Miami, *La Voz de Cuba* (10 de diciembre del 2004): 13.

Benítez y Rodríguez, J. "El primer periódico aéreo del mundo nació en la Habana". *Álbum* del Cincuentenario de la Asociación de Reporters de la Habana (1902-1952).

Bez Chabebe, Rev. Jorge."Más de 5000 Caraballenses" *La Verdad* (5 de febrero de 2004): 10.

Boza Masvidal. Msr. Eugenio. "Una insigne educadora que vivió la santidad" *El Camagüeyano Libre* (Año XVIII, Enero-junio 2002, No. 1-2): 27.

Bravo Varona. Esperanza. "José Varela Zequiera interpretado por su nieta Beatriz Varela". *Diario las Américas* (23 de abril de 1997): 10-A.

Bryon, Lina. "Carta a mis hijos". E*l Nuevo Herald* (28 de febrero de 1994): 8-A.

Burkett, Elinor. "The Last American". *The Miami Herald (*September 4 1988): 1-G. [La historia de Edith Sundstrom, que tuvo que abandonar su hogar en Cuba tras haberla hecho su patria por 68 años].

Bustamante, Dra. Lilia. "Importancia de ser el primero". *Art Deco Tropical* (9 de septiembre de 1999): 15.

Cabaleiro, José. "Un monumento habanero al amor" *El Nuevo Herald* (11 de febrero de 2007): 1-A.

Cabrera, Lydia. "Denuncia Lydia Cabrera edición "pirata" de su obra en la Habana" [Nota con ruego de publicación], *Diario Las Américas* (9 de mayo de 1990): 1-B.

Cabrera Leyva, Guillermo. Charla sobre las mujeres cubanas y su inserción en la historia". Miami, *Diario Las Américas* (24 de marzo de 2004): 1-B.

_____ "Destaca Uva Clavijo el papel de la mujer en las luchas por la independencia de Cuba". *Diario Las Américas* (2 .de abril de 1995).

_____ "Dieron escasa atención historiadores españoles al papel de la mujer cubana en la sociedad colonial". *Diario Las Américas* (10 de abril de 1996): 2-B.

[reseña de la conferencia de la Dra. Ena Curnow en el Instituto Jacques Maritain].

_____ "Olimpia Rosado, una vida en defensa del idioma". *La Revista del Diario*, (2 de octubre de 1998): 6.

Cámara, Madeline. *"Des belles dames sans merci* en la narrativa cubana". *París, 100 Años* 2. 14 (10-14).

_____ "¿Dónde está la Ma' Teodora?". *El Nuevo Herald (*18 de noviembre de 1996): 11-A.

_____ "La crisis cubana en voces de mujer". (*El Nuevo Herald,* Galería, 21 de mayo del 2,000): 3. [Reseña del libro *No es fácil. La mujer cubana y la crisis revolucionaria,* Barcelona, Editorial Icaria, Colección Antrazyt, 2000).

_____ "Reescritura de lo social en la voz de la mujer en Cuba. Desde el jardín a la tribuna (1902-1959)", en *Centenario de la República (1902-2002).* William Navarrete y Javier de Castro, editores. Universal, 2002): 347-360.

Cancio Isla, Wilfredo. "La centinela del idioma". *El Nuevo Herald* (30 de septiembre de 1999): 1-A.

_____ "La UM honra a José Martí". *El Nuevo Herald* (28 de enero de 2003): 1-A [en la inauguración del pabellón que alberga la Colección Cubana].

_____ "Serafina Núñez perdida y encontrada". *El Nuevo Herald* (11 de noviembre de 2001): 3E.

Carbó Menéndez, J. "Caridad Morales: Su historial artístico". *Continental* (19 de noviembre del 2001): 11.

_____ "Clave de Sol: Caridad Morales: Su historial artístico". *Continental* (19 de noviembre de 2001): 11.

_____ "Recordando a Eusebia Cosme". *Continental* (diciembre 98, 1999): 11.

_____ "Recordando a Rita Montaner: la única". *Continental* (15 de abril de 1999: 11.

Cardona, Eliseo, "Canciones del hombre nuevo". *El Nuevo Herald.* (11 de noviembre de 1977): 1-C [La utilización en Cuba de canciones infantiles como medio de adoctrinamiento].

Castellanos, Isabel. "¡Pobre Lidia Cabrera!". *Diario las Américas.* (17 de julio de 1992): 4-A

Castillo, Amelia del. "La libertad en voces femeninas de la literatura cubana a cien años de la instauración de la República", ponencia leída en el XXIV Congreso de Verano del Círculo de Cultura Panamericano , Miami, Koubek Memorial Center, del 23 al 25 de julio de 2004.

Castillo, Fernando del. "Georgina Granados ¡Una voz privilegiada!". *¡Ya!.* (1era quincena de agosto del 2002): 2.

_____ "Ivette Hernández: la magia de ser genial". Miami, *La Verdad* (24 de febrero de 2005): 4.

_____ "Ivette Hernández: Premio Ignacio Cervantes" . Miami, *La Verdad* (3 de marzo del 2005): 4.

Castro Mori, Javier de. "El exilio cubano de París: Apuntes para su historia". *Centenario de la República (1902-2002):* 109-132.

Cazorla, Roberto. "Aquí, Madrid: Chavela Vargas". *Libre* (17 de agosto de 2001).

_____ "Imperio Argentina: estrella de la 'Expo 92'. *Diario Las Américas* (10 de enero de 1992): 12-A.

CCECI (Centro Cultural Español de Cooperación Iberoamericana). Debate sobre "La mujer en los medios de comunicación hispanos en los EE. UU.", celebrado los días 9 y 10 de abril de 1977. [Participantes: Ana Remos, Elsa Negrín, Marcela Gómez, Olga Connor, Norma Niurka, Carmen Teresa Leiva [Roiz] y Raquel LaVilla].

Cedeño Pineda, Reinaldo. "Una criatura rebelde". *Linden Lane Magazine* XI. 2,3,4 (June / December 1998).

Cernuda, Ramón. "Adiós a Eva" [Frejaville]. *El Nuevo Herald* (16 de octubre de 1998): 18A.

Cisneros, Gaspar. "Escenas 4". Salvador Bueno, Artículos de costumbres del siglo *XIX,* 31.

Chaviano, Daína. "Las Huellas de la Diosa". *El Nuevo Herald* (17 de enero de 1994): 6-A.

Collado, María. "La mujer en el Parlamento". *Álbum del Cincuentenario de la Asociación de Reporters de la Habana (1902-1952):* 123.

Connor, Olga. "Alfredo Leiseca en la memoria", *El Nuevo Herald* (28 de abril de 2002): 1-E.

_____ "Aniversario del sufragio femenino en Cuba", *El Nuevo Herald* (13 de febrero de 2007): 9D.

_____ "Círculo de Cultura rinde homenaje a 'Concha' Alzola". *El Nuevo Herald* (1 de agosto de 2001): 3C.

_____ "Concha Alzola, baluarte de las letras latinoamericanas". *El Nuevo Herald* (7 de abril de 2004): 3-C.

_____ "Daína Chaviano: entre lo paranormal y lo racional". *El Nuevo Herald* (19 de agosto del 20001): 5 -E.

_____ "Demi". *El Nuevo Herald* (11 de mayo de 2003): 8-E.

_____ "Espacios sobre espacios en *La memoria hechizada, El nuevo* Herald (2 de mayo de 2004): 3-E. [Acerca del libro de Madeline Cámara sobre escritoras cubanas].

_____ "Gladys Zaldívar escribe una poesía hermética y barroca". *El Nuevo Herald* (8 de agosto de 2001): 3 C.

_____ "Gracias por Mercedes". Miami, *El Nuevo Herald* (13 de abril de 1997): 1-E

____ "José Mario, poeta, centro de Madrid". *El Nuevo Herald* (3 de noviembre de 2002): 1-E.

____ "Juana Zayas en concierto". *El Nuevo Herald* (12 de octubre del 2001): 1-C.

____ "La sorpresa en *Vocación de Casandra*: Poesía cubana subversiva en Elena Cruz Varela". *El Nuevo Herald* (17 de febrero de 2002): 6-E. [sobre la tesis de grado de Madeline Cámara].

____ Lucie Arnaz", *El Nuevo Herald* (20 de abril de 2006): 6-D.

____ "Lydia Rubio, en pleno vuelo". *El Nuevo Herald* (5 de enero de 2003): 6-E.

____ "María Elena Cruz Varela. En busca de la contrición del hombre". *El Nuevo Herald* (27 de mayo del 2001): 5E.

____ "Marta Padilla busca 'remedio santo' a la intemperie". *El Nuevo Herald* (9 de marzo de 2003): 1-E.

____ "Meditaciones de una periodista hispana". *Encuentros,* CCECI (abril-junio de 1997).

____ Rosario Hiriart regresa al patio lejano". *El Nuevo Herald*, 2000 5E.

____ "La identidad de Achy Obejas: escritora cubana". *El Nuevo Herald* (14 de octubre del 2001): 3E.

____ "Eloísa Lezama Lima: recuerdos de su hermano José". *El Nuevo Herald* (29 de julio del 2001) 3C.

____ "El pequeño palacio de Gustavo y Virginia Godoy". *El Nuevo Herald.* (14 de enero de 2001): 4-5. [Virginia Flores de Apodaca y Álvarez que fuera marquesa de Vivel].

____ "Triunfo de familias libanesas en la República Cubana". *El Nuevo Herald* 27 de marzo de 2007): 9D. [Acerca de la presentación el libro de Linda Montaner *Perla Zaydén: una mujer de éxito*].

____ "Varela: "Errores del habla". *El Nuevo Herald* (3 de marzo de 2006): 5-D

____ "Vivian Tobío: propulsora del ballet en Miami". *El Nuevo Herald* (12 de julio de 2002): 3-C.

____ "Zoe Valdés desvestida por sus lectores". *El Nuevo Herald* (20 de octubre de 2002): 3 E.

Cordle, Ina Paiva. "Bankers group chief breaks through barriers". *The Herald.* September 8, 2000): 1-C.

Correa, Armando. "Ex campeona olímpica [Bertha Díaz] ve pasado con alegría. Medallas son su único tesoro". *El Nuevo Herald (* 26 de julio de 1996): 3 A.

Cortázar, Mercedes,. "El escritor no tiene quien le publique". *El Nuevo Herald* (29 de octubre de 1992): 14-A. [Aunque se trata de la refutación a un impertinente, pocas veces se ha expresado con tanta exactitud y sobriedad la tragedia del escritor contemporáneo, especialmente si está exiliado].

Costa. Octavio R. "La inolvidable María Gómez Carbonell". *Diario las América* (27 de Mayo de 1998): 4-A.

415

Coto, Juan Carlos. "Safe and Sound Miami Sound Machine star slowly getting back on her feet". *The Miami Herald* (May 27, 1990): 1-H.

Crucet, Vivian. "Dos hispanas hablan del periodismo en la televisión en inglés". *La Revista del Diario* (5 de febrero de 1999) 16.

____ "Lourdes Meluzá, una periodista de cuna". *Diario Las Américas* (1ero de octubre de 1989) 2-B.

Cruz-Taura, Graciela. "En Menoria de Dysis Guira Valdés Roig". *El Nuevo Herald* (24 de septiembre de 1990): 10A.

Cuadra, Ángel. "Remembranza en un día especial". *Diario Las Américas* (4 de junio de 2005): 5-A [Recuerdos de su madre, la dirigente sindical Amada Landrove].

Cuadra, Ivonne. "Entre la historia y la ficción: el travestismo de Enriqueta Faber". *Hispania* 87-2. Mayo 2004): 220-226.

Cuesta, Leonel de la. "Hace siete décadas dos cubanas fueron princesas de Asturias", Miami, *El Nuevo Herald* (23 de mayo de 2004): 4-A.

____ "Las revistas literarias de los exiliados entre 1959 y 1979". *Cuba, exilio y cultura, Memoria del Congreso del Milenio,* auspiciado por la NACAE, (Universal, 2002) 103-109.

Curnow, Ena. "Celia, palmera, tabaco, ron, ¡Azúcar!". Miami. *Diario las Américas* (19 de julio de 2003): 5-A.

____ "Emilia Casanova: la mujer como protagonista de la historia". Miami, *El Nuevo Herald* (4 de marzo de 1997):. 8-A.

____ "Foro de Mujeres Cubanas pide libertad incondicional para Martha Beatriz Roque", Miami, *Diario Las Américas* (30 de marzo de 2004): 1-B.

____ "La historia es mujer". Miami, *Diario Las Américas* (27 de marzo de 2004): 5-A.

____ "La mujer en la era colonial", en: *La mujer cubana: historia e infrahistoria*, publicación del Instituto Jacques Maritain (Ediciones Universal, 2000).

____ "Rosario Hiriart presenta su novela *El patio de mi casa"*. Miami, *Diario Las Américas* (agosto 4 del 2,000): 1-B.

____ "Serafina Núñez: Una lírica que ha vencido el tiempo". *Diario Las Américas.* (18 de noviembre del 2001): 1-B.

Curra, Iliana. "8 de marzo: Si de mujeres se trata…". Miami. *Nuestra Prensa* (marzo de 2004): 8.

Cuza Malé, Belkis. "Adiós a la cubanita que nació con el siglo". *El Nuevo Herald* (8 de junio de 1989): 9-A.

____ "Arte, barbarie y terrosimo". *El Nuevo Herald* (26 de junio de 1999): 9-A.

____ "Evita mística". *El Nuevo Herald* (19 de noviembre de 1996): 13-A.

____ "Juana Borrero: una estrella luminosa", *El Nuevo Herald* (10 de marzo de 2007): 23A.

416

_____ "Martha Padilla: la otra memoria", *El Nuevo Herald*, (5 de julio de 2004): 14-A.

_____ "Mujeres para la historia". *El Nuevo Herald* (18 de agosto de 1992): 9A. [Se refiere a un libro que escribió en "El Año Internacional de la Mujer." Las entrevistadas fueron, entre otras María Villar Buceta, Renée Méndez Capote, Loló de la Torriente, Mercita Borrero y Calixta Guiteras].

_____ "Rencor al pasado". *El Nuevo Herald* (1ero de febrero de 1994): 13 A. [Conmovedora historia de una balsera].

_____ "Rosario Rexach: el exilio eterno". *El Nuevo Herald* (11 de abril de 2003) 17A.

D'Cino, Yolanda. "María Montoya: Encanto y profesionalismo". *Kendall Drive* 14.3 (Marzo-abril 2.001): 10-11.

DeJongh, Elena. "Intertextuality and Quest for Identity in Dulce María Loynaz's Jardín". *Hispania* 77. 3 (September 1994) 416-426.

Díaz, Bertha. "La eterna meta olímpica". *El Nuevo Herald* (3 de agosto de 1996): 10-A.

Díaz, Manuel C. "Lupe Solano al fin habla español". *El Nuevo Herald* (26 de enero de 2003): 3-E. [acerca de Carolina García Aguilera y su célebre detective].

Díaz. Pedro. "Cristina Saralegui" Mismi, *Real Estate Hoy* (Septiembre de 2004): 11.

Díaz Hernández. Pedro. "Raquel Regalado: 'Lo que otros no dicen'". *Libre* (5 de Julio 2002): 62.

Dorschner, John. "Alicia Parlá's 1,00 Nights of Glory". *Tropic, The Miami Herald* (March 19, 1995): 12-16.

Dove, Jeanette. "The Deep Impact of Myrka Dellanos". *Two Mundos Magazine.* (Vol I. No. II, 2004): 29. Washington, D.C., "Enerdesigns Media Grouo, Inc.

Duarte, Patricia. "Patricia Duarte, desde niña amo escribir". *El Nnuevo Herald* (19 de septiembre de 1989): p. 2.

_____ "Latinas of influence", *Vista* 14—28-30.

Espinosa, Rolando. "Algunas de nuestras primeras damas". *Tribuna Libre* (22 de junio del 2001): 1.

Fernández, Daniel. "Manfugás sacó chispas a la noche". *El Nuevo Herald* (30 de octubre del 2,001): 3-C.

Fernández, Miguel, "The White Man's Ladies", *History Today* (Vol 48, num. 10):18. Describe la vida cotidiana de las cubanas en el siglo XIX].

Fernández de la Vega, Oscar. "Adela Jaume: Canto a la madre". *Pim. Pam Pum* (Mayo de 1996).

Fernández Soneira, Teresa. "La Florida; misiones y mártires". *La Voz Católica* (20 de marzo de 1991): 17.

417

Figueroa, Ana. "Cristina Saralegui: Una enamorada de la vida que irradia luz y energía". *Segunda juventud* (Vol 3, num 1, invierno 2004): 12.

Figueroa, Esperanza. "Inicios del periodismo en Cuba", en el 150 aniversario del *Papel Periódico"*. *Revista Bimestre Cubana* (enero-febrero de 1942) 39-72.

Flores de Apodaca Godoy, Virginia. "Granizado, granita y sorbetes para el verano". *La Revista del Diario* (31 de mayo de 1998): p. 18.

Fortún y Foyo, José A. Martínez. "Periodismo en San Juan de los Remedios". *El periodismo en Cuba*, libro conmemorativo del día del periodista 1940.

Foyo Echenique, Estela. "La orquesta Ensueño" *Diario Libre* (21 de abril de 1995): 6.

FRANCE PRESSE: "¡La Duquesa cubana! En Luxemburgo aclaman a 'Tréis'". *El Nuevo Herald* (8 de octubre del 2,000): 1-A.

Freer, Jim. "Miamian to lead state bankers group". *Women's Business,* (October 2000): 13.

Frías, Sonia. "Carolina García-Aguilera. Detective, escritora y cubana de octava generación". Domingo Social*, El Nuevo Herald* (5 de noviembre del 2000): 6 - 7.

_____ "Quién es Quién: Esther Corona". Domingo Social, *El Nuevo Herald* (20 de agosto del 2000): 3.

_____ "Quién es quién: Mignon Medrano". Domingo Social, *El Nuevo Herald* (27 de agosto del 2000): 3.

_____ "Mirta de Perales, una mujer afortunada". Domingo Social, *El Nuevo Herald* (21 de mayo del 2000): 8-9.

"From then to now, women and political participation 1900-1982". Tampa: *Forum,* The Magazine of the Florida Humanities Council, Winter 1995-1996.

Fuentes. Ileana. "Carta de una 'jinetera'". *El Nuevo Herald* (27 de enero de1996): 15-A.

_____ "Las mujeres y la hora final de Castro". *Diario Las Américas,* 23 de mayo de 1997, p. 5-A.

_____ "Más de lo mismo", *El Nuevo Herald* (25 de septiembre de 2004): 15-A. [Excelente alegato en defensa del feminismo].

_____ "Ovarios contra tirano", 26 de mayo de 2005): 18ª.

García, Steven. "Lupe Suárez, la 'Mamá Dolores' de América". *El directorio* (20-26 de mayo de 1988): 7.

García Vega, Lorenzo. "En el centenario de Anaís Nin". *El Nuevo Herald* (23 de marzo de 2003): 3-E.

Garrido. Aleida. "Una mirada a la narrativa infantil de Concha Alzola". *Círculo, Revista de Cultura,* Publicación del CCP. XXXI . 53.

Geada-Pruletti, Rita. "Sobre Isel Rivero: *Tundra*, poema a dos voces, New York, 1963". *Revista Iberoamericana* 34. 65 (enero-abril de 1968).

Gómez. Yvonne. "Olimpia Rosado: su palabra es honor". *El Nuevo Herald* (12 de noviembre de 1996): 3-E.

González, Alberto. "De cuando Olga Guillot salió de Cuba". Miami, *Diario Libre* (5 de abril de 1988, p. 12.

González Esteva, Orlando. "¡Ay, Mamá Inés!". *Diario las Américas* (23 de junio de 1991): 2-A.

_____ "'Escucha el ruiseñor' en Cuba. Primera parte". *El Nuevo Herald* (18 de agosto de 2007):4E.

_____ "'Escucha al ruiseñor' en Estados Unidos. Segunda Parte". *El Nuevo Herald* (25 de agosto de 2007): 4E.

González Faxas. Isabel. "El espíritu no muere". *Vista. Número Especial* .(6 de febrero de 1993): 8. [acerca de las ex presas políticas Albertina O'Farrill, Ofelia Puig y Carmina Trueba].

González Fernández Ángel. "Un hasta luego a Lourdes Bertrand". Miami, *Novedades del Gran Miami* (Julio de 1989): 15.

Graciela, prostituta mexicana. "Oye lo que dijo". *Diario de la mujer* 7. 85 (Diciembre 7 al 14, 2001): 2.

Grandy, Julie de. "Yo no pido un minuto de silencio". *Universal News* (Junio de 1993): 15.

Grau, Polita. "Margarita Carrillo", *Diario Las Américas* (30 de marzo de 1989): 10-A.

Hernández, Jesús. "Forjando teatro". La Revista, *Diario las Américas* p. 15. [una entrevista con Teresa María Rojas].

Hernández-Henríquez, Jesús. "Las locuras de un café-teatro". La Revista, *Diario Las Américas* (10 de diciembre de 1999): 16.

Hernández Rivas, Isabel. "Una ilustre benefactora". *El Camagüeyano Libre* XIII (Mayo-Junio de 1996): 33-34. [Se refiere a Dolores Betancourt y Agramonte].

Hernández Travieso, Antonio. "Mujeres". *El Mundo* (19 de enero de 1946).

_____ "¿Una mujer presidente?". *El Mundo* (30 de octubre de 1954).

_____ "Publicidad". Estante de Libros, *La Voz de las Américas*, (27 de enero de 1969).

_____ "Isabel Pérez Farfante". Estante de libros, *La Voz de las Américas* (programa del 20 de febrero de 1967).

_____ "La mujer". Estante de Libros, *La Voz de las Americas* (3 de julio de 1967).

Hope, Bob. "Unforgettable Lucille Ball". *Readers Digest* (March 1990): 72-77.

Hurtado, Fernando. "Ana Rosa". Diario Las Américas (3 de septiembre de 1999): 5 A.

_____ "Plantado". *Diario Las Américas* (4 de diciembre de 1992): 10 [acerca de la novela de Hilda Perera de ese título].

Iglesias, Elena. "Mercedes o la elegancia espitritual". *El Nuevo Herald,* (3 de marzo de 1993): 8-A.

Ichaso, Francisco. "Medio siglo de teatro en Cuba". La Habana, *Siglo y Cuarto, Número Extraordinario. Diario de la Marina,* 15 de septiembre de 1957. Reimpresión, Miami, editorial SIBI, 1987.

Inclán, Josefina. "Carlos Montenegro". *Diario Las Américas* (6 de mayo de 1981): 5-A.

_____ "Encuentro de dos criollas". *Diario las Américas,* (24 de septiembre de 1992): 4-A. [Acerca de Lydia Cabrera y Celia Cruz].

_____ "Eusebia Cosme en mi recuerdo". *Diario Las Américas,* 25 de junio de 1976, p. 5 A

_____ "María Teresa Rojas". *Diario Las Américas* (10 de febrero de 1987): 5-A.

_____ "Portell-Vilá: historiador y ejemplo de cubanía indubitable". *Diario Las Américas* (8 de febrero de 1992): 5-A.

Inclán, Nery. "Havana of the Heart" *The Miami Herald* (24 February 2002): K-1 [the home of decorator Alvita Suárez].

Jaramillo, Rita. "Asela Torres". *El Nuevo Herald.* (22 de octubre de 1996): 2-C.

Jaume, Adela, "Colección de poetas camagüeyanos", *Diario de la Marina* (19 de febrero de 1955).

_____ "Crisis actual de los valores espirituales". *Diario de la Marina,* 18 de marzo de 1942. [Constituye un verdadero manifiesto contra los males de nuestro tiempo y ahora un verdadero testamento ético de Adela Jaume].

_____ "Cuba". *Enciclopedia Biográfica de la Mujer,* 2. T. Barcelona, ed. Garriga, S.A., 1967.

_____ "La conferencia de Julián Gorkin en la Universidad de la Habana". Actividad Cultural, *Diario de la Marina* (10 de octubre de 1956).

_____ "La gran lección de Dulce María Loynaz, Universo de la Cultura, *Universal News,* junio de 1993, p. 2.

_____ "Los grandes poetas cubanos de este medio siglo", *Álbum del Cincuentenario de la Asociación de Reporters de la Habana (1902-1952).* [Poetisas mencionadas: María Villar Buceta, Dulce María Loynaz, Emilia Bernal, Mercedes Torrens, Mercedes García Tudurí, Serafina Núñez, Josefina de Cepeda, Fina García Marrruz, Matilde Álvarez Frank, María de los Ángeles Segón, Rafaela Chacón Nardí, Julia Rodrígurez Tomeu, Carmen Jaume Vallhonrat, Carilda Oliver Labra.

Jiménez, Mari Claudia. "La legendaria Catalina Lasa". Sección Curiosidades, *Vanidades Continental* 7 41 (11 de febrero de 1997).

Juri Arencibia, Cristina. "Portada: Griselda Noguera detrás de la cortina". *Éxito* (12 de octubre de 1994): 30-31.

Kenny, Elena. "La revista 'Selecta' cumple 20 años". *El Nuevo Herald* (13 de octubre de 2002): 4-B.

_____ "Mercedes [La Porta] Electric Supply saborea la miel del éxito". *El Nuevo Herald* (10 de julio de 2006): 2-D.

_____ "Tere Zubizarreta: un merecido galardón". *El Nuevo Herald* (25 de mayo de 1998): 9.

Klein, Allison. "Fallece a los 84 años la educadora cubana Helena Guitart". *El Nuevo Herald* (29 de diciembre de 1997): 7-A.

Krieghoff, María Luisa. "Escándalo en 'El Gallegazo'", *El mundo de hoy / Today's World,* (Febrero de 1997): 12.

Labraña, José M. "La prensa en Cuba", *Cuba en la mano,* Ucar y García, 1949.

Landa, Sylvia. "El espejo de una época". *El Mundo* (8 de junio de 1967). [Acerca de las *Memorias de una cubanita que nació con el siglo*].

Lazo, Raimundo. "El periodismo". *Literatura cubana,* Universidad Autónoma Nacional de México, 1965.

Leal, Gloria. "Carlos M. Castañeda: "Media vida al lado del Maestro". (*El Nuevo Herald*) (11 de octubre de 2002, p. 25-A.

_____ "La última columna del último caballero". *El Nuevo Herald* (13 de mayo de 2006): 25 A.

Lehmann, Christian. "Historia de Mujeres, los secretos de la incandescente Anaïs Nin". *Marie Claire,* 2 5 , 98-101.

León, Belkis de. "Dagmar Moradillo brilla nuevamente en 'The nutcracker'", *Triunfo* (27 de noviembre de 2002): 13.

León, René. "En tiempos de la Colonia. Ejemplo de Mujer. Evangelina Betancourt". *Pensamiento* 3 3 (Octubre-Diciembre 1997): 6.

Leyva Martínez, Ivette. "La primera mujer en dirigir Obras Públicas". *El Nuevo Herald* (4 de septiembre de 2005): 13 A

Lezama Lima, Eloísa. "Edenia Guillermo: Recuerdos 1915-2002". *Diario Las Américas* (9 de febrero de 2002): 5-A.

Leader, Helen Lismore. " Imagen de la patria en la narrativa de Hilda Perera y Josefina Ley- a. *Cuba, exilio y cultura (Memoria del Congreso del Milenio,* auspiciado por la NACAE, Miami, Universal, 2002): 39-48.

Llaverías, Joaquín. "Notas para la historia de la prensa en Cuba anterior a 1850". *El periodismo en Cuba,* 1940.

Lobo Montalvo, María Luisa y Zoila Lapique Becali. "The years of Social". *The Journal of Decorative and Propaganda Arts,* No. 22. 1996, Cuban Theme Issue.

Luis, Carlos M. "Tania León, experimentación y tradición". *El Nuevo Herald* (26 de agosto del 2001): 1-E.

Luis Mario. "Cuba exiliada en tres voces femeninas". *Cuba, exilio y cultura (Memoria del Congreso del Milenio,* auspiciado por la NACAE, Miami, Universal, 2002): 239-243. [sobre la poesía de Carmen R. Borges, Margarita Robles y Sara Martínez Castro].

Madariaga, Paquita: "El terror de ser mujer", *Vanidades Continental* 41 23, 13 de noviembre del 2001.

421

_____ Concha Alzola. En "Miami", *Vanidades Continental* 41 19, 18 de septiembre del 2,001, p. 34.

Mañach, Jorge. "Recuerdo de Leonor Barraqué". *Diario de la Marina*, 1952.

Márquez, María. "Con el pensamiento en Cuba: ¿feministas o femeninas?". *El Nuevo Herald* (10 de Julio de 19565): 7-A.

_____ "Réquiem por una ex presa política". *El Nuevo Herald* (1 de agosto de 1995): 9-A [Acerca de Aida Marrero].

_____ "Tercer Congreso Continental de la Mujer Americana". *Diario las Américas* (4 de diciembre de 1995): 11-A.

Marsans, Luis Felipe. "Falleció en Miami la ex senadora y periodista Isa Caraballo". Miami, *Diario Las Américas* (3 de agosto de 1990): 2-B.

_____ "Manolo Reyes inaugura con una conferencia sobra la radio cubana la temporada del Hispanic Theatre Guild". Miami, *Diario Las Américas* (30 de julio de 1999): 1-B.

Martí, José. "Tres poetisas americanas.- Carolina Freyre, Luisa Pérez, La Avellaneda". *Revista Universal* de México, 6 de junio de 1875. *Gran Enciclopedia martiana,* X-286.

_____ "Eloísa Agüero de Osorio", *Revista Universal*, México 6 de junio de 1875. *Gran Enciclopedia martiana* X-251.

Martin, Lydia. "Cristina's Makeover". Living and Arts, *The Miami Herald* (May 5, 2001): 1 & 5.

_____ "Gab's Gift to the World". *Tropic Magazine, The Miami Herald* (March 15, 1998): 8. [Acerca de Cristina Saralegui en la portada, "Blonde Ambition"].

Martín Hudson, Ofelia. "Nostalgia y erotismo en las obras de cuatro jóvenes novelistas cubanas". *Cuba, exilio y cultura. (Memoria del Congreso del Milenio,* auspiciado por la NACAE, Miami, Universal, 2002): 15-38. [Se refiere a Zoe Valdés, Daína Chaviano, Yanitzia Canetti y Marcia Morgado].

Martínez, Jay. "En Cuba los niños nacen para ser 'infelices' ". *La Campana* (30 de julio de 2005): 4.

Martínez, Marino. "Bertha Díaz. La Gacela de Cuba". *Diario las Américas* (27 de junio de 2004): 8-B.

Martínez, Melissa. "Women discuss their struggle". *The Herald* (March 2, 1997): 11. [Un simposio conmemorativo del "mes de la mujer" en que intervinieron Silvia Unzueta, Liz Balmaseda y Mercedes Sandoval, más otras actividades programadas para ese mes].

Martínez Cabrera, Rosa. "El teatro de títeres de Gladys Zaldívar". *El Camagüeyano Libre* (Julio-agosto-septiembre de 1999): 10.

_____ "Sorpresa de primavera". *El Camagüeyano Libre* (Julio-septiembre de 2003): 10.

Martínez Fortún y Foyo, José A. "Apuntes históricos relativos al periodismo en el Partido Judicial de San Juan de los Remedios". *El Periodismo en Cuba*, 1940. 229-252.

Mayans, Teresita. "La casa del Malecón". *El Nuevo Herald* (16 de octubre de 1989): 8-A.

Martori, Raquel. "Aparece tesoro artístico oculto en una mansión". *El Nuevo Herald* (16 de noviembre de 2003): 35 A. [Se refiere a la casa de María Luisa Gómez Mena y contiene un breve inventario de los tipos de objetos de arte que ella coleccionaba].

Mella, Natasha. "Mujeres cubanas". *El Nuevo Herald,* 12 de noviembre de 1991.

_____ "Respuesta a un editorial de *Diario las Américas"*. *El Nuevo Herald* (25 de enero de 1996): 15-A [en torno a las tácticas comunistas].

Méndez Capote, Renée. "Ángela Landa". *El Mundo* (18 de noviembre de 1966): 10.

_____ "Lola Rodríguez de Tió". *El Mundo* (4 de diciembre de 1966):10.

Mestre, Ramón. "Leiseca". *El Nuevo Herald* (10 de mayo de 2002): 24-A.

Miranda, Fausto. [TODOS los artículos en su columna sabatina "Usted es viejo, pero viejo de verdad", de *El Nuevo Herald*, en la página 2-A (datos ambos que se obvian). Pero, especialmente:]

_____ "Aquellas abnegadas enfermeras de Mazorra". (29 de agosto de 1998).

_____ "Aquellos 16 periódicos de la Habana de ayer". (25 de mayo de 1996)

_____ "Blanquita", el teatro más grande del mundo". (11 de abril de 1998). [Contiene foto y datos sobre Mary M. Spaulding].

_____ "Cedalia Castaño en el Club Náutico". (8 de junio de 1998).

_____ "Cuando 'La Marquesa' desayunaba con Godoy Zayán". (17 de julio de 1999).

_____ "Del 'Consultorio Espiritual' de Mercedes Pinto". (6 de eneo de 1996).

_____ "La eterna alegría de Candita Quintana (31 de julio de 2004).

_____ "Las comadronas en los campos de Cuba". (20 de diciembre de 2003).

_____ "Las noches por Prado con la Orquesta Anacaona". (15 de octubre de 1994).

_____ "La tierra del mejor tabaco del mundo". (29 de noviembre de 2003)

_____ "Ningún cubano puede olvidar al 'Dúo Primavera'". (9 de noviembre de 2002).

_____ "Palacete del Vedado, una institución cultural" (7 de febrero de 2004).

_____ "Una pionera del tenis femenino cubano" [Nenetica García]. (28 de septiembre de 2002).

_____ "Víctor Muñoz instituye el Día de las Madres en Cuba. (8 de mayo de 1999).

Miyares, Darío. "Recordando a Justo de Lara". Miami, *Don Julio, publicación de la Asociación de Antiguos Empleados de El Encanto* (Año 23 num 2): 28. [Se refiere a la conferencia que con el mismo título pronunciada por Con-

cepción Alzola en el Congreso de Verano del Círculo de Cultura Panamericano, 2003].

Moncreiff Arrarte, Anne. "Old Favorite changes, but readers stay loyal". Business Monday *The Herald* (March 3, 1997): 20 [acerca de *Vanidades Continental*].

Montagú, Graciela, "Elena Mederos González, (1900-1981)". *El Directorio* (6-
12 de mayo de 1988): 1.

_____ "Ondina Arrondo y la Rama Hispánica". E*l Directorio* (Abril 22—28,
1988): 1.

Montaner, Gina. "Hijos". *El Nuevo Herald* (6 de octubre de 1997): 9-A.

_____ "La vida soñada de los ángeles". *El Nuevo Herald,* 30 de agosto de 1999):
13 A.

Montes Huidobro, Matías. "Rita Geada, equilibrista de altos vuelos". *El Nuevo
Herald* (6 de octubre de 2002): 3-E.

Mora, Flora. "El arte musical en la República". *Álbum del Cincuentenario de la
Asociación de Reporters de la Habana (1902-1952):* 183.

Mora Morales, Pilar. "Ex presas políticas cubanas: La historia de Gladys Hernández" *La Verdad:* (29 de abril de 1999): 4.

Morán Mariño. "Carta recibida de Mari Hortensia Haget-Presedo". *Continental*
(febrero 7 de 2001): 13. " [rememorando a Hortensia Gelabert, su abuela].

_____ "Murió Lolita Berrio". *Prensa Gráfica.* (12 de abril de 1991): 13.

Moreno, Luis. "Nuestro Tenis republicano" . *Siglo y Cuarto, Número Extraordinario Diario de la Marina,* 15 de septiembre de 1957. Reimpresión, editorial SIBI, 1987.

Moreno, Viviana E.. "Delia Fiallo, la Primera Dama de la Telenovela, entrevista
exclusiva". *Diario de la mujer 20 (*1999).   •

Moreno, Sarah. "Teresita Fernández en conferencia con multimedios". *El Nuevo
Herald* (4 de mayo de 2007): 9 D.

Morgado, Marcia. "Más libres". *El Nuevo Herald* (18 de diciembre de 1998):
24-A.

_____ "Triunfo de la intolerancia". *El Nuevo Herald* (29 de septiembre de 1990):
10-A [Es una magistral refutación a muchos ataques recibidos por sus
comentarios en la radio del exilio, que la revelan como una excelente po-
lemista].

Muñoz, Viviana. "Fallece la escritora exiliada Mercedes Antón", *El Nuevo
Herald* (19 de mayo de 2001): 19-A.

Navarrete, William, "El tortuoso camino de una escritora cubana en Francia". *El
Nuevo Herald* (3 de noviembre de 2002): 4-E. [acerca de Mirtha Caraballo y su libro *Ja'ai fait mon chemin*].

_____ "Gina Pellón: una 'Cuba Libre' en Dinamarca", *El Nuevo Herald* (10 de
octubre de 2004): 1-E

____ "María de Heredia, una mujer sin par". *El Nuevo Herald* (9 de mayo de 2002): 4-E.

____ "Nivaria Tejera contra el poder", *El Nuevo Herald* (1ero de septiembre de 2002): 3-E.

Negrín, Elsa. "El pan nuestro de cada día". *Éxito* (24 de mayo de 1995): 72.

____ "¡Que aproveite!". *El Nuevo Herald XXXXXXXX* p. 1-C [acerca de la cocina gallega].

Norma Niurka [Acevedo]. "Celia Cruz". *El Nuevo Herald*, 15 de julio del 2004): 10-D.

____ "Cristina Saralegui, Inc.". *El Nuevo Herald* (14 de junio de 1999: 1-A.

____ "Ejemplo de mujer". *El Nuevo Herald* (29 de marzo de 2002): 23 A.

____ "El más allá de Belkis Cuza Malé". *El Nuevo Herald* (17 de diciembre de 2000): 3-E.

____ "La mujer de ayer a hoy". *El Nuevo Herald* (10 de marzo de 2000): 1-C.

____ "Raquel Aedo. La cubanita del White Oak Dance". *El Nuevo Herald* (29 de mayo de 1998): 1-C.

____ "Rosa de la Cruz, una mecenas de las artes". *El Nuevo Herald* (5 de diciembre de 2004): 8-A.

____ "Teresa María Rojas, la liberación de Prometeo". *El Nuevo Herald* (16 de noviembre de 2000): 19D.

____ "Una declaración miamense". *El Nuevo Herald* (27 de julio de 1996): 2E. [Se reivindica con Miami, como su ciudad: "Gracias a que la detesté, ahora puedo quererla"].

Norniella Arán, Ramón." 'Olga la tamalera'. Personaje de la Cuba Republicana", en *Libre* (22 de septiembre de 2004): 16.

Novo, Mireya I. "Alicia Parlá. Embajadora Internacional de la rumba". *Éxito* 5 6 (28 de Junio de 1995) 46. [En portada: "Alicia Parlá, Decana de las rumberas cubanas"].

Ordetx, Isabel Margarita. "5 décadas de Modas". *Álbum del Cincuentenario de la Asociación de Reporters de la Habana (1902-1952):* 199.

Ortiz-Bello, Ignacio O. "Son de Jaruco las orquídeas de Montreal" , *La Voz de la Calle* (10 de diciembre del 2003): 5

Pagés, Xiomara. "La abuelita del boxeo". *Art Deco Tropical*, (15 de junio del 2,000): 4.

Palacio, Gonzalo de. "Enriqueta Sierra, gran primera actriz cubana". *Diario Las Américas* (7 de octubre de 1960): 6-B.

____ "Encuentro en Nueva York: José Crespo, 'Vitola' y Gustavo Rojo". *Intimidades* 7 123 (11 de junio de 1984): 24.

____ "Historia de una publicación". *Diario de las Américas* (24 de septiembre de 1989): 6-B [acerca de *Vanidades* y *Vanidades Continental*].

____ "Otros olvidados: Margarita Lecuona y Luis Casas Romero". *Diario Las Américas* (29 de septiembre de 1991): 10-B.

_____ "Revolución y evolución en la radio de la Habana". *Diario Las Américas* (4 de marzo de 1990): 6-B.

Palenzuela, Ilse. "School project's something to check out". *The Miami Herald* (June 16, 1988): 23. [Acerca de un proyecto de literatura escrita por niños que se realizaba en la Biblioteca Lua A. Curtiss de Hialeah, bajo la supervisión de Estela Rasco].

Parajón, Mario. "De Regina, Roberto, Don Miguel y Rodopis". *Diario Las Américas* (26 de abril del 2000): 9-A.

Pardo, Ana. "Adiós, Vera Wilson". *El Nuevo Herald* (13 de julio de 1998): 10 A.

Pardo Salabarría, Luis. "La triste historia de la mujer gorila". *Diario de la Mujer* (julio de 1995): 6. [Se llamó Julia Pastrana y trabajaba en el Circo Rens en 1854. Algunos decían que era mexicana].

Parera Alonso Villalón, Célida. "Historia concisa del Ballet en Cuba", Nueva York: *Cubanacán,* revista del Centro Cultural Cubano. 1 1. (Verano de 1974).

Parga, Beatriz. "Con Gloria Estefan en la intimidad". *Diario Las Américas* La Revista, *Diario Las Américas* (30 de mayo de 2003): 12.

_____ "En voz baja". La Revista, *Diario las Américas* (26 de mayo del 2000):11.

Paz, Luis de la. "5 preguntas a Gladys Zaldívar". *Diario Las Américas* (27 de abril de 2003):10-B.

_____ "La escritora Concepción Alzola hablará sobre la mujer". Miami. *Diario Las Américas* (14 de marzo de 2004): 11-B.

_____ "Retrato de René Ariza". Miami. *Diario Las Américas* (15 de febrero de 1998): 15-B.

Peraza, Fermín. "Panorama bibliotecológioco en el Cincuentenario de la República". *Álbum del cincuentenario de la Asociación de Reporters de la Habana* (1902-1952).

Perdomo, Araceli. "Como la hiedra". *El Nuevo Herald* (17 de agosto de 2002): 16 A.

_____ "Doctora Isabel" [Gómez Bassols]. *El Nuevo Herald* (9 de noviembre de 2001):5-C).

_____ "Graciela entre nosotros". *El Nuevo Herald* (31 de enero de 1990): 8-A.

_____ "La nueva fase de la luna" *El Nuevo Herald* (4 de julio de 2002): 10. [Sobre Cristina Saralegui].

_____ "Leticia Callava, "El cariño de la gente es algo que no tiene precio". Zoom!, Galería, *El Nuevo Herald* (12 de octubre de 2001): 6 C.

_____ "Nancy Elias, 'les hablo a los oyentes con el corazón'". *El Nuevo Herald* (25 de mayo de 2001):5-C.

_____ "Teresa Rodríguez". *El Nuevo Herald* (1 de febrero de 2001): 5 C.

Perera, Hilda. "María Luisa Ríos", *Diario Las Américas* (31 de agosto de 1982): 5.

_____ "Pura del Prado". *Diario Las Américas* (25 de octubre de 1996): 3-A.

Pérez, Erwin. "María Regina Ávila. La doctora corazón y su entorno". *El Nuevo Herald* (10 de abril de 1999): 1-E.

_____ "Marisela Verena". *El Nuevo Herald* (22 de julio): 9D. Portada.

Pérez Castellón, Ninoska. "Un nuevo reto a la dictadura". *Diario Las Américas* (2 de abril de 1993): 5-A.

Pita, Juana Rosa. "El romancero en Cuba". *El Nuevo Herald* (23 de marzo de 2003): 4-E. [Contiene comentarios y evaluación del *Folkore del niño cubano*, de Concepción Teresa Alzola.]

Ponte y Domínguez, Francisco. "La mujer en la revolución de Cuba". *Revista Bimestre Cubana* 31, 2 (marzo-abril de 1933): 276-300.

Prado, Mariví. "Prohibido olvidarlas" . Miami. *El Nuevo Herald* (22 de marzo de 2004): 22-A [Un recorrido sobre la situación actual de la mujer en varios países].

Rajan, T. V. "El club de los científicos varones", traducido del inglés por David Meléndez Tormen. La Revista *Diario Las Américas* (10 de enero de 2003): 6.

Ramos Hanono, Marta. "Fara Rey Miranda". *Sensacional* (20 de octubre de 2002): 24.

Ravelo y Asensio, Juan M. "El periodismo en Santiago de Cuba". *El periodismo Cuba* (1940): 115-125.

[Redacción] "Comisionado Martínez reconocerá a Consuelo Vázquez, Miami, *La Prensa de Miami* (29 de marzo de 2004): 7.

_____ "El fondo Raquel la Villa". *Boletín Lasallista* XIII 149, 2714.

_____ "El personaje de la semana: Lydia Cabrera entra al reino de leyenda". *El Nuevo Herald*. 19 de mayo de 1990.

_____ "Emotiva Despedida a Miñuca Villaverde". Vida Social, *El Nuevo Herald*, (14 de febrero de 1990): 15.

_____ "Falleció en Miami la dama cubana Luisa Lobo y Montalvo", *Diario Las Américas* (11 de febrero de 1998): 1-B.

_____ "Homenaje al triunfo de la mujer hispana". *Vanidades Continental* 43 11 (27 de mayo del 2003): 109-128.

_____ "Maritza Fuentes". *Triunfo* (2 de julio de 2003): 16-17.

_____ "Marzo: mes de la mujer". *Sensacional* (marzo 20 de 2001): 8.

_____ "Murió en San Francisco, California, la escritora Asela Gutiérrez Kann" [sic]. *Diario Las Américas* (31 de agosto de 2003): 8-B.

_____ "Uva de Aragón", en la Sección "Quién es quién" de Domingo Social, *El Nuevo Herald,* 12 de noviembre del 2000, p. 3.

_____ "Raquel Scheck is the Jewish Star Times 'Woman of the Year'". *The Jewish Star Times* (May 8, 2002): 8.

_____ "María Márquez" . Domingo Social, *El Nuevo Herald* (30 de julio del 2000): 3.

_____ "Moravia Capó". Domingo Social, *El Nuevo Herald* (16 de julio del 2000): 3.

_____ "Julie Remis Thompson", Domingo Social, *El Nuevo Herald* (19 de diciembre de 1999): 3.

_____ "Quien es quién: Olimpia Rosado". Domingo Social, *El Nuevo Herald* (19 de septiembre de 1999): 3.

_____ "Dra. Ramona Paneque". Domingo Social, *El Nuevo Herald* (12 de septiembre de 1999, p. 3.

_____ "Women of Impact: 1989-1996". *Women History Month,* published by the Community Coalition for Women´s History, Inc. Calendar for March 1997. [Latinas mencionadas: Lourdes P. Águila, Alicia Baró, Annie Betancourt, Remedios Díaz-Oliver, Rosa Castro Feinberg, Blanca Gálvez, Barbara Ann Ibarra, Rosario Kennedy, Natacha Seijas Millán, Ileana Ros-Lehtinen, Mercedes Sandoval, María Elena Toraño-Pantín, Sylvia Unzueta, Tere Zubizarreta].

_____ "Gladys Zaldívar: gran labor de difusión cultural". Ellas en Primer plano, "El Periódico", *Vanidades Continental* 19 25 (diciembre 11 de 19791): 106. [Siendo Redactor-Jefe Jorge C. Bourbakis].

Remos, Ana B. "Una gran historia de amor con aroma a La Habana" *El Nuevo Herald* (2 de febrero de 2007): 14E.

Revista de la Habana. *Notas.* En el vol I, "El congreso interamericano de mujeres (p. 384). En el num II "¿Se derrumba la alianza Nacional Feminista?" (p. 103).

Rexach, Rosario. "Emelina: El último baluarte". *Diario "Las Américas* (15 de octubre de 1997): 9-A.

_____ "El Lyecum de la Habana como institución cultural", Actas del IX Congreso de la Asociación Internacional de Hispanistas celebrado en Berlín, (de 1986).

_____ "La revista de Avance publicada en la Habana 1927-1930". *Caribbean Studies* 3 3 (October 1963).

_____ "Las mujeres del 68". *Revista Cubana* I 1 (1968) Número extraordinario.

Rié, Madame e Ismael Bernabeu. "Siglo y cuarto en la Moda Femenina". *Siglo y cuarto* 268-276.

Rivas Agüero, Miguel A. "Dolores Rondón". en *El Camagüeyano* (marzo de 1982): 13.

_____ "Un tinajón de cosas del Camagüey: La Escuela Normal para maestros". *El Camagüeyano* (septiembre de 1982) 16.

Robinson, Linda. "The final homecoming of Cuba's Sugar Queen". *US News and World Report* (22 March 1999) [acerca de María Luisa Lobo].

Robles, Mireya. "Interview with Rita Geada". *Florida Libraries* 40-45 (julio-agosto de 1997): 91, 94-96.

Robreño, Gustavo. "Explosión de caldo gallego". *El periodismo en Cuba (*1940).

Roca, Octavio: "Alicia's Choice". *The Herald*, (February 23 2004): 8.

Rodríguez, Ana María. "Isabel Sierra: 'Llevo la fotografía en los genes'". *Calle Ocho* (Primera Quincena de Septiembre de 2002): 11.

Rodríguez, José Manuel. "Labor de bibliotecaria no se limita a libros". *El Nuevo Herald* (27 de enero de 1998): 2-A [Acerca de Ondina Arrondo, durante muchos años directora de la Rama Hispánica].

Rodríguez Acosta, Ofelia. "El carácter y la personalidad de la mujer". *Revista de La Habana* 1 3 (Marzo de 1930): 313-315.

_____ "La intelectualidad feminista y la feminista no intelectual". *Revista de la Habana* 1 1 (enero de 1930): 75-79.

Roig de Leuchsenring, Emilio. "Los orígenes de la prensa periódica de Cuba". *Libro Conmemorativo del Dia del Periodista* (24 de octubre de 1953): 19-28.

Roiz, Carmen Teresa (Leiva de Armas). "Celia... por siempre". *Vista* (Agosto del 2003): portada y páginas centrales.

_____ "Our Heritage". *Vista*. (Septiembre de 1999): 28.

Román, Daniel. "Entrevista con Rachel", *Libre* (15 de junio se 2005): 13. [Recoge muchos de los rumores alrededor del asesinato de la vedette].

Romero Marchent, J. "Centenario de la Avellaneda". *Mundo Hispánico* 279 (Junio 1971): 40 -44.

ROMI. "La belle Otero". *Paris Match* (sin fecha en los machones interiores, 1981): 76-79.

Ros, Enrique. "La mujer cubana en la lucha clandestina". *Diario las Américas* 18 de julio de 2006, p. 4-A

Rosado, Olimpia. "El idioma español de Miami es horrible". *Diario de la Mujer*. (octubre de 1999): 25 [contiene el relato de su vida a partir de la llegada de Castro al poder y los primeros años de su exilio].

_____ "Yo quería ser actriz",. *Diario de la Mujer* (octubre de 1999): 24. [Esta entrevista y la que antecede, están acreditadas a Rey López, que se basó en una conferencia pronunciada por Olimpia Rosado en el Hotel Hyatt unos dos años antes de su muerte. En esta primera parte narra su vida y su carrera desde sus comienzos hasta la llegada de Castro].

Ros-Lehtinen, Ileana. [La combativa representante federal mantiene con carácter regular una columna informativa en el *Diario las Américas*, que nos resultaría imposible reseñar en su totalidad. Escogemos al azar:]

_____ "Desde Washington: El tráfico sexual en Cuba". *Diario Las Américas* (18 de noviembre de 2003): 5-A.

_____ "Desde Washington: El Día Internacional de la Mujer: Oportunidad para honrar a heroínas cubanas". *El Tiempo* (del 23 al 30 de marzo 2,000): 14.

_____ "Desde Washington: Mejoremos nuestra sociedad. Apoyemos a nuestras mujeres". Diario Las Américas. 22 de agosto de 2004, p.. 5-A.

Rosell, Rosendo. "El primer periódico aéreo del mundo nació en Cuba". *Diario Las Américas* (domingo 8 de noviembre de 1992): 4 B.

____ "La primera Orquesta Femenina de Cuba". *Diario Las Américas* (23 de abril de 1995): 12-B [acerca de la orquesta "Ensueño" de Guillermina Foyo].

____ "Muere la diva cubana Zoraida Marrero", Diario Las Américas (20 de junio de 2004): 10-A.

____ "¿Usted estaba en el exilio hace 25 años?". *Diario Las Américas* (29 de agosto de 1989): 2-B [relato de la vida de la gran actriz cubana Mimí Cal bajo el castrismo, hasta que logró salir de Cuba].

Rubio, Josefina. "Mi concepto para todo", entrevista a Gladys Zaldívar. *Todo* (nov 15, 1981): 74-75.

Ruffino, Biviana. "El cuarteto de los Ruffino". *Noticias / Miami-Dade News* (31 de agosto de 1999: 12.

Saavedra., María Elena. "Reminiscencias de Hortensia Coalla por su actuación en 'El Cafetal'" . *Diario Las Américas* (17 de octubre de 1992): 6-C.

Saínz, Adrián. "Jennifer Rodríguez, un orgullo para Miami". *El Nuevo Herald* (17 de febrero de 2002, p. 1 A.

Salabarría., Luis Pardo. "La triste historia de la mujer gorila". *Diario de la Mujer* (julio de 1995: 6. [Se llamó Julia Pastrana y trabajaba en el circo Rens en 1854. Algunos decían que era mexicana].

Sánchez, Reinaldo. "El discurso narrativo de Concha Alzola". *Círculo, Revista de Cultura,* Publicación del Círculo de Cultura Panamericano XXXI (2002): 72.

Sánchez Gray-Alba, "El teatro de Títeres de Concepción Alzola", New Jersey, *Círculo, Revista de Cultura,* Publicación del Círculo de Cultura Panamericano, Vol XXXI (2002): 62.

Sánchez Jr., José Luis. "Ana Azcuy, 20 años en la televisión". *Éxito* 7 33 (13 de agosto de 1997): 38-40. [En portada].

Sandoval, Rosana. "En exclusiva con Leticia Callava". *Sensacional* (Enero / Febrero 2003): 10.

San Miguel, Carmencita. "Homenaje espiritual a la Dra. Olimpia Rosado". *Diario las Américas* (8 de noviembre de 1990): 8-B.

____ "Triunfa Ondina Arrondo". *Diario las Américas* (6 de noviembre de 1986): 2-C.

Santiago, Ana. "Cinco mujeres. Cinco estilos". *El Nuevo Herald* (14 de abril de 1997): 1-C [acerca de 5 presentadoras de T.V.]

Santiago, Fabiola. "Cuban painter Eiriz, 65, dies". *The Herald* (March 10, 1995): 2-B.

____ "Her Brother's Keeper". *The Herald* (May 22, 1999): 1-E [acerca de Eloísa Lezama Lima y su edición de *Cartas a Eloísa,* de Lezama].

_____ "The First Lady". *The Herald* (August 1ˢᵗ, 1996): front page of section F, "Living and Arts" [Esperanza Llaguno de Urrutia, recuenta su vida durante 6 meses como Primera Dama de Cuba, la traición de Castro y sus primeros tiempos en el exilio].

Santiago, Lilly. "¡Una cubana en la película Spiderman!": *La Política Cómica*. (26 de julio de 2002): 23. [acerca de la participación de Maribel González en "El Hombre Araña"].

Saralegui, Cristina. "Cristina contesta". *El Nuevo Herald* (20 de enero de 1996): 13-A.

"Sarita se retira después de 33 años sirviendo el mejor café". *La Voz de la Calle* (21 de enero del 2005): 9.

Servicios de *El Nuevo Herald*. "Jennifer: fuego y fantasía". *El Nuevo Herald* (22 de febrero de 2002): 1 D.

Seymour, Miranda. "Truth Wasn't Sexy Enough, Anaïs Nin's Diaries were a fraud and even her marriages were lies". *New York Times Book Review* (October 17, 1993): 18 [sobre el libro de Noël Riley Fitch].

Shoer Roth, Daniel. "La nueva duquesa ha comido en "Versailles". *El Nuevo Herald* (7 de octubre del 2000): 1-2.

Silva, Blanca. "Carta a mis abuelas". *El Nuevo Herald* (26 de julio de 1996): 13-A.

Soler, Mercedes. "Huelga de hambre". El Nuevo Herald (29 de agosto de 2006):19-A. [Trae una semblanza extraordinaria de Griselda Noguera]

Stabinski-Leib, Raquel. "The Gift" *Vista* (November 1999): 26.

Taillacq, Evelio. "Asela Torres, Constancia. desinterés y amor a la cultura". *El Nuevo Herald* (11 de noviembre del 2001): 8 E.

_____ "En honor a María Julia Casanova y su vida en el teatro". *El Nuevo Herald* (16 de marzo de 2001): 3 C.

_____ "Griselda Noguera, talento y experiencia para nuevas generaciones". *El Nuevo Herald* (22 de febrero de 2002): 6 C.

_____ "Las dos visiones de Daína Chaviano". *El Nuevo Herald* (6 de abril de 2003): 3 E.

_____ "Leticia Callava, una abuela del 2000". *El Nuevo Herald* (20 de agosto de 2000): 8 E.

_____ "Lisette graba con Chucho y brilla en vivo". *El Nuevo Herald* (1ero de agosto de 2001): C-1.

_____ "Luisa María Güell: de la Piaf al tango". *El Nuevo Herald* (17 de diciembre de 2000): 12-E.

_____ "Luisa María Güell y sus frijoles negros y arroz blanco". *Triunfo* (29 de enero de 2003): 16. [En portada].

_____ "María Julia Casanova: una vida para el teatro". *El Nuevo Herald"* (11 de marzo del 2001): 8 E.

Tamargo, Agustín. "Mercedes García Tudurí". *Viva Semanal* (23 al 29 de abril de 1997): 15.

Temes, César. "Virginia Trelles, una de las grandes figuras de la natación en Cuba". *Diario Las Américas* (3 de agosto de 2005): 12-A.

Valdés, Zoe. "Ceiba Cruz". *El Nuevo Herald* (20 de julio de 2003): 10-A. [En la mente de cualquier cubano la asociación "arbórea" más inmediata con Celia Cruz sería la siguaraya, que "sin permiso no se pue' cortar"].

_____ "El ultrajante silencio". *El Nuevo Herald* (26 de mayo de 2001): 16 A.

_____ "La machonería cubana". *El Nuevo Herald* (6 de marzo de 2004): 15-A

Valera, José R. "Hablemos… Estampa madruguera: Longina O'Farrill". *El Copey* 10 102 (septiembre de 1981): 3.

Valls, Jorge. "José María Mijares. Las modulaciones del alma". *El Nuevo Herald* (11 de abril de 2004): 6-E.

VARIOS. Con motivo de su última gira de conciertos, que concluyó en Miami, *El Nuevo Herald* dedicó una sección entera del su edición del 19 de septiembre de 2004 a Gloria Estefan, con el título "Hasta siempre, Gloria".

Varona, Miguel. "Heroína cubana: Evangelina Cossío". *El Sol de Hialeah* (10 de abril de 1986): 4.

Vázquez, Margarita. "En memoria a Dora Benes". *¡Qué pasa… Miami!* (febrero de 1998): 3.

Veciana-Suárez, Ana. "Hispana gana beca universitaria". *El Herald* (19 de abril de 1984).

_____ "Singing the praises of unsung women". *The Herald* (March 14 1997): 1 F.

Vega, Aurelio de la. "La música cubana de arte en el exilio". *Cuba, exilio y cultura, Memoria del Congreso del Milenio,* (auspiciado por la NACAE, Miami, Universal, 2002): 222-230.

Vega, Jesús. "Eloísa Lezama Lima y su familia habanera". *El Nuevo Herald* (3 de mayo de 1998): 3-F.

Vega Ceballos, Víctor. "La poesía cosmológica de Gladys Zaldívar". *Diario Las Américas* (23 de agosto de 1981): 5.

Villa, Raquel de la. "La mujer cubana en la lucha contra las dictaduras". *La mujer cubana, historia e infrahistoria* (publicación del Instituto Jacques Maritain de Cuba, Miami, Ediciones Universal, 2000).

Villaverde, Miñuca. "Antes del exilio, aquí ya se hablaba español",. *El Nuevo Herald* (21 de julio de 1996) [en la portada del número especial conmemorando los 100 años de Miami narra la vida de María Mendoza, descendiente de cubanos de Cayo Hueso que vinieron a "colonizar" Miami].

_____ "Un salto del escenario al aula: Mariana Álvarez Brake cambió los aplausos del público por el placer de enseñar". *El Nuevo Herald* (25 de junio de 1996).

Vitier, Medardo, "En torno a la enseñanza en Cuba durante la República". *Siglo y cuarto del Diario de la Marina* 313-322.

Vizcaíno, María Argelia, "Estampas cubanas: Los precursores de la novela. Parte I de III", *Acción* (30 de agosto al 5 de septiembre de 2002): 13.

Young, Ann Ventura. "The Black Woman in Afro-Caribbean Poetry", *Blacks in Hispanic Literature, Critical Essays,* New York,: National University Publications, Kennikat Press, Port Washington-London, 1977.

Zaldívar, Gladys. "Ana Raggi: el fin de la devoción". *El Nuevo Herald* (15 de julio de 1996): 8 A.

_____ "Cuentística de la República", conferencia pronunciada para el PEN Club, en el Koubek Center de la Universidad de Miami, el 11 de mayo de 2002. [Narradoras mencionadas (cronológicamente): Gertrudis Gómez de Avellaneda, Luisa Pérez de Zambrana, Aurora Villar Buceta, Dora Alonso, Rosa Hilda Zell, Surama Ferrer. Se distribuyó una pequeña antología con cuentos de Dora Alonso, Concepción Teresa Alzola, Surama Ferrer, Ana María Simo, Aurora Villar Buceta y Rosa Hilda Zell].

_____ "Dulce María Loynaz ante la crítica", conferencia pronunciada para el Museo Cubano en el Koubek Center de la Universidad de Miami el 16 de noviembre de 2000.

_____ "El árbol como elemento metafórico de la identidad en Pura del Prado". Ponencia leída en el XXIV Congreso de Verano del Círculo de Cultura Panamericano, Miami, Koubek Memorial Center el 25 de julio de 2004.

_____ "El concepto de la madre en la literatura hispánica". *El directorio* (mayo del 6 al 12, 1988): 6-7.

_____ "El autor en foco: Entrevista con Carlos Montenegro, R.I.P.". *Audace* (mayo de 1981): A 20.

_____ "Etica y prefiguración en *Bestiario* de Dulce María Loynaz. *Círculo, Revista de Cultura* (XXV, 2006): 95-104.

_____ "En la muerte de Clara Niggemann", *El Camagüeyano Libre* (Julio-diciembre 2000): 26-27

_____ "En la muerte de Esperanza Figueroa (1913-2005)". *Diario Las Américas* (Feb 15 2006): 4-A.

_____ "Evita no tiene solución". *Éxito* (30 de noviembre de 1994): 56-57.

_____ "Juana Borrero: el ángulo femenino del modernismo", *El directorio* (febrero 5 al 11 de 1988): 3.

_____ "JuanaBorrero: paradigma de la vertiente femenina del modernismo", *Círculo, Revista de cultura* (XXVI, 1997): 80-86.

_____ "La herencia es lección de tolerancia". *Éxito* (7 de diciembre de 1994): 61 [sobre la obra de Julie de Grandy].

_____ "La literatura femenina en Cuba: orígenes y desarrollo hasta los años 70". Conferencia ofrecida en la Rama Hispánica del Sistema de Bibliotecas Públicas del Condado Dade el 12 de octubre de 1977.

_____ "La noche mágica y otros temas afines en la poesía de la Avellaneda". Zaldívar, Gladys y Rosa M. Cabrera, eds. *Homenaje a Gertrudis Gómez de Avellaneda. Memorias del simposio en el centenario de su muerte.* Miami: Ediciones Universal, 1981.

_____ "La poesía de Ana Rosa Núñez: otro rostro de lo cubano". *El Camagüeyano Libre* Año 15 (octubre-noviembre-diciembre de 1999): 16-17.

_____ "La vuelta de Cuca". *Éxito* (28 de septiembre de 1994): 62 y 64.

_____ "Lidia Cabrera" [entrevista]. *Audace* 1-2 (20 de Marzo de 1981): 19. [Aumentada con varias adiciones fue editada por la Asociación de Hispanistas de las Américas" en 1986. Y reproducida por *El directorio* de Miami, marzo 21 a marzo 31 de 1988, primera plana.

_____ "Los lunes comienza la aventura". *Éxito* (2 de noviembre de 1994): 60. [sobre las lecturas teatrales organizadas por Nena Acevedo].

_____ "Los orígenes de la poesía cubana: una hipótesis". *Círculo, Revista de Cultura,* Publicación del Círculo de Cultura Panamericano XXXI (2002): 140.

_____ "Marta Padilla: deletreando el silencio". *El Nuevo Herald* (1 de agosto de 2004): 3E.

_____ "Medea a los 26 siglos de furor". *Éxito* (19 de octubre de 1994): 92.

_____ "Mitopoética en la pintura de Carmen Diez-Oñate". *Panorama News* (Feb 25, 1983).

_____ "Pintar por la patria es vivir". *El Mundo* (15 de noviembre de 1982): 9. [sobre María Luisa Ríos],

_____ "Poetas que pintan". Notas a una exposición celebrada en el jardín de la casa de Adela Jaume, el 19 de julio de 1986. Réplica de una exposición similar celebrada en Western Maryland College, 1972.

_____ "Un libro cubano de rescate". *Diario las Américas* (20 de marzo de 1994): 10 A. [sobre la obra de Esperanza Figueroa *Julián del Casal, poesías completas y pequeños poemas en prosa en orden cronológico*],

_____ "Reseña de una memoria". *Universal News* (febrero de 1984). [sobre una conferencia de Adela Jaume].

_____ "Rosario Rexach y su raíz polémica". *El Mundo* (22 de abril de 1983): 15.

_____ Solapas para *En la puerta dorada* de Clara Niggemann. Valencia, Artes Gráficas Soler, 1973

_____ "Vida en la muerte de Enrique Labrador Ruiz". *El Nuevo Herald* (29 de noviembre de 1991): 26 A.

9. MATERIAL FOTOGRÁFICO

Beata María Ana de Jesús
(Cortesía de Georgina Fernández Jiménez)

Mariana Lola Álvarez
(Archivos de Esperanza Figueroa)

Mary Tarrero
(Cortesía de Marian Prío)

María Luisa Gómez Mena

Rosita Rivacova
(Archivos de Regina de Marcos)

Teté Casuso
(Cortesía de Gladys Zaldívar)

Sara del Toro
(Cortesía de Eugenia Odio)

Una manifestación contra la dictadura de Machado.
En primera fila, Teté Casuso
(Cortesía de Sigrid Arnoldson)

Silvia Shelton
(Cortesía de Sigrid Arnoldson)

Georgina Shelton
(Cortesía de Sigrid Arnoldson)

Reverenda Madre Amelia Silverio R. A., durante su noviciado
(Cortesía de María Elisa Casuso)

De pie: Gladys Zaldívar, Uva de Aragón, Sara Martínez Castro, Pura del
Prado, Rita Geada y Mercedes García Tudurí. Sentadas: Iluminada Díaz
Lemus y Juana Rosa Pita.

Foto tomada por Amelia del Castillo (en inserto)

María Julia Casanova
Foto de Asela Torres

Griselda Noguera
Foto de Asela Torres

María Villar Buceta
(Archivos de Adela Jaume)

Dalia Íñiguez
(Archivos de Adela Jaume)

Ernestina Lecuona
(Cortesía de Orlando González Esteva)

Marisela Verena
(Cortesía de Georgina Fernández Jiménez)

Zoraida Marrero
(Cortesía de Orlando González Esteva)

Mara González
(Cortesía de Orlando González Esteva)

Zenaida Manfugaz

Tomasita Núñez
(Cortesía de Orlando González Esteva)

Luisa María Güell

Hortensia Coalla
(Cortesía de Orlando González Esteva)

**María Luisa Ríos, vista por los mejores caricaturistas cubanos
y por ella misma**
(Transposiciones de Lillian Cosío)

**María Luisa Ríos, vista por los mejores caricaturistas cubanos
y por ella misma**
(Transposiciones de Lillian Cosío)

Olga Ferrer

Josefina Lamas
(Cortesía de Ana María Lamas)

Berta Díaz
Foto de C. M. Guerrero (cortesía de *El Nuevo Herald*)

Hany J. Buford
1 st Lt Indpt Scouts C

MADAM VELASQUEZ IN FEMALE ATTIRE.

Juanita Velázquez como ella misma y como teniente del Ejército Confederado

Ileana Ros Lehtinen
(Cortesía de sus oficinas en Miami)

María Gómez Carbonell

Victoria Esquijarosa
(Cortesía de Jesús Rodríguez Reboso)

Eloísa Lezama

Lydia Cabrera
(Archivos de Esperanza Figueroa)

Maúcha Gutiérrez

Esperanza Figueroa
(de sus archivos)

Carolina González
(Cortesía de Gladys Zaldívar)

Amada Landrove
(Cortesía de Ángel Cuadra)

Herminia del Portal

Paquita Madariaga

Josefina Mosquera
(Cortesía de Ángela Granja)

Margarita Carrillo

Antonia Ichaso Rodríguez, Mari Rodríguez Ichaso y Mari Claudia Jiménez
Foto de Mari Rodríguez Ichaso

Miembros del Club Femenino de Prensa (ca. 1939). Entre ellas: Graciela de Armas (1), Candita Gómez Calá (2), Renée Potts (3), Leonor Barraqué (4), Ernestina Otero (5), Conchita Gallardo (6), Adela Jaume (7), Aida Peláez Villaurrutia (8) y Dolores Martínez de Cid (9).

(Archivos de Adela Jaume)

Dulce María Loynaz

Berta Arocena
(Cortesía de "Madamina" y
América Martínez)

Leonor Barraqué
(Cortesía de Marta Frayde)

Ana María Borrero

Adela Jaume
(de sus archivos)

Sara Hernández Catá
(Cortesía de Uva de Aragón)

Mati Saralegui

Surama Ferrer

Regina de Marcos en los estudios de Columbia Pictures con el célebre traje que usara Rita Hayworth en *Gilda* y su creador, el diseñador Jean Louis.

Julia Ramírez
(Cortesía de Ángela San Pedro)

Ofelia Rodríguez Acosta

Mariblanca Salas Alomá

Emma Pérez
(Cortesía de Carmelina Rey Mier)

Concha Alzola y Gladys Zaldívar, foto de Robert Van der Hilst
(Cortesía de Olga Connor)

Una palabra final: VOLVEREMOS,
porque como dijo Vicente Aguilera:
"El que no tiene patria, no tiene nada"